**"十四五"职业教育国家规划教材**

**国家级精品课程教材**

国家文化产业资金支持媒体融合重大项目

21世纪新概念教材："多元整合型一体化"系列

高等职业教育市场营销专业精品课程教材新系

# 市场营销
## ——理论、实务、案例、实训
（第六版）

彭石普 编著

东北财经大学出版社
Dongbei University of Finance & Economics Press
大连

**图书在版编目（CIP）数据**

市场营销：理论、实务、案例、实训 / 彭石普编著. —6版. —大
连：东北财经大学出版社，2024.1
（高等职业教育市场营销专业精品课程教材新系）
ISBN 978-7-5654-5072-3

Ⅰ.市… Ⅱ.彭… Ⅲ.市场营销-营销策划-高等职业教育-教材
Ⅳ.F713.50

中国国家版本馆CIP数据核字（2023）第255850号

东北财经大学出版社出版

（大连市黑石礁尖山街217号　邮政编码　116025）

网　　　址:http://www.dufep.cn

读者信箱:dufep@dufe.edu.cn

大连天骄彩色印刷有限公司印刷　东北财经大学出版社发行

幅面尺寸：185mm×260mm　　字数：437千字　　印张：19.5
2024年1月第6版　　　　　　2024年1月第1次印刷

责任编辑：许景行　郭海雷　　　　　　责任校对：刘贤恩
封面设计：张智波　　　　　　　　　　版式设计：原　皓

定价：49.00元

教学支持　售后服务　　联系电话：（0411）84710309
版权所有　侵权必究　　举报电话：（0411）84710523
如有印装质量问题，请联系营销部：（0411）84710711

# 总序："'整体论'课程观"指导下的新时代中国特色高等职业教育专业课程与教材建设

　　"'整体论'课程观"，是反映当代世界高等教育课程观发展的综合化趋势，通过"博采众多课程观之长"而"避其所短"所产生的一种新型课程理念和范式。这种理念和范式有着深刻的历史与逻辑反思背景，以及"多学科交叉融合"和"与技术交叉融合"的坚实基础与佐证。

## 一、西方发达国家课改回眸

　　以史为鉴，可知兴替。借鉴世界特别是西方发达国家课程改革及其指导理论的历史经验并吸取教训，有助于我们避免重蹈覆辙，相信"他山之石，可以攻玉"。

### 1. 实践层面：西方发达国家课改历程

#### 1)"知识本位"课改运动

（1）"学科结构"课改

　　第二次世界大战（以下简称二战）后初期，"'冷战'对抗"促成了美国中小学"第一次改革浪潮"，即"学科结构"课程改革。

　　苏联第一颗人造卫星上天，引发了美国朝野震动。1959年9月，美国国家科学院在伍兹霍尔组织召开由35位科学家和教育家参加的会议，讨论如何改革中小学数理学科教材。会议的成果，由时任会议主席的教育心理学家、认知心理学家、哈佛大学的布鲁纳教授总结在《教育过程》（1960）一书中。该书被誉为"划时代著作""有史以来在教育方面最重要、最有影响的一本书"。

　　布鲁纳"'学科结构'课程改革"的主要诉求，是聚焦于"学科的基本结构"，并将"'科学家发现'的'思维过程'或'思考顺序'"，作为中小学学科教育"教学设计的过程模式"。该诉求以《教育过程》中的一个著名假设为据："任何学科都能够采用智育上正确的方式，有效地教给任何发展阶段的任何儿童。"[①]

　　继美国之后，欧洲部分国家也一度进行了以"'学科结构'课程改革"经验为参照的中小学课程改革。

（2）"普通教育"课改

①基础教育和专科层次课改

　　随着美苏"'冷战'对抗"的加剧，科技竞争成为人们关注的焦点，西方主要发达国家都普遍重视"普通教育"，把强化"普通教育"视为战胜苏联的手段。以美国和德国为例：

　　自20世纪70年代中期起，美国经历了自19世纪以来第三次也是规模最大、堪称主流的"普通教育课程改革运动"。这次运动遍及美国教育各个层面：在基础教育层面，以注重学术课程和人文学科为特征；在社区学院，加大开设以"学术课程"为内

---

① 布鲁纳. 教育过程 [M]. 邵瑞珍，译. 北京：文化教育出版社，1982.

容的"转学教育"比例；在普通高校，致力于把博雅和人文传统注入大学的教育体制①，课程设置向"科学中心"的方向倾斜，旨在造就足够多的科学家和工程师。

此次改革运动的主要特点，是在教学内容上重新划分了科学知识领域，增设综合学科；在教学组织形式上建立了科学的现代课程组织体系，即各学科按照课程内容将其概念和原理分设不同水平，呈梯度纵向展开。

1968 年，德国 11 个州建立了主要培养工程师的高等专科学校（Fachhochschulen），其学制四年，1~3 学期学习专业基础课，4~8 学期学习专业课程。第 8 学期同时为实习学期。1992 年，全联邦有高等专科学校 125 所，管理类专科学校28 所，两者合占德国高校总数的 48%。

②本科及以上层次课改

A. 美国普通高校课改

美国本科及以上层次大学课改经历了从最初二战后初期的"多种课程思想竞争"，到 20 世纪 80—90 年代"'整体知识观'指导下的课改"和"从'研究型'向'创业型'转型"，再到 21 世纪第二个十年的"21 世纪技能"和"PISA 2018 全球胜任力评估框架"诸阶段。

a. 多种课程思想竞争

二战后初期，受哈佛大学《自由社会中的通识教育》报告（1945）和美国总统高等教育委员会《美国民主社会中的高等教育》报告（1947—1948）的影响，经历了自 19 世纪以来第三次也是规模最大的普通教育思想运动。这次运动致力于把博雅和人文传统注入大学的教育体制，为造就共同的美国公民而传递共同的文化传统与"民主"价值观，借以挽救普通教育，纠正大学本科过度专业化的偏向。

20 世纪 50 年代末至 60 年代初，美国大学课程改革受国家功利主义和科学主义课程思想左右，将重点移至加强科学基础教育，课程设置向"科学中心"的方向发展，旨在造就足够多的科学家和工程师。

20 世纪 60 年代末至 70 年代中期，美国大学教育规模迅速扩张。社会动荡和反"越战""柬战"所引发的学生运动相互交织，出现了冲击"普通教育"的反主流文化运动，大学课改一度转向"以学生为中心"，更多地关注与社会问题相关的知识需求，并向市场化、多元化、专业化方向发展。

20 世纪 70 年代后期，强调大学"普通教育"课程思想的浪潮在美国高校重现。哈佛大学提出了强化"普通教育"课程思想的"核心课程计划"（1975—1978），推动了包括"分布必修型""核心课程型""名著课程型""自由选修型"等美国大学"通识"课程体系的研发。

b. "整体知识观"指导下的课改

20 世纪 80 年代至 90 年代，美国大学课改从"规模速度型"向"质量效率型"转变，致力于通过整合"普通教育"与"专业教育"，解决大学规模过度扩张和多种教育思想无序竞争导致的教育质量下降问题。其总体特征是：在"整体知识观"的指导下，建立融"'普通教育课程'（通识课程）和'专业教育课程'（专识课程）的平

---

① 早在 1945 年，哈佛大学就发布了《哈佛通识教育红皮书》，明确指出高等教育的目标是培养"完整的人、有教养的人"。

衡"、"自然科学课程、社会科学课程和人文科学课程的平衡"（"三种文化的平衡"）、"国际化课程的设置"、"理论与实践的统合"、"道德与伦理知识的渗透"，以及"批判思维与创新能力的培养"于一体的大学本科课程体系。

20世纪90年代以后，美国高校通过倡导自主学习、合作学习、实践学习（体验学习）和以研究为基础的学习（探究式学习），进行了与上述改革相配套的教学方法改革。

c.从"研究型"向"创业型"转型

自20世纪末以来，美国一些研究型大学凭借"知识创新"优势，投入"知识生产"浪潮，从"学术型共同体"走向"创业型共同体"，进而向"以创新性知识生产、应用和成果转让为中心"的"创业型大学"转型。这些"创业型大学"集"知识传承"、"科学研究"和"创新创业"三大任务于一体，依托大学内部的跨学科组织（研究中心、孵化器、科技园等），通过"大学、企业和政府的'三螺旋'"结构，在培养"高等'创新-创业型'人才"的同时，为国家经济发展服务。

美国研究型大学的"产学研结合"举措，是科研、教育、生产不同社会分工在功能与资源优势上的协同与集成化，是"技术创新"上、中、下游的对接与耦合，为世界高等教育可持续发展开了一个好头。

B.欧盟各国普通高校课改

1967年正式组建的"欧洲共同体"，到1993年发展成"政治经济一体化"的"欧洲联盟"（"欧盟"）。此时欧盟各国进入经济低速增长甚至负增长阶段。先前"福利国家"模式所推高的财政开支，与日益衰减的财政收入形成巨大反差：一方面，随着"一体化"边际效益递减，欧盟的认同感和凝聚力下降，欧洲已经走到"推进一体化"与"地缘政治碎片化"的十字路口；另一方面，经济低迷、失业率居高不下，迫使欧洲高等教育界反思其人才培养与劳动力市场需求如何匹配的问题。"欧洲高等教育一体化"进程就是在这一背景下展开的。

a.欧洲高等教育区资格框架（QF-EHEA）

1999年，欧洲29个国家在意大利博洛尼亚举行会议，签署了博洛尼亚宣言，确定到2010年建立包括"容易理解和可以比较的学位体系"、"一个以本硕连读为基础的高等教育体系"和"欧洲学分转换体系"在内的"欧洲高等教育一体化"发展目标。

"博洛尼亚进程"的主要产物，是为欧洲高等学历教育制定"欧洲高等教育区学术资格框架"，该框架以共同的参照标准将欧洲各国的高等教育区"学历资格"系统联系在一起。

该框架包括"学历类型"、"学习结果"和"预期胜任力"三个维度："学历类型"维度描述学历类型和层次如何融入欧盟国家参考水平；"学习结果"维度描述欧洲大学的"学位等级"和"学习目标"要求；"预期胜任力"维度描述特定学科和职业所需的"学术和实践能力"。

b."外部质量管理"

"预期胜任力"（Competence）是"学习结果"的体现。其"外部质量管理"对标"就业能力"："培养毕业生的就业能力被列为未来十年优先发展事项"（《鲁汶公报》，2009）；"需要确保在每个学习阶段的最后，学生都能够掌握进入劳动力市场所需要的能力"（《耶烈万公报》，2015）。至于什么是"劳动力市场所需要的能力"，则要通过"收集当下劳动力市场的能力需求"、"与雇主对话"及"参考欧洲质量保证标准"等方式确定。

c. "内部质量管理"

QF-EHEA"预期胜任力"的"内部质量管理"规范，是"内部质量管理框架"（IQM）。IQM着眼于"学生'预期胜任力'模型"，以"学生理论认知能力和职业关键能力"为核心，以"能力提升效果"为绩效评价标准，以"不断优化迭代的教育过程"为设计理念，将学生的能力培养视为一个循序渐进的过程，根据由易到难的递进规律，通过设置不同水平和维度的教学方案实施教学活动。这些活动由"内部质量管理小组"把控，分"准备"、"实施"和"反馈"三阶段进行。"三个阶段"循环往复，驱动IQM从改进至完善。

d. "学习结果"描述

在QF-EHEA框架中，"学习结果"是指个体在结束一段正规、非正规或非正式学习后所获取的能够展示并可用"预期胜任力"囊括的"知识、理解和能力"。其中，可取得学士、硕士和博士三层次学历文凭的"学习结果"要求如下：

学士级

证明以普通中等教育为基础，具有学习领域的知识与理解能力，其程度包括学习领域中最重要的知识，此阶段通常有进阶教科书；能应用他们的知识与理解能力于专业职场，能对学习领域提出论点及解决问题；能收集与诠释相关资料（通常在他们的学习领域），反省相关社会、科学或伦理的议题；能与专家或非专家的听众沟通信息、想法、问题与解决之道；能养成继续高自主进修所必备的学习能力。

硕士级

证明具有以第一阶段为基础，将其延续或提高的知识或理解能力，通常可以在研究上用来发展或应用新观念；面对与个人学习相关的跨科系领域中新的或不熟悉的环境，能应用他们的知识、理解能力解决问题；能整合知识，处理复杂事务，并能对不完整的或有限的资讯做出判断，包括能反省与他们的知识及判断相关的社会与伦理责任；能向专家与非专家的听众清晰明确地传达他们的结论、见解与论证过程。

博士级

证明对某一领域有系统深入的研究，并精通与该领域相关的研究能力与方法；证明能完全构想、设计、实践和调整一个实际研究过程；对知识未开拓的领域做出原创性的贡献，拓展有价值的研究领域，取得可供他人参考的成果；能批判分析、评鉴新观念及复杂观念；能向同行、学术团体、社会介绍他们的专业领域；能够以学术与专业背景促进科技、社会或文化方面的发展。

e. "灵活的学习路径"

与"学习结果导向"相伴的"过程模式"，是"灵活的学习路径"。在QF-EHEA中，这些路径包括"多样的高等教育项目""对非正式、非正规学习的认可""对前阶段学习的认可""兼职学习的提供""流动性学习""远程学习""终身学习"等。

f."以学生为中心"

2009年10月，欧洲学生联合会（ESU）发起"'以学生为中心'的学习时代"倡议。2013年10月，欧洲高等教育合作伙伴联盟（ESU，UNICA，KIC）颁布"'以学生为中心'的学生同伴评估计划"（PASCL），2015年，该计划推出"'以学生为中心'的学习同伴评估指南"。

至此，欧洲高等教育确立了由"以教师为中心"向"以学生为中心"和由"以教学为主"向"以学习为主"转变的教育理念。

g.精英大学计划

"博洛尼亚进程"启动5年后，欧盟各国相继意识到其"一体化"与同期美国大学课改的质量差距，提出补救性的"精英大学计划"。

德国最先计划通过财力资助，把从全国遴选出来的5所大学打造成世界一流大学，随后又将"精英大学"的数量增加到10所。德国"精英大学计划"重点支持尖端科研项目，吸纳特殊人才，培养科学后备力量。

欧盟政府首脑和欧盟委员在2017年哥德堡峰会上发起"欧洲大学计划"，目标是到2024年建立由20多所欧洲精英大学共同组成的大学联盟。

h.与美国大学课改差距

与同期美国高等教育改革相比，"博洛尼亚进程"的主要差距，是未经历"'整体知识观'指导下'普通教育'与'专业教育'整合的课程改革"。不经历这样的改革，就不会出现像美国20世纪90年代以后从"研究型大学"的"学术共同体"向"以创新性知识生产、应用和成果转让为中心""产学研结合"的"创业型大学"转型。

**2）"能力本位"课改**

随着经济迅速发展，制造业技能型人才供不应求，美欧各国职教各层面的课改朝着职业化、大众化和规模化方向发展，并经历了从"聚焦'专能'"向"'专能'与'通能'并重"和"'学术性'与'职业性'整合"的发展过程。

（1）聚焦"专能"的"职业性"课改

①北美DACUM课程

美国《职业教育法》（1963）出台后，初级学院规模迅速扩大，一些学院以此法为据，将目光转向"以'职业教育'为主"，"工作导向"的"非学术课程改革运动"成为一股新潮流。培训"与企业岗位对接"的技能型人才成为新潮流关注的重点，催生了20世纪60年代末美加共同开发的"基于工作任务分析"的DACUM课程。

②国际劳工组织MES课程

20世纪70年代末至80年代初，国际劳工组织开发出MES职业培训课程。MES同样从"职业分析"出发，以"为每个具体职业建立岗位工作描述表"的方式，确定该岗位应具备的全部职能，再把这些职能划分成不同的工作任务，以每项工作任务为一个模块（简称MU）。该职业岗位应完成的全部工作由这些模块组合而成，再根据每个模块的实际需要，确定出完成该模块工作所需要的全部知识和技能。每个单项的知识和技能称为一个"学习单元"（LE），由此得出该职业岗位的全部培训内容。

③英国 BTEC 课程

1986 年英国成立国家职业资格委员会（NCVQ），由该委员会创设"国家职业资格证书"（NVQ）。同期，英国商业教育委员会（BEC）与工艺技术教育委员会（TEC）合并，成立商业与技术教育委员会（BTEC）。

"BTEC 课程"是英国商业与技术教育委员会为取得 NVQ 证书而开发的课程。该课程开发同样"以职业岗位为根据"，由"学习单元"组成不同"工作领域"的"模块"，再通过不同模块组合形成不同的专业方向。

（2）"'专能'与'通能'并重"课改

20 世纪 70 年代末至 90 年代初，新技术革命席卷欧美国家，传统工业时代的产业结构、市场需求结构和职业结构发生改变，行业内乃至跨行业的职业流动渐成常态。美国"职业群集课程"，通过导入"核心能力"或"通用能力"，将"能力本位"由"专能"提升为"'专能'与'通能'并重"。

1996 年 5 月，德国各州文教部长联席会议颁布《职业学校职业专业教育框架教学计划编制指南》，提出"专业能力"与"关键能力"并重的"学习领域"课程模式。该模式要求学员依照"从生手到专家"的"工作情境"进行技能建构，将"职业成手"或专家的"行动顺序"，作为职业教育"教学内容序化"的依据。

（3）"'学术性'与'职业性'整合"课改

①美国：从 AIO 到"生技教育"课改运动

A.AIO 指导下的课改

从 20 世纪 90 年代起，美国"非学术课程改革运动"所导致的过度"职业化"和教育质量下降受到关注，一种倡导"职业教育与学术教育有机结合"（AIO）的职业教育观应运而生。在 AIO 和相关立法推动下，美国各州社区学院进行了整合"学术课程"与"职业课程"的多种尝试。

B.STW 改革运动

美国同期开展的"从学校到工作"（School-to-Work，STW）改革运动，倡导校企合作，将课程领域的"整合"扩展到三方面，即"'学校本位学习与工作本位学习'的整合""'学术课程与职业课程'的整合""'中等教育与中等后教育'的整合"。

C."生技教育"阶段的课改

进入 21 世纪后，随着工业化时代向信息时代过渡，"柔性生产方式"取代传统"批量生产方式"，就业机会快速变动，就业技能需求不断升级。美国在延续"整合性"课改策略的同时，着眼可持续发展，"从学校到工作"（School-to-Work）的课改主题被"从学校到生涯"（School-to-Career，STC）课改主题取代，"职业技术教育"（Vocational and Technical Education）更名为"生涯与技术教育"（Career and Technical Education）（简称"生技教育"）。

a.社区学院的课程改革

在实施"'职业性'与'学术性'融合"策略的"生技教育"阶段，美国社区学院在"整合或融合"课程理念指导下，通过"学术性与职业性课程融合改革"，形成了诸多新课程模式，诸如"应用学术课程""连接课程和多学科课程""基于'学习共同体'的融合课程""基于'学习技术'的融合课程"等。

　　b.部分高等院校的课程改革

　　从 21 世纪第二个十年起，美国部分两年制社区学院、四年制公立和私立大学开始或计划增设"职业学位教育"。此类教育主要为在线学习的成人提供可授予学士学位的"'学习结果'导向"课程。

　　②欧盟各国：EQF 课改运动

　　A.欧洲职业资格框架

　　2008 年，欧洲议会和欧盟理事会颁布"欧洲职业资格框架"（EQF），在"职业教育与培训"领域建立了一个"以就业为目标"、可"实现学分转换"的欧盟各国职业资格互认的参照标准。该"框架"中的"职业教育与培训"，是指"一种与工作世界对接"的教育和培训。

　　2021 年，欧洲议会通过《关于建立终身学习资格框架的提议》，强调"增加资格透明度"和"促进终身学习"，将"欧洲职业资格框架"拓展至继续教育和终身教育。

　　B."学习结果"描述

　　"学习结果"是指学生在结束一段正规、非正规或非正式学习后所获取并能够展示的最终结果，包括"知识、技能和'责任与自主性'"等具体指标，统称为"胜任力"。"知识"是指"理论的或事实的知识"；"技能"是指"认知技能（含运用逻辑的、直觉的和创造性思维）和实用技能（含动手灵敏性和方法、材料、工具和器具的运用）"；"责任与自主性"是指在工作、学习和研究中展示的"管理、监督、决策以及学术和专业的完整性"。

　　在 EQF 5~8 级描述中：

　　"知识要求"依次由"掌握某一工作或学习领域内综合的、专门的事实与理论性知识以及跨学科知识"，经过"掌握某一工作或学习领域内的高级知识""掌握高级专业知识、前沿知识和跨学科知识"，升至"掌握跨学科领域内最高级、最前沿知识"。

　　"技能要求"依次由"掌握创造性地解决抽象问题所需要的一系列综合性认识和实践技能"，经过"掌握专门工作或学习领域中解决复杂和不可测问题的高级技能和创新能力""掌握研究和创新方面解决问题的专门化技能，以及创造新的知识和程序、整合不同领域知识的技能"，升至"掌握研究工作中运用最高级、最专业的技术技能来综合评价和创造性解决关键问题的技能"。

　　"'责任与自主性'要求"依次由"能在不可预测的工作或学习环境中进行管理和监督、反思和发展自身及他人的行为"，经过"能管理复杂的专业技术活动或项目、负责不可预测的工作或学习环境中的决策工作""能对复杂、不可预测的需要采取新战略决策的工作或学习环境进行管理和改造"，升至"能在工作或研究的前沿展示实质性的权威、创新、自主、学术和专业的完整性，并能始终致力于发展新的理念或过程"。

　　C."学习途径"的多样性

　　EQF 支持学分转移和积累，倡导正规学习和非正规学习相结合，人们可在任何时间、任何地点、通过任何途径学习，只要获得所要求的"学习结果"，都会被 EQF 认可。

　　D."整合性"特征

　　欧盟各国 EQF 课程改革，相当于美国"生技教育"阶段的课改，即一种扩展到职业教育各层面的"融合性"课改。其中，EQF 5~8 级教育课程的"整合性"特征主

要体现在如下方面:

其一,这些课程都"兼顾典型'职业性因素'与'学术性因素'";

其二,这些课程都在其"学术性因素"中整合了"专业知识"、"跨学科知识"与"跨学科领域交叉知识",在其"典型职业性因素"中整合了"专业能力"与"关键能力"(Key Competences)①;

其三,这些课程以之为导向的"学习结果",整合了"知识""技能""综合素质""责任感""自主性""完整性"等内涵,体现为"胜任力"。

E.等值关系

经过欧盟委员会等多方努力,在"欧洲职业资格框架"和"高等教育区学术资格框架"之间建立了紧密联系。囊括欧盟成员及候选国共46个国家的EQF,其5~8级实现了与QF-EHEA对应层次的等值关系,即其"职业资格"分别与QF-EHEA的"短期高等教育"(二年制专科)、学士、硕士和博士的"学历资格"等值。这种"'资格'等值关系"可视为欧盟版的"职普融通"。

③为"全球胜任力"而教

A.观念演进

"全球胜任力"观念是随着美国国际教育交流协会发表《为全球胜任力而教》(Educating for Global Competence)(1988)报告,在美国高等教育领域逐步传播和发展的。

21世纪初,哈佛大学率先提出了"全球性大学"的教育理念,把"适应多元文化的素养"和"全球化素养"提升为大学最重要的教育目标之一。

2004年,美国里海大学的威廉姆·亨特(William D. Hunter)博士建构了包括"知识、技能/经历和态度"三个维度共十七个指标的"全球胜任力"模型。

2006年,布什政府宣布实施《美国竞争力计划》,提出通过培养具备STEM(Science,Technology,Engineering,Mathematics)素养的人才强化全球竞争力方案。

2010年,美国智库胡佛研究所《美国教育2030》报告提出了以"批判性思考"(critical thinking)、"沟通"(communication)、"合作"(collaboration)和"创意"(creativity)(简称"4Cs")为核心的"21世纪技能"。

2016年,经济合作与发展组织(以下简称"经合组织")发布了《全球素养:为了一个更加包容的社会》报告,将"全球胜任力"解构成知识、认知技能、社会技能、态度与价值四个维度,认为"全球胜任力"是指"在尊重人性尊严的前提下,个人拥有从多元观点批判性地分析全球与跨文化议题的能力;能充分理解差异是如何影响自我及他人的观点、判断与诠释;能够开放、适宜、有效率地与不同文化背景的人沟通的能力"。

2017年12月12日,经合组织在美国哈佛大学正式发布维罗妮卡·博克森·曼斯勒(Veronica Boix Mansilla)教授团队提出的"PISA 2018全球胜任力评估框架",该框架包括"体察本地、跨文化和全球议题""理解、欣赏他人的看法和世界观""与不同文化背景的人进行开放、得体和有效的互动""为集体福祉和可持续发展采取负责

---

① 被纳入EQF的"关键能力"(Key Competences)有8种,即"母语交流""外语交流""数学、科学和技术""数字化""学会学习""社会和公民""首创精神和企业精神""文化意识与表达"。

任的行动"在内的"四个维度或步骤"。

B.发展趋势

无论是《美国教育2030》（美国智库胡佛研究所，2010）关注的"21世纪核心技能"（4Cs），还是"PISA 2018全球胜任力评估框架"确立的"四维度内涵"，都把"兼顾'专能'与'通能'"的"能力培养"和"整合'专识'与'通识'"的"学术教育"纳入高等教育视野。这就表明：20世纪末至21世纪初，美国大学教育与课程建设在实践层面已展现向"整合'整体知识观'与'整体能力观'"的"'整体论'课程观"发展雏形。

**2.理论层面：从"两极对立"到"辩证超越"**

**1）对立中的两极**

**（1）知识本位**

**①代表性理论**

"知识本位"的代表性课程理论有杜威"实用主义课程理论"（《民主主义与教育》，1916）、维果斯基"最近发展区理论"（《思维和语言》，1934）、泰勒"学习经验理论"（《课程与教学的基本原理》，1949）、布鲁纳"结构主义课程理论"（《教育过程》，1960）、皮亚杰"双向建构理论"（《儿童心理学》，1966）、施瓦布"实践课程理论"（《实践：课程的语言》，1969）、维特罗克"生成过程理论"（《作为生成过程的学习》，1974）、斯皮罗"认知弹性理论"（《认知弹性，建构主义和超文本》，1990）、冯·格拉塞斯菲尔德"激进建构理论"（《激进建构主义》，1996），以及融合"专识"与"通识"的"整体知识观"理论（欧内斯特·博耶、克拉克·克尔、德里克·博克和小贝诺·施密德特等，20世纪90年代以来）。

**②长项与短板**

A.可取之处

a.近代以来人类教育的主流方式

"知识本位"是文艺复兴以来，随着近代自然科学兴起，在培根"知识就是力量"口号的感召下，以斯宾塞"科学知识最有价值"论断、夸美纽斯"泛智"教育思想及其"将知识分学科进行传授"诉求为依据，产生的一种人类教育选择方式，体现了近代崇尚科学的时代精神，代表300多年来人类文化传递方式的主流。

b.在现代教育中举足轻重

在现代，随着科学知识、科研成果、技术开发转化为现实生产力，"知识密集型"产业大量涌现，"知识密集型"员工在人力资源需求中占据的比例越来越高。以"知识'传承-创新'"为主要任务的"知识本位"教育，在培养和造就"知识密集型"人力资源中举足轻重。[①]

c.通过"科学与技术融通"实现创新式发展

作为"知识本位"高端的"科学研究"，可通过创办高科技公司，由"知识创新成果"向"原创性科技成果"转化，催生产业创新，实现"产学研融合"的创新式

---

[①] 按照美国社会学家贝尔（Daniel Bell）的分析，在后工业社会，知识将居于中心地位，这意味着在科学和技术之间出现一种新型关系，社会的力量主要集中于知识领域，知识成为新的组织和中介原则。参见贝尔.后工业社会的来临——对社会预测的一项探索 [M]. 高铦，王宏周，魏章玲，译. 北京：新华出版社，1997：序言5~18.

发展。

d.理论层面的合理内核

理论层面的"知识本位"合理内核主要有三点：

其一，将"学会认知"作为课程教学的宗旨，依照"学会认知"依赖"知识迁移"，"知识迁移"依赖"知识学习"，"知识学习"依赖"课程设计"的基本思路进行课程建设。这样的宗旨和思路在今天也有生命力。

其二，泰勒"科学化课程开发理论"提出的"'连续性''顺序性''整合性'三原则"，为现代课程理论奠定了经验主义基础；施瓦布的"实践性课程理论"将"课程开发"解读为"基于'审议'的'多要素间的持续相互作用'"，将"开发主体"由布鲁纳的"学科专家或科学家"，扩充为"由校长、社区代表、教师、学生、教材专家、课程专家、心理学家和社会学家"组成的"多元课程集体"，并强调"'教师和学生是核心'，'教师起主导作用'"等，是对美国"结构课程"改革运动失败的理论反思与补救；维特罗克"生成学习理论"关于"学习过程"是"'学习主体'通过'原有认知结构'与'新信息输入'的'相互作用'，'主动建构信息与意义'过程"的主张，是对皮亚杰"'同化-顺应'理论"和加涅"信息加工理论"的继承与综合，拓展了现代课程设计"纵向为主"的组织原则，代表"知识本位"理论发展的后期成就。

其三，作为"知识本位"最高存在形式的"整体知识观"，反映了当代科学发展"分化与综合并行"的总趋势，实现了由"专识"到"通识"再到"'专识'与'通识'融合"的提升，堪称二战以来美国普通高校课改中最有成效的课程理念。

B.主要局限性

传统"知识本位"的局限性主要涉及三个层面：

其一，"知识本位"教育曾是人类历史上"体力劳动"与"脑力劳动"分工加剧时代的产物，反映了工业时代和后工业时代职业结构的特定需求，服务于该时段西方"博雅教育"和少数高端学术人才培养，轻视"能力本位"教育。这是其理论的历史局限性。

其二，传统"知识本位"侧重于"学会认知"，相对忽视"学会做事"和"学会做人"。如果用之于造就今日高等人才，不仅"行为自律"欠缺，其多数还将面临结构性失业。这是其理论的现实局限性。

其三，在"知识本位"的传统"过程模式"中，杜威强调"从做中学""从活动中学""从经验中学"；泰勒要求依照"连续性"、"顺序性"和"整合性"原则组织"学习经验"；布鲁纳的"学科结构"模式要求通过"发现学习"或"直觉"经验进行"知识建构"；维特罗克的"生成学习理论"、皮亚杰的"'同化-顺应'理论"、加涅的"信息加工理论"、冯·格拉塞斯菲尔德的"根据经验建构知识"等，皆专注学生学习的"经验习得"。这种关于"过程模式"的"经验主义共性"是其理论的哲学基础局限性。

（2）能力本位

①代表性理论

北美早期CBE课程理论以"学会在企业特定职业岗位做事"为宗旨，其"教学计划开发"着眼于"特殊技能培训"，"培训过程"对标"特定岗位'工作任务'"；

美英德中期"能力本位"课程理论以"学会在行业职业群综合岗位做事"为宗旨，其"课程开发"着眼于"综合技能培训"，"培训过程"对标"综合岗位'工作任务'"；德国"学习领域"课程理论以"学会在行业职业群系统岗位做事"为宗旨，其课程设计着眼于"系统技能培训"，"培训过程"对标"系统岗位'工作任务'"；EQF 5~8级课程理论以"学会在高端'工作世界'做事"为宗旨，其课程设计的"目标模式"着眼于"胜任力"，"过程模式"对标"以学生为中心、以'学习结果'为导向"的"灵活学习路径"；美国"全球胜任力"理论以"为全球做事"为宗旨，其教育目标着眼于"多元文化"、"跨文化"和"全球化素养"培养。

②长项与短板

A.可取之处

"能力本位"课程理论主要可取之处有四点：

其一，将"学会做事"作为课程教学宗旨，依照"学会做事"依赖"技能迁移"，"技能迁移"依赖"技能训练"，"技能训练"依赖"课程设计"的基本思路进行课程建设。这样的宗旨和思路有可取之处。

其二，着眼于企业对"'技术−技能'型"人才需求，发掘被单纯"知识本位"的"学科导向"课程忽视的"职业工作要素"，有助于克服传统"学科导向"课程观的片面性，历史上功不可没，现实中有借鉴价值。

其三，通过导入"横向组织"，将"职业要素"或"工作要素"融入课程设计是其亮点。在面向未来的高等职业教育课程改革中，"横向组织"是课程设计中不可或缺的维度。

其四，将体现"学习结果"的"胜任力"作为课程的"目标模式"，将"学习途径'灵活性'"作为课程的"过程模式"，标志着欧盟各国课程理论发展进入"后'工作导向'"时代，其动向值得各国高等职业教育界关注。

B.主要局限性

传统"能力本位"课程模式的局限性涉及以下层面：

其一，该理论早期产生于"脑力劳动"与"体力劳动"社会分工加剧的时代，在一定程度上满足了特定时期企业对技能工人的规模化需求。随着世界由"后工业时代"进入"知识经济时代"，反映旧产业结构和职业需求的传统"能力本位"课程观渐失根基。这是其历史局限性。

其二，该理论早期侧重"学会做事"，忽视"学会认知"和"学会做人"，与当代职业需求，特别是"知识密集型""技术密集型"产业需求不符。这是其现实局限性。

其三，该理论早期主张学校复制企业，教学模仿工作，学生模仿工匠或工程师，反过来又向企业输送"克隆工匠或工程师"，其所陷入的"克隆"怪圈，有导致产业结构落后和人才结构僵化的风险。这是其导向局限性。

其四，该理论早期囿于以近代自然科学为参照系的还原论和机械论，认为复杂的系统、事物可通过其各部分的组合来理解和描述，用"单一的"与"复合的"范畴规范课程开发。但"模块"之"组合"还不是有机系统。这是其方法论局限性。

其五，该理论早期是构造主义和行为主义的；在后期发展中，尽管立足于格式塔心理学反对构造主义和行为主义心理学，但始终未与经验主义彻底划清界限①。这是其哲学与心理学基础局限性。

其六，该理论传统模式倡导的"横向为主"建构原则，要求学生模仿"从生手到专家"的"工作情境"进行技能或能力建构，是将"发生中的职业个体"混同于"职业成体"。这是其建构模式的经验主义局限性②。

其七，在该理论中，学员只扮演"工具理性"角色，重"功利"而轻"科学精神""人文精神"，特别是"健全职业人格"。这是其人才目标局限性。

（3）两极互渗

①从"学术性"向"职业性"延伸

A.理论层面

在理论层面，当代"知识本位"课程观发展呈现这样一种趋势：其"学习迁移"理论内涵经历了由E.L.桑代克的"文化共同要素"和"经验类化"、D.P.奥苏贝尔的"认知结构"迁移，向J.安德森"产生式迁移"和弗拉威尔"认知策略迁移"的发展；其"学习理论"指向的"知识"，经历了由概念原理知识、策略性知识和图式知识（鲁梅尔哈特，1977；威多森，1983；汤姆斯·迪瓦恩，1987）等"结构良好领域知识"，向"结构不良领域"的"情境知识""从生手到专家"的"实务知识"（斯皮罗和乔纳森，1990）发展；其研究重点经历了由一般性的"学术认知"向具体性的"职业认知"发展。

B.实践层面

在实践层面，欧洲高等教育区学术资格框架（QF-EHEA）以"'学生理论认知能力'和'职业关键能力'并重"为核心；美国普通高校以《美国教育2030》为前瞻，将"批判性思考"（critical thinking）、"沟通"（communication）、"合作"（collaboration）和"创意"（creativity）（简称"4Cs"）作为核心的"21世纪技能"。

C.趋势解读

欧美普通高等教育的发展趋势表明：以"学术性"自居的传统"知识本位"教育在发展过程中，出于"突破自身发展瓶颈"的内在需要，都通过导入"职业性"要素（"通能"）而渗入另一极，即"能力本位"的世袭领域。

②在"职业性"中导入"学术性"

A.理论层面

在理论层面，当代"能力本位"课程观发展呈现的是相反趋势：其课程"目标描述"关注的重点，依次由北美CBE的"特殊技能迁移"向美国"职业群课程"和英国BTEC的"关键能力迁移"、德国"学习领域"的"系统技能迁移"，直至欧盟EQF5~8级的"'职业性与学术性'并重"的"胜任力迁移"。

B.实践层面

在实践层面，"生技教育阶段"的美国实施了"'职业性'与'学术性'融合"课改策略；欧盟EQF5~8级课程兼顾了包括"专业知识"、"跨学科知识"与"跨学科

---

① 格式塔理论自诩秉承了康德先验论，然而它至多接受了康德的整体论，却始终未将整体论提升到超越经验论的先验论高度。
② 究其根源，"发现学习"和"从做中学"，是美国实用主义教育家杜威首先倡导的。杜威强调：教学过程中"明智的学习方法"，就是"经验方法"。

领域交叉知识"的"'学术性'要素"。

C.趋势解读

欧美职业高等教育的发展趋势表明：无论由"特殊技能"走向"综合技能"、"系统技能"和"胜任力"的课程理论，还是在职业教育中注入"学术性要素"的课改实践，都是沿着"职普融通"的渐进路线发展的。

**2）辩证超越**

（1）课程社会学中的"辩证课程理论"

①代表性理论

课程社会学中"辩证课程理论"的代表是麦克·扬（Michael Young），他在1998年出版的专著《未来的课程》①中，对这一理论进行了系统阐述。

该理论揭示了教育和课程模式转换与时代、社会及其经济结构变化的密切联系，剖析了二战以来欧美特别是英国职业院校课程发展中"学术课程"与"职业课程"的分离过程及其课程理论的局限性，并着眼于后工业时代的经济变革及由此引起的职业结构变化，指明未来课程发展的总趋势是"'学术课程'与'职业课程'的整合"。

②启示与展望

麦克·扬关于"课程模式转换与社会经济结构变化相关"的研究，对于"学术学习与职业学习""作为事实课程（理论）与作为实践课程（工作导向）"等片面观点的批判，对于"以结果定义课程方式"（"学习结果导向"）和"模块化课程方式"利弊的分析，对于从"分化的专业化""总和的专业化"向"联系的专业化"发展趋势的描述，以及将"联系的策略"作为未来课程内容组织的新方式，特别是将"辩证形式"作为未来课程原则的主张，既是对美欧职业院校"整合性"课改的理论总结，也是对其未来发展的指导。

（2）21世纪教育"基本要求"

1996年，由雅克·德格尔任主席的国际21世纪教育委员会在其向联合国教科文组织提交的《教育：财富蕴藏其中》报告中，对"21世纪教育"提出了四个"基本要求"：使学生"学会认知、学会做事、学会共同生活、学会生存"。它们合起来构成了未来人才的四大支柱。其中，"学会共同生活"强调"与人合作"、"与人交流"和"团队精神"等社会协调能力，可并入"学会做事"；"学会生存"的核心是"学会做人"。

四个"基本要求"是在总结"整合"阶段世界特别是欧美发达国家教育和课改经验的基础上提出的前瞻性要求，是对"知识本位"与"能力本位"教育观的超越。

（3）21世纪学习框架

①框架要点

成立于2002年的"美国21世纪技能联盟"经过10年研究，提出了"21世纪学习框架"（以下简称"框架"）。根据该"框架"，"21世纪学习"正在由"师本教学、直接讲解、聚集知识、覆盖内容、基本技能、事实与原理、掌握理论、设置课程、相互竞争、局限课堂、基于文本、总结性考试、为就业而学"等，加速转向由前者与"生本教学、互动交流、重视能力、落实过程、应用技能、设问与问题、重视实践、项目学习、彼此

---

① 扬. 未来的课程［M］. 谢维和，译. 上海：华东师范大学出版社，2003.

合作、放眼全球、基于网络、形成性评估、为生涯而学"携手并进的新平衡。

②倡导"新平衡"

"框架"倡导的不是在诸多对立环节中进行"非此即彼"的选择，而是要求这些对立环节"携手并进"，建立一系列"新的平衡"，诸如"'师本教学与生本教学'的'新平衡'""'直接讲解与互动交流'的'新平衡'""'聚集知识与重视能力'的'新平衡'""'覆盖内容与落实过程'的'新平衡'""'基本技能与应用技能'的'新平衡'""'事实与原理'同'设问与问题'的'新平衡'""'掌握理论与重视实践'的'新平衡'""'设置课程与项目学习'的'新平衡'""'相互竞争与彼此合作'的'新平衡'""'局限课堂与放眼全球'的'新平衡'""'基于文本与基于网络'的'新平衡'""'总结性考试与形成性评估'的'新平衡'""'为就业而学'与'为生涯而学'的'新平衡'"等。

③尝试"新超越"

"框架"体现了美国高校课程和教学设计理论发展研究的21世纪新成果。"新平衡"就是"新整合"。如果说在20世纪末，美国综合性大学的课程改革侧重"通识"与"专识"的"整合"（"融合"），欧盟的大学课改侧重"通能"与"专能"的"整合"，那么"框架"则开始关注"整体知识"与"整体能力"的进一步整合，开启了超越"整体知识观"与"整体能力观"的教育理论发展新征程。

## 二、逻辑反思

### 1. 传统教育模式

此处"传统教育模式"，是指关于"教育过程"的"知识本位"与"能力本位"传统模式："知识本位"的传统模式，是指布鲁纳"学科结构"课改倡导的模式；"能力本位"的传统模式，是指"工作导向"模式。

#### 1）模式交集

（1）"结构-建构"主义

在方法论上，"两种本位"的"传统模式"都是"'结构-建构'主义"的。

一方面，它们都是"结构主义"的，都将"结构"视为"教学中心"："知识本位"传统模式将"知识结构"（学科结构）视为普通教育的"教学中心"；"能力本位"传统模式将"工作结构"（行动结构）视为职业教育的"教学中心"。

另一方面，它们都是"建构主义"的，都将"掌握'结构'"视为学生学习的"主要任务"："知识本位"传统模式将"掌握学科的基本结构"视为学生学习的主要任务[①]；"能力本位"传统模式将"掌握工作（职业行动）的基本结构"视为学生学习的主要任务。

（2）工作导向

就"教育途径"或"学习途径"而言，"两种本位"传统模式的"指导性理念"都是"工作导向"，都主张"学生学习"模仿"成体工作"：布鲁纳"学科结构"模式要求将科学家发现的"思维过程"或"思考顺序"作为教学设计的"过程模式"；"能力本位"传统模式要求将"职业成手"的"行动过程"或"工作顺序"作为教学设计

---

① "学习任何学科，主要是使学生掌握其'学科结构'"。参见布鲁纳. 教育过程［M］. 邵瑞珍，译. 北京：文化教育出版社，1982：31.

的"过程模式"。

（3）"假设"与"信念"

布鲁纳的假设以所谓"中心信念"为前提，即"无论在哪里，在作为'知识高端'的科学家研究室也好，在小学生教室也好，其智力活动全都一样"①。

同样的"假设"和"信念"也为"能力本位"传统模式的倡导者所秉持。这些倡导者同样相信：无论在哪里，在作为"技术高端"的工程师实验室（或企业）也好，在职校学生的教室（或实训基地）也好，其技能活动全都一样②。

2）"交集"中的误区

（1）层次跳跃

在中小学生"智力活动"和职校生"技能活动"与科学家"学术活动"和工程师"技术活动"之间，存在"原格局"的层次差异。无论由中小学生"智力活动"升级为科学家"学术活动"，还是由职校生"技能活动"升级为工程师（或"职业成手"）的高端"技术活动"，其建构都面临"原格局"基础上的层次跳跃："跳跃"跨度越大，难度就越大。随之而来的，是该模式"适用性"的递进式"弱化"。

（2）经验论误导

"传统教育模式"关于"通过'基于学习经验'的'建构'来化解'层次跳跃'"的主张，是一种经验主义的误导③。

对于中小学生或职校生来说，无论是科学家的"学科结构"，还是工程师（职业成手）的"技术结构"，都远非"通过'发现学习'或'工作学习'的'学习经验'就能建构"那么简单。

（3）机制错位

要求学历教育在校生的"学力发育过程"模仿科学家和工程师"工作过程"的理论失误，更在于"机制错位"。

学历教育在校生的"学力发育"受制于其"发育机制"；科学家和工程师的"职业工作"受制于其"行动机制"。

在校生的"学力发育机制"是指在内外教育环境影响和作用下，个体从"学力'结构-建构'初始"到"学力'结构-功能'分化"，再到"学力'形态发生'""学力'结构组织'相互影响"，直至"成熟为'胜任力'"的结构演化方式和过程；职业成体的"行动机制"是指基于"胜任力系统"既定组织结构与功能的工作方式和过程。

如果一位生物学者脑洞大开，倡导"发育改革"，要求"生物个体的发育过程"遵循"基于'成体内部组织结构与功能'的'生理活动序化进程'"，人们会有何感想呢？

---

① 布鲁纳. 教育过程［M］. 邵瑞珍，译. 北京：文化教育出版社，1982：33-34.
② 劳耐尔就主张，职业教育应"以工作为导向"，以"企业场景"为依托，"学员学习"应对标"成手行动"，"教育过程"中"专业课的内容序化"应对标"工作过程的任务序化"。
③ 布鲁纳说过：在美国，"经验主义论点长期成为支配意见，而'学习理论'又长期充当它的扩音器"。遗憾的是，他的"发现学习"诉诸的"直觉主义表达"也强不了多少。

"传统教育模式"的"'工作导向'诉求"正与此相仿①。

### 3）反驳与抵制

（1）对"经验主义"诉求的反驳

关于"中小学生或职校学生通过'发现学习'或'工作学习'的学习经验，就能够重构科学家'学科结构'或工程师（职业成手）'工作结构'"的主张，可"以生物学史和哲学史为鉴"予以反驳。

与"中小学生'智力活动'和职校生'技能活动'"不同，科学家和工程师的"工作活动"以"知识密集"和"技术密集"的"高层次结构"为基础。对于中小学生和职校生来说，这个"高层次结构"不能"经验发生"，正如"生命活动"所依据的"有机结构"不能"自然发生"一样。

在生物学领域，"自然发生论"认为生命及其有机结构可以随时由非生命的无机物质自然产生，如"腐肉生蛆""水生蝌蚪"。斯帕兰札尼（Lazzaro Spallanzani）和巴斯德（Louis Pasteur）用实验反驳了"自然发生论"，提出"现存生物只能源于生物"的"生源论"（1768，1859）。

在哲学领域，"经验发生论"也经历了由兴到衰的历史演变过程：

洛克（John Locke）的"白板说"主张"人类的一切知识都源于经验"（《人类理智论》，1690）。休谟（David Hume）质疑"经验发生的知识之普遍性和必然性"（《人类理智研究》，1748），提出"经验怀疑论"。康德（Immanuel Kant）用"先验论"取代了"经验论"，以其被海涅称为"精神解剖学"的"三批判"（《纯粹理性批判》《实践理性批判》《判断力批判》，1781—1790）证明：在近代，一切"普遍性和必然性的原理"——无论是"认知原理"、"实践原理"，还是"审美原理"——都"源于人类纯粹理性总源泉"，即一种"先验的'人文-心理'结构"，这个"结构"不能从当下的经验发生。

这是基于生物学史和哲学史的反驳。

（2）对"直觉"诉求的反驳

关于"发现学习"诉诸的"中小学生'直觉'"②，可"以物理学史为鉴"，辨其真伪。

直觉告诉人们，使一个物体运动得越快，必须用越大的力去推它。亚里士多德（前384—前322）在他所写的《物理学》中，把这一直觉观念表述为："推动一个物体的力不再去推它时，原来运动的物体便归于静止。"

过了1900多年，伽利略用科学观念纠正了直觉观念的错误。他在《两种新科学的对话》（1638）中将其表述为："一个物体，假如既没有人去推它、拉它，又没有人用别的方法去作用它，此物体将均速运动。"

又过了一代以后，牛顿在《自然哲学的数学原理》（1687）中把这个正确的结论写成惯性定律，即"任何物体，只要没有外力改变它的状态，便会永远保持静止或匀

---

① 在劳耐尔倡导的"行动领域"课程模式中，这种诉求最为典型。在他那里，"教育过程"中"在校生的'学力发育机制'"从一开始就被混同于"职业成体的'行动机制'"；"学力发育"的"复杂演变过程"被曲解为"职业成体"工作的不同水平经历，即"从生手到专家"的"五阶段发展过程"。

② 布鲁纳自称他的专著《教育过程》是"一本按照结构主义表达知识观、按照直觉主义表达认识过程的书"。

速直线运动状态"[1]。

人类对如此简单的物理现象认识，由"直觉观念"上升到"科学观念"，即便是科学家都要花费 2 000 多年时间，更不用说"凭学生的直觉经验"了。

这是基于物理学史的爱因斯坦反驳。

（3）"实践层面"的抵制

实践是检验真理的标准。以布鲁纳《教育过程》为理论指导的"'学科结构'课程改革运动"导致美国中小学教学质量下降，历时不久就以失败告终。主要抵制来自内外两方面：

"外部抵制"的主体是美国广大教师、学生和家长，其反对的理由大多基于直接感受，如"教材难度过大""教师素质太差""学生无法接受"等[2]。

"内部抵制"以"学科结构"课改运动的美国骨干成员、号称"第二号旗手"的施瓦布为代表。他在 1969 年出版的专著《实践：课程的语言》中指出："学科结构"运动使课程领域步入穷途末路，需要新的原则和方法才能继续推进课程的发展。

上述抵制虽未涉及本"总序"揭示的"机制错位"，却终结了美国"学科结构"课改运动，可视之为"基于'实践标准'"的反驳。

（4）"基于推理"的反驳

"交集中的'误区'"和"多重反驳"证明了一个事实，即布鲁纳在其《教育过程》中提出的"著名假设"是伪命题，其以之为据的"信念"更不足取。

由于"'两种本位'传统模式"的误区存在于上述"交集"中，所以其中一方"假设"和"信念"被证伪，另一方同类"命题"和"信念"也同时被证伪。

这是"基于充要条件假言推理"的反驳[3]。

**2. 范式转换**

随着"博洛尼亚进程"和"EQF 课改运动"发起"范式转换"，一度成为主流模式的"工作导向"于 21 世纪初正式退出欧盟各国教育舞台，取而代之的是"学习结果"及其相关"范式转换"。

**1）转向"学习结果"**

进入 21 世纪，信息时代的经济结构变化导致欧洲"结构性失业"加剧。一方面，青年和失业群体的职业变动愈演愈烈，有波及其职业生涯之趋势，探求适合"终身学习"的"最佳学习范式"成为必要；另一方面，"欧洲高等教育一体化"（《博洛尼亚宣言》，1999）本身也迫切需要某种可以在不同国家和教育领域间提升能力与资格的透明度、可比较性、转换性和认可度的"通用学习范式"。

在此背景下，欧盟选择了"学习结果"（learning outcomes）[4]，将其作为一种重塑价值观和方法论的范式来引领 QF-EHEA 学术资格教育和 EQF 职业资格教育发展。

与侧重"输入端"课程与教学资源建设的传统教育不同，"转换"后的欧盟教育

---

① 参见爱因斯坦，英费尔德.物理学的进化［M］.张卜天，译.北京：商务印书馆，2019：第1章"运动之谜"。
② 这些"基于直感"的"反对"，无非关于前述"层次跳跃"的主观表达。
③ "p 当且仅当 q，非 q，所以非 p"。
④ "成果导向教育"（Outcome Based Education，OBE）由美国学者斯派狄（Spady）最早提出（参见其1981出版的专著《基于成果导向教育模式：争议与答案》），其方法论基础源于贝塔朗菲（Ludwig Von Bertalanffy，1901—1972）的"异因同果型"原理。

将研究重点转向对"学习结果"的示范、评估与验收，强化了教育输出端管理。这在世界教育史上是一种创新，具有积极意义，值得正视和借鉴。

**2）转向"多样途径"**

德国著名职教专家劳耐尔对"学习结果"转向极为敏感。他批评说："学习结果"将使"教育途径"问题变得无足轻重，并波及"工作导向"和"双元制"职教模式。劳耐尔教授说得不完全对。

首先，"学习结果"并没有特定化"学习领域"，而是全方位涵盖"正式的、正规的及非正式的、非正规的"各类学习，其中包括工作场所的经验习得和实践学习。[1]

其次，"学习结果"诉诸"'学习途径'的灵活性"，允许学习者自主选择适合自己的"学习途径"：这途径那途径，取得"学习结果"就是好途径。这对于青年、失业者和所有需要继续教育的人来说都是福音。

最后，"学习途径"的"多样性转型"是一把"双刃剑"：一方面，相对于固执"工作导向"单一途径的DACUM、MES和德国"学习领域"来说，允许"多样性选择"是一种思想解放，为各种"学习途径"享有同样的"正当性""合法性""平等性"打开了方便之门；另一方面，"转型"对于各种"学习途径"不分主次、一视同仁，无异于剥夺了"学历教育"和"校本学习"在各类教育中的主导地位，具有负面影响。

**3）转向"学力发育"**

"学习结果"包含的另一个"异中之同"诉求，是"结果取得"需要"一个过程"。

"Outcome"区别于result，由"out"（向外）和"come"（出来）组成，引申词义是"经过一系列发展变化所导致的最终结局"。诉诸"学习进程"的"过程性"和"阶段性"，客观上将研究重心引向"学力发育"的"形态学描述"。

在QF-EHEA的IQM描述中，可以看到"预期胜任力"在"不断优化迭代的教育过程"中，"依照一定的逻辑线索和时空次序逐级提升"，直至"发育"成以最高"预期胜任力"为"标的"的"学术表型"；在EQF描述中，同样具体展现了"胜任力"（"职业资格"）从1级到8级，直至"职业表型"的"渐进性发育"经历。

"转向'学力发育'"，是"学习成果"逻辑发展的必然结果，是对前述"机制错位"的"潜在"纠正。

**4）转向"胜任力建构"**

传统职业教育"目标描述"中的"知识、技能、态度"只有一个向量，即展现于"任务模块"中的"横断描述"；与之不同，转换后的"目标描述"增加了一个向量，即"'胜任力建构'的纵向描述"。

在QF-EHEA中："预期胜任力建构"的"横向描述"兼顾"认知"与"实践"；"纵向描述"与"'预期胜任力'升级过程"相伴，且其内涵渐次丰富和深化，从最初"知识理解与应用"到"知识创新"，乃至"用'原创性'知识促进文化、科技和社会发展"。

在EQF中："胜任力建构"的"横向描述"兼顾"知识、技能、关键能力、综合

---

[1]　在欧盟"学习结果"范式转换背景下，如果劳耐尔教授对"高等职业教育"的"工作过程导向"仍情有独钟，当他获知本"总序"中"2）'交集'中的误区"和"3）反驳与抵制"各小节内容后不知会有何感想。

素质、责任与自主性"；"纵向描述"随着"胜任力"的晋级，内涵逐步扩充与提升。

　　欧盟各国高等教育一并转向"双维度描述"的"胜任力建构"，表明基于单纯"横断描述"的传统"目标模式"已成明日黄花。

　　**3. 其他反思**

　　**1）当"对接"遭遇"变化"**

　　西方发达国家职业教育课程改革的共同诉求，是"与工作世界对接"。然而20世纪90年代以来，信息技术和生物技术双重革命改变着经济和社会，人工智能、区块链、基因工程、大数据算法和生物工程等新技术革命正在推动"工作世界"变化加速。在今日世界，"改变"成为"唯一不变的事"①。

　　面对变化日益加速的"工作世界"，除了依靠"事后补救"（"继续教育"和"终身教育"）外，对高职教育在校生还应要求些什么，这是包括专业教育在内的中国高等职业教育不能不考虑的。

　　**2）"辩证超越"**

　　新旧世纪之交，国际21世纪教育委员会向联合国教科文组织提交《教育：财富蕴藏其中》（1996）；英国伦敦教育学院著名教授麦克·扬在其课程社会学著作《未来的课程》（1998）中提出"辩证课程理论"；美国21世纪技能联盟"提出"21世纪学习框架"（2012）。这些文献顺应前述"从'两极对立'到'辩证超越'"的课程理论发展趋势，从不同侧面将"辩证超越"新任务提上日程，即通过"整合'整体知识观'与'整体能力观'"，建构"整体论"课程观。

　　探索包括"新任务"在内的"辩证超越"，是新时代中国特色高等职业教育课程与教材建设的不二选择。

　　**三、中国高等教育课改**

　　习近平总书记在党的二十大报告中指出，"教育、科技、人才是全面建设社会主义现代化国家的基础性、战略性支撑""教育是国之大计、党之大计。培养什么人、怎样培养人、为谁培养人是教育的根本问题"。这是以习近平同志为核心的党中央对新时代教育事业的总体战略部署，也是面向未来的中国特色高等职业教育课程与教材建设的指导思想。

　　**1. 课改历程**

　　改革开放以来，中国普通高校课改与美国高校课改基本保持同步，中国职业高校课改则相对滞后。

　　**1）普通高校课改**

　　20世纪90年代，中国普通高校借鉴美国大学同期"以'整体知识观'为指导"的课改经验，探讨"素质教育"框架下的"通识课程"加"专业课程"的课程体系建设。

　　21世纪前十年，教高〔2001〕4号、教高〔2005〕1号、教高〔2007〕1号和教高〔2007〕2号文件要求将"注重学生创新精神和实践能力的培养""培养大学生的团队协作意识、创新精神和创新能力"等"通能"导入"普通高等教育"。

---

　　① 赫拉利. 今日简史［M］. 林俊宏，译. 北京：中信出版集团股份有限公司，2018：251.

21世纪第二个十年，中国研究型大学启动"以人才、学科、科研三位一体的创新能力提升为核心任务，以高校、科研机构、企业协同创新中心为载体，以创新发展方式转变为主线"的"211计划"，开始向"创业型大学"转型，其课程建设进入与美国20世纪90年代以来"从'研究型'向'创业型'转型"发展相对应的阶段。

由教育部、财政部、国家发展改革委联合印发的《统筹推进世界一流大学和一流学科建设实施办法（暂行）》和《关于深入推进世界一流大学和一流学科建设的若干意见》，将"培养拔尖创新人才"，即"坚持立德树人，突出人才培养的核心地位，着力培养具有历史使命感和社会责任心，富有创新精神和实践能力的各类创新型、应用型、复合型优秀人才""全面提升学生的综合素质、国际视野、科学精神和创业意识、创造能力"作为"双一流"大学建设任务，标志着中国"双一流"大学的学科建设已进入与美国大学"向整合'整体知识观'与'整体能力观'发展"的相对应阶段。

**2）职业高校课改**

（1）"知识本位"课程重建

"文化大革命"后的中国职业高校课程改革与重建，是在普通高等教育的基础上开始的①。此时的中国高职高专教育部分受苏联影响，部分受普通本科教育影响，"知识本位"占主导地位。高职院校的主要类型，是"文化大革命"前就已存在的"高等专科学校"，其中有不少是借鉴20世纪50年代的苏联模式建立起来的。"专科"被理解为"专门学科"，教学理论未摆脱凯洛夫的"三中心""五环节"框架②，开设的课程类型大都是"学科导向"。在这里，"专科"与"普通本科"的区别，被理解为"'专科'是'本科'的简化和压缩"。

（2）转向"能力本位"

在继起阶段，中国职教界的改革开放，以导入西方"能力本位"职教理念和课程模式为基本特征。随着德国"双元制"（江苏，1983；北京，1983；山东，1991；河北，1996）、国际劳工组织MES（北京，1989；上海，1989；山东，1996；湖北，1997）、北美DACUM（浙江，1990；四川，1991；山西，1998；重庆，2012）、英国BTEC（北京，1999；辽宁，2002；河北，2007）等课程模式被相继引进，职教界课程改革呈现"能力本位"的"多样化"格局。

从这时起，中国职业高校课程改革运动的总趋势，是借鉴西方发达国家20世纪70至80年代经验，转向"'专能与通能'并重"的"职业性"课改。

《职业教育提质培优行动计划（2020—2023年）》等文件的出台，以及中国教育发展战略学会国际胜任力培养专业委员会第一次全国会员代表大会暨国际胜任人才培养论坛（2021）的顺利举行，标志着"整体能力观"指导下的中国职业高校课改向纵深发展。

（3）"学术性"与"职业性"整合

从本世纪第二个十年起，与新兴产业相关的中国行业性高校开始从"学术型"向"应用技术型"转型，"探索'应用技术型''技术技能型'人才培养模式"（《关于全

---

① 直至2008年，教育部从"普通高等教育'十一五'国家级规划教材"中评选出来的高职高专精品教材，还被冠以"普通高等教育精品教材"名称。
② 凯洛夫的"三中心"是指"以教师为中心，以课堂为中心，以知识为中心"；"五环节"是指"组织教学，复习旧课，讲授新课，巩固新课，布置作业"。

面提高高等教育质量的若干意见》（2012），《关于加快发展现代职业教育的决定》（2014）），标志着中国普通高校的应用型本科课程建设开始进入"'学术性'与'职业性'整合"的发展阶段。

**2. 差距与机遇**

**1）职业高校课改差距**

中国职业高校课程改革主要借鉴了西方发达国家20世纪70—90年代的经验，对其本世纪以来的课改动向和发展趋势关注不足，主要表现为：

（1）对反映当代特别是21世纪以来世界高等教育课程观发展综合化趋势的"'整体论'课程观"关注不够，其课程模式仍不同程度地受"传统方法论"的支配。

（2）对欧洲职业资格框架（EQF）中实现的"模式转型"缺少深入研究与全面评估。

（3）漠视"从'两极互渗'到'辩证超越'"的当代世界高等教育理论发展总趋势，对本应辩证处理的许多"矛盾"仍不同程度地持"非此即彼"的形而上学选择。

**2）"盲点"中的机遇**

在正视差距的同时，也要看到：在西方发达国家的"知识本位"和"能力本位"传统课程模式中，迄今存在"教育理论"的"盲点"，即前述"交集"中的"误区"（特别是"机制错位"）。深入研究这些"盲点"或"误区"，是中国高等职业教育实现"弯道超车"的理论前提。

如果说"差距"意味着不足与挑战，那么率先克服"盲点"就是"机遇"。

**3. 研究对策**

**1）"职普融通"与"类型定位"**

习近平总书记在党的二十大报告中强调：统筹职业教育、高等教育、继续教育协同创新，推进职普融通、产教融合、科教融汇，优化职业教育类型定位。

"融通化"与"类型化"是当代中国高等教育发展中既相互区别，又互相联系的两个方面，是"教育链"通过"人才链"与"科学链""技术链""产业链"有机衔接的重要保证①。

"职普融通"是"当代科学、技术与产业融合发展"在"教育链"上的联系性体现；"类型定位"是"当代科学、技术与产业分化发展"在"教育链"上的区别性体现。

探索中国高等职业教育专业课程与教材建设"职普融通"与"类型定位"方式，是"对策"研究中的首要选项。

（1）教育类型

区别"职普融通"中的高等教育类型，就是"普通本科教育"对标"基础学科链"，侧重"'基础学科知识'传承"，兼顾"融合"中的"科研创新"，旨在培养"高层次、高素质'学科知识型'"人才；"应用本科教育"对标"应用学科链"，侧

---

① "产业链"包含从原料到成品的所有环节，由生产同质产品或服务的企业群构成；"技术链"是指由多种不同技术组成的整体系统，包括基本技术与核心技术。进入21世纪后，随着我国"产业链"从"劳动密集型"和"资本密集型"向"技术密集型"和"知识密集型"转型，"知识链"和"技术链"对推动"产业链"发展起着至关重要的作用。

重"'应用学科知识'传承"，兼顾"融合"中的"应用研究"，旨在培养"高层次、高素质'复合应用型'"人才；"高职高专教育"对标"技术链"，侧重"技术传承"，兼顾"融合"中的"技术研发"[①]，旨在培养"高层次、高素质'技术技能'型"人才；"中等职业教育"对标"产业链"，侧重"'技能传承'"，兼顾"融合"中的"技能创新"，旨在培养"中层次、高素质劳动者和技能型"人才。

（2）教学内容

在高等职业教育专业教学内容上兼顾"职普融通"与"教育类型"，就是顺应当代世界职业教育由传统"'职业性'与'学术性'分离"向"'学术性-职业性'整合发展"的大势，将"当代'科学-技术-产业'融合发展"的教学内容，体现在相互联系、密不可分的"认知基础""技术延伸""情境表征""技术应用"诸环节，并且"重心"逐步后移，做到"理论教学"必需、够用，"实务教学"周详充分，"案例教学"典型多样，"实训教学"具体到位。

（3）价值取向

在高等职业教育专业课程与教材建设中坚持"职普融通"的"价值取向"，就是对标当代中国经济由"传统经济"向"集'自然价值''创新价值''市场价值''经济价值''社会主义核心价值'于一体"的"循环经济"转型，将"课程思政"（即关于"应当怎样"的知识）融入教学内容各环节，对学生进行"职业精神""科技精神""敬业精神""社会主义核心价值观"培养，激发学生"爱职业、懂科技、精专业、能思政"的"价值精神"。

（4）质量管理

无论是美国"学科结构"课改运动"第二号旗手""证伪者""终结者""实践性课程理论"倡导者施瓦布，还是欧盟 QF-EHEA "内部质量管理"、EQF5~8 级"课程开发"，都强调专业课程与教材建设需要行业代表和相关领域专家共同参与，这是专业课程与教材建设质量控制的重要保证。《教育部办公厅关于加快推进现代职业教育体系建设改革重点任务的通知》（教职成厅函〔2023〕20号）中的"开展职业教育优质教材建设"也强调了这一点。

中国高等职业教育专业课程与教材建设坚持"质量把关"，就是除了要求在课程与教材内容设计上必须有相关"产业链"的"企业行家"参与（借以把好"技能操作关"）之外，还要求相关领域的专家介入（借以把好"'技术链'向'产业链'转化"，及其"向'高职教育链'转化"的"全面质量关"）。

2）绕开"交集"

如前所述，要求"教育过程"中的"课程内容序化"模仿高等职业成体的"活动过程"，是"工作导向"与"学科结构"课改诉求的"交集"。学历教育"在校生"的"学力结构"与"职业成体"的"胜任力结构"之间的层次差异（特别是与"学术-技术"成体的差异）越大，此等诉求就越是行不通[②]。

---

[①]　在当代，"技术"是连接"科学"与"产业"的枢纽：一方面，"高新技术"以"基础科学研究"中的"新突破"为源头和指导；另一方面，整个"高新产业链"都建构在"高新技术链"上，"高新技术链"升级带动"高新产业链"升级。"职业技术学院"中的"技术"，应以这个"枢纽"为基本定位，以"技术的'传承-创新'与应用"为重心；其"高等教育类型""专业课程类型""课程教学内容"定位均以此为据。

[②]　该诉求的适用领域，应限于技术含量不高的古代家庭手工业、中世纪"师傅带徒弟"的手工作坊，以及今日以"简单操作"为特征的驾车、厨艺、按摩、美容、汽修等服务业低端职业群体的技能培训。

布鲁纳"学科结构"改革运动的失败，证明这个"交集"是误区和陷阱。无论是"知识本位"还是"能力本位"教育，都应该绕开这个"交集"。

探索绕开"交集"的途径，是"对策"研究中的紧要选项；区别两种"不同机制"，即"'职业成体'活动机制"与"'学术-技术'个体发育机制"，是包括高等职业教育在内的各类教育与课程改革向纵深发展的理论前提。

**3）补齐短板**

缺少通识教育，特别是科学精神与人文精神教育，是欧盟各国"能力本位"职业教育的"短板"，与当代科学技术发展的主流趋势不符：一方面，当代科学精神与人文精神具有"融通共建"关系，科学精神是"求真"，是关于事实的"是什么、为什么"知识；人文精神是"向善"，是关于价值的"应当怎样"知识。另一方面，当代科学技术发展呈现传统学科、新兴学科、前沿学科、交叉学科、冷门学科等诸多学科交叉融合、自然科学与社会科学互相渗透、各种技术汇聚集成的总态势。

高等职业教育课程与教材建设要体现"融通共建"，就要将当代人文精神、价值观和思政要素浓缩于专业课程与教材的内容设计中；要反映"总态势"，就要将其浓缩于"通专相辅"的课程与教材体系架构中。

"科学精神"和"人文精神"是"科学素养"和"人文素养"的核心；"马克思主义"和"中华优秀传统文化"是"四个自信"的基石[①]。培育"科学精神"、"人文精神"和"四个自信"，应当与培育"政治素质"和"专业素质"一起，作为新时代中国高职高专"素质教育"的基本组成部分。

在我国，"关注科学精神与人文精神"的相关规定早在基础教育阶段就被列入《大纲》。在该阶段，培育"两种精神"是通过"教学内容综合化"和"多学科渗透"方式实施的。

中国高职高专教育应当更进一步，将"现代科学技术概论""人文社会科学概论""毛泽东思想和中国特色社会主义理论体系概论""中华优秀传统文化概论""马克思主义哲学原理"（以下简称"四论一理"）一并增补到公共基础课程体系中，作为各专业培育"科学精神"、"人文精神"和"四个自信"的必修通识课。

就可行性而言，美国社区学院、欧盟 QF-EHEA 短期专科和 EQF5 职业教育与培训的学制均为 2 年，中国高职高专学制为 3 年，学时介于美国高职与本科、欧盟 EQF5 与 EQF6 之间。增加一学年时间的中国高职高专教育，有条件将"四论一理"纳入其中[②]。

总之，体现"融通共建"并反映"总趋势"，理应作为"对策"研究中的重要选项。

**4）发挥所长**

忽视严格意义上的"技术教育"，既是北美 DACUM、国际劳工组织 MES、德国"双元制"等传统职业教育与培训的软肋，也是欧盟 QF-EHEA、EQF，乃至美国社区学院职业教育的软肋。DACUM 和 MES 课程开发仅基于"企业工作分析"；德国"学

---

[①]　习近平总书记强调：在五千多年中华文明深厚基础上开辟和发展中国特色社会主义，把马克思主义基本原理同中国具体实际、同中华优秀传统文化相结合是必由之路（《在文化传承发展座谈会上的讲话》，2023年6月2日）。

[②]　像 EQF5 "二年制职业教育与培训"和 QF-EHEA "短期高等教育"那样，只要求学生"掌握某一工作或学习领域内综合的、专门的事实与理论性知识，以及跨学科知识"，将导致其底蕴不深，发展后劲不足，连欧盟各界都斥之为"学制过短"、"急功近利"和"浓重的商业化倾向"。

习领域"只关注"双元制"中的"产业链";QF-EHEA 着眼"学术资格",其"学习结果描述"从硕士资格到博士,专注"学科知识"的把握、研究与创新;EQF5~7 着眼于"职业资格",其"学习结果描述"对标欧盟劳动力市场需要的"知识、技能、责任与自主性"(仅在 EQF8 级描述中出现"技术技能"述项);在美国社区学院,"转学教育"是最重要、最基本的任务,"职业技术教育"的目标是培养学生的实际操作能力和职业技能,即便"生技教育"阶段开设的"连接课程""多学科课程""基于学习共同体的'融合课程'"等,其重心也未向"严格意义"上的"技术"倾斜。

西方学者通过现代统计方法指出,"技术创新"是经济发展新高潮的基础,历史上每一轮全球经济的再次复苏,都离不开"技术创新"。在当代,"技术创新"更是连接"科学发现"与"产业升级"的枢纽:一方面,"科学新发现"与"技术新发明"相互渗透,组成"科技创新系统";另一方面,"技术创新"推动产业结构升级,使各个生产部门之间不断调整、创新、替代和重组。

中国职业教育的"所长",在于高职高专院校均以"职业技术学院"命名,定位重在"技术",抓住了当代西方职业教育与培训的软肋,难能可贵。

一般来讲,"技术"是关于人类改造世界,从事生产的原理、方法、工艺或服务的系统知识。严格意义上的"技术",应指"基础理论"在"改造世界的'应用研究'"中"所有发明、创造和开发"的成果总称。①

"技术"(Technology)区别于"科学"和"技能":"科学"(Science)是关于人类对客观事物认识的可检验、可预测的系统知识;"技能"(Skill)是人类通过练习而形成的活动方式或动作方式。

中国高职高专教育中的"职业技术"指的是什么,各专业的"专业技术"内涵如何,每门专业课的"技术"内涵又如何,诸如此类的问题目前还很少有人能解释清楚。在多数场合,"技术"都被混同于"技能"。要真正"发挥所长",就要把单纯"定位名称"中的"技术"变为"实际强项",即赋予其与"技术创新"中"技术"相同的含义。这是"对策"选择中需要深入探究并在课改实践中具体落实的重要课题。

**5)强化韧性**

传统教育满足于"从学校到工作"(School-to-Work,STW)的"双向对接"。然而当今世界"一切都在改变,而且改变的步伐在不断加速"。

为应对流变,美国用"从学校到生涯"(School-to-Career,STC)的"生涯与技术教育"取代了"从学校到工作"的"职业技术教育";欧盟强调:通向 Career 的路径不止 School 一条,能取得"学习结果"的"条条道路通生涯"(All Roads Lead to Career)。

对中国高等职业"生技教育"来说,至少有两点应当补充:

第一,"条条途径通生涯"不能以"不分'途径'主次"为代价,"应对探究"应当以"校本学习+"的主流途径为基础。"校本学习"除了对学生传递"与工作世界对接"的既定"知识、技能与态度",还要教给学生如何选择、处理、理解、利用和

---

① 高职与中职在人才培养目标上的层次区别不在于"策略技能型"与"经验技能型",而在于"技术技能型"与"技能型"。这也是国发〔2014〕19 号文件中关于高职高专"培养产业转型升级和企业技术创新需要的技术技能型人才"中"技术"的应有之义。

创造性地转化信息以及"4Cs"。[①]

第二，"生技教育"除了以"学历教育的'校本学习'"为基础，通过"继续教育"不断重复地与变化的"工作世界对接"，更要培育和强化学生的"韧性"（resilience），即能够随机应变，学习新事物，在不熟悉的新环境里仍然保持心态平衡，不断重塑自己的能力[②]。在这一点上，无论是欧盟 QF-EHEA 和 EQF 的"学习结果"，还是美国教育心理学家克朗伯兹（Krumboltz）关于生涯发展的"五种态度说"、美国职业管理学家萨柏（Donald E.Super）的"职业生涯发展理论"，乃至"美国21世纪技能联盟"的"21世纪学习框架"，均未涉及。

将"4Cs""自主处理与转化信息能力""韧性能力"等内涵增补到"校本学习"的"框架"中，并贯穿于"学生学力建构"的全过程，理应作为"对策研究"中的"补救性"选项。

**6）摆正关系**

"摆正关系"是"对策研究"中的"思维方式"选项。所谓"摆正关系"，是指以马克思主义唯物辩证法为指导，借鉴"总序"的"逻辑反思"中"辩证超越"提及的各种课程理论之合理内核，将高等职业教育课程与教材建设涉及的诸多"对立"或"并行"模式，从"非此即彼"或"片面性"中解脱出来。诸如：

（1）对标"辩证课程理论"，将关于"课程类型"的"'学术性'与'职业性'""'人本主义'与'工具主义'""'道德主义'与'功利主义'"等传统"两极对立"，转型为"'整体论'课程观"指导下的"多元整合型"课程模式。

（2）对标"职普融通"，将关于"课程设置"的"'基于学科'的模式"与"'基于能力'的模式"传统"两极对立"，转型为"基于'学科-能力'融合的模式"。

（3）对标"新老三论"和"分子生物学"的系统论框架，将"'学术-技术'个体'学力发育'"中"预成论"与"渐成论"的"两极对立"，转型为"'目标模式'与'过程模式'辩证统一"模式。

（4）借鉴"21世纪教育'基本要求'"和"21世纪学习框架"，将关于"课程目标"的"重认知轻做事"与"重做事轻认知"的传统"两极对立"，转型为"以健全职业人格为导向""既会认知，也能做事，更懂做人"的"'整体论'学力框架"模式。

（5）对标"教育学中心法则"，将关于"课程方法"的"教师中心"、"学生中心"、"多中心"或"无中心"等传统模式，转型为"以'觅母表达过程'为中心的'教学闭环'"模式（详见下文）。

（6）借鉴"21世纪学习框架"，将关于"课程取向"的"目标模式"（泰勒）与"'实践-历程'模式"（劳伦斯·斯腾豪斯）的传统"两极对立"，转型为兼顾两者与"情境模式"（劳顿、普林、英戈以及斯基尔贝克）的"'三者统一'"模式。

（7）对标"'学术-技术'个体的'发生-发育'机制"（详见下文），将关于"课程要素组织"的"纵向结构"与"横向结构"、"逻辑顺序"与"心理顺序"、"直

---

[①] 此处"4Cs"，是指美国智库胡佛研究所《美国教育2030》报告提出的以"批判性思考"（critical thinking）、"沟通"（communication）、"合作"（collaboration）和"创意（creativity）为核心的"21世纪技能"，而非指市场营销组合的四个基本要素。

[②] 赫拉利. 今日简史 ［M］. 林俊宏，译. 北京：中信出版集团股份有限公司，2018：254.

线式"与"螺旋式"等传统模式，分别转型为"纵向为主、横向为辅、纵横交错""觅母表达顺序""'专识-专能'建构"之"直线式顺序"、"顺从级、认同级、内化级"的"道德建构顺序"及"初级、中级、高级"的"通能建构"之"螺旋式顺序"等"要素组织"模式。

（8）着眼不断加速的"知识更新"、"技术更新"和"产业更新"挑战，将关于"课程结构组织"的"层次结构单一"传统模式，转型为"合理配置'深层''中层''浅层'的'立体结构组织'"模式，并导入"基于'学习理论'、'学习方法'、'学习策略'和'4Cs'的'韧性学习'"方式。

（9）对标当代"'科学、技术、产业'发展"的辩证关系，将关于"教学途径"的"各环节'相互脱节'或'互不衔接'"的传统模式，转型为"原理、实务、案例、实训"的"协同性共建"模式。

（10）对标习近平总书记关于"积极探索新时代教育教学方法，不断提升教书育人本领"的殷切寄语（2020），将"教学方法"的"重鱼""轻渔"、教师"一言堂""满堂灌"、学生"轻交流""少体验"等传统模式，转型为"学导式教学法"、"互动式教学法"、"案例式教学法"、"讨论式教学法"、"体验式教学法"、"专题式教学法"、"分众式教学法"、"项目式教学法"和"自主学习"、"合作学习"、"实践学习"等"多种方式共存"，使其相辅相成、相得益彰。

（11）对标中共中央、国务院关于《深化新时代教育评价改革总体方案》（2020），将关于"考核评价"的各种"片面性"传统模式，转型为"融多种考核评价方式于一体"模式，即"改进结果评价，强化过程评价，探索增值评价，健全综合评价，完善素质评价，充分利用信息技术，提高评价的科学性、专业性和客观性"。

**4.弯道超车**

"'学科结构'课改"和"'工作导向'模式"因"交集中的误区"，在"实践上遇挫折""理论上被证伪""课改中遭'范式转换'"的"多重打击"之后，世界各国教育界都在探寻新路径，中国教育界也责无旁贷。

此处"弯道超车"，是指随着人类进入"信息化时代"，在"文化信息层面"体现新时代中国特色高等职业教育课程与教材建设的"路径探索"，即以"'整体论'课程观"为"指导理念"、以"觅母表达"和"中心法则"为"'校本学习'的'过程模式'"、以"体现'内在目的性'的'预期胜任力'"为"目标模式"的相关探索。

**1）"'整体论'课程观"**

（1）"多元整合"内涵

世界高等教育课改历程表明：20世纪末，美国综合大学课程改革侧重"通识"与"专识"的"整合"（"融合"）；欧洲新体制下的大学课程改革侧重"通能"与"专能"的"整合"；"21世纪学习框架"关注"整体知识"与"整体能力"的全面整合，是超越"整体知识观"与"整体能力观"的尝试；"改革开放"以来中国普通高校课改大致经历了上述各阶段；中国职业高校课改正在阔步前行，有望迎头赶上。

"'整体论'课程观"中"整体论"的"多元整合"内涵，是指其中包括的三种"整合"，即"'专业知识'与'通用知识'整合为'整体知识'""'专业能力'与'通用能力'整合为'整体能力'""'整体知识'与'整体能力'整合为'整体知能'"。

这三种"整合"分别体现了当代世界高等教育课改不同阶段的发展成果，是当代"科学链""技术链""产业链"之"相互融合"在"'职普融通'教育链"中的综合反映，在当代高等教育不同类型的课改中各有侧重。

（2）概念重建

①从"一般系统论"到"有机整体论"

笛卡尔认为：对付复杂性的办法，是把它细分为组成部分，再把部分组合为整体。在作为"横断科学"的一般系统论中，也可以看到这一观点的痕迹。贝塔朗菲认为，系统是由"相互作用"的部分组成的"集合"（"相互作用的诸要素的复合体"），"集合"可以分解为"部分"，"部分"可组成为"集合"①。DACUM基于"工作任务分析"、MES基于"职业分析"、BTEC基于"工作领域分析"和德国基于"行动领域分析"的"模块课程"开发，其方法论依据皆在于此。

但是，"部分"与"集合"这对范畴在有机界中已无地位②，即便加上贝塔朗菲强调的"相互作用"或"强相互作用"，也帮不了多少忙：在无机界中也存在"相互作用"和"强相互作用"③；在有机界中，无论何种"相互作用"都居于"从属地位"。

欧盟QF-EHEA和EQF诉诸的"'学习结果'+'获取途径多样性'"，是将贝塔朗菲三种"系统目的性原理"之一的"异因同果性"（the same-result-different-cause）作为其方法论基础。

将"异因同果性"作为有机界研究方法论基础的主导性原理也多有不便，在超有机界的人类教育研究领域就更加如此。其主要理由有三：第一，"异因同果性"不是"有机界"的特有属性，无机界中也存在可用"异因同果模型"描述的现象④；"异因同果"还可解读为"'因果关系'（机械力学范畴）与'统计关系'（量子力学范畴）的结合"。第二，"异因同果"尚不足以解释有机生命的"内在目的性"⑤。第三，"异因同果性"之"同果"也只是相对而言：一方面，凡物莫不相异（莱布尼茨的"相异律"）；另一方面，有机界在"自身同一性中包含差异性"（黑格尔和恩格斯）。

"路径探索"中的"'整体论'课程观"正视传统课程模式以之为方法论基础的"'整体'与'部分'""相互作用""异因同果"等范畴或原理的上述局限性，致力于对标严格意义"有机论"的"概念重建"，即基于"'有组织的'并且是'自组织的'，以"一切机械论范畴在其中皆居从属地位的'内在目的性'"为主导原理的"概念重建"。

②从"基因"到"觅母"

分子生物学证明：一切现存生物个体都来自"生物复制因子"——"基因"（沃

---

① 我国有学者用"生成整体论"反驳贝塔朗菲"系统整体论"，认为"整体"与"部分"不是"组成关系"，而是"生成关系"，即"部分"是"整体"生成的，没有"整体"就没有"部分"（参见 Jin W-L. From systematic holsim to generative holism［N］. Science Times，2006-11-30（B03）。两种理解殊途同归，都诉诸"整体"与"部分"这对"机械论"范畴。不仅如此，"种子的萌发——胚胎和生出来的动物，不能视为是从'整体'中分出来的'部分'，如果这样看，都是错误解释"。（恩格斯语）

② "单一的"（"单元"或"部分"）和"复合的"（"组合"或"集合"）这对范畴在有机自然界中早已失去意义，不适用了。（恩格斯语）

③ 地球各圈层就是内外力"相互作用"的场所，原子核中存在"强相互作用"。

④ 在"水文模型"描述的现象中，"采用不同结构的模型或同一模型的不同参数组，均可获得可接受的同一模拟结果"，这就是"异参同效"（equifinality）。

⑤ 参见约纳斯的著作《生命的现象》（Jonas H，Jonas E.The phenomenon of life：toward a philosophical biology［M］. Chicago：Northwestern University Press，2001.）

森和克里克，1953）。

在人文科学领域，休谟质疑"经验发生的知识之普遍性和必然性"；康德指明：作为"文化主体"的现存人类成体（无论是"科学成体"、"实践成体"还是"审美成体"）都有一个"人文结构"，这个"人文结构"不能"经验发生"，而只能"源于人类纯粹理性总源泉"；英国皇家科学院院士、牛津大学教授道金斯补充说：这个"人类纯粹理性总源泉"，存在于"人类文化复制因子"——"觅母"（meme）中①。

"路径探索"中的"'整体论'课程观"同样正视传统教育模式以之为方法论基础的"经验论"局限性，致力于对标"人类文化信息"层面"课程觅母"的"概念重建"。

③ "课程觅母"

"路径探索"中的"'有机整体论'课程观"将作为"文化复制因子"的"觅母"理解为"人类文化信息"（波普尔的"世界3"，宇宙最高层次的"普遍性"）的存在方式，将"课程"理解为"特殊化"的"人类文化信息"（"自身特殊化的普遍性"），即包含"育人理念、类型、模式、内容、途径、程序及愿景"的特定"人类文化信息系统"，将"课程觅母"理解为在"人类教育系统"中合成的"文化'生殖细胞'"，将"预期胜任力"理解为设定在"文化'生殖细胞'"中的"内在目的性"②，将"教育过程"理解为"课程觅母"的"个体化"（"自身个体化的普遍性"），将"实现'内在目的'的'职业表型'"理解为"文化主体"的存在方式，将"产学研结合"中的"个体化"和"文化主体活动"理解为"'觅母'借以'更新自身'"（"重建自身的普遍性"）的方式。

2）觅母表达

在布鲁纳"学科结构导向"和传统"工作导向"的"能力本位"模式中，其课程设计及其教材建设的"过程模式"都着眼"'职业成体'的'活动机制'"，对标"科学家的研究过程"。

新"路径探索"要求在皮亚杰"'同化-顺应'理论"、维特罗克"生成学习理论"、加涅"信息加工理论"的"经验习得"等"传统探索"上，增补"课程觅母"。正如"基因"控制"动物个体的'胚胎发生'"一样，"课程觅母"控制"人类职业个体的'教育发生'"。可以比照分子生物学的"中心法则"，将人类职业个体的"教育过程"解读为"课程觅母表达"。

该"路径"用"课程觅母"指代以教材为载体的"'人类文化传承与创新'信息编码系统"，将"职业个体的'发育过程'"理解为"以高中段'学力'为原格局的'课程觅母'后续表达过程"，即在教师（相当于"文化'信使RNA'"）的引导下，通过教学活动，将设计在教材中的"课程觅母"信息"转录"到学生头脑（相当于"文化'蛋白质'"）中，并通过全方位的训练、考核与评价（相当于"中心法则"中的"翻译"和"调控"机制），促成学生"学力发育"持续进行，直至体现高等职

---

① "正如基因通过精子或卵子从一个个体转移到另一个个体，从而在基因库中进行繁殖一样，觅母通过广义上可称为模仿的过程从一个大脑转移到另一个大脑，从而在觅母库中进行繁殖。"（参阅道金斯. 自私的基因［M］. 卢允中，等译. 北京：中信出版集团股份有限公司，2018：222.）
② 此处用"内在目的性"指代组织系统在与环境的非线性相互作用中表现出来的某种趋向预先确定状态的特性，即一种高于自然必然性的内在自由规定性。

业教育"人才目标"的"预期胜任力"（目标模式）生成（相当于"成熟"）。

在人类"职业个体的'教育发生'"中，"觅母表达调控"起着关键作用。其主要机制是通过"教师备课"（"觅母转录"）和"'教学与训练'活动"（"觅母翻译"），调整"觅母表达"的时机、数量和位置，使生成的"学力要素"定位到"预期胜任力"的不同建构中，从而确保"职业个体"的正常发育；"觅母表达调控"可在多个层次上进行，包括"课程觅母"水平、"转录"水平、"转录"后水平、"翻译"水平和"翻译"后水平的调控。

3）"觅母表达"与"中心法则"

在分子生物学描述中，"生命发生过程"的"中心"既非"DNA"或"信使RNA"或"蛋白质"，亦非"转录"或"翻译"或"调控"，而是生物遗传信息从DNA传递给RNA，再从RNA传递给蛋白质，完成遗传信息转录和翻译的"基因表达"总体过程；该过程的规律，被称为分子生物学的"中心法则"。

同样地，在当代教育学描述中，也可以将"教育过程"的"中心"既非解读为"教师"或"学生"，亦非解读为"经验""活动""知识"或"课堂"中的任何个别要素，而解读为"'人类文化传承与发展'信息"。从以教材为载体的"课程觅母"，到"复制"（教师备课）和"转录"（教学与训练），再到学生"学力建构"（相当于"文化蛋白"）的"觅母表达"总体过程，并把关于这个"过程"的规律解读为当代教育学的"中心法则"[①]。

根据该"中心法则"，可以把以"内在目的性"为方法论主导原理，以"觅母表达"为中心，以"学力发育"为"过程模式"，以"预期胜任力建构"为"目标模式"，以教师为引导，以学生为主体，以"教学—训练—考核"为主线的"'教、学、做、评'合一"，作为校本学习"'教学闭环'内诸多要素关系"的"'整体论'课程观"定位。

4）"觅母表达"与"觅母突变"

有益"觅母突变"是人类文化（科学与技术）发展的重要因素之一，该"突变"可以发生在"觅母表达"过程的各个阶段。探索有益"觅母突变"机制，并将其运用于教材设计、课程教学和教育过程（包括"产学研结合"），是高等职业教育课程改革的重要任务。

有益"觅母突变"可以是自发的，也可以是定向诱发的。自发的"觅母突变"，是指通过"自主学习"，发生于"非典型模型"即"'课程觅母'⇌'学生学习'"中的"突变"；定向诱发的"觅母突变"，或指通过"教学闭环"发生于"典型模式"即"'课程觅母'⇌'教师'⇌'学生'"中的"突变"，或指通过"教学闭环"与"教育环境"的交互作用发生于"产学研结合"中的"突变"。

欧盟 **QF-EHEA** 框架中，"由'以教师为中心'向'以学生为中心'和由'以教学为主'向'以学习为主'转变"的模型，可归类于"非典型模型"。在其中，"自发'觅母突变'"所依据的"自主学习"并非"自发学习"，而是基于学习原理、方法和技巧的有计

---

① 德国"传统教育学派"的"老三中心"是"教师中心、知识中心、课堂中心"（Johann Friedrich Herbart, 1776—1841）；美国"进步教育学派"的"新三中心"是"学生中心、经验中心、活动中心"（John Dewey, 1859—1952）；苏联"知识教育学派"的"三中心"是"教师中心、知识中心、课堂中心"（Иван Андреевич Каиров, 1893—1978）；欧盟 QF-EHEA 的"一个中心"是"以学生为中心"；我国部分职教专家的"教育执念"是"无中心"。根据此处提及的"中心法则"，无论是"多中心""并列中心"，还是"个别要素中心""无中心"，都不足取。

划学习与实践（详见本教材"附录一"的"自主学习"的"'知识准备'参照范围"和"附录三"中"自主学习"的"基本要求"、"'技术–技能'点"和"参照规范与标准"）。

在"教学闭环"中定向诱发"觅母突变"的因素可以有多种，如将"4Cs"的"批判性思考"（critical thinking）、"创意"（creativity）要素体现在教材设计、教学方式以及训练与考核评价方法中等。

关于"产学研结合"中"觅母突变"的"定向诱发"，参见"5）'觅母表达'与'教育环境'"。

### 5）"觅母表达"与"教育环境"

教育过程中从"课程觅母"到"'预期胜任力'成熟"即"职业表型"的建构，不是在自我封闭的系统，而是在与"教育环境"要素"非线性"相互作用的"开放系统"中进行的。

高等职业教育的"环境要素"包括"实体环境"与"虚拟环境"。"实体环境"又包括"内环境"与"外环境"：前者指由课堂、学校及其规章制度、教育技术、设备设施等构成的要素；后者指由家庭、社区、企业、行业组织、国家和世界政治、经济、科技、教育等现实发展构成的要素。"虚拟环境"是指以图书馆和互联网为载体和中介的关于"人类文化要素"的"信息数字云"（其中包括国内外同类竞争"课程觅母"）。

在这种"开放系统"中：一方面要坚持"以教促产、以产助教""产教融合、产学合作"，借以突破"觅母表达"的"教学闭环"；另一方面要通过"产学研结合"（包括与同类竞争"课程觅母"的交流互动和"超越"），融通"科学创新""技术创新""教育创新""产业升级"，即"技术链"主动承接并转化"科学链"的创新成果，进行从"渐进性"到"突变性"（"觅母突变"）的"技术创新"，促进"产业链"结构升级，借以更新"课程觅母链"（"觅母选择的进化"），走出前述"传统'能力本位'主要局限性"之三中提及的德国"双元制'克隆怪圈'"。这是党的二十大报告强调的"产教融合、科教融汇"的应有之义[①]。

着眼于"开放系统"，可以将"教育过程"的"有机整体论"解读更具体地表述为：以"'整体论'课程观"为理念，以"内在目的性"为方法论主导原理[②]，以"课程觅母表达"为中心，以"预期胜任力建构"为"目标模式"，以教师为引导，以学生为主体，以"教、学、研、用"为"教学闭环"主要环节，以"产教融合、科教融汇"为必要条件，受制于内外教育"环境要素"并与之"非线性互动"的"学力发育"过程。

### 6）"觅母表达"与"工作世界"

"人类文化信息"通过"教育过程"中"课程觅母表达"实现的"特殊化"和

---

① 近年来，随着德国汽车产业被美国和中国"弯道超车"，其引以为豪的"双元制教育"之"克隆怪圈"局限性也显露出来：只关注"学生对标工匠""学校对标企业""教育对标产业"，忽视"科技端"在"工业化与信息化'两化融合'"中的重要作用，是其落后的根本原因。中国高等职业教育应引以为戒，在关注"产业链"、倡导依托"产教融合"、组建"产教融合共同体"的同时，更要关注中国（和世界）的"技术链"，特别是"技术链"中那批学科（尤其是理工科）出身、眼界和判断力都是一流、富有创新精神的高智商学者和专家在"技术攻关"中的主导作用（他们通过"技术链"上承"基础理论研究"最新成果，下接"产业链"升级需求），倡导"'高新技术'与'产业'并重"，组建由高新技术公司、相关产业界和高职院校三方构成的"产教研融合共同体"，实现三方"良性互动"。这是中国高职教育侧重"技术链"，关注"技术'传承–创新'与应用"的"产教融合、科教融汇""产教研合作"中"研"字的应有之义。为此，中国高职教育有必要将"技术"视为与"产业"并列的"元"，用新时代中国特色的"三元制"，取代源于《职业学校职业专业教育框架教学计划编制指南（1996）》的德国"校企'双元制'"。

② 以"内在目的性"（intrinsic purposiveness）为方法论主导原理，旨在取代"学习结果"以之为方法论基础的贝塔朗菲"异因同果性"（the-same-result-different-cause）原理。

"个体化"，与体现"人类文化信息"的"科学链""技术链""产业链"之间的关系，是人类"文化主体"与"文化客体"间的关系。

受制于内外自然环境要素的生物生殖细胞，通过基因的有选择表达，在发育不同时期、不同部位，通过基因水平、转录水平等调控，表达基因组中不同部分，实现包括"基因突变"在内的分化和发育，直至最终形成的"生物表型"，能够完美适应"外部自然界"；同样地，在"系统教育学"语境下，受制于当代内外教育环境要素的"发生中的'人类文化个体'"，通过"课程觅母"的有选择表达，在其"学力发育"的不同时期、不同侧面，通过"觅母"水平、"文化信息转录"水平等调控，表达"觅母组"中的不同部分，实现包括"觅母突变"在内的"学力"分化和发育，直至最终形成名为"预期胜任力"的"职业表型"，也能够完美适应"'以科技链、技术链创新'为依托，'以产业链结构升级'为背景"的"当代文化客体"，即由国家机关、文化部门、科研机构、产业链等职场组成的复杂系统——"外部工作世界"。

**7）期待与展望**

**（1）系统教育学**

20世纪末至21世纪初，以"一般系统论与分子生物学整合"为标志的生命科学进入了"后基因组时代"——系统生物学时代。可以期待，在联合国教科文组织（UNESCO）发布《教育2030行动框架》，中共中央、国务院出台《中国教育现代化2035》顶层设计的大背景下，随着"多学科交叉融合"和"与技术交叉融合"，作为大科学的"系统教育学"亦将出现在人们的视野中[1]。

"系统教育学"作为"以教育的'有机整体论'研究为特征的科学"，是研究"觅母表达"过程中教育系统所有组分相互关系的科学，其目标就是要建构一个理想的模型，使其理论能够反映教育系统的真实性。

在"系统教育学"中，"职普融通教育"课程的研究重心，将不再是"还原论"或"机械论"的"工作分析""职业分析""行动过程分析"，也不只是"学习结果"，而是"作为'职业表型'的'预期胜任力'"连同其"发育过程"，即"人类文化'传承与发展'的系统信息"如何在诸多内外教育因子共同和有序参与的系统调控下，依照一定时间、逻辑和等级次序，从"课程觅母"到"职业个体'预期胜任力'生成"的一系列复杂的、非线性的流动过程。其中：从"人类文化觅母库"中分门别类优选出来的"课程觅母[2]"（作为"觅母工程"的产物），依据先进的"编程技术"建立的课程结构，将超越各种传统教材的组织与内容结构；其"系统调控"将包括但不限于"觅母表达"诸多层次水平的调控，而呈现从"发生中的'职业个体'"，到与"当代工作世界"能动对接的各类"职业表型"的"整体化、综合化、动态化、多维化、全过程"的"大一统"格局。

**（2）"觅母工程"**

"觅母工程"可解读为"'有机整体论'课程观"的"观念应用"，即其"'软系

---

① 习近平总书记在中共中央政治局第三次集体学习时指出："世界已经进入大科学时代，基础研究组织化程度越来越高，制度保障和政策引导对基础研究产出的影响越来越大。"
② 公共基础课程内容的"课程觅母"应从人类"传承-发展"的优秀文化信息中提取（如"四论一理"）；专业课程内容的"课程觅母"应从体现"职普融合"的当代"科学链""技术链""产业链"最新发展成果的文化信息中择优提取；专业课程形式的"课程觅母"应从体现"科教研产融合"的当代"教育链"最新课改实践及其理论研究成果的文化信息中择优提取。

统'实践"。

①"基因工程"与"觅母工程"

人文科学与生物科学互鉴的事例屡见不鲜。两个世纪以来，生物学经历了继动物解剖学和生理学之后，从比较胚胎学（贝尔《论动物的进化》，1828），到细胞学（施莱登，1838；施旺，1839；菲尔肖，1855）和生物进化论（达尔文《物种起源》，1859），再到分子生物学（沃森和克里克，1953—1958）的发展。

在人文科学领域，也可以看到类似的过程，即继康德"精神解剖学"（"三批判"）之后，从"精神的种系发生"（黑格尔《精神现象学》，1807）和"精神的胚胎发生"（作为"精神种系发生'逻辑缩影'"的黑格尔《逻辑学》，1812—1816），到"从细胞到成体"的"资本'发生-演化'"（马克思《资本论》，1867）[①]，再到关于"人类文化信息"的"世界3"（波普尔《客观知识》，1972）和关于"新型复制因子"（meme，即"文化基因"）的"觅母假说"（道金斯《自私的基因》，1976）发展。

科学认识世界，技术改造世界。分子生物学与分子遗传学的综合，创生了作为现代生物技术核心的"基因工程"。"觅母假说"与系统教育学以及"交叉融合"中的"当代科学与技术"的综合，将创生作为当代教育技术核心的"觅母工程"。

②"觅母编程"

国家与国家之间的竞争最根本的是人才竞争，人才竞争归根结底是教育竞争，教育竞争力的强弱在很大程度上取决于"课程设计"的优劣，即作为"'课程标准'与'课程教材'统一"的"觅母编程"。

"觅母编程"是"觅母工程"的核心。每一种有说服力的旨在揭示并消除"传统编程模式"弊端的努力，都将导致"觅母编程"的"优化重组"。

新时代中国特色"觅母编程"领域中最重要的工作，是避免重陷"将职业个体的'发育机制'混同于职业成体'工作或行动机制'"的"传统课程模式'误区'"，将"编程任务"的重点移至"基于'觅母表达'的'过程模式'"和"以'预期胜任力'为'目标模式'"的研究上来。

"'课程标准'的'觅母编程'"应以《中华人民共和国国民经济和社会发展第十四个五年规划和2035年远景目标纲要》《中国教育现代化2035》为指导，对标"国家教育、科技发展和产业升级需要"；"'课程教材'的'觅母编程'"应以"课程标准"为依据，对标"各行业人力资源最新需求"，以相应"预期胜任力"为"内在目的"。

"预期胜任力"是指"能够做好什么"，即在特定行业更新着的工作岗位、组织环境和文化氛围中绩优者所具备并可客观衡量的个体"学力结构"特征，以及由此产生的可预测、指向绩效优良等级的行为特征。

③"编程技术"

"编程技术"是关于"觅母编程"的原理、方法和工艺的系统知识。

---

[①]  恩格斯说："正像达尔文发现有机界的发展规律一样，马克思发现了人类历史的发展规律。"（参见中共中央马克思恩格斯列宁斯大林著作编译局. 马克思恩格斯文集：第3卷［M］. 北京：人民出版社，2009：601.）马克思说："已经发育的身体比身体的细胞容易研究些……商品的价值形式，就是经济的细胞形式。""这种研究的科学价值在于阐明支配着一定社会有机体的产生、生存、发展和死亡以及为另一更高的有机体所代替的特殊规律。"（参见中共中央马克思恩格斯列宁斯大林著作编译局. 马克思恩格斯文集：第5卷［M］. 北京：人民出版社，2009：8；21.）

探索"有组织的""自组织的""以'内在目的'为原理，以'觅母表达过程为中心'"，包含"指导性理念""教育类型与层次""编写原则""课程类型""课程设置""课程导向""课程目标""课程内容""课程设计""课程组织""课程方法""课程结构""教学途径""教学方法""学习模式""课程训练""课程考核""评价原则""质量管控"等要素在内的当代"最新编程技术"，借以寻求"觅母编程"的"最优方案"，是21世纪教育科学、课程理论和教材设计研究的重中之重。基于某种"编程技术"的"课程觅母"能够在国与国之间的教育竞争、人才培养中取得多大成功，是判定该种"编程技术"优劣的实践标准。

④"编程主体"

"课程标准"的"编程主体"应由教育部主导的"教育学家+课程专家+产业高端智库专家+学科（专业）带头人"组成；"专业课程教材"的"编程主体"应由"课程专家把关、领衔编者主导"的"科技专家+企业家+具有高级职称的专业教师"组成。

## 四、本系列教材建设

改革开放以来，中国高等职业教育教学改革的重要任务，是通过回眸西方主要发达国家课改历程，分析其各阶段主流教育理念和课程模式的利弊得失，在"逻辑反思"基础上，探索新时代中国特色高等职业教育课程与教材创新之路。

"21世纪新概念教材：'多元整合型一体化'系列"，就是在这种分析、反思和探索中，由东北财经大学出版社携手国内高职院校众多知名专业带头人共同推出的。

### 1.教材定位

本系列教材定位以"总序"中的"历史回眸"为事实依据，以其"逻辑反思"为借鉴依据，以"'职普融通'与'类型定位'""绕开交集""补齐短板""发挥所长""强化韧性""摆正关系"等"对策研究"为课程观依据。其相关"模式选择"可简述如下：

### 1）21世纪新概念

在"代型设计"上，本系列教材名为"新概念"，是指以"'整体论'课程观"为课程与教材建设"指导理念"；冠以"21世纪"，是因为该"指导理念"吸收了世界特别是欧美发达国家高等教育课程改革21世纪主流趋势的合理内核[①]，并带有"弯道超车"的中国特色。

### 2）"多元整合型"一体化

"'多元整合型'一体化"作为本系列教材的"代型设计"定位，有两层含义：

含义之一是指教材体系蕴含"三重整合"的"一体化"。"三重整合"即"'专识与通识'整合""'专能与通能'整合""'整体知识'与'整体能力'整合"。

含义之二是指教材设计"四大环节"的"一体化"。"四大环节"即"理论""实务"

---

[①] 在世界高等教育领域，20世纪末至21世纪初，课程与教材建设的大势所趋是向"'整体论'课程观"转型。其间呈现的"整体论"课程模式多种多样，诸如：整合"专能"与"通能"的"整体能力观"（美国"职业群集课程"、英国BTEC课程、德国"双元制"课程，20世纪70至80年代）；整合"职业教育与学术教育"的AIO、STW和STC（美国社区学院，20世纪90年代）；整合"专识"与"通识"的"整体知识观"课程（美国普通高校，1990）；"博洛尼亚进程"中的"整体能力观"（29个欧洲国家，1999—2010）；整合"职业教育"与"普通教育"的"一体化"课程（美国，21世纪初）；兼顾"学术性因素"与"典型职业性因素"的《教育与培训框架2020》（欧盟委员会，2010）；整合"整体知识观"与"整体能力观"的"21世纪技能"PISA 2018全球胜任力评估框架"（美国，2011，2017）和中国普通高校"双一流大学建设"（2017—2022）。

"案例""实训"。此处的"一体化"有三层含义：一是指每门专业课教材的"四大环节"，从"学习目标"到"教学内容"，再到"基本训练"和"考核评价"一贯到底；二是指每章"四大环节"皆向"预期胜任力"的"阶段性建构"聚焦；三是指各章"预期胜任力"的"阶段性建构"通过"终极体验"，收官于其全课程的"总体性建构"。

### 3）类型与层次

在"教育类型"上，本系列教材区别于"普通高等教育"和"应用型本科教育"教材，定位于"高等职业教育"；在教育层次上，本系列教材介于"中等职业教育"和"专业研究生教育"之间，定位于"高职高专"。

在教材类型上定位于"高等职业教育"，就是其内容重心不在"学科知识"及其"应用"，而在"技术"及其"应用"；在教材层次上定位于"高职高专"，就是以教育部新近颁布的"高等职业学校专业教学标准"为层次标准。

### 4）编写原则

在编写原则上，本系列教材编写以教育部《职业院校教材管理办法》"总则"为原则，以贯彻落实其中"一个坚持"、"六个体现"、"四个自信"和"第十二条"各项要求为基点，以《中国教育现代化2035》及其实施方案中提出的"指导思想""八大基本理念""总体目标""十大战略任务"为全面指导。

### 5）课程类型

在"课程类型"上，本系列教材兼顾"学术性"与"职业性"、"人本主义"与"工具主义"、"道德主义"与"功利主义"。

兼顾"学术性"与"职业性"，就是体现课程的"职普融通"，即体现"教育链"、"'学术链''技术链''产业链'"和"人才链"有机衔接。

兼顾"人本主义"与"工具主义"，就是使课程既具有"人本属性"，又具有"工具属性"。课程的"人本属性"是指坚持"以人为本"，把全面提高学生的教育水平、文化品位、价值追求作为课程的根本；课程的"工具属性"是指把树立大学生的"服务意识"作为课程的宗旨。

兼顾"道德主义"与"功利主义"，就是使课程既具有"道德属性"，又具有"功利属性"。课程的"道德属性"是指把"社会公德"和"职业道德"作为课程价值的主导取向[①]；课程的"功利属性"是指把"为社会、为国家、为人民谋利益"作为课程价值的基本取向，把"三个有利于"作为判断课程价值的最终标准。

### 6）课程设置

在"课程设置"上，本系列教材对标"职普融通"，并借鉴20世纪90年代以来美国哈佛大学"基于'学科-能力'的混合模式"，将关于"课程设置"的"'基于学科'模式"与"'基于能力'模式"的传统"两极对立"，转型为"基于'学科-能力'"的"融合模式"。

### 7）课程导向

在"课程导向"上，本系列教材正视并顺应欧盟QF-EHEA和EQF弃用"工作导

---

① "道德属性"或"立德树人"，即"扎根中国大地，站稳中国立场，充分体现社会主义核心价值观，加强爱国主义、集体主义、社会主义教育，引导学生坚定道路自信、理论自信、制度自信、文化自信，成为担当中华民族伟大复兴大任的时代新人"。

向"和向"学习结果"转型的主流趋势，并由此前行，从"专注"走向"兼顾'预期胜任力'连同其'发育过程'"。

"新系"的"兼顾导向"，以"职业个体的'学力发育'与职业成体的'行动过程'机制不同"为理论依据。

"新系"的"过程模式"选择"'学力发育'导向"。其中："学力"是指"通过学习获得的能力"，包括"学术""技术""技能""价值"四重要素；"发育"是借用生物学概念，是指高职院校在校生的"学力'结构-建构'"大到从高中阶段的"原格局"到高职毕业之"完全成熟"，小到各学期的课程教学，皆须经历循序渐进的变化过程。

"新系"的"目标模式"选择"'预期胜任力'导向"，即以"有机论"的"内在目的性"为方法论原理，以"预期胜任力生成"（即"学力发育"成熟为"职业表型"）为最终"目标状态"。"目标模式"可具体化和阶段化为专业教材各章的"学习目标"。

**8）课程目标**

在"课程目标"上，本系列教材采用以"'传承'为主，兼顾'创新'"模式取代"专注'传承'"的传统"目标描述"。

**（1）传承型目标**

"'传承型'目标"以"健全职业人格①"为"整合框架"，以全人类共同价值、党和国家意志、社会主义核心价值观及道德伦理等"多维规范融入"为"价值引领"，通过各章"理论目标""实务目标""案例目标""实训目标"等环节和侧面的阶段性"学力'结构-建构'"，向"'预期胜任力'生成"的课程"总目标"汇集和聚焦。其中：

"理论目标"描述"应当学习和把握"的"学科知识"（陈述性知识），包括概念、原理、特点和作用等；"可据以指导"的各种认知活动，包括"同步思考"、"教学互动"、"随堂测"和"基本训练"中"理论题"各题型；"应当体验"的"初级学习"中"专业认知"的横向正迁移，以及"相关胜任力"中"专业认知要素"的阶段性生成。

"实务目标"描述"由原理向技术延伸"，即："应当学习和把握"的"专业规则与方法"（"程序性知识"）；"可据以解析"的"基本训练"中"实务题"各题型；"应当体验"的"初级学习"横向正迁移，以及"相关胜任力"中"专业技术要素"的阶段性生成。

"案例目标"描述"应当多元表征"的"专业情境"和"思政情境"；"应当体验"的"高级学习"中"专业知识""通用知识""思政元素"的协同性重组迁移，以及"相关胜任力"中"认知弹性要素"的阶段性生成。

"实训目标"描述关于"技术应用"的实践操练，即："应当完成"的各项实训任务；"应当实施"的系列技能操作；"应当融入"的"专业能力""通用能力""职业道德"等多维素质要素；"应当准备、撰写与讨论"的《实训报告》；"应当体验"的"实

---

① "健全职业人格"作为立足于中国特色社会主义制度、物质经济关系、科学技术、道德文化、价值取向、理想情操、行为方式和全球视野等全方位"职业要素"的整合框架，是新时代中国职业人"职业胜任力"的核心和灵魂。

践学习"中"专能"、"通能"与"职业道德"元素的协同性"重组-产生"迁移，以及相关胜任力中"求知韧性"和"复合性'技术-技能'"要素的阶段性生成。

（2）创新型目标

"创新型目标"聚焦"自主学习""教学闭环""产学研结合"三者中的"觅母突变"。一方面，将"4Cs"导入"自主学习"和"教学闭环"中，探索"技术更新"；另一方面，通过"产学研结合"探索"技术发展"。

（3）整合型目标

"'整合型'目标"作为"综合训练"的"训练目的"，汇总各章"传承型学习"中的"既定习得"，将其与"自主学习""教学闭环"和"产学研结合"中产生的"技术发展"融为一体，并将基于后者的"技术应用"作为专业课"终极体验"的"综合实训"题目[①]。

**9）课程内容**

在"课程内容"上，本系列教材对标新近修订的国家专业教学标准，重点反映"知识经济""数字经济""服务经济""体验经济""共享经济"叠加背景下的现代服务业新发展，特别是反映与5G、人工智能、生物技术、大数据、云计算、物联网和智能移动终端App等新技术融合的新趋势，突出现代服务业"两新四高"的时代特征，即"新服务领域""新服务形式""高'文化品位和技术'含量""高增值服务""高'素质和智力'的人力资源结构""高'情感体验和精神享受'的消费服务质量"。

就内容布局而言，本系列课程教材兼顾"传承与创新"，以体现"'科学⇌技术⇌产业'"辩证关系的"协同性共建"为"展开模式"，即：一方面，通过"传承机制"将教学内容展现在相互联系、密不可分的"认知基础""技术延伸""情境表征""技术应用"诸环节，重点反映专业领域的"高新技术规范"，突出"技术延伸"和"技术应用"在高职高专专业课教学中的"重心"地位；另一方面，通过"创新机制"，将"教学闭环"和"产学研结合"中产生的"觅母突变"同步反馈到"课程觅母"中。

"认知基础"是指专业"理论"（包括"基础研究中的创新"）中的"主要概念和基本原理"；"技术延伸"是指基于"认知基础"的"实务知识"，即专业"基础理论"在"应用研究"中发明、创造与开发的"新成果"，包括"新方法、新规范、新规则、新标准、新工艺"；"情境表征"是指能够用"'认知基础'和'技术延伸'"分析的关于"学术-技术-价值"的案例知识；"技术应用"是指应用"新技术"的"同步体验"和"终极体验"，即"实践学习"中的"'技术-技能'操作"。

"课程内容"四环节的分量关系，是兼顾"学科知识"与"产业实践"两端，重在"'技术'的'传承-创新'与'应用'"，做到"'理论教学'必需、够用，'实务教学'周详充分，'案例教学'典型多样，'实训教学'具体到位"。

"课程内容"中的"思政要素"即"价值引导"，体现在教材各章正文、功能性专栏和"基本训练"相关题型和考核评价中。

**10）课程设计**

在"课程设计"上，本系列教材兼顾"目标模式""过程模式""情境模式"。课

---

① "顶峰体验"，是美国《博耶报告》倡导的"多种学习方式"之一（详见博耶本科教育委员会. 彻底变革本科教育 [J]. 全球教育展望，2001（3）：67-73.）。

程设计的"目标模式"，是指"学力'结构–建构'"的"总目标"，即专业"'预期胜任力'生成"；课程设计的"过程模式"，是指前述"学力发育导向"；课程设计的"情境模式"，是指关于"'校本课程'专业'课程觅母'选择"的"内外情境"要素。其中：

"'校本学习'专业'课程觅母'选择"，就是从"基于教育类型和层次定位"的专业"文化觅母库"之"价值链""学术链""技术链""产业链""教育链"中，择优选取"人类文化'传承–发展'信息"要素。

"内外情境"要素中的"内部情境"，是指"教学闭环"内"参与'觅母表达'"的各种要素关系；"外部情境"，是指"教育环境"中的诸多要素关系。

**11）课程组织**

在"课程组织"上，本系列教材兼顾"要素组织"和"结构组织"。其中："课程要素组织"对标"深度融合"中的"当代前沿'学科知识'与'技术规则'要素关系"；"结构组织"既关注"层次结构"的合理化，又关注"内容结构"的无限化。

对标"深度融合"中的"当代前沿'学科知识'与'技术规则'要素关系"，就是课程的"学术性要素"与"职业性要素"依照"纵向为主，横向为辅，纵横交错"的线索展开；"层次结构的合理化"，就是合理配置"深层""中层""浅层"知识，通过深层知识对中层知识、中层知识对浅层知识的"一般性"、"稳定性"和"指导性"作用，赋予课程以应对"知识流变"的弹性；"内容结构的无限化"，就是在"授之以鱼"的同时"授之以渔"，即通过"学会学习"，导入关于"学习理论"、"学习方法"与"学习策略"的"自主学习'否定性'"机制，赋予课程以应对"从学校到生涯"的"知识流变"之无限潜力。

**12）课程方法**

在"课程方法"上，本系列教材以"中心法则"假说为理论依据，将"学科中心"与"工作中心"、"知识中心"与"活动中心"、"教师中心"与"学生中心"等"两极对立"，以及"多中心""无中心"等传统执念，转型为"以'觅母表达过程'为中心，以'教师为引导、学生为主体'、'教学闭环与教育环境良性互动'为'开放系统'"的"'整体论'方法"模式。

**13）教材结构**

在"教材结构"上，高职高专的专业课教材此前有两个主要选项，即"模块化结构"和"多样化结构"。

"模块化结构"是北美 DACUM、国际劳工组织 MES 和德国"双元制""工作导向"课程结构的标配；"多样化结构"是欧盟各国 QF-EHEA 和 EQF"学习结果导向"课程结构的标配。

鉴于"工作导向"被 QF-EHEA 和 EQF"范式转换"多年，已不可取；"学习成果导向"不仅方法论基础有局限性，而且重"结果"轻"过程"，特别是轻"校本学习"中"教学闭环"的"过程"，是"一种倾向掩盖另一种倾向"，也不足取。

本系列教材的"课程导向"兼顾"过程模式"（学力发育）与"目标模式"（预期胜任力），且其"要素结构"以"纵向为主，横向为辅"，故以"章节结构"为教材结构的标配。

**14）教学途径**

在"教学途径"上，本系列课程教材的"理论教学"遵循"从抽象上升到具体"的路径；"实务教学"同步跟进，向"技术环节"延伸；"案例教学"紧随其后，穿插其间；"实践教学"理实统一，阶段性收官。

"教学途径"如此布局的理论依据如下：麦克·扬"基于知识分化的理论"观点，即关于"强有力的知识"是"专门化的""系统性的、通过概念在'学科'或'科目'的形式下彼此系统关联"的观点①；马克思关于"从抽象上升到具体的方法"是"科学上正确的方法"②；J.安德森"产生式迁移理论"关于"'产生式规则'的获得必须先经历一个'陈述性阶段'"；弗拉威尔"认知策略迁移理论"关于"'反省认知过程'是在新的情境下使用'认知过程'的前提"；斯皮罗（R.J.Spiro）和乔纳生（D.H.Jonassen）"认知灵活性理论"关于"'高级学习'以'初级学习'为前提"；约翰·杜威关于"学习也来自经验"；库尔特·勒温关于"理论应该与实践统一"；让·皮亚杰关于"智力在体验中形成"。

**15）教学方法与学习方式**

在"教学方法"上，本系列教材将各种教学方法"兼收并蓄"，即将"学导教学法""互动教学法""案例教学法""讨论教学法""体验教学法""分众教学法""项目教学法"等诸多教学法，有针对性地运用于相应教学环节，使其相得益彰。

在"学习方式"上，融"听讲学习""自主学习""协作学习""讨论学习""互动学习""探究学习""考察学习""实践体验学习""网络学习"等多种方式于一体。

**16）课程训练**

在"课程训练"上，本系列教材通过各类题型——对标四大"学习目标"和"教学环节"的"理论题""实务题""案例题""实训题"————操练，复习与巩固"单元教学"的各种习得，体验不同类型的"学习迁移"，强化"学术""技术""技能""价值"等要素"聚焦'胜任力'"的"学力阶段性"建构。

教材末章之后设有作为课程"终极体验"③的"综合训练"，旨在体验将"产学研结合"和"教学闭环"（特别是"自主学习"）中获得的"技术更新"与先前各章"技术习得"融为一体的"'传承-创新'型""胜任力建构"。

在上述训练中，着眼"高素质"人才的"核心素质"培养，本系列教材借鉴英国"普通国家职业资格证书"（GNVQ）课程中关于"'通用知识'应用转化为'通用能力'"授课方式，通过学生组建学习团队，自主学习和应用教材所附"'职业核心能力训练'参照知识和规范"，将"通识"和"通能"融入各章"案例分析""课程思政""实训操作"等"专业能力"、"4Cs"和"韧性"的诸训练环节中。

**17）课程考核**

关于"课程考核"，本系列教材的定位如下：

考核模式：采用"寓练于考""以考促练"的"多元整合型"考核模式，兼顾

---

① YOUNG M，LAMBERT D.Knowledge and the future school：curriculum and social justice［M］．London：Bloomsbury，2014：74-75.

② 参见中共中央马克思恩格斯列宁斯大林著作编译局.马克思恩格斯文集：第8卷［M］．北京：人民出版社，2009：25.

③ 相对于"专业胜任力建构"的"顶峰体验"，每门课程的"终极体验"都是一种"阶段性体验"。

"知识测试"和"能力与素质评估"，"融多种考核方式于一体"，即融"理论考核""实务考核""案例考核""实践考核"，以及"形成性考核"与"成果性考核"（课业考核）等考核方式于一体。其中："成果性考核"系借鉴欧盟 QF-EHEA 和 EQF "学习结果"范式中"强化教育输出端管理"的合理内核，请产业界代表参与考核评估和质量把关。

考核目的：全面测评学生在本课程教学训练活动中"学习目标"的达标程度，重点评估以"预期胜任力"为"建构总目标"的"学力建构"阶段性水平。

考核种类：针对考生"学力建构"各阶段不同层面和要素，兼顾"理论题考核"、"实务题考核"、"案例题考核"和"'实训题/自主学习'考核"。

**18）评价原则**

在"评价原则"上，本系列教材定位于"改进结果评价，强化过程评价，探索增值评价，健全综合评价，完善素质评价，提高评价的科学性、专业性和客观性"，致力于建构新时代中国特色高等职业教育专业课程考核评价体系。

**19）质量控制**

在"质量控制"上，本系列教材建设坚持基于"产学研结合"的"质量管理"，邀请行业、企业代表及相关领域专家参与由领衔编者主导的教材设计、编写与质量管控[①]。

**2. 各阶段融入要素**

**1）关于"人才培养目标"**

关于高职高专"人才培养目标"定位，本系列教材建设对标各阶段文件精神与要求，同步跟进和转型如下：

"以培养高等技术应用性专门人才为根本任务"（教育部，2000）；"培养生产服务第一线的高素质劳动者和实用人才"（国务院，2002）；"培养高素质的技能型人才，特别是高技能人才"（教育部，2003）；"培养面向生产、建设、管理、服务第一线需要的高技能人才"（教高〔2006〕16号）；"以培养高端技能型人才为目标"（教育部，2011）；"培养高端技能型人才"（教职成〔2011〕9号）；"培养产业转型升级和企业技术创新需要的技术技能型人才"（国发〔2014〕19号）；"培养掌握新技术、具备高技能的高素质技术技能人才"（《现代职业教育体系建设规划》，2014—2020）；"培养创新型人才是国家、民族长远发展的大计。当今世界的竞争说到底是人才竞争、教育竞争。要更加重视人才自主培养，更加重视科学精神、创新能力、批判性思维的培养培育。要更加重视青年人才培养，努力造就一批具有世界影响力的顶尖科技人才，稳定支持一批创新团队，培养更多高素质技术技能人才、能工巧匠、大国工匠"（习近平总书记在中国科学院第二十次院士大会、中国工程院第十五次院士大会和中国科学技术协会第十次全国代表大会上的讲话，2021）；党的二十大报告强调，"育人的根本在于立德。全面贯彻党的教育方针，落实立德树人根本任务，培养德智体美劳全面发展的社会主义建设者和接班人"。

在所述"跟进"与"转型"的靠后阶段，为及时对接"基于'科学-技术-产业'

---

① 最好请通晓当代课程理论研究最新成果的课程专家担当教材设计顾问。

融合"的中国"'技术–产业'链"升级（特别是"新质生产力"）对高级人力资源（特别是"新质型人才"）的新需求，本系列教材结合"经管类服务业"特点，着眼高职高专"培养以'健全职业人格'为职业灵魂，富有科学精神、人文精神、创新精神、政治素质、'4Cs'和'韧性'，'德、知、技、能并修'的新时代'高素质''高技术等级'的'技术–技能'型人才"这一总定位，进一步提升了由公共基础课和专业课体系支撑、作为专业"职业表型"的"预期胜任力"建构内涵。

　　2）关于"自主学习"

　　联合国教科文组织研究表明：进入21世纪，不少学科知识更新周期已缩短至2～3年。不仅如此，如《今日世界》作者所指出的，整个"工作世界"都处于变化中，而且变化会越来越快。

　　这意味着，学生在校学习的旨在"与工作世界对接"的"学习结果"中，有相当多的知识在毕业后已经过时。

　　为应对日益加速的"知识流变"和"工作世界变化"，本系列教材自2017年起，将"自主学习"视为与"实训操练"同等重要的能力训练：或在奇数各章用"自主学习"替换先前各版的"实训操练"，或将"自主学习"直接融入"实训操练"的"技能训练"中，借以培育学生适应"知识流变"的"求知韧性"。

　　3）关于"教育信息化"

　　（1）二维码资源

　　为落实教育部关于"进一步推进职业教育信息化发展"，"推广……移动学习等信息化教学模式"（教职成〔2017〕4号）和"推进教育教学与信息技术深度融合"（《教育部高教司2018年工作要点》）等文件精神，本系列教材建设从2019年起增加了可以经常更新的二维码教学资源，旨在解决传统教材所缺少的"互联网+"移动学习，即纸质教材知识信息相对滞后的问题。

　　（2）专业教学资源库

　　为落实《教育信息化2.0行动计划》（教技〔2018〕6号）中关于"升级职业教育专业教学资源库建设，丰富职业教育学习资源系统"要求，本系列教材及时将网络教学资源由原来的3种扩充为包括"课程概要""教学大纲""教学日历""电子教案""PPT课件""学生考核手册""参考答案与提示""学习指导"8种。

　　4）关于"三教改革"、"评价改革"和"立德树人"

　　为全面落实《国家职业教育改革实施方案》（国发〔2019〕4号）、《关于实施中国特色高水平高职学校和专业建设计划的意见》（教职成〔2019〕5号）、《职业院校教材管理办法》、《深化新时代教育评价改革总体方案》（中共中央、国务院，2020）和《职业教育提质培优行动计划（2020—2023年）》（教职成〔2020〕7号）等文件要求与精神，本系列教材建设重点落实"三教"改革中的"教材、教法改革"和"总体方案"中的"教育评价改革"，特别是落实"在立德树人根本任务方面，进一步创新思想政治教育模式，将社会主义核心价值观融入专业课教材"等要求。

　　5）关于"党的二十大精神进教材"

　　依照《中共中央关于认真学习宣传贯彻党的二十大精神的决定》中关于"加快推

进党的二十大精神进教材、进课堂、进头脑"要求,自2022年年底起,本系列教材建设将研究和落实"育人的根本在立德""培养德技并修"的"高素质'技术-技能'型人才"的"人才强国战略",作为新时期高职高专院校专业课程教材改革的根本任务。

**6)关于"职普融通"和"产学研结合"**

为贯彻《关于深化现代职业教育体系建设改革的意见》文件精神,自2023年起,本系列教材建设阶段性落实"以教促产、以产助教、产教融合、产学合作,延伸教育链、服务产业链、支撑供应链、打造人才链、提升价值链"等文件要求,致力于探索体现"产学研合作"和"'科学链''技术链''产业链''教育链'协同发展"的具体方式。

**7)关于"加强课程教材体系建设"**

自2023年秋季起,本系列教材根据相关文件要求,在建设规划中提出"进一步优化教材体系"和"强化质量控制"的要求,具体如下:

(1)体系优化

以《中国教育现代化2035》及其实施方案中提出的"指导思想""八大基本理念""总体目标""十大战略任务"为全面指导,致力于落实关于"加强课程教材体系建设",特别是"科学规划课程""充分利用现代信息技术""丰富并创新课程形式""增强教材的思想性、科学性、民族性、时代性、系统性""完善教材编写、修订"等任务要求,并以同期修订的"总序"为契机深化共识,探索新时代中国特色高等职业教育专业课程与教材体系建设的"弯道超车"之路。

(2)质量控制

贯彻落实《教育部办公厅关于加快推进现代职业教育体系建设改革重点任务的通知》(教职成厅函〔2023〕20号)中关于优质教材建设要求,本系列教材在"质量控制"上,请"教育理论学者""科技专家""行业专家"参与教材设计、编写和质量把关。

**五、结束语**

黑格尔说过:"把抽象的观念生硬地应用于现实,就是破坏了现实。"在世界教育领域,历史上的"抽象观念",部分是"分化现实"的反映,部分是"认识局限性"的反映。

就"分化现实"而言,"知识本位"与"能力本位"两种"抽象观念",是工业时代和后工业时代早期"脑力劳动"与"体力劳动"社会分工"两极对立"的反映。在这个可以称为"分化的现实"的历史阶段,人们在"理论的态度"中一面提炼出反映"脑力劳动"的"学术性结晶",另一面提炼出反映"体力劳动"的"职业性结晶";在"实践的态度"中分别实施了"知识本位"与"能力本位"教育。两种做法因受制于那个时代阶级结构、产业结构和职业结构的"分化的现实",皆属"历史性"无奈。

就"认识局限性"而言,无论是"知识本位"与"能力本位"教育的理论局限性,还是"传统教育模式"交集中的"三大误区",或是"目标描述""课程组织""教学途径""教学方法""考核方法"等观念中的传统"两极对立",乃至把事物看成"单一的"(单元)和"复合的"(组合)观点等,都带有人类认识发展的阶段性烙印,皆属"认识性"无奈。

在当代世界,科技发展呈现"自然科学与人文科学交叉融合""科学与技术交叉融合和高速发展"态势。高等教育作为"'交叉融合'学科",正步入多学科研究路径;作为"与技术交叉融合"的"'交叉融合'学科",开始从多学科视角分析与解决教育现实问题;作为"科技领域"之一,其改革正进入"高速发展"通道。

随着人类社会进入信息时代,以多媒体网络技术为核心的信息技术不断发展,为人类认识"从抽象上升到具体"提供了方便、及时的资源共享平台,各种条件性"无知"再不能被当作"充足理由"。

在今日之中国,产业结构"两化融合"、职业结构"两性整合"、"'科学、技术与生产'一体化"纷至沓来,"现实"正在由"分化的现实"转化为"联系的现实","脑力劳动"与"体力劳动"正在由传统的"两极对立"转化为"两极相通",高等职业教育正汇入以"两种'交叉融合'""快速发展""与技术交叉融合"为主要态势的世界高等教育改革洪流。

在这种情况下,如果在"理论的态度"中仍墨守成规,止步于各种"抽象的""分离的""传统的"教育观念,或固执坚持已被发达国家课改主流淘汰的陈旧课程模式,在"实践的态度"中把这些"教育观念"和"课程模式"生硬地应用于"具体的""联系的""变革的"中国教育现实,就是在破坏中国教育现实①。

概括以上阐述,可以将"'整体论课程观'指导下的新时代中国特色高等职业教育专业课程与教材建设"简要地表述为:在"理论的态度"中,深入研究世界特别是发达国家职业高校的课改历程、成功经验和历史教训,通过扬长避短,创造性地探索与建构"反映具体的、联系的、变革的现实"之新时代中国特色高等职业教育课程改革的"具体观念";在"实践的态度"中,将这些"具体观念"能动地运用于中国特色、融通中外的专业课程与教材建设之"具体的、联系的、变革的现实",借以贯彻落实国家"教育强国战略",服务中华民族伟大复兴。

一套好的高等职业教育专业教材设计应当既批判性地借鉴世界特别是发达国家当代先进教育教学理念及其相关研究新成果,又探索适应"新时代中国特色社会主义建设"需要的"'中国高等职业人'培养"的"模式创新",从而将《国家中长期教育改革和发展规划纲要(2010—2020年)》《国家职业教育改革实施方案》(国发〔2019〕4号)和《职业教育提质培优行动计划(2020—2023年)》《中国教育现代化2035》等文件中提出的相关要求落到实处。

本系列教材的作者们是否在这方面开了个好头,应留给教育界同仁和广大读者评判与实践检验。在高等职业教育课程教材建设的道路上,向前探索的开端总是不尽完善的。期待专家、学者和使用本系列教材的广大师生不吝赐教,以便通过修订不断改进,使之与新时代中国特色高等职业教育教学改革发展保持同步。

许景行

2010年9月初稿

2023年12月修订

---

① "现实"不同于"现存","……现实性这种属性仅仅属于那同时是必然的东西"(参见中共中央马克思恩格斯列宁斯大林著作编译局. 马克思恩格斯文集:第4卷[M]. 北京:人民出版社,2009:268)。黑格尔还给"现实性"加上"合理性"的属性;不合理的存在不能称之为"现实"。这就是他的名言"凡是现实的即是合理的"应有之义,详见黑格尔《逻辑学》"本质论"中关于"现实"范畴的解说。

## 第六版前言

党的二十大报告为做好新时代教育工作指明了方向、提供了根本遵循。贯彻落实党的二十大和二十届一中全会精神，加快推进党的二十大精神进教材、进课堂、进头脑，是我们义不容辞的责任。

本次修订以党的二十大精神为引领，以《职业院校教材管理办法》中的"总则"为原则，以贯彻落实"一个坚持""六个体现""四个自信"等要求为基点，以《中国教育现代化2035》中提出的"指导思想""八大基本理念""总体目标""十大战略任务"为全面指导，在前五版的基础上，对教材进行了优化升级，具体如下：

1.教材体系建设

20世纪60年代以来盛行于西方发达国家职业教育的"工作导向"，于21世纪前十年就被作为欧盟各国职教改革主流范式的EQF"学习结果"取代。正视这一"范式转换"的积极意义，并由此继续前行，探索新时代中国特色高等职业教育专业课程体系建设之路，中国职教界责无旁贷。

在此背景下，为阶段性落实《中国教育现代化2035》及其实施方案中关于"加强课程教材体系建设"，特别是"科学规划课程""充分利用现代信息技术""丰富并创新课程形式""增强教材的思想性、科学性、民族性、时代性、系统性""完善教材编写、修订"等任务要求，第六版教材遵循"总序"阐明的"共识"，在教材的"类型与层次""编写原则""结构"、课程的"设置""导向""目标""内容""组织""方法""训练、考核与评价"，以及教学的"途径""方法"等方面，都做了较为系统的调整和优化，将以"'整体论'课程观"为指导理念，以"内在目的性"为方法论主导原理，以"课程觅母表达"为中心，以"学力发育"为"过程模式"，以"胜任力建构"为"目标模式"，以教师为引导，以学生为主体，以"教学—训练—考核"为主线的"'教、学、做、评'合一"，作为教材体系建设的基本定位。

2.教材内容建设

在教材内容建设上，对标高职高专教育侧重"技术延伸与应用"、培养"技术技能型人才"的层次定位，本次修订的更新优化如下：

（1）对标国家专业教学标准，反映"知识经济""数字经济""服务经济""体验经济""共享经济"叠加背景下的市场营销技术发展新趋势，局部更新了教学内容。

（2）加强思政建设。全面推进课程思政建设，是落实习近平总书记关于立德树人、全面提高人才培养质量要求的首要任务。思政内容与市场营销课程之间的关系，应该是"你中有我，我中有你""如春在花、如盐化水"的关系。在市场营销专业教学中，应帮助学生培养更为充实、更具核心竞争力、更有温度的职业道德。为此，本次修订在"思政建设"上进行了充实提升：第一，结合教学内容需要，添加了党的二十大相关内容；第二，将"教学目标"中的原"案例目标"的"职业道德与营销伦理"升级为"课程思政"，促进"立德树人"根本任务的落实；第三，与此同步，将每章正文"职业道德与营销伦理"专栏和章后"基本训练"中的"善恶研判"题型，统一升级为"课程思政"，并扩充了案例中的思政元素内涵；第四，在课程考核评价上，加入了"思政标准"。

（3）优化了各章"学习目标"。一是增添了"学习迁移"要求；二是将各种"学力要素"建构的要求具体化；三是突出"各章'四大子目标'向'营销胜任力'总目标聚焦"的阶段性建构和章后"终极建构"要求。

（4）增设了关于课程与教材介绍的二维码链接。一是从课程性质、课程目标、结构体系、教学方法、实践教学、考核方法六个方面进行阐述，为提升学生从事市场营销工作的动手能力创造条件；二是每章增加了"延伸阅读"二维码资源，进一步扩大了相关专业知识的阅读范围，旨在开阔学生视野；三是各章增加了"问题思维"和"深度剖析"专栏，旨在通过追问"为什么"，超越传统教材只讲"是什么""怎么做"的局限，提升学生深入思考和解决问题的能力。

（5）优化了训练中的"营销体验"。与对标高职高专教育侧重"技术"、培养"技术技能型人才"的教学内容提升相对应，本次修订将各章"基本训练"中的原"实训题"优化为关于本章"技术应用"的"同步体验"，并在末章之后增设了"兼顾'传承'与'创新'"的"终极体验"（相对于营销专业"胜任力建构"的"顶峰体验"，本门课程的"终极体验"也是一种"阶段性体验"）训练，旨在将学生"营销胜任力建构"中通过"产学研结合"和"教学闭环"（特别是"自主学习"）获得的"技术更新"，与先前各章"同步体验"建构的"技术习得"融为一体。

（6）优化了混合式教学与数字化教材建设。一是将理论教学部分中的"同步思考"改为微课视频，通过扫描二维码，学生可以观看到与教学内容相关的视频，直接观看作者授课，方便揣摩；二是通过扫描二维码，学生可以从"同步案例""课程思政"的"分析要点"入手，知道如何进行市场营销专业分析、情境模拟和角色扮演，有效提升自身的专业分析能力和动手能力；三是通过扫描二维码，学生可以了解每章"基本训练"中的"业务解析""案例分析""课程思政"等题型的分析要点，随时检验学习效果；四是为满足线上线下混合式教学需要，各章增加了单选题、多选题、判断题的"随堂测"二维码，使其成为"可练、可互动、可考核的教学资源"。

3.配套资源建设

在教材配套资源建设上，本次修订对原网络教学资源进行了升级和扩充，将原来的三种扩充为八种，即课程概要、教学大纲、教学日历、电子教案、PPT电子教学课件、参考答案与提示、学习指导、学生考核手册。使用本教材的教师可登录东北财经大学出版社网站（www.dufep.cn）下载和使用这些教学资源。

4.教材质量管控

在教材质量控制上，本次修订坚持基于"产学研结合"的"教材设计"和"质量管理"，请教研专家和产业行家全程参与。在"教材体系优化""内容向'技术延伸与应用'倾斜"以及"质量把关"等方面，他们做了宝贵的行业指导。

第六版教材由广东邮电职业技术学院彭石普教授编著。中山大学南方学院高凯副教授、广东生态工程职业学院白华艳博士、广东邮电职业技术学院经管学院李铱老师、广东广信通信服务有限公司集团客户部经理陈红斌先生、广州华商学院党委书记陈玉欢教授全程参与了教材修订。在此谨向他们表示诚挚的谢意！

"总序"和书后"附录"由东北财经大学出版社许景行编审撰写和修订。

教材改革与创新是一项系统、复杂和艰巨的工程，不可能一蹴而就。与前几版相比，第六版教材虽然向前迈出了一大步，但与改革的更高目标相比，仍有不小差距。另外，由于作者水平有限，本教材中缺陷和不足在所难免，敬请同行专家和广大读者朋友不吝赐教。

课程与教材介绍

编著者

2023 年 11 月

课程模式改革是课程改革的难点和重点，而开展精品课程建设工作既是提高教学质量和实施课程改革的需要，也是高等教育人才培养模式向纵深发展的必然要求。

在我国，2006年以前，高职高专精品课程评审采用的基本是普通本科"学科导向"的指标。从2007年起，开始采用高职高专"工作导向"的评审指标，相继评出一批有中国特色的依照"模块课程"、"项目课程"和"工作过程系统课程"等模式设计的省级和国家级精品课程。这是我国职教界借鉴国外职业课程改革经验所取得的阶段性成果。

与此同步，郴州职业技术学院的"市场营销"精品课程建设是从2004年开始的。2005年，该课程被湖南省教育厅推荐进入国家级精品课评选，2006年荣获湖南省高等教育省级教学成果二等奖。在这段时间，我们的"市场营销"课程改革关注的是由"学科导向"向"工作导向"的转型。

这种关注和转型，改变了原来市场营销课程专注于理论教学的状况，堪称将"能力本位"与"实训教学"要素导入原课程体系的开端。2006年，我们编著出版了反映该关注与转型的"普通高等教育'十一五'国家级规划教材"——《市场营销原理与实训教程》（高等教育出版社出版），该书于2007年被评为"普通高等教育国家级精品教材"。

在此之后，我们按照"以职业岗位为课程目标，以职业标准为课程内容，以教学模块为课程结构，以最新技术为课程视野，以职业能力为课程核心，以'双师'教师为课程主导"的更具体要求，对"市场营销"精品课程进行了细化设计，即课程内容按照"模块项目"进行改造。改造后的课程于2007年11月获教育部"国家精品课程"荣誉称号。

然而，课程与教材的改革与创新是一项系统、复杂和艰巨的工程，不可能一蹴而就。在本课程改革的进一步发展中，我们在研究世界职业教育课程模式的历史沿革时发现，各种课程模式都是在特定的历史背景、人文环境和职业需要中形成的，既有其各自特点和所长，又都不是完美无缺的，因此需要不断探索与创新。

在"后金融危机时期"，伴随着中国经济转型和产业结构的升级，高等职业教育的人才培养目标需要从"培养'制造型人才'"向"培养'创造型人才'"转型，其课程设计需要从"专注与企业岗位对接的专业能力培养"，向"着眼企业发展，兼顾职业知识、职业能力和职业道德，突出'解决问题'和'革新创新'能力培养"的方向调整。这种转型与调整是"十二五"起我国高等职业教育课程改革面临的重要课题，也是我们努力的新方向。

有鉴于此，从2009年起，我们着眼于国内外职业教育课程改革的大趋势，在充分研究的基础上，尝试取各种模式所长，弃各种模式所短，探索一种更优化的课程模式。我们此时的探索与东北财经大学出版社正在实施的重大教材出版工程——"21世纪新概念教材：'多元整合型一体化'精品课程教材系列"——设计理念不谋而合。

东财版《市场营销——理论、实务、案例、实训》的推出，一方面出于"后国家级精品课程时期"市场营销课程持续发展的内在需要，另一方面也旨在满足本世纪第二个十年我国高职高专教育教学改革对新型专业教材的需求。

本书根据"多元整合型一体化"的最新课程理念设计，"以'就业'和'人才竞争'为导向"，紧紧围绕我国高职高专教育新时期人才培养目标，依照"原理先行、实务跟进、案例同步、实训到位"的原则，全面展开市场营销课程的内涵。主要内容包括：市场营销概述；市场环境分析与营销调研；消费者购买行为分析；目标市场选择与市场定位；产品策略；定价策略；分销渠道策略；促销策略。全书内容简明，设计新颖，案例丰富，训练多样，考核全面，功能齐全，融通俗性、可读性、应用性于一体，力求体现""教、学、做、评'合一"和"以学生为主体，以教师为引导"的高职高专教育教学改革新思路。

关注"工学结合型"教育所要求的"双证沟通"与"互补"，是本教材的一大特色。在把职业资格标准融入了本教材的同时，我们着眼于高等职业学历教育与职业培训的重要区别，强化了对学生"职业学力"特别是"学习迁移能力"和"可持续发展能力"的全方位训练，提出了建构"多维整合论"的"健全职业人格导向"教材赋型机制这一更高要求。

本教材的编写以"总序"中阐明的"共识"为基础，内容结构设计遵循了"多元整合型一体化系列（Ⅱ型）"所要求的统一布局。阅读"总序"，借以了解所述"共识"与内容结构布局，有助于更好地把握与使用本教材。

为方便教学，本教材第一版配有如下教学资源：

助学光盘：内含""自测/考核'系统"，其范围涉及主教材的全部"自测题"。使用建议：在利用本系统对学生进行"自测题"考核前，应要求学生预习《学生手册》中相关范围"自测题"各题型的习题，并利用本系统进行必要的自我测试。

《学生手册》：作为主教材的配套教材，收入"自测题库"、"课业范例"和"参考答案与提示"。使用建议："自测题库"内容涵盖主教材"单元训练"和"综合训练"的全部自测题，供学生利用助学光盘进行自我测试和考核前预习使用；"课业范例"涉及主教材"单元训练"和"综合训练"中"案例分析题"和"实训操练题"课业的全部类型，供学生完成课业时参照；"参考答案与提示"提供了主教材"单元训练"和"综合训练"的全部"自测题"和"主观题"相关题型的"参考答案"、案例分析题的"分析提示"和"实训操练题"的"教学建议"，供学生在自我训练中遇到疑难时参考。

网络教学资源包：内含PPT电子教学课件和《学生考核手册》。登录东北财经大学出版社网站（www.dufep.cn）即可下载这些资源。学生的课程考核可依照《学生考核手册》所提供的"多元整合型"框架进行，也可依照符合本校教学实际的其他框架进行。

本教材由湖南省郴州职业技术学院彭石普教授编著。"总序"和书后的"附录"

由东北财经大学出版社许景行教授撰写。

本书可作为高职高专院校市场营销专业及相关专业的全国通用教材，也可供企业在职人员培训使用。

在编写过程中，我们借鉴和参考了大量国内外的相关书籍和教材，并得到了郴州职业技术学院院长支校衡教授的大力支持和帮助。在此，谨向所有相关作者表示诚挚的感谢。由于作者水平有限，加上时间仓促，书中缺陷和不足在所难免，敬请读者朋友不吝赐教。

编著者

2010 年 5 月

# 目 录

# 第1章
# 市场营销概述

## 学习目标

通过本章学习，应该达到以下目标：

**理论目标：** 学习和把握市场营销的主要概念、观念和基本理论等陈述性知识；能用其指导本章"同步思考"、"随堂测"、"教学互动"和"基本训练"中"理论题"各题型的认知活动，正确解答相关问题；体验本章"初级学习"中专业认知的横向正迁移，以及相关胜任力中"认知"要素的阶段性生成。

**实务目标：** 能运用市场营销的主要概念、观念、基本理论和"业务链接"等程序性知识；能以其建构"市场营销概述"中的规则意识，正确解析本章"基本训练"中"实务题"的相关问题；体验本章专业规则与方法"初级学习"中的横向正迁移和"高级学习"中的重组性迁移，以及相关胜任力中"专业规则"要素的阶段性生成。

**案例目标：** 能运用所学市场营销的主要概念、观念和基本理论研究相关案例，培养和提高学生在特定业务情境中分析问题与决策设计的能力；能结合本章教学内容，依照相关规范或标准，对"课程思政1-1"至"课程思政1-3"专栏和章后"课程思政-I"案例中的企业及其从业人员行为进行思政研判，促进"立德树人"根本任务的落实；体验本章"高级学习"中专业知识、通用知识与思政元素的协同性重组迁移，以及相关胜任力中"认知弹性"要素的阶段性生成。

**自主学习：** 参加"自主学习-I"训练。在实施《自主学习计划》的基础上，通过阶段性学习和应用"附录一"附表1"自主学习"（初级）、"'知识准备'参照范围"所列知识，尽可能搜集、整理与综合"市场营销观念和基本理论"前沿知识，讨论、撰写和交流《"市场营销观念与理论"最新文献综述》，撰写《"自主学习-I"训练报告》等活动，培养"自主学习"的通用能力（初级）；体验本章"自主学习"中"专能"与"通能"的"重组性"迁移，以及相关胜任力中"求知韧性"的阶段性生成。

**引例：面对同一市场，得出不同结论**

**背景与情境：** 某制鞋公司总裁在寻找国外市场的过程中，首先派产品设计部经理到非洲一个国家，让他去了解那里的市场情况。几天后，该经理发回一封电报：糟糕极了，该岛无人穿鞋子，此地不可能成为我们的市场，我将于明日回国。在此之后不久，总裁又把自己最好的推销员派到那里，他在那里考察了一个星期后，发回电报：好极了！该岛无人穿鞋子，这是一个潜力巨大的市场。为了摸准情况，总裁又把自己的市场营销部经理派去考察。他在那里考察了三个星期，发回电报：这里的人不穿鞋，但有脚疾，需要鞋；不过我们现在生产的鞋太瘦，不适合他们，我们必须生产宽松一些的鞋。我们还要教他们穿鞋的方法并告诉他们穿鞋的好处。这里的部落首领不让我们做买卖，我们需要投入大约1.5万美元送上礼物，他才能开放市场。他们尽管很穷，但这里盛产菠萝。我测算了一下，三年内的销售收入在扣除成本后，包括把菠萝卖给欧洲超级市场的费用，资金回报率可达30%，建议开辟这个市场。

**问题：** 面对同样的市场，三个人为什么得出了不同的结论？

从引例可见，从事营销，不仅要注意适应市场，还要想方设法创造市场，用自己的努力去唤醒消费者的潜在需求，更要深入研究市场，拿出极具说服力的可行性分析意见去开发这一市场，进而占领市场。只有这样才算真正掌握了市场营销的精髓。

学习微平台

视频 1-1

# 1.1　市场营销概念

## 1.1.1　市场的概念与分类

### 1）市场的概念

市场是一个复杂的、多层次的动态概念。在经济尚不发达的时代，市场仅仅是指交换的具体场所，即买者和卖者于一定时间聚集在一起进行交换的场所，这是一个空间和时间上的概念，也是市场最初的定义。后来，随着社会分工和商品生产的发展，商品交换日益频繁和广泛，成为社会经济生活中大量的、不可缺少的要素，市场也就无处不在了。在现代社会里，交换渗透到社会生活的各个方面，特别是随着通信、交通和金融行业的蓬勃发展，商品交换打破了时间和空间上的限制，即交换不一定都需要在固定的时间和地点进行。因此，**市场不仅是指具体的交易场所，而且是指所有卖者和买者实现商品转让的交换关系的总和**，即指各种错综复杂的交换关系总体，它由购买者、购买欲望和购买力三个要素构成。用公式表示为：

市场=购买者+购买欲望+购买力

市场的这三个要素是相互制约、缺一不可的，只有三者结合起来才能构成现实的市场，才能决定现实市场的规模和容量。市场除了要有现实的购买者外，还包括暂时没有购买力，或暂时没有购买欲望的潜在购买者。这些潜在购买者一旦条件有了变化，或因收入提高而产生购买力，或因受宣传介绍的影响由无购买欲望转变为有购买欲望时，就转化成现实购买者了，因而也是市场的要素。

### 2）市场的一般分类

按不同的标准，市场可以划分成不同类型，这种分类有助于研究、分析各类消费者对商品特性的不同需求，可为选定目标市场和制定营销策略提供依据。

（1）按市场的地理位置不同，可将市场分为国内市场和国际市场。国内市场又可进一步细分为北方市场、南方市场、东部市场和西部市场，城市市场和乡村市场等。国际市场又可进一步细分为北美、西欧、东南亚、中东等地的市场。这种分类有利于研究不同流通地域的市场特征，实施不同的营销策略。

（2）按市场的经营对象不同，可将市场分为商品市场、服务市场和要素市场。其中：商品市场又可按购买商品的目的、用途不同，分为消费品市场（生活资料市场）、工业品市场（生产资料市场）；服务市场包括运输市场、旅游市场、文化娱乐市场、教育市场、医疗市场、招标市场、拍卖市场、租赁市场、金融市场、证券市场、保险市场等；要素市场包括劳动力市场、技术市场、信息市场、资本市场等。这种分类有利于根据各种商品自身的特点，开展营销活动。

（3）按购买者购买商品的目的不同，可将市场分为消费者市场、生产者市场、转卖者市场和政府市场。这种分类便于对消费者需求和购买行为进行分析研究，从而有针对性地开展促销活动，为购买者提供最佳服务。

（4）按市场的经营范围不同，可将市场分为综合性市场和专业性市场。

（5）按市场的流通环节不同，可将市场分为批发市场和零售市场。

（6）按市场的成交时间不同，可将市场分为现货市场和期货市场。现货市场是指买卖成交后立即进行交割的"一手交钱，一手交货"的市场；期货市场是指"成交在先，交割在后"的期货合约买卖市场。

（7）按竞争程度不同，可将市场分为完全竞争市场、完全垄断市场和不完全竞争市场。在商品经济条件下，竞争是不可避免的，只是在不同国家、不同时期，市场竞争的强度不同而已。竞争程度不同，购买行为、价格行为等都有差异，因而营销策略也应有所区别。

### 1.1.2　市场营销的概念和特点

#### 1）市场营销的概念

市场营销这个概念是一个舶来品，译自英文"Marketing"一词，原意是指市场上的买卖活动。对"Marketing"一词有多种译法，当人们把它作为一种经济活动时，译为"市场营销"；当人们把它作为一门学科名称时，译为"市场营销学"，即研究市场营销活动规律的科学。

对市场营销的认识，是随着企业市场营销实践活动的发展而加深的。在早期，把营销等同于商品销售或推销，认为市场营销就是销售，就是设法把商品推销出去。这种认识现在看来相当偏颇。因为，如果企业生产的商品不能适销对路，无论怎样推销，效果都不会令人满意。

此后，随着经济发展和市场形势发生变化，工商企业的市场营销实践活动也在不断发生变化。自20世纪50年代以来，"市场营销"一词已经有了更加丰富的内涵，同"推销"就不再同义了。

美国市场营销协会在1960年给"市场营销"下了这样一个定义："市场营销是引导商品和服务从生产者流向消费者或用户的企业商务活动过程。"这一解释尽管比"营销=推销（销售）"的认识有所进步，但仍有其局限性，因为它不能全面概括和准确表达现代市场营销活动的全过程。事实上，企业不仅要进行引导产品流向消费者或用户的活动，还要把营销活动从流通领域向前延伸和向后扩展：向前延伸至生产领域甚至生产活动开始之前的市场调研、产品开发等；向后扩展至消费领域和消费之后，如商品的售后服务、消费者的消费感受等信息的搜集与反馈等。这就是说，企业的市场营销活动是从研究市场上消费者的需求开始，经过一系列的工作，再到以适销对路的商品或劳务去满足消费者的需求为终结的循环过程。

1985年，美国市场营销协会重新给"市场营销"下了定义："市场营销是（个人和组织）对思想、产品和服务的构思、定价、促销和分销的计划和执行过程，以创造达到个人和组织的目标的交换。"这一定义比较全面地表述了"市场营销"的含义：把市场营销的主体从企业扩展到整个社会；把市场营销的客体从产品扩展到思想、服务的领域；强调了市场营销的核心功能是交换；指明了市场营销的指导思想是顾客导向；说明了市场营销活动是一个过程，而不是这一过程的某一个阶段。

**同步思考1-1**

现实中有许多人认为："市场营销就是推销，就是把产品卖掉，变成现金。"彼得·德鲁克先生却说："营销的真正内涵是使销售成为多余。"

作为一名市场营销专业的学生，你赞同哪种观点？为什么？

由于市场营销学还是一门比较年轻和正在发展完善的学科，因此，对"市场营销"的定义目前存在着各种各样的表述。将这些表述归纳起来，有以下几种：第一，认为"市场营销"是一种经营思想，强调"以消费者为中心"来开展企业的全部活动；第二，认为"市场营销"是一种经营意图，促使企业有意识地将自己的资源以最好方式去满足消费者的需要，从而有效地达到企业的预期目标；第三，认为"市场营销"是一种管理过程，通过研究消费者需要，协调企业的内外环境，有效地计划、组织、指挥、监督、协调企业的整体活动，使企业的产品成功进入目标市场，从而有效地实现企业的预期目标。

由此可见，**市场营销**，是指在不断变化的市场环境中，通过市场交易去适应、满足和创造消费者需要，有计划地组织企业的整体活动，使企业的产品成功进入目标市场，从而有效地实现企业目标的综合性商务活动过程。按照这一定义，市场营销的根本目的是实现企业目标，而实现这一目标的前提是必须适应、满足和创造消费者需要；市场营销的中心是市场交易过程，为了保证商品交换过程顺利进行，企业应当研究不断变化的市场环境，有计划地组织企业的整体活动，包括开展市场调研、选择目标市场、产品开发、定价、分销渠道选择、促销活动、销售及售后服务等。只有这样才能使企业的产品成功地进入目标市场。

**课程思政1-1**

## 构建"双循环"新发展格局

**背景与情境：**2022年10月16日，举世瞩目的中国共产党第二十次全国代表大会在北京隆重召开。某企业组织广大干部职工集体收听收看，大家深感振奋，备受鼓舞，纷纷表示要把学习贯彻党的二十大精神作为当前和今后一个时期的重要政治任务，坚持用党的二十大精神武装头脑、指导企业营销实践，以创新的发展思路、扎实的工作举措和饱满的精神状态投入到实际工作中去。二十大报告在"加快构建新发展格局，着力推动高质量发展"部分指出，"加快构建以国内大循环为主体、国内国际双循环相互促进的新发展格局""增强国内大循环内生动力和可靠性，提升国际循环质量和水平""构建全国统一大市场，深化要素市场改革，建设高标准市场体系"。在学习过程中，市场营销部员工对此段论述联系企业营销实际展开了热烈讨论。

**问题：**如何理解"双循环"新发展格局？请运用所学市场营销知识联系实际谈一谈你的看法。

**研判提示：**理解"双循环"新发展格局，重点要理解两个"不是"。第一，双循环不是封闭的国内单循环，而是通过发挥内需潜力，使国内市场和国际市场更好衔接，使国内外两个市场中的供给与需求在更高水平上实现动态平衡。对外开放是我国的长期基本国策，无论国际形势如何变化，我国开放的大门不会关闭，只会越开越大。第二，双循环不是各地的自我小循环，"双循环"的基础是国内大循环，而国内大循环的基础是全国统一大市场。"全国统一大市场"是对企业未来生产经营有普适性影响的关键点，背后蕴含着长期确定性机遇。

**业务链接1-1**

### 中石化跨界营销开通"安心买菜"业务

受新冠肺炎疫情影响，百姓居家买菜多有不便。同时，很多农产品却因运输等多种原因销路不畅。为此，中石化想出了卖菜这一跨界营销方式。通过与中国银联合作，在易捷加油App上开展营销活动，消费者可享受"加油不下车、购物不进店、全程零接触"的购物服务，仅需线上下单、次日便可吃到新鲜的蔬菜，整个过程不下车、不开窗，真正做到"一键送到后备箱"。据悉，中石化北京石油分公司已在340座加油站开通了"安心买菜"业务。

**2）市场营销的特点**

（1）以消费者需求为出发点

企业要从研究和分析消费者的消费需要出发来决定自己的经营方向，按照消费者的需求组织产品的生产和销售。只有真正按照消费者需求生产的产品，才能受到消费者的欢迎，才能在市场上顺利地实现交换，从而保证企业收回投资和获取利润。

（2）以营销组合为手段

市场营销强调如何从满足消费者需求出发，通过整体营销策略即产品策略、定价策略、渠道策略和促销策略的综合运用，更好地实现企业的经营目标。

（3）通过满足需求获得利润

在市场营销观念支配下，企业在决定生产之前要首先了解这种产品或服务对满足消费者需求的最终效果，然后根据需求的满足程度来预估企业的盈利。消费者需求被满足的程度越大，企业的盈利就越多；相反，消费者需求被满足的程度越小，企业利润也就越少。另外，企业要树立尊重消费者利益的观念，具体包括两个方面：一是兼顾消费者的眼前需要和长远利益，如对某些产品长期或过量使用可能带来的副作用加以说明，提醒消费者适度消费；二是兼顾消费者的个别需求与社会公众的利益，对有可能造成环境污染或资源过度消耗的产品加以改进。

### 1.1.3　互联网迅速发展带来的机遇和挑战

互联网的迅速发展给整个世界带来了历史性的变革。如今互联网被广泛应用到现实生活中，在互联网上可以聊天、玩游戏、查阅资料等，更为重要的是，在互联网上还可以进行广告宣传和购物。在"互联网+"行动计划提出后，移动互联网、云计算、大数据、物联网等新一代信息技术与各行各业结合，促进了电子商务、工业互联网和互联网金融等新兴业态的发展。学术界开始重新评估以互联网为核心的信息经济对于新常态下经济增长与转型的引领和带动作用。随着互联网应用的不断拓展，我们迎来了一个全新的网络经营时代，它不仅为传统企业的营销带来了新的机遇，而且向传统企业的营销提出了新的挑战，一场新的营销革命已经到来。

#### 1）互联网给传统企业市场营销活动带来的机遇

随着互联网的发展，网络营销的价值也逐渐得到广大企业主的认可和重视。在互联网Web1.0时代，常用的网络营销有搜索引擎营销、电子邮件营销、即时通信营销、BBS营销、病毒式营销。随着互联网发展到Web2.0时代，网络应用服务不断增多，网络营销方式也越来越丰富起来。很多企业将产品的营销放在了网站上，这些网站包括淘宝、亚马逊、天猫等。人们足不出户就可以看到很多种类的产品，并且完成网上购买，网上购物被认为是新潮，特别受到年轻消费者的喜爱。

互联网的发展，使企业营销活动不再受时间、地点的限制，这无疑给传统企业带来了机遇：企业可以通过网络发布信息，展示自己产品的质量、性能、价格、售前售后服务及付款条件等，这不仅可以大大提高交易速度，加快订单处理和货款结算支付，还可以降低人力、物力、财力成本，从而使产品具有价格竞争力；企业在进行市场调研时，可以运用网络并借助计算机技术对获取的信息进行数据分析，据此了解消费者的需要，或在互联网上直接搜索已有的调研资料，形成一个市场营销数据库，帮助企业做出正确的营销决策；网络广告"互动式"的运作方式使其完全有别于报纸、杂志、电视这三类传统的广告媒体，它使原来单向的诉求变为双向互动的信息交流，消费者可以通过互联网反馈信息，提出自己的看法和建议，企业也可以根据消费者意见改进产品，提高营销效率；网络广告既具有平面媒体信息承载量大的特点，又具有电波媒体的视听效果，可谓图文并茂、声像俱全，况且广告发布不需要印刷，节省纸张，不受时间、版面限制，顾客只要有需要，就可随时索取。同时，在互联网基础上涌现出来的很多社交软件，如微信、QQ、微博、头条、抖音等，为企业创造了更多的市场营销平台；网络营销的一对一服务，给顾客更多自由考虑的空间，从而避免冲动性购物，可以在比较后再做决定，且服务可以是24小时的，更加快捷，这种灵活、快捷、方便的购物方式是传统商场无法比拟的。

**业务链接1-2**

### 小米公司的崛起

小米公司是2010年4月份成立的，于2011年8月发布了第一款手机。小米公司成立不到4年，以独特的模式换来年销售额280亿元人民币、公司估值超过100亿美元的奇迹。

在创业过程中，小米公司在产业链的每一个环节上都尝试创新，渐渐地形成了一套自己独特的理论。比如，互联网七字诀：专注、极致、口碑、快。再比如，不计成本地做最好产品，让用户尖叫。小米几乎"零投入"的营销模式，通过论坛、微博、微信等社会化营销手段凝聚起粉丝的力量，把小米快速打造为知名品牌。

**2）互联网给传统企业市场营销活动带来的挑战**

（1）需要定期对员工进行培训

传统企业的市场营销活动基于面对面的营销，受到时间、地点上的限制。互联网的出现改变了这一困境，企业可以充分运用互联网进行网络营销，但网络营销是需要技术作为基础的，在信息技术发展如此之快的今天，要想拥有持续的竞争力而不被淘汰，就要求不断提高企业员工的素质，所以需要定期对员工进行培训。

（2）互联网的优势在一定程度上可能成为企业经营的劣势

学习微平台

延伸阅读1-1

例如，网上信息充分，消费者只需浏览商家的站点就可货比三家，对于商家而言极易引起价格战；网上信息只能等待顾客上门索取，不能主动出击，实现的是点对点的传播，且它不具有强制收视效果，人们可以选择看与不看，商家无异于在守株待兔。与传统的面对面营销相比，消费者对产品的了解并不多，企业也无法进行更多的描述，从而使潜在消费者变为真正消费者的可能性降低。消费者面对的网页很多，如何让消费者看见企业的产品，如何在众多网络营销产品中脱颖而出？这是企业开展网络营销的一大挑战。在互联网上，实物和照片可能是不一样的。人们可能不太信任网店的产品，只有亲手摸过、亲眼见过的，人们可能才会放心购买；网上购物还存在着试用的不便，消费者没有实地的感受，也没法从推销者的表情上判断真假，实物总是比图像来得真实和生动。所以，对许多人来说，网上购物缺乏足够的吸引力和亲临商场的感受。而其他网店商品出现的质量问题，可能导致"城门失火，殃及池鱼"，消费者可能从此不再相信网上购物。有时候，人们逛街的目的并不一定非得是购物，它也可以是一种休闲和娱乐，或是享受，这是网络营销无法比拟、无法取代的。

由此可见，网络营销尽管给企业带来了很多发展的机遇，但也带来了很多的挑战，传统营销并不是完全落后的东西，网络营销发展也不代表放弃传统营销，两者是相互依存的。企业在开展营销活动过程中，应当将网络营销与传统营销进行有机整合，发挥其各自的优势。应当看到，网络营销始终只适合一部分人群，对于不适应网上购物的人群来说，传统营销仍然是必不可少的。两者的关系应该是相互促进、互为补充的。

**同步案例1-1**

### 新的形势下，零售生意到底应该怎么做？

**背景与情境：** 当下的零售行业正发生深刻的变革，从直播、微商、社团等零售新模式到各种高大上的零售新技术，层出不穷，令人眼花缭乱。在感叹变化日新月异的同时，无数人也陷入了迷茫：零售未来到底要往哪里走？零售生意到底应该怎么做？

互联网商业迅速完成了对大众的教育和消费收割，也逐步从满天飞的概念落到线下的有形零售。以 BAT 为代表的互联网企业入资收购了大量的实体零售店；三只松鼠等纯互联网品牌也在线下开枝散叶，广开门店；而广大的实体零售企业不断引入互联网元素，在业态创新、供应链优化、管理效能提升各方面做迭代。

　　从早期的线上零售与实体零售互相敌视到如今的线上线下一体化，线上线下各自发挥所长。线上的多选、便捷和线下的服务、体验，大家各有侧重，找准定位，各自一片天，互为补充，共同服务顾客。

学习微平台

分析提示 1-1

　　资料来源　黄静. 新的零售形势下，做好卖场生意更要回归基础［EB/OL］. （2021-04-24）［2022-10-03］. http://www.emkt.com.cn/article/672/67270.html.有改动。

　　**问题：**联系实际，谈一谈未来零售生意到底应该怎么做呢？

## 1.2　市场营销观念

### 1.2.1　营销观念的演变

　　营销观念，是指企业开拓市场、实现营销目标的根本指导思想。其核心也就是以什么样的营销哲学或理念来指导企业开展生产经营活动。营销观念是在一定的历史条件下产生的，并随企业外部环境的变化而变化。从西方营销学发展的历史来看，大致以 20 世纪 50 年代为界，营销观念经历了传统营销观念和现代营销观念两个阶段。

　　**1）传统营销观念**

　　传统营销观念的基本特征是"以产定销""以产促销"，即企业生产什么就卖什么，生产多少就卖多少。它产生的根源是相对落后的经济基础。传统营销观念主要有：生产观念、产品观念、推销观念。

　　（1）生产观念

　　生产观念是在卖方市场的背景下产生的。20 世纪 20 年代以前，生产的发展不能满足需求的增长，多数商品都处于供不应求的状态，许多商品都是顾客上门求购。这一时期消费者最关心的是能否买到产品，而不去注意产品的细小特征，只要有商品，质量过关、价格便宜，就购买。在这种情况下，企业只需要集中一切力量扩大生产、降低成本，生产越多，成本越低，取得的利润就越多，根本不用考虑销售问题。

　　由于产品销路不成问题，销售工作当然不受重视。生产观念可以概括为"我们会做什么，就生产什么"。在这种观念指导下，生产和销售的关系必然是"以产定销"。

　　（2）产品观念

　　产品观念认为：消费者喜欢那些质量高、性能好、价格合理并有特色的产品，因此企业的主要任务就是不断对产品进行改进，提高产品质量。只要产品好，不怕卖不掉；只要产品有特色，自然会顾客盈门。"酒好不怕巷子深""一招鲜，吃遍天"等都是产品观念的生动写照。

　　奉行产品观念的企业将自己的注意力集中在现有产品上，集中主要的技术、资源进行产品研究，看不到消费者需求的不断发展变化，看不到消费者对产品提出的新要求，看不到新需求带来的产品更新换代需要，总认为只要有好的产品就不怕顾客不上门，根本不去考虑市场上消费者是否真正需要和接受这种产品。这种观念可以概括为"我们会做什么，就努力做好什么"。

产品观念与生产观念有所不同：前者注意产品的品质与性能，后者注重产品的产量与成本。但这两种观念也有相似之处，即都属于"以生产为中心"的经营思想，都没有把市场需求放在首位。所以产品观念也只能适用于市场经济不发达的卖方市场。随着社会生产力的发展，卖方市场向买方市场转化，这种观念就不适用了。

**业务链接1-3**

### 购买公文柜不是为了把它从四楼扔下去

有一家生产公文柜的制造商，其生产经理曾认为，他们生产的公文柜是全世界质量最好的，即使从四楼上扔下来都不会损坏。可是，当他们把产品拿到展销会上去推销时却遇到了强大的销售阻力。生产经理感到难以理解，他觉得产品质量这么好的公文柜理应获得顾客的青睐。销售经理告诉他，顾客需要的是适合他们工作环境和条件的产品，没有哪一位顾客打算把他的公文柜从四楼扔下去。

（3）推销观念

20世纪20年代末，随着资本主义生产力的发展，社会产品日益丰富，花色品种不断增加，市场上许多产品开始供过于求，企业之间竞争加剧。1929年，资本主义世界发生了空前严重的经济危机，堆积如山的货物卖不出去，许多工商企业、银行倒闭，大量工人失业，市场萧条。这时人们担心的已不是如何大量生产，而是如何去销售。于是，许多企业开始着力于研究、运用各种各样的推销方法和技巧，以"推销观念"作为企业经营的指导思想。

推销观念强调：消费者一般不会主动选择和购买商品，只能通过推销产生的刺激，诱导消费者产生购买行为。这样，推销部门的任务就是采用各种可能的手段和方法，去说服和诱导消费者购买商品。至于商品是否符合顾客的需要，是否能让顾客满意，顾客是否会重复购买等问题，都无关紧要。

推销观念与生产观念有所不同：前者以抓推销为重点，后者是以抓生产为重点。从"生产导向"发展为"推销导向"是经营思想的一大进步，但基本上仍然没有脱离"以生产为中心""以产定销"的范畴。因此，推销观念基本上仍然属于旧的营销观念。这种观念可以概括为"我们会做什么，就努力去推销什么"。

**2）现代营销观念**

（1）市场营销观念

市场营销观念是20世纪50年代产生的一种新的营销观念。市场营销观念的产生是现代企业营销观念的重要变革。西方市场学家对这一变革给予了很高的评价，称之为市场营销发展史上的一次革命。

市场营销观念产生的背景有两点：一是由于第二次世界大战后生产力的迅速发展，许多产品供过于求加剧，竞争更加激烈；二是各资本主义国家普遍实行高工资、高福利、高消费的所谓"三高"政策，使消费者的购买力增加，消费欲望不断变化，对商品的购买选择性大大增强。市场格局发生了根本性变化，原来的卖方市场迅速转变为买方市场。许多企业家认识到：在进行生产之前，必须首先分析和研究消费者的需要，在满足消费者需要的基础上，企业才能生存和发展。秉持市场营销观念的人认为：市场不是处于生产过程的终点，而是起点；不是供给决定需求，而是需求引起供给；哪里有需求，哪里才有生产和供给。

市场营销观念的原则是"顾客需要什么，就生产和销售什么"或者"能销售什么，就生产什么"。在这种观念指导下，企业的中心工作不再是单纯追求销售量的短期增长，而是着眼于长久地占领市场阵地，因而提出了"哪里有消费者的需要，哪里就有我们的机会"和"一切为了顾客的需要"等口号。

### 教学互动1-1

**互动问题**：市场营销观念与推销观念有根本区别吗？表现在哪些方面？为什么？

**要求**：

（1）教师不直接提供上述问题的答案，而是引导学生对上述问题进行独立辨别、思考，自由发表见解，并说明理由。

（2）教师在组织课堂讨论过程中注意把握好讨论的节奏，对学生提出的典型见解进行点评。

### 深度剖析1-1

**背景资料**：沃尔玛公司奉行的三大原则：①顾客服务原则：第一条，顾客是对的；第二条，顾客永远是对的；第三条，如有任何疑问，请参照第一、第二条执行。②三米原则：顾客距离店员三米就能感觉到他（她）的微笑和热情。③日落原则：店方一旦发生过错，公司会在当天日落前妥善处理，向顾客诚心道歉。

**问题思考**：沃尔玛公司奉行的三大原则说明了什么？最终会产生什么效果？沃尔玛公司奉行的三大原则对公司员工来说是否过于严苛？公司员工承受如此大的工作压力，公司领导应该怎样帮助员工舒缓这种压力？

### 课程思政1-2

#### 这个小卖部存在的主要问题

**背景与情境**：某日，水上乐园内游人如潮。小向和朋友一行几人兴高采烈地来到水上乐园的小卖部准备买泳裤。他们走进店内，发现泳裤样式很多，就埋头挑了起来，令人遗憾的是在每个商品下面都没有价签，而站在旁边的两位服务员也好像没"看"出顾客的烦恼，自顾自地站在一旁，没有理会他们。无奈之下，他们只好拿着两条看起来不太贵的泳裤走向收银台，试探着问："两条30元吧？"话音还未落就听见站在旁边的服务员不屑一顾地说："什么30元，你现在到哪里去买15元一条的泳裤？"听到这话小向心里很不舒服，于是说道："你这样说话就不对了，15元就15元，20元就20元，何必用这种语气和态度呢？"服务员听到这句话，狠狠地瞪了小向两眼，表现出一副很不服气的样子。

交完钱，小向对那位服务员说："同志，我觉得您的服务态度应该改进一下。"话还没说完，背后就传来一句："我们还不想卖给你呢！"小向心中的无名火随着她这一句话"腾"地一下就上来了，走过去，要求看她的工牌。正在这时，旁边那位一直未开口的服务员走上前来用手使劲地推着小向说："算了，算了，你快走吧！"

这一举动把小向激怒了，强烈要求见她们的经理进行投诉。这时一位经理来到小卖部，小向便把事情的详细经过告诉了他，这位经理听完后一副"没有关系"的表情，不当回事，只是想快点把小向劝走，并且一再强调说："我现在不能听你的一面之词，我一定要调查清楚。"至此，小向的好心情全给破坏了，发誓再也不会来这个鬼地方购物。

**问题：**这个小卖部存在的主要问题是什么？请运用所学理论进行思政研判。

学习微平台

视频 1-3

### 同步案例 1-2

#### 营销成功的可能性

**背景与情境：**在1991年以前，康柏电脑公司曾过于迷信"公司应该为客户提供最好的产品"这个观点，其蕴含的推论是："质量越好，营销成功的可能性就越大。"公司鼓励工程师设计、生产高品质产品，并不断加以完善。1991年康柏的管理层做了调整，新的负责人认为："要根据产品价格搞设计，用顾客的眼光看问题，研究什么价位能吸引顾客光顾我们的产品，然后想办法在此价位生产出此种产品。"

**资料来源** 编者根据相关资料整理编写。

**问题：**康柏电脑公司新老负责人的营销观念有什么区别？哪种营销观念指导下营销工作成功的可能性较大？为什么？

（2）社会营销观念

社会营销观念产生于20世纪70年代，是对"市场营销观念"在新形势下的修正和补充，是对市场营销观念的新发展。

社会营销观念如图1-1所示。

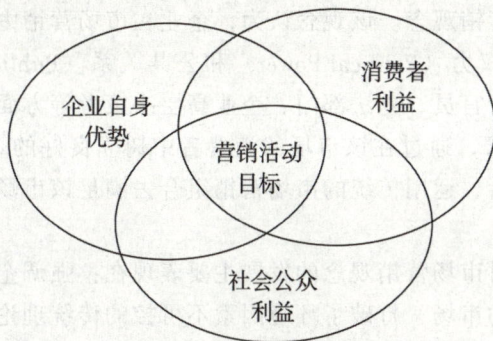

**图1-1 社会营销观念**

社会营销观念的基本论点是：企业在生产和提供产品或服务时，不仅要满足消费者的需要和欲望，符合本企业的擅长，还要符合消费者和社会发展的长远利益，实现企业、消费者和社会利益三者的协调。可以说，社会营销观念是对市场营销观念的补充与完善。

### 🔑 课程思政 1-3

#### 汽车召回

**背景与情境：**在中国尚未建立汽车召回制度的2000年，日本三菱汽车公司向中国三菱汽车用户发出紧急通知，决定按日本汽车行业的召回检修制度，对其向中国市场出售的575辆可能存在问题的汽车召回检测并进行修理。日本运输省发布的调查报告表明：三菱公司向日本政府和消费者隐瞒、漏报该公司生产的汽车存在的问题达17类，秘密回收和无偿修理各类汽车约62万辆。从1995年9月到1999年3月期间生产的轿车约有15万辆存在严重问题。日本的一家报纸报道说，曾有70多人写信称，在他们的三菱汽车上，用于上紧柄轴滑轮的螺栓不是坏了就是松动了。此类问题也同样出现在中国用户身上。2000年8月27日，警方搜查了三菱汽车公司总部、两家工厂以及两名职工的住宅，共没收三菱汽车公司的文件1 007份，包括三菱职工讨论召回有缺陷汽车的会议记录、召回汽车的顾客投诉资料等。事件发生后，三菱召回了约9万辆有问题的汽车。

**问题：** 三菱汽车公司这次在中国召回汽车，是本着对客户负责的态度，主动采取措施，还是在环境逼迫下不得不做出的无奈行为？

学习微平台

分析提示1-2

### 1.2.2　市场营销观念的新发展

#### 1）大市场营销观念

**大市场营销观念**，是指企业为了成功进入封闭性很强的特定市场，并在那里从事经营活动，除了需要采用常见的营销策略外，还应运用政治和公关等手段，以争取各方面合作，积极主动地改变和影响企业营销外部环境的活动过程。

在目前的市场环境中，由于贸易保护主义回潮，政府干预加强，企业营销中所面临的问题已不局限于如何满足现有目标市场的需求，企业面临的首要问题是如何进入壁垒森严的特定市场。1984年，以美国西北大学著名营销学教授菲利普·科特勒为代表，提出了大市场营销观念。该观念认为，企业在市场营销中，应争取做到以下两点：首先，运用政治权力（Political Power）和公共关系（Public Relationship），设法取得具有影响力的政府官员、立法部门、企业高层决策者等方面的合作与支持，启发和引导特定市场的需求，通过在该市场的消费者中树立良好的企业信誉和产品形象，打开并进入市场；然后，运用传统的市场营销组合去满足该市场的需求，达到占领该目标市场的营销目的。

大市场营销观念对市场营销观念的发展主要表现在：强调企业通过努力，可强行打入被封闭或被保护的市场；打破了环境因素不可控的传统理论；发展了市场营销组合理论。

#### 2）绿色营销观念

20世纪80年代以来，在社会环境被破坏、污染加剧、生态失衡、自然灾害威胁人类生存和发展等背景下，伴随着各国消费者环保意识的日益增强，世界上掀起了一股低碳经济、绿色经济浪潮。在这股浪潮的冲击下，绿色营销观念也就应运而生了。

**绿色营销观念**，是指企业必须把消费者需求与企业利益和环保利益三者有机地结合起来，必须充分顾及资源利用与环境保护问题，从产品设计、生产、销售到使用整个营销过程都要考虑到资源的节约利用和环保利益，做到安全、卫生、无公害的一种营销观念。

　　绿色营销观念对市场营销观念的发展主要表现在三个方面：一是营销服务的对象从消费者扩展到消费者和社会；二是绿色营销使企业的营销目标变为追求可持续发展；三是绿色营销要求企业必须维护和推进绿色消费。

　　党的二十大报告指出，要"推动绿色发展，促进人与自然和谐共生"。要"倡导绿色消费，推动形成绿色低碳的生产方式和生活方式"。为此，企业必须做到：决不生产或经营危害消费者或者他人健康的产品；在生产经营或处置产品时，避免严重损害自然环境；在生产经营、使用或处置产品时，不可大量、过高比例地消费资源；不可过度使用资源，如产品标准过高或使用寿命过短从而造成不必要的浪费；不允许使用从濒临危险种类或恶化环境获得的原料生产产品；决不允许残忍地开发国家保护的珍奇动植物产品；不能对其他国家，尤其是发展中国家施加或转移有污染环境的项目或产品。

## 同步案例1-3

### 魏先生的特种果蔬无人问津

　　**背景与情境：** 魏先生是一个潜心做科研的农业专家，整天忙碌于他的实验基地。经过多年的努力，他终于利用生物工程技术培育出160多种特种果蔬。其中：有紫色的、巧克力色的、象牙白色的辣椒；有像葡萄大小的红色的、黑色的、绿色的番茄；还有彩色玉米，彩色的小南瓜以及比鸡蛋还要大的草莓等。

　　这些特种果蔬不需要喷洒任何农药，自身具有抗病虫害能力，是一种安全的绿色食品，既有营养价值又有观赏价值。可是，这些特种果蔬如何走向市场，魏先生却没有办法，他不知道怎样让广大消费者认识这些特殊的果蔬产品，也不知道哪些人会先来尝试。魏先生首先尝试将自己种的黑色番茄送给隔壁邻居品尝，告诉人家，这种番茄营养价值很高，在国际市场上价格昂贵。邻居说："这东西很怪异，我们不敢吃。"他也不知道怎样让这些特殊的果蔬产品从实验产品走向产业化，以便批量生产，否则人们消费不起。而这需要一大笔资金投入，农科院的科研经费本来就少得可怜，魏先生本人也没有什么积蓄，这样就很难冲出试验田。对此，魏先生一筹莫展。

学习微平台

分析提示1-3

　　**问题：** 魏先生的特种果蔬为什么无人问津？如果现在魏先生问计于你，你打算如何帮助魏先生解决他遇到的难题呢？

### 3）关系营销观念

　　关系营销观念是与交易营销观念相比较而言的。传统的交易营销观念是买卖双方价值的交换，双方是一种纯粹的交易关系，交易结束后不再保持其关系和往来。在这种交易关系中，企业认为卖出商品赚到钱就是胜利，顾客是否满意并不重要。而事实上，顾客的满意度直接影响到重复购买率，关系到企业的长远利益。因此，从20世纪80年代起，美国理论界开始重视关系营销。

　　**关系营销观念**，是指为了建立、发展、保持长期的、成功的交易关系而进行市场营销活动的一种营销观念。关系营销观念的核心是正确处理企业与消费者、竞争对手、供应商、分销商、政府机构和社会组织的关系，以追求各方关系利益最大化。这种从"追求每笔交易利润最大化"转变为"追求同各方面关系利益最大化"，便是关系营销观念的特征，也是当今市场营销发展的新趋势。

　　为了贯彻关系营销观念，企业必须建立专门的职能部门来负责客户关系及其管理。这个职能部门的职责就是跟踪客户、分销商、供应商及营销系统中的其他参与者，以了解各方态度，把握各关系方的动态变化，采取积极措施消除关系中的不稳定因素和不利于各方关系的因素，维护企业与各关系方的良好关系。

　　由于关系营销观念涉及"关系"二字，很容易与当前社会上流行的"庸俗关系"相混淆。人们往往错误地认为，关系营销就是在营销活动中通过吃、喝、玩、乐等手段拉关系、互相利用，开展非正当交易活动来达到自己的目的。这种视关系营销为庸俗关系的认识，是对关系营销的扭曲。弗兰克·索尼堡提出密切合作的"十条准则"，是关系营销的真谛。这"十条准则"是：①诚恳守信，坦诚相待；②互相尊重，和谐一致，富有人情味；③共存共荣，双方从合作中获得成功与利益；④在建立合作关系之前就要有明确的奋斗目标；⑤深入了解双方的文化背景，做到知己知彼；⑥经常沟通，及时解决问题，消除误会；⑦致力于长期合作，强调合作关系的建立不是基于短期优势，而是基于长期机会；⑧双方都要为最佳合作状态努力；⑨双方共同决策，不可强加于人；⑩力求关系的长期延续。

## 同步思考1-2

学习微平台

视频1-5

　　某咨询公司通过调查得出结论：一个满意的顾客会引发8笔潜在的生意，其中至少有1笔成交。一个不满意的顾客会影响25个人的购买意愿。争取一位新顾客所花的成本是保住一位老顾客所花费的6倍。

　　这个结论说明了什么？请运用所学理论进行分析，谈一谈自己的看法。

## 问题思维1-1

　　**疑点：**关系营销就是在营销活动中，通过吃、喝、玩等手段拉关系、互相利用，通过开展非正当交易活动来达到自己的目的。

　　**释疑提示：**这是一种视关系营销为庸俗关系的观点，走入了认识上的误区。关系营销的核心是正确处理企业与消费者、竞争对手、供应商、分销商、政府机构和社会组织的关系，以追求各方面关系利益最大化。

### 4）文化营销观念

　　**文化营销观念**，是指企业成员共同默认并在行动上付诸实施，从而使企业营销活动形成文化氛围的一种营销观念。企业的营销活动不可避免地包含着文化因素，企业应善于运用文化因素来实现其占领某个目标市场的营销目的。

　　文化营销观念认为，在企业的整个营销活动中，文化因素渗透于其过程始终：一是商品中蕴含着文化。商品不仅是有某种使用价值的物品，还凝聚着审美价值、知识价值、社会价值等文化价值的内容。二是经营中凝聚着文化。众所周知，日本企业的经营之所以能够获得巨大成功，主要得益于其企业内部全体职工共同信奉和遵从的价值观、思维方式和行为准则，即所谓的"企业文化"。在营销活动中尊重人的价值、重视企业文化建设、重视管理哲学，已成为当今企业营销发展的新趋势。

#### 5）全员营销观念

**全员营销观念**，是指当企业之间的市场竞争进入争夺顾客资源阶段时，就需要企业内部各个部门协调一致，全过程、全方位地参与整个企业的营销活动，使顾客满意程度最大化的一种营销观念。在全员营销观念指导下，企业要做到：

（1）全员参与营销

全员营销观念的关键是协调企业内部所有职能来满足顾客的需求，要让企业内部所有部门、全体员工都为顾客着想。大家要在营销观念、质量意识、行为取向等方面形成共同的认知和准则，一心一意地为顾客提供优质产品与优质服务，从而进一步提高顾客的满意度。全员参与营销活动并不是要求企业的全体人员都离开本职工作去搞销售，而是要求企业员工以认真负责的态度做好本职工作，清楚企业目标对本职工作的要求，明确本职工作是企业整体营销活动的一部分。

（2）内部营销与外部营销配合一致

全员营销观念要求企业由内及外实行全方位营销。所谓企业内部营销，是指领导者要视员工为顾客，通过培训、激励来提高员工的满意度。只有员工满意了，才能更好地为顾客服务。企业内部营销还要求树立相互服务意识，上道工序视下道工序为顾客，强化内部环节服务，只有内部营销与外部营销相互配合，才能形成全员营销的优势。

（3）职能部门配合一致

企业内部研究开发、采购、生产、财务、人事各部门只有协调一致地配合营销部门争取顾客，才能称得上是全员营销。这种配合要求做到：协调分配资源；相互沟通，共同协作；做出必要的让步，取得一致意见。为了达到不断开拓市场的目的，有时某些部门必须牺牲本部门的短期利益。

随着科技进步和生产力发展，社会经济将不断演变和发展，企业为适应变化了的新环境，营销观念也将随之变换，又会演变出一些新观念。所以，企业的营销观念是随着环境的变化而不断更新的；每一次更新，都会使企业营销从理论到实践得以提升，从而引导企业营销迈上一个新台阶。

#### 6）概念营销观念

所谓概念营销，简单讲，就是在挖掘产品核心功能的基础上，通过赋予产品以特定内涵或独特定义，区别于竞争对手，进而锁定目标消费者，促进消费者关注、购买并形成可持续性记忆的营销观念。

概念营销着眼于消费者的理性认知与积极情感的结合，通过导入消费新观念来实现产品促销。在运用概念营销方面，营销实战中有诸多成功案例，如白加黑、脑白金、农夫山泉、舒肤佳、金龙鱼、乐百氏等。

**同步思考1-3**

#### 白加黑

**背景与情境：**康泰克在20世纪80年代末进入中国市场，凭借独有的缓释胶囊技术，率先建立了全国性强势品牌。其广告是"早一粒晚一粒，远离感冒困扰"，在当时普遍6小时吃一次的感冒药中，确立了"长效"的定位。随后进入中国的泰诺，则依赖"30分钟缓解感冒症状"的诉求获得成功,其定位于"快效",采取的是与康泰克针锋相对的营销战略。白加黑刚推出时就面对两大强敌,怎么办?白加黑没有跟进康泰克或泰诺,而是在长效、快效之外,提出"白天服白片,不瞌睡;晚上服黑片,睡得香",将两位领先者重新定义为黑白不分的感冒药,自己则是"日夜分服"。这是一个相当不错的对立式概念营销策划,白加黑凭此定位进入了三强品牌之列。

**问题:** 当市场已有定位清晰的领先者时,后进品牌怎么办?请根据白加黑成功进行概念营销策划活动的案例,理论联系实际,谈一谈你的想法。

# 1.3  市场营销基本理论

## 1.3.1  4Ps营销理论

1960年,美国著名市场营销学家麦卡锡提出了4Ps营销理论,奠定了市场营销的基本理论框架,对市场营销理论和实践产生了深刻的影响,被市场营销界奉为营销理论中的经典。

**4Ps营销理论**,是指企业在开展市场营销活动的过程中,通过对各种可控因素的优化组合和综合运用,使其能够扬长避短、发挥优势,以适应外部环境的一种营销理论,即通过对产品(Product)、价格(Price)、地点(Place)、促销(Promotion)的计划、组织与实施,对外部不可控因素做出动态的积极反应,从而实现其占领某个目标市场的营销目的。

由于4Ps营销理论为市场营销提供了一个简洁且易于操作的框架,所以很快就成为营销理论界和营销实践者普遍接受的一个营销组合模型,并成为长期占据主导地位的市场营销基本理论。即使在市场营销理论日新月异的今天,4Ps营销理论也未过时。实际上,企业几乎每份营销计划书都是以4Ps营销理论框架为基础拟订的,几乎每本营销教科书和每个营销课程都把4Ps营销理论作为教学的基本内容,而且几乎每位营销经理在策划营销活动时,都自觉或不自觉地从4Ps营销理论出发考虑问题。

**业务链接1-4**

### 日本电视机厂占领中国市场

20世纪80年代初,在欧洲的电视机生产厂家对中国的电视机市场不屑一顾的时候,日本的电视机生产厂家却从对中国市场的研究中得出了另一种结论:虽然中国人的可支配收入较低,但中国人有储蓄的习惯,已经形成了一定的购买力,中国存在着一个很有潜力的黑白电视机市场。于是日本的电视机生产厂家制定了开发中国市场的营销组合策略。

(1)产品策略

日本电视机要适合中国消费者的需要,必须符合以下条件:①中国电压系统与日本不同,必须把电视机的电压系统由110伏改为220伏;②中国若干地区目前电力不足、电压不稳,电视机要有稳压装置;③要适应中国电视频道制式;④根据中国人的消费习惯,电视机的耗电量要低,但音量要较大;⑤根据中国居民住房情况,应以12英寸为主;⑥要提供质量保证和修理服务。

（2）销售渠道策略

当时不能选择中国国有企业作为正式渠道，因此要通过如下渠道：①由港澳国货公司和代理商、经销商销售；②通过港澳中国人运输进入内地；③由日本厂商用货柜车直接运到广州发货。

（3）广告宣传策略

鉴于当时内地的媒体宣传状况，主要选择中国香港的媒体做广告，希望以此间接地影响中国的经销商、客户和消费者。

（4）产品定价策略

考虑到当时中国尚无外国电视机的竞争，因此，价格比中国国产电视机稍高，人们也会乐意购买。

由于日本电视机厂商开发中国市场的战略及时，"4Ps营销理论"运用得当，从而顺利占领了中国市场。

### 1.3.2　4Cs营销理论

随着市场竞争日趋激烈，媒介传播速度越来越快，消费者个性化也日益突出，人们发现，4Ps营销理论已无法满足企业对品牌形象、服务水平和顾客关系等重要营销战略的更高要求。到了20世纪80年代，美国北卡罗来纳大学教授罗伯特·劳特朋针对4Ps营销理论存在的问题，提出了4Cs营销理论。

**4Cs营销理论**，是指企业在营销活动中，必须瞄准消费者需求，考虑消费者所愿意支付的成本以及消费者购买的便利性，与消费者进行充分沟通的一种营销理论。

#### 1）4Cs营销理论中的"4C"

4Cs营销理论中的"4C"是指：

（1）瞄准消费者需求（Consumer）

要了解、研究、分析消费者的需要与欲求，企业要生产消费者所需要的产品，而不是先考虑企业能生产什么产品。

（2）消费者所愿意支付的成本（Cost）

要研究消费者的收入状况、消费习惯以及同类产品的市场价位，了解消费者满足需要与欲求愿意付出多少钱（成本），而不是先给产品定价，即向消费者要多少钱。

（3）消费者的便利性（Convenience）

要考虑顾客购物等交易过程如何给顾客方便，而不是先考虑销售渠道的选择和策略。

（4）与消费者沟通（Communication）

消费者不只是单纯的受众，本身也是新的传播者，以消费者为中心实施营销沟通是十分重要的，通过互动、沟通等方式，将企业内外营销不断进行整合，把顾客和企业双方的利益无形地整合在一起。

#### 2）"4Cs"与"4Ps"的视角与导向差异

4Cs营销理论的产生，是对4Ps营销理论的发展和完善，是从另一个角度来看待和分析市场营销。对于"4Ps"与"4Cs"的关系我们可以这样概括："4Ps"就是站在企业的角度来分析营销，而"4Cs"就是站在消费者的角度来分析营销。如果站在市场的角度看企业，站在消费者的角度看市场，那么，"产品"对应的是"消费者"，"价格"对应的是"成本"，"渠道"对应的是"方便"，"促销"对应的是"沟通"。这样"4P"也就变成了"4C"。

　　总体来看，4Cs营销理论注重消费者需求导向，与市场导向的4Ps营销理论相比，4Cs营销理论有了更大的进步和发展。

学习微平台

延伸阅读 1-2

### 教学互动 1-2

　　**互动问题**：你是如何看待"4Ps"与"4Cs"这两种营销理论的？它们之间是一种什么关系？为什么？

　　**要求**：

　　(1) 教师不直接提供上述问题的答案，而是引导学生对上述问题进行独立辨别、思考，自由发表见解，说明理由。

　　(2) 教师在组织课堂讨论过程中注意把握好讨论的节奏，对学生提出的典型见解进行点评。

### ■ 本章概要 ➡

□ 内容提要与结构

▲ 内容提要

● 市场由购买者、购买欲望和购买力三个要素构成。市场营销，就是在不断变化的市场环境中，为了实现企业的战略任务和目标，通过市场交易去满足消费者需要的综合性商务活动过程。网络营销的迅速发展并不意味着传统营销必将退出历史舞台。

● 营销观念的核心问题是以什么样的营销哲学或理念来指导企业开展生产经营活动。传统营销观念包括生产观念、产品观念和推销观念；其基本特征是以生产者为导向，以产定销，产生于卖方市场。现代营销观念包括市场营销观念和社会营销观念；其基本特征是以市场（消费者）为导向，以销定产，产生于买方市场。市场营销观念发展到现在，又出现了大市场营销观念、绿色营销观念、关系营销观念、文化营销观念、全员营销观念、概念营销等新的市场营销观念。

● 4Ps营销理论是指企业在开展市场营销活动过程中，通过对各种可控因素的优化组合和综合运用，使其能够扬长避短、发挥优势，以适应外部环境的一种营销理论，即通过对产品（Product）、价格（Price）、地点（Place）、促销（Promotion）的计划、组织与实施，对外部不可控因素做出动态的积极反应，从而实现其占领某个目标市场的营销目的。"4Cs营销理论"就是企业在营销活动中，必须瞄准消费者需求，考虑消费者所愿意支付的成本以及消费者购买的便利性，与消费者进行充分沟通的一种营销理论。"4C"即：瞄准消费者需求（Consumer），消费者所愿意支付的成本（Cost），消费者的便利性（Convenience），与消费者沟通（Communication）。

▲ 内容结构

本章内容结构如图1-2所示。

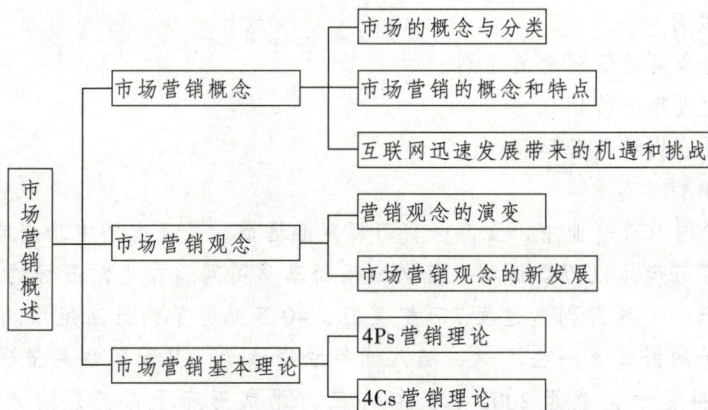

图1-2 本章内容结构

□ 主要概念和观念

▲ 主要概念

市场 市场营销 大市场营销观念 绿色营销观念 关系营销观念 文化营销观念
全员营销观念 4Ps营销理论 4Cs营销理论

▲ 主要观念

传统营销观念 现代营销观念 4Ps营销理论 4Cs营销理论

□ 重点实务和操作

▲ 重点实务

现代营销观念的运用 4Ps营销理论的运用 4Cs营销理论的运用 相关"业务
链接"

▲ 重点操作

市场营销观念和基本理论知识应用

➡ 单元训练 ➡

□ 理论题

▲ 简答题

（1）推销观念与市场营销观念的区别主要表现在哪些方面？

（2）营销观念经历了哪些发展阶段，各个发展阶段的主要特点是什么？

（3）什么是全员营销观念？在全员营销观念指导下，企业应该怎么做？

▲ 讨论题

（1）推销观念与生产观念有所不同：前者以抓推销为重点，后者是以抓生产为重
点。从"生产导向"发展为"推销导向"是经营思想的一大进步，为什么说它仍然属
于旧的营销观念？

（2）市场营销观念的产生被称为市场营销发展史上的一次革命。西方市场学家为
什么要给予这么高的评价？

（3）怎样理解"4Ps"与"4Cs"的关系？

随堂测1-1

单选题

随堂测1-2

多选题

随堂测1-3

判断题

（4）网络营销的迅速发展是否意味着传统营销必将退出历史舞台？

□ 实务题

▲ 规则复习

（1）简述市场营销观念的原则。

（2）简述大市场营销观念。

（3）简要分析绿色营销观念。

▲ 业务解析

（1）在中国刀剪行业中，王麻子剪刀厂声名远播，是著名的中华老字号。数百年来，王麻子刀剪产品以刃口锋利、经久耐用而享誉民间。在生意最好的20世纪80年代末，王麻子一个月曾创造过卖7万把菜刀、40万把剪子的最高纪录。但从1995年开始，王麻子的好日子一去不返，陷入连年亏损地步，甚至落魄到借钱发工资的境地。审计资料显示，截至2002年5月31日，北京王麻子剪刀厂资产负债率高达216.6%，积重难返的王麻子，只有向法院申请破产。

曾经是领导品牌的王麻子为什么会走到破产的境地？假如你现在被委任为该厂总经理，你会采取哪些措施帮助该厂走出困境、重振雄风？

（2）某日，某购物广场顾客服务中心接到一起顾客投诉，顾客说从该商场购买的"苗苗"酸牛奶中喝出了苍蝇。投诉的内容大致是：顾客吴小姐从商场购买了"苗苗"酸牛奶后，马上去一家餐馆吃饭，吃完饭吴小姐随手拿出酸牛奶让自己的孩子喝，自己则在一边跟朋友聊天，突然听见孩子大叫："妈妈，这里有苍蝇。"吴小姐循声望去，看见小孩喝的酸牛奶盒里（当时酸奶盒已被孩子用手撕开）有只苍蝇。吴小姐当时火冒三丈，带着小孩来商场投诉。正在这时，有位值班经理看见便走过来说："你既然说有问题，那就带小孩去医院，有问题我们负责！"吴小姐听到后，更是火冒三丈，大声喊："你负责？好，现在我让你去吃10只苍蝇，我带你去医院检查，我来负责好不好？"边说边在商场里大喊大叫，并口口声声说要去"消协"投诉，引起了许多顾客围观。

该购物广场顾客服务中心经理听到后马上前来处理。假如你是这位经理，你会如何处理？

□ 案例题

▲ 案例分析

【训练项目】

案例分析-I。

【相关案例】

### （一）善待顾客才能生意兴隆

**背景与情境：** 坐落在长沙市韶山路的天心炸鸡店，尽管兴建才两年，但已名噪省会。它不仅拥有独特风味的食品——炸鸡，还有一个独特的口号："任何时候都要以礼待客。"外加一个独特的店规：如果服务员和顾客发生争吵，首先批评服务员。正是这几个"独特"赢得了顾客的心，天心炸鸡店开业以来经常座无虚席。

该店张经理就这个店提出的口号和店规的含义谈了他们的想法："顾客光临我们店，是对我们的信任、鼓励和关心。如果发生矛盾，一定是我们的服务有不尽如人意的地方。我们提出这个口号和店规，意在鞭策我们自己经常反思，不断地提高服务质量，做到任何时候都不责怪顾客。其实，顾客那么多，难免会有个别无理取闹的。但不管怎样，他们仍然是我们的客人。客人来了，当然应以礼相待。敬人者人必敬之嘛！无礼让三分，有理更讲礼，不讲理的顾客也会受到感化而服理的。"接着张经理讲了一个故事："大约是开业3个月后的一天，店里顾客多，没有空座。门前突然开来两辆'的士'，走下来10来个气势汹汹的青年，他们抓了一沓钞票往柜台上一丢，直喊：'老子要吃东西！'服务员说现在确实没有座位了，请他们稍候。他们不听，嚷着要揍人。我与餐厅主任走上前去，很客气地说：'欢迎你们光临，只怪我们店小，对不起，请原谅。'说完我们就动手在店前雨棚下临时架了桌子，摆好椅子，请他们入座。我亲自给他们上酒上菜，服务周到热情。他们吃得很开心，有的竖起了大拇指对我说：'老板，真不错，够意思。'有的称我为阿姨，说：'真不好意思，你把我们当人看，这么客气，太感谢了！'从这以后，他们中有几个竟成了炸鸡店的常客，而且每次来都比较有礼貌。"

学习微平台

分析提示1-6

**问题：**

（1）"如果服务员和顾客发生争吵，首先批评服务员。"为什么这样做？

（2）企业与顾客发生冲突和纠纷的原因是什么？一旦发生，怎么处理？

（3）联系实际，谈一谈企业应该怎样建立现代市场营销观念。

### （二）亚马逊创设的人工智能超市

**背景与情境：**当越来越多的实体商家纷纷觊觎线上的消费能力时，电子商务开山鼻祖级别的亚马逊公司（Amazon）却在投身实体店铺生意，其中创设的小型超市就非常酷炫。

消费者走到超市门口时，首先打开 Amazon Go App，刷一下二维码，有点像进地铁站……

然后你就进入了超市，虽然没人，但是请注意：从现在起你已经被"人工智能"锁定了，你的一举一动都被摄像头记录下来并传入系统。比如，你拿起一样东西，系统会自动记录物品名称及数量。你想了想，决定不要了，放回去就是了，系统会自动扣除……当你走出超市时，商品就会自动被识别，并完成结算，同时在手机上显示出详细购买清单并自动扣款。

资料来源　佚名. 市值近4 000亿美元，亚马逊让美国提前进入新零售时代［EB/OL］.［2019-03-09］. http://info.auto-m.hc360.com/2017/02/270913525966.shtml.引文经过节选、压缩和改编。

**问题：**

（1）亚马逊创设的人工智能超市强调的经营特点是什么？有哪些经营优势？

（2）在实体商业，特别是零售行业经营十分艰难的情况下，亚马逊为什么还要在这个时候插上一脚，开设线下实体店呢？我们能够从中获得哪些有益的启示？

学习微平台

分析提示1-7

**【训练要求】**

（1）形成性要求：

①学生分析案例提出的问题，拟出《案例分析提纲》；团队讨论，形成团队《案例分析报告》；班级交流、相互点评和修订各组的《案例分析报告》；在校园网的本课程平台上展出经过修订并附有教师点评的各组《案例分析报告》，供学生借鉴。

②了解本教材"附录二"的附表2中"形成性训练与考核"的"参照指标"与"参照内容"。

（2）成果性要求：

①课业要求：以经过班级交流和教师点评的《案例分析报告》为最终成果。

②课业结构、格式与体例要求：参照本教材"课业范例"的范例-1。

③了解本教材"附录二"的附表2中"成果性训练与考核"的"参照指标"与"参照内容"。

▲ 课程思政

【训练项目】

课程思政-I。

【相关案例】

### （一）暖心服务，与顾客成为朋友

**背景与情境：** 党的二十大报告中提到"深入贯彻以人民为中心的发展思想，在幼有所育、学有所教、劳有所得、病有所医、老有所养、住有所居、弱有所扶上持续用力，人民生活全方位改善"，让二十大代表郁非感同身受。"10年来，大家生活更舒心了，吃得更好了，穿得更美了，行得更远了，住得更舒适了。特别是身处食品零售行业，我最能觉察到消费者对食物的态度从追求温饱、美味到追求健康、安全，饮食理念和消费态度都在发生巨大的变化，这也是人们生活水平不断改善最鲜活的印证。"

近几年来，坚持新发展理念，坚定不移走高质量发展之路，已成为各行各业的目标追求。"让人民吃上'高质量食品'，享受'高质量服务'，过上'高品质生活'是我们的永恒追求，也是时代赋予我们的使命。"郁非代表如是说。

资料来源　佚名. 二十大代表坚守老字号柜台近30年：暖心服务，与顾客成为朋友［EB/OL］.［2022-10-22］. https://www.163.com/dy/article/HK7B0IRE0514R9P4.html.引文经删节。

**问题：** 怎样暖心服务，才能与顾客成为朋友，从而为做大做强企业营销奠定良好基础？请运用所学市场营销知识联系实际谈一谈你的看法。

### （二）"双11"网购狂欢节

**背景与情境：** 每年的11月11日，被称为"双11"网购狂欢节。"双11"网购狂欢节，源于淘宝商城（天猫）2009年11月11日举办的促销活动，当时参与的商家数量和促销力度均有限，但营业额远超预期，从此以后每年的这一天就成为名副其实的全民购物盛宴。

2014年11月11日，阿里巴巴全天交易额571亿元。2015年11月11日，天猫全天交易额912.17亿元。"双11"不仅让电商热衷于促销，就连电信运营商也开始行动了。2015年11月9日至11月19日，中国联通在联通网上营业厅、手机营业厅、天猫旗舰店及京东商城等多个平台同时开展"11·11沃4G狂欢节"活动。"双11"网购狂欢节已成为中国电子商务行业的年度盛事，并且逐渐影响到国际电子商务行业。欧美日韩各大主流媒体都刊文报道中国"双11"盛况。英国《每日电讯报》发文评论说："忘掉小小的黑色星期五吧，'双11'才是这个世界上最大的线上购物节！"

值得注意的是，"双11"网购狂欢节产生的巨大经济效益，让各大电商之间竞争越来越激烈。"双11"之乱，从商家的广告大战中就可窥见一斑。某电商网站曾在多家媒体投放了一组以"打脸"为主题的广告，广告语包括"快递等半月""五折买假货""差评被人肉"内容，直指竞争对手价格虚高、快递慢、平台售假、促销玩噱头、刷单造假等问题。事实上，这些问题几乎已成为电商行业的通病。

**问题：**

（1）"双11"网购狂欢节成为名副其实的全民购物狂欢节说明了什么？

（2）"双11"网购狂欢节的促销运作可能带来哪些后果？应该怎样避免？

【训练要求】

（1）形成性要求：

学生分析案例提出的问题，拟出《课程思政研判提纲》；团队讨论，形成团队《课程思政研判报告》；班级交流、相互点评和修订各组的《课程思政研判报告》；在校园网的本课程平台上展出经过修订并附有教师点评的各组《课程思政研判报告》，供学生借鉴。

（2）成果性要求：

①课业要求：以经过班级交流和教师点评的《课程思政研判报告》为最终成果。

②课业结构、格式与体例要求：参照本教材"课业范例"的范例-2。

□ 自主学习

【训练项目】

自主学习-I。

【训练目的】

见本章"学习目标"中的"自主学习"目标。

【教学方法】

采用"学导教学法"和"研究教学法"。

【训练要求】

（1）以班级小组为单位组建学生训练团队，各团队依照本教材"附录三"附表3"自主学习"（初级）的"基本要求"和各"'技术-技能'点"的"参照规范与标准"，制订《团队自主学习计划》。

（2）各团队实施《团队自主学习计划》，自主学习本教材"附录一"附表1"自主学习"（初级）各"'技术-技能'点"的"'知识准备'参照范围"所列知识。

（3）各团队以自主学习获得的"学习原理"、"学习策略"与"学习方法"知识为指导，通过校图书馆、院资料室和互联网，查阅和整理近两年以"市场营销观念与理论"为主题的国内外学术文献资料。

（4）各团队以整理后的文献资料为基础，依照相关规范要求，讨论、撰写和交流《"市场营销观念与理论"最新文献综述》。

（5）撰写作为"成果形式"的训练课业，总结自主学习和应用"学习原理"、"学习策略"与"学习方法"知识（初级），依照相关规范，准备、讨论、撰写和交流《"市场营销观念与理论"最新文献综述》的体验过程。

【成果形式】

训练课业：《"自主学习-I"训练报告》

课业要求：

学习微平台

分析提示1-8

（1）内容包括：训练团队成员与分工；训练过程；训练总结（包括对各项操作的成功与不足的简要分析说明）；附件。

（2）将《团队自主学习计划》和《"市场营销观念与理论"最新文献综述》作为《"自主学习-I"训练报告》的"附件"。

（3）《"市场营销观念与理论"最新文献综述》应符合"文献综述"规范要求，做到事实清晰，论据充分，逻辑清晰。

（4）结构与体例参照本教材"课业范例"的"范例-4"。

（5）在校园网的本课程平台上展示班级优秀训练课业，并将其纳入本课程的教学资源库。

**单元考核**

考核要求："考核模式""考核目的""考核种类""考核方式、内容与成绩核定"及考核表等规范要求，见本教材"网络教学资源包"中的《学生考核手册》。

# 第2章
# 市场环境分析与营销调研

## 学习目标

通过本章学习，应该达到以下目标：

**理论目标：** 学习与掌握市场环境分析的主要概念，宏观环境与微观环境的构成要素，分析市场营销环境的意义，市场营销调研的主要概念、类型和内容等陈述性知识；能用其指导本章"同步思考"、"教学互动"、"随堂测"和"基本训练"中"理论题"各题型的认知活动，正确解答相关问题；体验本章"初级学习"中专业认知的横向正迁移，以及相关胜任力中"认知"要素的阶段性生成。

**实务目标：** 学习与把握市场营销调研的程序和方法，以及"业务链接"和二维码资源等程序性知识；能以其建构"市场环境分析与营销调研"的规则意识，正确解析本章"同步思考"、"教学互动"和"基本训练"中"实务题"的相关问题；体验本章专业规则与方法"初级学习"中的横向正迁移和"高级学习"中的重组性迁移，以及相关胜任力中"专业规则"要素的阶段性生成。

**案例目标：** 能运用所学"市场环境分析与营销调研"的理论与实务知识研究相关案例，培养和提高学生在特定业务情境中分析问题与决策设计的能力；能结合本章教学内容，依照相关规范或标准，对"课程思政2-1"至"课程思政2-3"专栏和章后"课程思政-Ⅱ"案例中的企业及其从业人员行为进行思政研判，促进"立德树人"根本任务的落实；体验本章"高级学习"中专业知识、通用知识与思政元素的协同性重组迁移，以及相关胜任力中"认知弹性"要素的阶段性生成。

**实训目标：** 引导学生参加"'市场环境分析与营销调研'技术应用"的实践训练。在其了解和把握本实训所及"能力与道德领域"相关技能点的"参照规范与标准"的基础上，通过各实训任务的完成、系列"技术-技能"操作的实施、相应《实训报告》的准备与撰写等有质量、有效率的活动，培养其"市场环境分析与营销调研知识应用"的专业能力，强化其"信息处理"、"解决问题"和"革新创新"等职业核心能力（初级），并通过"顺从级"践行"职业情感"、"职业态度"、"职业良心"和"职业作风"等行为规范，促进其健全职业人格的塑造；体验"'市场环境分析与营销调研'技术应用"胜任力的阶段性生成。

**引例：疫情带给实体商业的冲击和挑战**

**背景与情境：**2020年1月新冠肺炎疫情暴发，让中国实体商业集体进入"速冻"状态，消费者闭门不出，客流急剧减少，或者无客流，购物中心或缩短营业时间，或直接暂停营业，诸多零售品牌商户处于停业状态。

在此背景下，有社会责任感的企业纷纷捐款出力，主动降租免租来帮助品牌商户一起共渡难关。但对品牌商户来说，降租减租短期内可以减轻负担，只是节流，如何在困境中寻找新的销售机会才是重点。

**问题：**面对新冠肺炎疫情这类突发事件，你认为中国实体商业应该如何应对？

## 2.1　市场环境分析

**市场营销环境**，是指影响和制约企业营销活动的各种外部因素的总和。它主要由两方面因素构成：一方面是指那些构成市场营销活动的前提和背景的间接宏观环境因素，包括人口、经济、自然、科技、法律、社会文化等因素，这些因素是企业不可控制的，既可能给企业的营销活动提供机会，也可能对企业造成威胁；另一方面是指直接影响企业营销活动的微观环境因素，包括供应商、营销中介、顾客、竞争者、社会公众等。一般来说，微观环境因素受制于宏观环境因素，但它同时以更为直接的方式制约着企业的生产经营活动，并受到企业营销活动的影响。企业营销活动与市场营销环境之间的关系如图2-1所示。

图2-1　企业营销活动与市场营销环境

### 2.1.1　宏观环境分析

企业的宏观环境，通常是指一个国家或地区的社会、经济及其发展变化的状况。它虽是企业不可控制的因素，但企业可以通过调整其内部的人、财、物等资源及产品、价格、分销、促销等可控营销手段，去适应宏观环境的发展变化。影响企业营销活动的宏观环境因素主要有人口环境、经济环境、政治和法律环境、社会文化环境、自然环境和科学技术环境。

**1）人口环境**

人口是市场的第一要素。人口数量直接决定市场的潜在容量，人口的性别、年龄、民族、居住地点、婚姻状况、密度、职业等也对市场格局产生深刻影响，并直接影响企业的市场营销和经营管理活动。企业应重视对人口环境的研究，密切关注人口特性及其发展动向，及时地调整营销策略以适应人口环境的变化。

### 2) 经济环境

分析经济环境主要是分析影响人们购买力的各个因素。

**（1）消费者收入**

消费者收入是指消费者个人从各种来源所得到的货币收入，通常包括个人工资、奖金、红利、退休金、出租收入及其他收入等。消费者收入的多少不仅决定着消费者市场购买力水平的高低，而且直接影响着消费者的支出行为模式。消费者收入水平通常依据以下指标进行衡量：

① 人均国民收入。人均国民收入是一定时期内一个国家物质生产部门的劳动者人均创造的价值，它大体上反映一个国家的经济发展水平和人民的生活状况，也在一定程度上决定商品需求的构成。

② 个人可支配收入。这是在个人收入中扣除税款和非商业性开支后的所得余额，是个人收入中可以用于消费支出或储蓄的部分，构成实际购买力。

③ 个人可任意支配收入。这是在个人可支配收入中减去用于维持个人与家庭生存不可缺少的费用和固定开支后剩余的部分。这部分收入是消费需求变化中最活跃的因素，也是企业开展营销活动时所要考虑的主要对象。因为这部分收入主要用于满足人们基本生活需要之外的开支，一般用于购买高档耐用消费品、旅游、储蓄等，它是影响非生活必需品和劳务销售的主要因素。

**同步思考2-1**

交纳学费、交纳房租、交纳水电费、购买食物、购买燃料、购买服装、购买高档耐用消费品、外出旅游、储蓄、缴纳个人所得税、交纳党费、交纳工会会费。

上述支出，从消费者支出行为模式分析，哪些构成个人可支配收入扣除，哪些构成个人可任意支配收入扣除？为什么？请运用所学知识进行回答。

**（2）消费者支出结构**

随着消费者收入的变化，消费者支出模式会发生相应变化，进而影响到消费结构。经济学家常用恩格尔系数来反映这种变化。恩格尔系数是指居民家庭中食物支出占消费总支出的比重。

恩格尔系数是衡量一个国家、地区、城市、家庭生活水平高低的重要参数。食物支出占消费总支出的比重越大，恩格尔系数越高，意味着生活水平就越低；反之，食物支出所占比重越小，恩格尔系数越小，意味着生活水平就越高。

**同步思考2-2**

联合国根据恩格尔系数制定了一个划分贫富的标准：系数在59%以上者为绝对贫困化水平；系数在50%~59%者为勉强度日水平；系数在40%~50%者为小康水平；系数在30%~40%者为富裕水平；系数在30%以下者为最富裕水平。

为什么恩格尔系数越高，生活水平就越低，而恩格尔系数越小，生活水平就越高？请运用所学理论进行回答。

学习微平台

视频2-2

（3）储蓄和信贷

消费者个人收入不可能全部用于消费，总有一部分以各种形式储蓄起来，这是一种推迟了的潜在购买力。当收入一定时，储蓄越多，现实消费量就越小，从而影响企业当前的销售量。反之，储蓄越少，现实消费量就越大，现实购买力就越强，给企业提供的市场机会就越多。消费信贷是消费者凭借个人信用先取得商品使用权，然后按期归还贷款的消费方式。通常所说的赊销、分期付款都是它的具体形式，消费信贷是在消费者有需求但缺乏购买能力的重要条件下实现产品销售的有效手段。

此外，企业的市场营销活动还要受到整个国家或地区经济发展水平的制约。

### 3）政治和法律环境

（1）政治因素

政治因素是指企业市场营销活动的外部政治形势和状况，以及国家方针政策的变化对市场营销活动带来的影响。各国政府在不同时期会根据社会经济发展需要颁布一系列经济政策，制定经济发展方针，这些方针政策不仅左右了国民经济的发展方向和速度，也直接影响到企业的生产经营活动。因此，企业的营销活动作为社会经济生活的组成部分，总要受到政治环境的影响和制约。

### 课程思政 2-1

#### 坚定不移抓落实，锚定目标推动业务升级

**背景与情境：** 党的二十大报告明确提出"加快构建新发展格局，着力推动高质量发展"。这让奋斗在不同战线上的各销售企业信心更加坚定。大家纷纷表示，要把深入学习贯彻党的二十大精神落实到对集团公司"二十四字"营销方针、"四个坚持"兴企方略和"四化"治企准则的执行上，落实到打赢打好市场份额保卫战、提质增效攻坚战的行动中。

正值全国冬季供暖季，天然气销售各企业以党的二十大精神为指引，全力做好今冬明春天然气保供工作。甘肃分公司积极完善迎峰度冬保供方案，确保应急储备资源调得出、用得上。湖南分公司通过湘潭—娄底—邵阳天然气管道在 11 月 15 日顺利输配天然气 72.5 万立方米，为沿线人民温暖过冬提供保障。江苏 LNG 公司提前编制保供运行方案，从运行匹配、备用率、用电负荷等方面优化运行，为实现冬季平稳供应做好准备。

学习贯彻党的二十大精神，让成品油销售企业推动高质量发展的干劲更足。山东销售精准实施量利平衡营销策略，在标准规范化服务、品牌提升等方面制定 11 项举措，超额完成 10 月份零售量利预算任务。上海销售业务转型不断提速，11 月 11 日，为停靠在上海港外高桥四期港区内的"海丰浙江"轮加注 400 吨低硫保税燃料油，实现保税船燃市场开拓新突破。天津销售聚焦党的二十大报告提出的"深化人才发展体制机制改革"新要求，在推进改革中创新方式方法，提前实现年度既定改革目标。

从学习中感悟，在实践中奋斗。华东化工销售、华北化工销售、华南化工销售、西南化工销售广大干部员工在深入学习研讨党的二十大报告后表示，要把学习成果转化为推进工作高效开展的新动力，为中国石油化工产业链价值创造做出新贡献。

资料来源 王京，张镭馨. 中国石油市场营销业务干部员工深入学习贯彻党的二十大精神综述 勇毅前行拓市场 踔厉奋发开新局［N］. 中国石油报，2022-11-23（1）.

**问题：**

1）怎样把深入学习党的二十大报告的学习成果转化为推进营销工作高效开展新动力？请联系实际谈一谈你的看法。

2）我们从"坚定不移抓落实，锚定目标推动业务升级"案例中能得到哪些有益的启示？

（2）法律因素

对企业来说，法律是评判企业营销活动的准则，只有依法进行的各种营销活动才能受到国家法律的有效保护。近几年来，我国在发展社会主义市场经济的同时，也加强了法治方面的建设，陆续制定、颁布了一系列相关重要法律法规。它们归纳起来主要有三类：一是旨在保护竞争，维护企业正常经营秩序，防止不正当竞争行为出现的法律、法规，如《中华人民共和国反不正当竞争法》（以下简称《反不正当竞争法》）、《中华人民共和国商标法》、《中华人民共和国专利法》、《中华人民共和国企业破产法》、《中华人民共和国广告法》（以下简称《广告法》）等；二是保护消费者利益不受损害的法律、法规，如《中华人民共和国食品安全法》《中华人民共和国进出口商品检验法》《中华人民共和国消费者权益保护法》《中华人民共和国产品质量法》等；三是保护社会公众长远利益不受损害的法律、法规，如《中华人民共和国大气污染防治法》《中华人民共和国环境保护法》等。这些法律法规都直接影响着企业的市场营销活动，企业营销人员必须熟悉法律环境，密切关注与本企业有关的法律法规，使企业的经营在合法的轨道上运行；同时，他们也应善于运用法律武器来维护企业的正当合法权益。

学习微平台

延伸阅读2-1

**4）社会文化环境**

社会文化环境是指在一种社会形态下已经形成价值观念、宗教信仰、道德规范、审美观念以及风俗习惯等的总和。这些因素无时无刻不在深刻地影响着人们的购买行为和消费方式，企业应了解、研究和分析社会文化环境，针对不同的文化环境制定不同的营销策略。

**5）自然环境**

所谓自然环境，是指自然界提供给人类各种形式的物质自然资料，如阳光、空气、水、森林、土地等。自然环境对企业营销的影响表现为资源短缺、环境污染、政府干预等。企业营销管理人员必须分析研究自然环境的变化以及相关法律政策对企业营销活动的影响，想方设法适应自然环境。

**6）科学技术环境**

科学技术是社会生产力中最活跃的因素。作为营销环境的一部分，科技环境不仅直接影响企业内部的生产和经营，还同时与其他环境因素互相依赖、相互作用。科学技术革命既给企业市场营销创造了机会，也带来了威胁。企业可以应用新技术，不断更新原有产品，满足消费者需求。而新技术的出现，也使得企业现有产品面临被淘汰的威胁。另外，新技术的发展也会引起人们消费观、价值观和企业营销策略的变化。

**深度剖析 2-1**

**背景资料**：新冠肺炎疫情之下，跨界不仅火了中石油卖菜、999感冒灵做拉面、旺旺建医院，空调界的格力也跨界做口罩了。2020年3月9日，"董明珠自媒体"微信公众号官宣，格力生产的KN95防护级别一次性使用口罩和医用级别一次性使用口罩将上线。先不管格力是否赚钱，格力跨界操作却是火了，线上引流、电商渠道、网红经济、预约购买、跨界医疗，想不到"董小姐"很会玩。

**问题思考**：格力空调为什么要跨界做口罩？作为一家企业，其经营必须以收抵支并取得盈利，格力这样运作能赚钱吗？是否值得？从"董小姐"很会玩这件事你想到了什么？

**课程思政 2-2**

**索尼公司的新包装**

学习微平台

分析提示 2-1

**背景与情境**：索尼公司基于"Reduce，Reuse，Recycle，Replace"的四原则来推进该公司的产品包装。索尼公司不但遵循"减量化、再使用、再循环"的循环经济"3R"原则，还在"替代使用"上想办法。1998年该公司对大型号电视机的EPS缓冲包装材料进行改进，采用8块小的EPS材料分割式包装来缓冲防震，减少了40% EPS的使用；有的产品前面使用EPS材料，后面使用瓦楞纸板材料，并在外包装上采用特殊形状的瓦楞纸板箱，以节约资源；对小型号的电视机则采用纸浆模塑材料替代原来的EPS材料。

**问题**：索尼公司为什么要不断改进包装？

### 2.1.2 微观环境分析

所谓微观环境，是指直接影响企业营销活动的各种不可控因素。一个企业能否成功地开展营销活动，不仅取决于能否适应宏观环境的变化，也取决于能否适应和影响微观环境的变化。影响企业营销活动的微观环境因素主要有供应商、营销中介单位、顾客、竞争者和公众。

**1）供应商**

供应商是向企业及其竞争对手提供生产所需要的各种资源的工商企业和个人，他们向企业提供原材料、设备、能源、劳务和资金等。供应商提供资源的价格高低和交货是否及时、数量是否充足等因素，都会直接影响企业产品的成本、售价、利润、质量和交货期。因此，企业营销管理人员必须对供应商的情况有比较全面的了解。

**2）营销中介单位**

绝大多数企业的产品要经过营销中介单位才能送到目标顾客手中。所谓营销中介单位，是指协助企业推广、销售和分配产品给最终顾客的企业和个人，包括中间商、实体分配公司、营销服务机构和金融机构等。

**3）顾客**

顾客是指企业产品或劳务的购买者，也就是通常所说的用户和消费者。顾客可以是个人或家庭，也可以是组织机构。顾客是市场的主体，企业的一切营销活动都是以满足顾客的需要为中心而展开的，企业失去了顾客，就意味着失去了市场，吸引了顾客就是赢得了市场。所以，分析和掌握顾客的购买行为、需求动向和变化趋势是企业营销活动不可忽视的重要课题。

**同步案例2-1**

### 具有吸引力的新产品没人签合同

**背景与情境：** 某公司发明了一种类似能凝固成大理石的新产品。营销部门认为可用来生产雅洁好看的浴盆，于是他们生产了几种浴盆模型，在洁具展销会上展出，并想方设法说服浴盆生产商用此材料来生产浴盆。尽管不少浴盆生产商认为生产出来的浴盆很有吸引力，却都未签订合同。原因很简单：首先，这种浴盆卖价将达 2 000 美元，而在这个价格上，消费者可买到真正大理石或玛瑙做的浴盆；其次，这种浴盆很重，浴室的地板必须加固，从而会增加费用；最后，多数普通浴盆的售价只卖 500 美元左右，很少有人愿意花 2 000 美元来购买这种浴盆。

**问题：** 具有吸引力的新产品为什么没人签合同？怎样才能改变这种局面？

学习微平台

分析提示2-2

**4）竞争者**

竞争者主要是指与本企业生产相同或类似产品的企业和个人。在现代社会中，市场竞争日趋激烈，企业的竞争对手除了包括本行业的现有竞争者外，还包括替代用品生产者、潜在加入者、原材料供应者和购买者等多种竞争力量。企业应当对竞争者的具体情况，如数量、分布、竞争策略等有比较全面的了解，从而明确本企业在竞争中的地位，确定企业的主要竞争对手。由于主要竞争对手的营销策略及营销活动的变化会直接影响到企业的营销，最为明显的是竞争对手的价格、广告宣传、促销手段的变化，以及产品开发、各种销售服务的加强等，这些都会直接对企业造成威胁，因此，企业不能放松对竞争对手的观察和分析，而应在此基础上制定出相应的竞争策略。

**业务链接2-1**

### 海尔公司保持领先地位的奥秘

海尔公司之所以能在激烈的市场竞争中保持领先的地位，在于其对市场的独到认识："市场不变的法则是市场永远在变。"在这种经营理念的指导下，海尔人与时俱进、不断创新，既满足了消费者新的需要，也给自己带来了无限的商机。例如，当海尔公司调查了解到四川农民喜欢用洗衣机洗土豆、地瓜等物品，导致其洗衣机常常出现故障这一消息后，马上组织人员进行技术攻关，解决了洗衣机不能洗土豆、地瓜等物品的问题。不久，四川各地出售的海尔洗衣机都贴上了"主要供洗衣服、土豆、地瓜等物"的标签。

**5）公众**

公众，是指对企业营销活动有实际或潜在影响的各种群体的总称，包括金融公众、媒体公众、政府公众、当地公众、团体公众和一般公众等。企业的营销活动会影响周围的各种公众的利益，公众也能帮助或妨碍企业实现其经营目标。所以，企业的营销活动不仅要针对目标市场的顾客，而且要考虑到有关的公众，采取适当的措施，与公众保持良好的关系，在社会公众中树立良好的企业形象。

**教学互动 2-1**

**互动问题：**一个英国慈善组织出版了一本28页的小册子——《杀害婴儿的凶手》。在这本小册子里，雀巢公司被指责在非洲进行具有愚民性质的市场营销活动。此后，抵制雀巢公司的活动此起彼伏，并得到了美国各地450个以上地区和区域组织的支持。这些抵制活动影响巨大，不仅直接造成了公司的利润和业务损失，还间接地使公众反对公司的观点更加明朗和具体化。世界卫生组织在1981年5月制定了适用于婴儿食品行业的严格的广告规定：不允许用婴儿食品和其他断奶食品做广告或采取推销形式。整个危机持续了10年之久，直到1984年，在雀巢公司终于承认并遵守了世界卫生组织有关经销母乳替代品的国际法规之后，国际抵制雀巢产品运动委员会才宣布结束抵制运动。雀巢公司的市场营销活动为什么会遭到抵制？面对抵制，你认为雀巢公司应该怎么办？

**要求：**同"教学互动1-1"的"要求"。

### 2.1.3   分析市场营销环境的意义

#### 1）从事营销，必须善于分析环境

这对企业的生存和发展至关重要，因为它能提高企业对环境的适应性。任何企业都必须与环境相协调，否则，企业将面临被淘汰的危险。这是因为：

环境的变化会给企业带来威胁。如果企业不采取相应的措施规避风险，风险就会直接影响企业的营销活动。为保证企业正常运营，企业应能及时预见环境威胁，将危机发生的可能性降到最低。

环境的变化也往往给企业带来机会。对企业来讲，环境机会是开拓营销新局面的重要基础。当环境机会出现的时候，企业应善于捕捉和把握机会，以利于企业的发展。正因为环境制约着企业的营销，所以企业与所处环境应该是相互协调、相互适应的。

#### 2）发挥企业营销的主动性，积极影响营销环境

企业营销活动必须与所处的直接环境和间接环境相适应。企业在环境面前不能被动适应，而应该采取积极主动的态度，制定一系列营销策略去影响环境。菲利普·科特勒在20世纪80年代提出的"大市场营销"观念，就是旨在指导企业以积极的姿态去影响和改变环境，争取主动权。"大市场营销"观念认为：在贸易保护主义抬头的情况下，企业为了进入壁垒很高或封锁很严的特定市场，必须协调地运用心理的、政治的、经济和公共的手段，以取得外国或地区有关方面的合作，这就要求企业必须积极地影响环境，主动地迎接环境的挑战。

#### 3）从环境中获取企业营销的资源

营销环境不仅是企业营销的制约因素，也是企业营销赖以生存的土壤。企业营销活动所需的各种资源，如资金、信息、人才与资源，都需要在环境的许可下取得；企

业生产经营的产品或服务也需要得到环境的接纳。所以，分析研究营销环境因素，是企业制定营销战略和策略的前提与基础。

**问题思维 2-1**

**疑点：**企业营销活动必须与所处的直接环境和间接环境相适应，所谓"适者生存，不适者被淘汰"，所以，企业在环境面前只能被动适应。

**释疑提示：**尽管企业营销活动必须与所处的直接环境和间接环境相适应，但企业在环境面前也绝不是被动适应，而应该采取积极主动的态度，制定一系列营销策略去影响环境。菲利普·科特勒在 20 世纪 80 年代提出了"大市场营销"观念，倡导企业以积极的姿态去影响和改变环境，争取主动权。

## 2.2　市场营销调研

### 2.2.1　市场营销调研的类型和内容

**市场营销调研**，是指企业运用科学的方法和手段，有目的、有计划地搜集、整理、分析和判断有关企业营销方面的信息，为市场预测和企业决策提供依据的一系列调查研究活动过程。

市场营销调研既是市场营销活动的起点，又贯穿于整个营销过程，对于企业及时掌握各种信息，从而发现问题、避免损失、捕捉机会、促进发展具有重要作用。

**1）市场营销调研的类型**

（1）按信息搜集的规模划分

① 普查。所谓普查，是指对被研究总体中的所有单位进行的全面调查。其优点是可以取得全面的原始资料和可靠数据，全面反映客观事物；其不足之处是工作量大、时间长、费用高，甚至可能因为组织不够周密而产生较大的调查失误。

② 重点调查。所谓重点调查，是指只对被研究总体中具有举足轻重地位的单位进行调查，以此获得总体基本情况资料的一种非全面调查方式。重点单位是指在被调查对象中处于十分重要地位的单位，或者在总体某项标志性总量中占绝大比重的单位。其优点是只需选定为数不多的单位，用较少的人力、较少的费用较快地掌握被调查对象的基本情况；其不足之处是只能对总体情况做出粗略估计，可能以偏概全。

③ 典型调查。所谓典型调查，是指只对被研究总体中具有代表性的个别单位进行的专门调查，目的是以典型样本的指标推断总体的指标。其优点是调查对象少，可对被调查单位进行细致透彻的调查，取得被调查单位的翔实资料；其不足之处是典型被调查对象如选择不当就不具有代表性，调查结果毫无意义。

④ 抽样调查。所谓抽样调查，是指在被研究总体中只抽取一定数量的单位即样本，根据对样本观察的结果，推算总体情况的一种调查方式。目前市场营销调研大多采用这种方式。

（2）按信息搜集的途径划分

① 直接调查。所谓直接调查，是指营销人员在周密的调查方案和程序指导下，通过实地观察或直接访问、实验等途径而获取信息资料的调查。其优点是所获取的信

息资料直接、及时、有针对性，有利于发现新问题，寻找市场新机会；其不足之处是程序严密，涉及范围与调查的成本成正比，对相关人员专业素质要求高，如果不具备这些条件，就会影响直接调查结果的准确性，发挥不出应有的作用。

②间接调查。所谓间接调查，是指营销人员通过搜集企业内部现有的各种档案资料（如账簿、销售记录、顾客意见等）和企业外部各种相关资料（如新闻报道、统计报告等），对这些资料进行分析、归纳和演绎，提出市场调查结论和建议的调查。其优点是所获取的信息渠道广、成本低、参考价值高，特别适合于缺少直接调查条件的营销项目；其不足之处是时效性和针对性较差，参考他人结论容易对本企业的营销项目产生误导。

### 2）市场营销调研的内容

市场营销调研主要包括以下内容：

（1）市场环境调研

所谓市场环境调研，是指对影响企业生产经营活动的外部因素所进行的调查研究活动。这种活动包括：①总体环境调研，即着眼于政治环境、法律环境、人口环境、经济环境、社会文化环境、科学技术环境、自然环境、国际环境等宏观环境的变化对企业的影响进行调研，从而跟踪最新的政治、经济、社会、文化发展动态，寻找企业新的发展机会，并及早发现可能出现的威胁，做好应变准备。②产业环境调研，即重点针对所处或想进入行业的经营规模、产品状况、市场供求情况、产业政策、壁垒和进入障碍、发展前景等进行的调研。③竞争环境调研，即主要针对竞争者的经营能力、经营方式、购货渠道及成本、产品特点和价格、市场分布、销售策略、市场占有率以及其竞争发展战略等进行的调研。

（2）市场需求调研

所谓市场需求调研，是指在一定的市场营销环境和营销努力下，针对某时间、区域内顾客对某种特定产品的需求总量所进行的调研活动，其目的在于了解本企业生产经营产品的市场供求情况、市场占有率、产品的改进和发展方向。

（3）购买行为的调研

购买行为的调研，是指通过了解和掌握顾客的购买动机、购买欲望和购买能力，分析本企业产品的现实购买者和潜在购买者的一种调研活动。

（4）产品销售调研

产品销售调研，是指针对产品销售情况进行的调研。产品销售情况包括：消费者可接受的产品价格水平；消费者对产品价格变动、新产品定价方法及定价策略的运用等方面的反应；企业现有产品所处生命周期的阶段及相应的产品策略、产品包装、品牌知名度、新产品开发情况；产品现阶段销售、成本、售后服务情况；企业现有销售渠道是否合理，现有销售力量是否适应需要；采用了哪些促销手段，广告销售效果如何，促销方式是否恰当等。

（5）广告效果调研

广告效果调研，是指针对顾客是否会因广告的影响而产生购买产品欲望的调研，包括广告发布前的调查和广告发布后的调查。影响广告效果的因素有广告媒体的选择、广告时间长短和广告播放的频次等。一般而言，较多广告费的投入总是伴随着较明显的广告效果。

### 2.2.2　市场营销调研的程序

为了及时、准确、经济地搜集到有关市场信息资料，市场调研工作必须依照一定的程序按步骤进行。市场调研一般要经过调研准备、正式调研、结果处理三个阶段。

**1）调研准备阶段**

市场营销调研的目的是通过搜集与分析信息资料，研究解决企业在市场营销中存在的问题，并提出相应的解决措施。因此，市场营销调研首先必须确定营销问题之所在，诸如某企业的产品销售量近几个月来为什么会连续大幅度下降，是因为顾客对产品质量有意见还是因为经济不景气或主观努力不够，有没有其他原因等。

营销调研包括初步情况分析和确定调研主题两个具体步骤。

（1）初步情况分析

调研人员首先应搜集企业内外的有关资料：内部资料一般有月报、年报、用户来函、专门报告和各种记录等；外部资料包括政府公布的统计资料，研究机构发布的调查研究报告，中间商、行业协会印刷的刊物，媒体播放、刊发的信息等。在此基础上，调研人员要对搜集到的资料进行初步分析，探索问题之所在，了解各影响因素之间的相互联系。

（2）确定调研主题

进入步骤：调研人员可以找企业内部有关人员进行座谈，向熟悉这方面情况的人员以及有代表性的用户征求意见，听取他们对这个问题的看法和评价，然后将问题进行定位，借以明确此次调研主题。

**2）正式调研阶段**

正式调研阶段包括制订调研计划和现场实地调研两个具体步骤。

（1）制订调研计划

调研计划又称调研方案，是对调研本身的具体设计。其主要包括以下内容：

① 调研目的。它是指对"为什么要进行这项调查"、"想要知道什么"以及"知道结果后怎么办"等问题的说明。

② 调研项目。它是指调研课题的具体内容，即调查哪些事项和搜集哪些资料。调研项目的确定，可根据所要调研的课题着手，从不同的侧面提出假设和问题，并进行必要的可行性研究，也可根据调研课题涉及的调查单位所具有的各种标志加以选择，即选择与调研课题有关的标志作为调研项目。

③ 调研对象和单位。它是指所要调研的总体范围和其中的具体单位。确定调研对象和单位，就是要根据调研课题和所选调研方式，确定向谁调研、由谁来具体提供资料。

④ 调研方式和方法。调研方式是指市场调研的组织形式，通常有普查、随机抽样、非概率抽样、重点调查、典型调查等；调查方法是指搜集资料的具体方法，如访问法、观察法、问卷法、试验法、电话调查法等。一般来讲，市场营销调查方式和方法的确定，应考虑调查课题的难易程度和调查要求。

⑤ 经费预算。经费预算一般是根据文件资料费、调查费、出差补助费、杂费等

项目进行估算。

⑥ 调研日程安排。它要求根据调研过程中所要做的各项工作、所需时间及先后顺序，列明调研日程安排，制作调研进度表。

（2）搜集调研资料，进行现场实地调研

① 搜集调研资料。需要搜集的资料归纳起来可分为两种类型：一种是第一手资料，又称原始资料，这是调研人员通过实地调查亲自搜集到的资料。其具体方法有询问法、观察法和实验法三种，这些方法各有优缺点，使用时可根据调查问题的性质、要求的深度、费用预算的多少、时间的长短和实施的能力强弱等进行选择。它们既可单独使用，也可结合使用。另一种是第二手资料，即他人搜集并经过整理的资料。这些资料有些来源于企业内部，有些来源于企业外部，一般比较容易取得。其具体方法有直接查阅、索取、交换、购买以及通过互联网搜集和复制等。

② 设计调查问卷。所谓调查问卷，是指市场营销调研人员在开展调查时，用以记录调查对象的态度和意愿的书面调查形式。调查问卷无固定格式，市场营销调研人员可根据经验和调查需要，因地制宜地灵活设计。

③ 选择调研方式，进行现场实地调研。调研方式应根据调查的实际需要，因地制宜、因事制宜地慎重选择，以免由于调研方式不当造成调查结果不准确。所谓现场实地调研就是通过各种方式到现场获取资料。现场调研工作的好坏，直接影响到调研结果的正确性，必须由经过严格挑选并加以培训的调查人员按规定进度和方法搜集所需资料。

### 3）结果处理阶段

结果处理阶段包括整理分析资料和撰写调研报告两个步骤。

（1）整理分析资料

搜集来的信息杂乱无序，只有通过整理分析才能被有效使用。因此，市场营销调研人员首先要检查资料是否齐全，然后对资料进行整理、分类、列表、编号，以便归档、查找、使用，继而运用数学模型对数据进行科学处理，从已知推断未知，得出科学的调查结论，在此基础上提出改进的建议或措施，为撰写调查报告做准备。

（2）撰写调研报告

市场营销调研报告是根据调查资料和分析研究的结果而编写的书面报告。它是市场营销调研的最终结果，其目的在于为市场预测和决策提供依据。调研报告的基本内容主要有：调查目的、调查方法、调查结果及资料分析、建议、附录等。

撰写调查报告时要注意以下要点：观点正确、材料恰当、用数据和事实说话；中心明确、重点突出、结构合理、层次分明；表达中肯、语句通畅等。

**同步案例2-2**

#### 充分准备，后来居上

**背景与情境：** 中国香港某中资银行准备进行联网业务，需要购进一大批电脑，世界各地从事电脑业务的大公司云集香港。有一从事电脑业务的大公司没有急于接近该银行，而是派了13名推销员到该中资银行及其他金融机构进行调查。他们通过深入调查研究分析，拿出了一份质量较高的包括关于中资金融机构的顾客规模、构成、分布、储蓄倾向性、储蓄特点等内容的调查报告以及 5 套电脑联网的设计安装方案，随后前往该银行。由于竞争激烈，当推销人员提出他们的合作意向时，接待人员面露难色。见此情景，他们表示：不管能否做成生意，公司技术人员都愿意当面向董事会成员汇报调查结果。接待人员只好请示董事长，由于没有签约压力，董事长竟然愉快地答应了。

在汇报会上，由于他们准备充分，陈述的方案不仅全面考虑了该银行的实际情况，而且比其他公司的方案更具优势，从而让这家银行改变原来的意向，将这笔生意交给了他们。

学习微平台

视频 2-3

**问题：**面对如此激烈的市场竞争，该电脑公司能够签约的主要原因是什么？

### 2.2.3　市场营销调研的方法

#### 1）询问法

**询问法**，就是调研人员向被调查人员询问，根据被调查人员的回答来搜集信息资料的一种调研方法。询问法分为口头询问法和书面询问法两种。

（1）口头询问法

口头询问法，是指由调研人员亲自向被调查者询问，根据其口头回答取得所需资料的一种调研方法。询问既可以采取自由式交谈，也可按事先拟订好的提纲提问；既可以采取当面询问形式，也可采取电话询问的形式；既可采取个别询问形式，也可采取开座谈会的形式。口头询问法的优点：由于双方有直接的口头交谈，便于沟通思想，被调查者能充分发表意见，信息反馈快，调查者搜集的资料比较全面深入，真实性较高。口头询问法的缺点：调查花费人力、费用支出大，对调查人员的素质要求高，调查结果的质量易受调查人员的技术熟练程度、工作态度和情绪的影响。

**业务链接 2-2**

**征询意见**

日本的松下电器公司为了改进洗衣机的性能，为家庭主妇开设了一间免费洗衣店，并派服务人员听取顾客在操作时无意中说出的意见和建议，然后根据这些意见和建议对洗衣机的设计和生产进行改进，收到了较好的效果。

（2）书面询问法

书面询问法，是指调查人员事先设计好调查问卷，然后分发给被调查者，根据被调查者的书面答复来搜集所需资料的一种调查方法。其具体方式有：将问卷邮寄给被调查者，被调查者填好后寄回；当面交给被调查者，然后由调查人员约期收回；被调查者在电脑上阅读问题、给出答案。书面询问法的优点：被调查人员有较多时间思考问题，避免受调查人员倾向性意见的影响；可适当扩大调查区域，增加调查对象，减少人力。其不足之处：调查表的回收时间长，回收率低，根据国外经验，调查表回收率能达到 60% 就算是成功的；被调查者可能误解某些事项的含义导致填写错误。

### 2）观察法

**观察法**，是指调查人员直接到调查现场观察和记录被调查者的言行，从而取得第一手资料的一种调查方法。运用观察法时，也可安装照相机、摄像机、录音机等设备进行现场拍摄和录音。由于调查者与被调查者不发生直接对话，甚至被调查者并不知道自己正在被调查，被调查者的言行完全在一种自然状态下表现出来，因此其最大优点是可以客观地搜集、记录被调查者的现场情况，调查的结果比较真实可靠。其不足之处是观察的是表面现象，无法了解被调查者的内心活动及一些仅靠观察无法获得的资料，如消费心理、购买动机、收入情况等。

观察法一般用于市场调研以下方面：

（1）顾客动作观察

如亲自观看顾客选购商品的情况，观察吸引顾客注意的那些事项，借以改进质量，扩大销售。

（2）店铺观察

通过站柜台或参加展销会、陈列馆、订货会，观察商品购销情况、同行业同类产品发展情况，以获得所需资料。

（3）实际痕迹测量

观察某事物留下的痕迹，据此取得所需资料。如在几种报纸上做广告，广告下面附有相应回执，请读者阅后将回执剪下寄回企业，企业从回执中可知在哪种报纸上刊登广告最为有效。

### 教学互动2-2

**互动问题**：一次，一个美国家庭住进了一位日本客人。奇怪的是，这位客人每天都在做笔记，记录美国人居家生活的各种细节，包括吃什么食物、看什么电视节目等。一个月后，日本客人走了。不久丰田公司推出了针对当今美国家庭需求而设计的价廉物美的旅行车，特别是针对美国男士（年轻人）喜爱喝玻璃瓶装饮料而非纸盒装饮料的情况，日本设计师专门在车内设计了能冷藏并安全放置玻璃瓶的柜子，因而广受好评。直到此时，丰田公司才在报上刊登了其对美国家庭的研究报告，并向那户人家致歉，同时表示感谢。

丰田公司为什么要派人住进美国家庭？这种方式是否妥当？为什么？

**要求**：同"教学互动1-1"的"要求"。

### 3）实验法

**实验法**，是指从影响调查问题的众多因素中选出一个或两个因素，将它们置于一定条件下，进行小规模的实验，然后对实验结果做出分析判断，进而决策的一种调查方法。应当指出，市场调研中的实验法与自然科学中的实验法是有区别的。一般来说，自然科学实验法结果较为确定，而市场调研中的实验法结果比较概括，这是因为市场上不可控因素太多。尽管如此，营销调研中的实验法仍不失为一种有用的方法。通过此法，能直接体验营销策略的效果，这是其他方法所不能提供的。实验法尤为适用于商品在改变品种、包装、设计、价格、商标、广告等方面的效果测定。

学习微平台

分析提示2-3

**课程思政2-3**

### 咖啡店的心理实验

**背景与情境:** 某咖啡店曾做过一个颇有意思的心理实验:店主请来30多人,每人喝四杯分别用红、棕、黄、绿四种颜色的杯子盛放的咖啡,然后各自回答对不同颜色杯子中咖啡浓度的感受。结果绝大多数人对浓度的排序为:最浓的为红色杯,棕色杯次之,黄色杯再次之,而绿色杯浓度最低。

其实只有店主知道,所有这些咖啡的浓度是完全一样的。于是该店从此以后一律用红色杯子盛咖啡,使得顾客普遍感到满意。

**问题:** 该咖啡店老板的行为是奸商行为,还是精商行为?

针对上述三种市场调研方法,应该采用哪一种或如何结合使用,应视调研问题和所需资料而定:如要调查消费者的态度,则采用询问法为好;如要介绍新产品或改变老产品的包装、价格等,则采用实验法为好;如要客观了解用户对产品的关注事项,则采用观察法为好。

## 2.2.4 市场营销调研问卷的设计

### 1) 调研问卷的基本内容

市场营销调研问卷或称调研表的拟定,是营销调研的一项关键工作。调研问卷的主要功能是全面记录和反映被调查者回答的事实,为企业管理人员提供较为真实的情报,统一的调研问卷还便于资料的统计和整理。如果一份调查表内容设计恰当,既能使调研部门达到调查目的,又能使被调查者乐意合作、搜集到所需要的信息。因此,在调研问卷的设计过程中,调查人员应事先拟订一个初稿,经过调查试验,再修改成正式问卷投入使用。一份完整的调研问卷一般是由说明词、问卷主体、调研证明记载等部分组成。

(1)说明词

说明词一般设置在问卷的开头,是问卷的导言或介绍词,主要包括调研人代表的单位、调查的目的、对被调查者合作的请求等。设置说明词的目的一方面是激发被调查者的兴趣,另一方面则是让被调查者心中有数,使其回答问题能有的放矢,围绕着调研主题展开。这样既可加速调查过程,节约时间,又可提高回收调查问卷的质量。因此,说明词要通俗易懂、简明扼要。

(2)问卷主体

问卷主体的资料一般分为三个方面:一是关于调查对象的基本资料,如性别、年龄、社会地位、经济状况、职业、受教育程度等;二是关于调查对象的行为资料,如购物、旅游、服务的具体活动与行为;三是关于调查对象本人或他人的能力、兴趣、意见、情感、动机等方面的态度资料,这类问题不询问事件本身,只要求回答对行为或事件的评价或意见等。问卷设计主要是针对问卷主体的设计。

(3)调研证明记载

本项内容主要包括调研人的姓名、调研地点、调研方式和调研时间,被调查者的姓名或单位名称、地址。采用匿名调查时不写被调查者的姓名。

**2）调研问卷设计形式和技术**

调研问卷设计形式和技术，是指在调研问卷中各种询问语句的设计形式和技巧，旨在将所有要调查的问题准确地传达给被调查者，使他们能顺利而有效地回答问题，达到准确可靠地搜集资料的目的。其主要形式和技术有：

（1）二项选择法

二项选择法又称是否法，就是在设计调查问题时，只提供两个答案，必须两者择一。被调查者可用"是"或"否"、"有"或"没有"、"喜欢"或"不喜欢"、"需要"或"不需要"等来回答。比如：

你是否喜欢海尔彩电？

①喜欢□　　②不喜欢□

这种方法的优点：在被调查者态度与意思不明确时，可得到明确的判断，并在短暂的时间内求得答案，同时能使持中立意见者偏向一方；条目简单，易于统计。其缺点是不能表示意见程度的差别，结果也不是很精确。

（2）多项选择法

多项选择法，是指对所提出的问题，事先列出两个以上的答案，被调查者可任选其中一项或几项。例如：

现有海尔、东芝、长虹、康佳、TCL五种彩色电视机，你准备买哪一种牌号？

①海尔□　②东芝□　③长虹□　④康佳□　⑤TCL□

你准备购买彩电的原因有：

①属于更新□　②属于增置□　③结婚需要□　④为亲友代买□　⑤送礼□

这种方法的优点是可以缓和二者必居其一的缺点，也比较便于统计。其缺点是答案较多，不便于归类。

（3）自由回答法

自由回答法，是指调研者只根据调研项目提出问题，不必事先给出备选答案的调研方法。被调查者可以不受任何约束、自由发表意见。例如：

你喜欢什么牌号的彩电？

这种方法的优点：提出的问题是开放性的，被调查者可以根据自己的意愿自由发表意见；能搜集到更多的资料。其缺点是有时会得不到明确的答案，花费时间长，不易统计处理。此类题型不宜太多。

（4）顺位法

顺位法也称品等法，是指首先列出若干项目，让被调查者进行比较，然后评出高低或优劣程度，再按先后次序进行排列的调研方法。例如：

请您对下列各种牌号的彩电比较其质量，并做出评价，然后根据评比结果，按名次填入表内进行排列。

海尔□　东芝□　长虹□　康佳□　TCL□

这种方法简单易行，对调查结果处理后，能对被调查者的意见进行排列，观察集中趋势和分散程度。但用顺位法进行调查，其顺位的项目不宜过多，同时顺位的项目要有同种性质，能够进行比较。

（5）比较法

比较法，是指列出各种对比项目，由被调查者根据自己的看法，得出对比结论的一种方法。常用的是配对比较法，即依次列出两个对比项目，由回答者得出对比结论。比较法一般用于了解被调查者对比质量、使用功能等方面的评价意见。例如：

请您逐一比较下列各组不同牌号的彩电质量，在您认为质量好的牌子后面打"√"。

① 海尔□　　　　　康佳□

② 熊猫□　　　　　长虹□

③ 康佳□　　　　　长虹□

④ 海尔□　　　　　海信□

需要指出的是，在对比的两个项目中间，还可列出评价程度的差别，这样不仅可测量被调查者的态度顺序，还可测量评价的程度。

（6）程度评价法

程度评价法，是指将需要回答问题的答案按不同程度给出，请被调查者自己选择的一种方法。在这种方法中，答案不分对错，只有不同程度的选择。例如：

您认为目前彩电市场需求的趋势是：

①迅速上升□　②逐步上升□　③需求稳定□　④逐步下降□　⑤滞销□

（7）过滤法

过滤法又称漏斗法，是指调研人首先提出离调查问题较远、内容较广泛的问题，然后根据对方回答，逐步缩小提问范围，将对方有目的地引向所要调研的某个专门问题，使被调查者能够很自然地回答的一种方法。

（8）填充法

填充法，是指将所要调研的有关项目设计成填充的形式，以便按规定的项目和格式填写的一种方法，一般用于调查基本情况和有关数据资料。例如：

您家的基本情况是：

家庭人口_____　就业人口_____　住房间数_____　住房面积_____

**3）调研问卷设计的步骤和应注意的问题**

（1）调研问卷设计的步骤

① 根据调研目的，拟订调研内容提纲并征求专家和执行人员的意见。

② 汇总意见后，根据调查对象的特点和调查提纲的要求，确定调查问卷的类型以及问题的类型；开列调研项目清单，编写提问的命题和答案；明确各种指标的含义和统计方法。

③ 按照问题的内容、类型、难易程度，安排调研项目的次序；按照调查表结构各部分的要求，将拟好的提问命题与答案、填表说明等依次列入表中，设计成一张调查表（初稿）。

④ 将初步设计出来的调研问卷在小范围内作初步测试；根据初步测试的结果，对调研问卷进行必要的修改；最后确定正式的调研问卷。

业务链接2-3

## 启蒙幼儿园家长调查问卷

尊敬的家长朋友：

您好！为了更好地教育孩子，挖掘孩子的成长潜力，在新一年的办学思路方面，我们迫切地希望倾听您的意见。为此，我们开展本次小范围的调查活动。填写本表是不记名的，希望您在填写时不要有任何顾虑，怎样想就怎样填。

A.您对启蒙整体印象感到：满意 [　]　一般 [　]　不满意 [　]

B.您把孩子送到启蒙的首要原因是（限选1项）：收费低 [　]　理念新 [　]　饮食好 [　]　素质教育搞得好 [　]　知识教育搞得好 [　]　离家近 [　]　其他（请填写）

C.您认为启蒙的素质教育搞得：很好 [　]　好 [　]　一般 [　]　不好 [　]

D.您认为启蒙的知识教育搞得：很好 [　]　好 [　]　一般 [　]　不好 [　]

E.您认为您孩子在启蒙发展得：很好 [　]　好 [　]　一般 [　]　不好 [　]　没有变化 [　]

F.您认为启蒙存在的不足为（限选两项）：缺乏阳光 [　]　硬件设施不好 [　]　软件不好 [　]　饮食不好 [　]　其他（请填写）

G.您认为启蒙目前存在哪些安全隐患：入园时 [　]　离园时 [　]　楼梯 [　]　厕所 [　]

H.您认为启蒙的师资力量：素质较高 [　]　责任心强 [　]　素质较低 [　]　责任心差 [　]

I.你认为启蒙在金鸡年应着重改善哪些方面（限选两项）：才艺方面 [　]　知识方面 [　]　待人接物 [　]　普通话水平 [　]　家园联系 [　]　其他（请填写）

J.您认为启蒙还需添置哪些大型玩具：不需要 [　]　蹦蹦床 [　]　滑梯 [　]　滑板车 [　]　其他（请填写）

K.您认为启蒙最需要添置 [　]、[　] 两类桌面玩具。

L.您对启蒙的幼教管理理念了解：很多 [　]　不多 [　]

M.今年我们将开设电子琴等特色课程班、北大幼教成功素质班。您认为有无必要？有 [　]　无 [　]

N.您选择幼儿园最看重的是（限选两项）：收费低 [　]　特色教育 [　]　口碑好 [　]　硬件好 [　]　软件好 [　]　饮食好 [　]　教育理念新 [　]

O.通过本表，您最想带给启蒙园长的一句话是（请填写）：

资料来源　佚名.启蒙幼儿园家长调查问卷 [EB/OL].[2019-12-18].http://www.eduzj.org/EduZhai/200906/131136-0.shtml.引文经过节选、压缩和改编。

（2）调研问卷设计应注意的问题

① 围绕主题，重点突出。每一份调研问卷都是为了达到某一个调研目的而设计

的，因此，调研问卷设计一定要围绕本次调研主题，突出重点，兼顾其他。

②问题排列须合理有序，并注意各个问题之间的逻辑性。

③问题的设置应简明扼要，准确无误，浅显易懂。此外，问题的数量也不宜过多、过散，回答问题所用时间最好不超过半个小时。

④问题设计应科学，便于电脑录入和数据分析。

## ⇒本章概要⇒

□ 内容提要与结构

▲ 内容提要

● 市场环境分析包括宏观环境分析和微观环境分析。宏观环境分析又包括人口环境、经济环境、政治和法律环境、社会文化环境、自然环境和科技环境。微观环境分析又包括供应商、营销中介单位、顾客、竞争者和公众。分析市场营销环境的意义：从事营销，必须善于分析环境；发挥企业营销的主动性，积极影响营销环境；从环境中获取企业营销的资源。

● 市场营销调研的类型。按信息搜集的规模划分，可分为普查、重点调查、典型调查和抽样调查；按信息搜集的途径划分，可分为直接调查和间接调查。市场营销调研主要内容包括市场环境调研、市场需求调研、购买行为的调研、产品销售调研、广告效果调研。市场营销调研的程序一般要经过调研准备、正式调研、结果处理三个阶段：调研准备阶段包括初步情况分析和确定调研主题两个步骤；正式调研阶段有制订调研计划和现场实地调研两个步骤；结果处理阶段包括整理分析资料和撰写调研报告两个步骤。市场营销调研的方法有询问法、观察法和实验法。调研问卷一般由说明词、问卷主体、调查证明记载等组成；调研问卷设计形式和技术主要有二项选择法、多项选择法、自由回答法、顺位法、比较法、程度评价法、过滤法和填充法。调研问卷设计的步骤为：根据调研目的，拟订调研内容提纲并征求意见；汇总意见后，根据调查对象的特点和调查提纲的要求，确定调查问卷的类型以及问题的类型，开列调研项目清单，编写提问的命题和答案，并明确各种指标的含义和统计方法；按照问题的内容、类型、难易程度，安排调研项目的次序；按照调查表结构各部分的要求，将拟好的提问命题与答案、填表说明等依次列入表中，设计成一张调查表（初稿）；将初步设计出来的调研问卷，在小范围内作初步测试；根据初步测试的结果，对调研问卷进行必要的修改；最后确定正式的调研问卷。问卷设计应注意：围绕主题，重点突出；问题排列须合理有序，注意各个问题之间的逻辑性；问题的设置应简明扼要，准确无误，浅显易懂；问题的数量不宜过多、过散；回答问题所用时间最好不超过半个小时；问题设计要科学，便于电脑录入和数据分析。

▲ 内容结构

本章内容结构如图 2-2 所示。

□ 主要概念和观念

▲ 主要概念

市场营销环境　市场营销调研　询问法　观察法　实验法

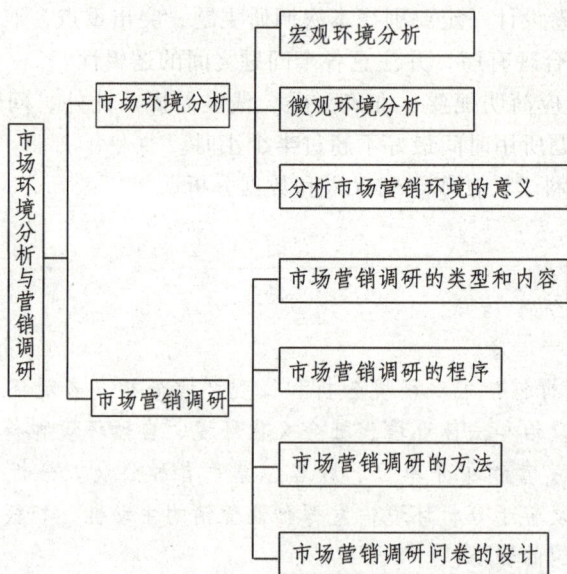

图2-2　本章内容结构

▲ 主要观念

宏观环境分析原理　微观环境分析原理　营销调研理论

□ 重点实务和操作

▲ 重点实务

营销调研的程序　营销调研的方法　调研问卷设计的方法和步骤　相关"业务链接"

▲ 重点操作

市场营销环境分析与市场营销调研知识应用

单元训练

□ 理论题

▲ 简答题

（1）宏观环境主要包括哪些因素？

（2）调研问卷设计主要有哪些形式和技术？

（3）市场营销调研包括哪些类型？

▲ 讨论题

（1）为什么说个人可任意支配收入既是消费需求变化中最活跃的因素，也是企业开展营销活动时所要考虑的主要对象？

（2）为什么说恩格尔系数是衡量一个国家、地区、城市和家庭生活水平高低的重要参数？

（3）为什么说环境的变化既可能给企业带来威胁，也可能给企业带来机会？

□ 实务题

▲ 规则复习

（1）简述市场营销调研的步骤。

（2）简述市场营销调研的方法。

（3）简述调研问卷设计的步骤。

▲ 业务解析

（1）美国法律规定，禁止向 18 岁以下的青少年出售香烟。从 2009 年 4 月起，美国将"禁止"改为"严格限制"在香烟中使用尼古丁，因为世界卫生组织研究发现，吸烟与肺癌、喉癌、心脏病、乳腺癌、弱视等 25 种疾病有关，吸烟行为每年可导致 300 万人死亡。由于吸烟有害健康，2014 年 11 月 24 日，国务院法制办公布了卫生计生委起草的《公共场所控制吸烟条例（送审稿）》，并公开征求意见。这是我国首次拟制定行政法规在全国范围全面控烟。所有室内公共场所一律禁止吸烟。同时，以未成年人为主要活动人群的公共场所的室外区域，高等学校的室外教学区域，妇幼保健机构、儿童医院、妇产医院的室外区域，体育、健身场馆的室外观众席、赛场区域，公共交通工具的室外等候区域等也全面禁止吸烟。个人在禁止吸烟场所（区域）吸烟的，可处以 50 元以上 500 元以下的罚款。

学习微平台

分析提示 2-4

请用市场环境分析的基本观点对此进行分析。

（2）某营销调研公司接受顾客委托，要从该市选出 100 户家庭，进行其收入开支情况的调查，一个月后提交调研报告。请你列出一份比较详细的关于《调研工作计划》的设想。

学习微平台

分析提示 2-5

□ 案例题

▲ 案例分析

【训练项目】

案例分析-Ⅱ。

【相关案例】

### 报刊信息变财富

**背景与情境：**1960 年，日本石油化工设备公司从我国公开发行的《人民画报》上惊奇地发现：北京市公共汽车上的气包不见了！

当时，气包是中国汽油匮缺的标志。气包不见了，那不就说明中国人现在开发了很大的油田吗？

那么，油田在哪里？规模有多大？他们公司是否有利可图？日本人对这些照片展开了深入细致的研究。

不久，《人民画报》上又刊登了一幅宣传铁人的照片。大雪漫天飞舞，铁人王进喜肩扛钻机零件，冒着暴风雪艰难却又顽强地跋涉在茫茫无垠的皑皑雪原上。照片的背景有一块半掩着的火车站的标牌，上面"萨尔图"3 个字依稀可辨。照片的下部印的是铁人气吞山河的豪言壮语：有条件上，没条件创造条件也要上。

日本人仔细研究后，从照片上漫天飞舞雪花断定：中国新近开发的油田肯定在冰封千里的东北高寒地带。奇怪的是，他们在许多中国地图上始终没找到"萨尔图"这个火车站的名字。他们由此推断，这是新增加的运送工人上下班的火车站台，由于仅靠人拉肩扛不能将笨重庞大的钻机运到井位，那就可以肯定油田就在火车站的附近。

就是这样一幅普普通通的照片却帮了日本人的大忙。他们通过反复研究论证，最终准确判定：中国新开发的油田在东北松嫩平原人迹罕至的沼泽地带。

1966年，王进喜出席了全国人民代表大会。日本人据此又推断出大庆油田大量出油了，否则，他当不上人大代表。后来，他们又根据《人民日报》上配发的一幅钻塔照片上钻台手柄的样式推算出了油井的直径，再根据国务院的工作报告推算出了大庆油田的产量。根据这些资料，精明的日本人又对中国当时的国情进行了细致的分析，得出结论：中国开发这样大规模的油田，一定要引进技术和设备。冬季外运石油困难，运输量过大，中国肯定要搞综合利用。他们据此还设想在这样的气候和环境中开发油田需要什么样的技术和综合利用的设备，并快马加鞭地进行设计，然后静待中国人前来购买。

日本人的构想比中国人自己的计划整整提前了4年。当中国以石油的综合利用向外国招标时，美国、英国、德国的方案均未被采纳，而日本石油化工设备公司却顺利地中标了。

**问题：**

（1）日本石油化工设备公司为何能在我国大庆油田的综合设备投标中取胜？

（2）日本石油化工设备公司营销成功的原因是什么？

（3）结合我国营销调研的历史与现状，谈谈如何运用营销调研方法为企业营销服务。

【训练要求】

同第1章本题型的"训练要求"。

▲ 课程思政

【训练项目】

课程思政-Ⅱ。

【相关案例】

### 蓝藻污染暴发敲响太湖生态环境恶化的警钟

**背景与情境：** 2007年5月29日，江苏太湖暴发了严重蓝藻污染，造成近百万无锡市民生活用水困难，无锡市城区的大润发、家乐福等几家超市内各种瓶装、桶装的纯净水被抢购一空。

"太湖美，美就美在太湖水。"这首歌曲今天在无锡市民听来已别有一番滋味。有人曾根据《太湖美》歌词改编了"《太湖美新编》：太湖霉呀，太湖霉，霉就霉在太湖水。水面有蓝藻呀，水下死鱼虾哪；水边蓝藻绿，水底淤泥黑；臭水流进千万家，垃圾绕湖蚊虫飞。哎嗨哟，太湖霉呀，太湖霉……"

"无锡充满温情和水！"这曾经是无锡市民喜爱的一条标语，也是无锡推广城市旅游的宣传口号，可谓家喻户晓、闻名中外，可如今也被恶作剧地改编成了"无锡充满瘟情和水"，真让人哭笑不得。

据说在太湖蓝藻大面积暴发后，无锡市政府一位人士称："这是一个生态灾害。"于是，有关太湖蓝藻暴发是"天灾"还是"人祸"的争执就开始了。

资料来源　佚名．太湖蓝藻、洞庭鼠灾敲响长江生态警钟［EB/OL］．［2019-12-18］．http://www.sh.xinhuanet.com/2007-09/17/content_11170994.htm.引文经过节选、压缩和改编。

**问题：**

（1）太湖蓝藻暴发到底是"天灾"还是"人祸"？造成水环境恶化的原因是什么？太湖"蓝藻事件"的发生说明了什么？

学习微平台

分析提示2-6

学习微平台

分析提示2-7

（2）面对太湖"蓝藻事件"，你认为太湖应该怎样进行治理？

（3）通过网上或图书馆调研等途径搜集职业素养训练所依据的职业道德规范。

【训练要求】

同第1章本题型的"训练要求"。

☐ 实训题

【训练项目】

阶段性体验Ⅰ："市场环境分析与营销调研"技术应用。

【训练目标】

见本章"章名页"之"学习目标"中的"实训目标"。

【训练内容】

专业能力训练：见表2-1。

表2-1　　　　　　　　　　专业能力训练表

| 领域 | "技术–技能"点 | 名称 | 参照规范与标准 |
|---|---|---|---|
| 市场环境分析与营销调研技术应用 | "技术–技能"1 | "市场环境分析"技术应用 | （1）能全面把握"市场环境分析"技术。<br>（2）能从"市场环境分析"的特定视角出发，应用相应技术，有质量、有效率地进行以下操作：<br>①分析企业营销决策和业务运作的现状，分析其成功、不足与尚待解决的各种问题；<br>②提出优化建议和解决实际问题的方案 |
| | "技术–技能"2 | "营销调研"技术应用 | （1）能全面把握"营销调研"技术。<br>（2）能从"营销调研"的特定视角出发，应用相应技术，有质量、有效率地进行以下操作：<br>①分析企业营销决策和业务运作的现状，分析其成功、不足与尚待解决的各种实际问题；<br>②提出优化建议和解决实际问题的方案 |

职业核心能力和职业道德训练：其内容、种类、等级与选项见表2-2；各选项的操作"参照规范与标准"见本教材"附录三"的附表3和"附录四"的附表4。

表2-2　　　　　　　　　　职业核心能力与职业道德训练表

| 内容 | 职业核心能力 | | | | | | | 职业道德 | | | | | | |
|---|---|---|---|---|---|---|---|---|---|---|---|---|---|---|
| 种类 | 自主学习 | 信息处理 | 数字应用 | 与人交流 | 与人合作 | 解决问题 | 革新创新 | 职业观念 | 职业情感 | 职业理想 | 职业态度 | 职业良心 | 职业作风 | 职业守则 |
| 等级 | 初级 | 初级 | 初级 | 初级 | 初级 | 初级 | 初级 | 顺从 | 顺从 | 顺从 | 顺从 | 顺从 | 顺从 | 顺从 |
| 选项 | √ | √ | √ | √ | √ | √ | √ | √ | | √ | √ | √ | | |

【训练任务】

（1）对"'市场环境分析与营销调研'技术应用"专业能力领域的各技能点，依照其"参照规范与标准"，实施应用相关技术的基本训练。

（2）对职业核心能力选项，依照其相关"参照规范与标准"实施应用相关技术的

"初级"强化训练。

（3）对职业道德选项，依照其"参照规范与标准"，实施"顺从级"相关训练。

【组织形式】

（1）以小组为单位组成营销团队。

（2）各营销团队结合实训任务进行恰当的角色分工，确保组织合理和每位成员的积极参与。

【指导准备】

知识准备：

学生通过自主学习，预习如下知识：

（1）该企业的相关产品或项目知识。

（2）市场环境分析与营销调研的理论与实务知识。

（3）本教材"附录一"的附表1中，与本章"职业核心能力'强化训练项'"各"'技术-技能'点"相关的"'知识准备'参照范围"。

（4）本教材"附录三"的附表3中涉及本章"职业核心能力领域"强化训练项的各"'技术-技能'点"，以及"附录四"的附表4中"职业道德领域"相关训练项各素质点的"参照规范与标准"知识。

操作指导：

（1）教师向学生阐明"训练目的"、"能力与道德领域"和"知识准备"。

（2）教师就"知识准备"中的第（3）、（4）项，对学生进行培训。

（3）教师要指导学生从"'市场环境分析与营销调研'技术应用"视角进行企业营销决策和业务运作情况调研、资料搜集与整理。

（4）教师指导学生撰写"'市场环境分析与营销调研'技术应用"的《实训报告》。

【情境设计】

将学生组成若干营销团队，分别选择一个企业（或校专业教育实训基地），结合课业题目，从"'市场环境分析与营销调研'技术应用"视角，对该企业营销决策及营销运作现状进行调查研究，分析其成功经验与不足，在此基础上为其量身定制"基于'市场环境分析与营销调研'技术应用"的《××企业市场营销运作（或优化）方案》，通过系统体验各项相关操作完成本次实训的各项任务，撰写相应《实训报告》。

【训练时间】

本章课堂教学内容结束后的双休日和课余时间，为期一周。

【训练步骤】

（1）将班级学生每4~6位组成一个营销团队，每个团队确定1人负责。

（2）各团队结合实训任务、"情境设计"和课业题目，分别选择一个企业（或校专业教育实训基地），从"'市场环境分析与营销调研'技术应用"的特定视角出发，对该企业营销决策及营销运作现状进行调查、研究与评估，分析其成功与不足。

（3）各团队应用"'市场环境分析与营销调研'技术应用"知识，系统体验如下操作：

①依照"技能1"的"参照规范与标准"，从"市场环境分析技术应用"的特定

视角出发，就该企业营销决策和业务运作中存在的不足，提出优化建议或解决方案。

②依照"技能2"的"参照规范与标准"，从"'营销调研'技术应用"的特定视角出发，就该企业营销决策和业务运作中存在的不足，提出优化建议或解决方案。

（4）各团队总结上面①②项操作体验，撰写"基于'市场环境分析与营销调研'技术应用"的《××企业市场营销运作（或优化）方案》。

（5）各团队在上述实训步骤中，依照表2-2中相关训练选项的"参照规范与标准"，应用相关知识，融入"职业核心能力"的"初级"强化训练和"职业道德"的"顺从级"相关训练。

（6）各团队综合以上阶段性成果，撰写《"'市场环境分析与营销调研'技术应用"训练报告》。其内容包括：实训组成员与分工；实训过程；实训总结（包括对专业能力训练、职业核心能力训练和职业道德训练成功与不足的分析说明）；附件（指阶段性成果全文）。

（7）在班级讨论、交流和修订各团队的《训练报告》，使其各具特色。

【成果形式】

实训课业：《"'市场环境分析与营销调研'技术应用"训练报告》

课业要求：

（1）"实训课业"的结构与体例参照本教材"课业范例"中的范例-3。

（2）将《训练方案》和《××企业市场营销运作（或优化）方案》以"附件"形式附于《训练报告》之后。

（3）在校园网平台上展示经过教师点评的班级优秀《训练报告》，并将其纳入本课程的教学资源库。

═ 单元考核 ➡

考核要求：同第1章"单元考核"的"考核要求"。

# 第3章
# 消费者购买行为分析

## 学习目标

通过本章学习，应该达到以下目标：

**理论目标**：学习和把握购买心理、购买动机、购买行为及其间的关系，影响消费者购买行为的主要因素等陈述性知识；能用其指导本章"同步思考"、"教学互动"、"随堂测"和"基本训练"中"理论题"各题型的认知活动，正确解答相关问题；体验本章"初级学习"中专业认知的横向正迁移，以及相关胜任力中"认知"要素的阶段性生成。

**实务目标**：了解与把握消费者购买决策过程以及"业务链接"和二维码资源等程序性知识；能以其建构相关规则意识，正确解析本章"同步思考"、"教学互动"和"基本训练"中"实务题"的相关问题；体验本章专业规则与方法"初级学习"中的横向正迁移和"高级学习"中的重组性迁移，以及相关胜任力中"专业规则"要素的阶段性生成。

**案例目标**：能运用所学"消费者购买行为分析"的理论与实务知识研究相关案例，培养和提高学生在特定业务情境中分析问题与决策设计的能力；能结合本章教学内容，依照相关规范或标准，对"课程思政3-1""课程思政3-2"专栏和章后"课程思政-Ⅲ"案例中的企业及其从业人员行为进行思政研判，促进"立德树人"根本任务的落实；体验本章"高级学习"中专业知识、通用知识与思政元素的协同性重组迁移，以及相关胜任力中"认知弹性"要素的阶段性生成。

**自主学习**：参加"自主学习-Ⅱ"训练。在实施《自主学习计划》的基础上，通过阶段性学习和应用"附录一"附表1"自主学习'（初级）'知识准备'参照范围"所列知识，尽可能搜集、整理与综合"消费者购买行为分析"前沿知识，讨论、撰写和交流《"消费者购买行为分析"最新文献综述》，撰写《"自主学习-Ⅱ"训练报告》等活动，培养"自主学习"的通用能力（初级）；体验本章"自主学习"中"专能"与"通能"的"重组性"迁移，以及相关胜任力中"求知韧性"的阶段性生成。

**引例：难以拒绝的推销**

**背景与情境：**一天，某商店进来两位女顾客。衣着得体的四十岁出头的老板娘迎了上去。"美女，天暖了，看看换季的衣服？"

"我们随便看看。"两位顾客不紧不慢地应道。

"两位这个年龄，正是装点街面的时候。一出太阳，美女们齐刷刷地穿上春装，使人精神振奋，还是年轻好。"老板娘感叹道。

"你也不老呀！"两位顾客有了兴致。"不行，我就想穿这种款式，"她指着对方盯着的那款春装，"今年最流行的样式，但腰身过不了。前天，我邻居一位二十多岁的姑娘硬是从我这里要去了一件，穿起来，我差点儿没认出来。这种衣服，上身效果特别好，试试吧，不买没关系。"

她疾步走过去，取下衣服递到顾客手上，指着靠里的一个花布帘子，说："请过去试试，里面有镜子，很方便，眼见为实嘛。"见这位顾客提着一大包因天热脱下来的毛衣，老板娘顺手拿过来一个大袋子递给她的同伴："把毛衣装起来吧，不小心弄脏了，多可惜。"

试衣的顾客出来问："如何？"老板娘赞叹道："这位美女的腰身好，大概只有一尺六吧。这件衣服好多人都试过，只有你穿着最合身，看这颜色，把你的皮肤映衬得好白哟……来来来，把这个饰物戴上，这才叫白领丽人。"

"我可是很挑剔的。""你尽管挑剔，满意了才买。年轻人穿衣服，就讲究一个样式，式样新、合身就是好衣服。我这种年纪，就要考虑舒适，式样不是我们能追求的。只要你满意，价格上给你优惠，支持你们打扮漂亮。"

"你可是人也不老，心也不老啊！"女顾客愉快地称赞道。

找不出更好的理由拒绝老板娘，女顾客最后心情愉快地买走了那件衣服。

**问题：**女顾客为什么难以拒绝老板娘的推销，心情愉快地买走她推荐的衣服？

学习微平台

分析提示 3-1

## 3.1　消费者购买行为

### 3.1.1　消费者需要

根据心理学的一般观点，人的行为由动机支配，而动机又由需要引起。当一个人的某种需要达到足够强度时，就会成为动机，此时，动机就会促使人们产生满足需要的行为。因此，研究消费者购买动机，应从研究消费者需要入手。

需要是引起消费者行为的原动力。消费者需要反映了消费者某种生理或心理体验的缺乏状态，并直接表现为消费者对获取以商品及服务形式存在的消费对象的需求和欲望，诸如：当人感到饥饿时会产生对食品的需要；感到寒冷时会产生对御寒衣物的需要；感到孤独时会产生对交往、娱乐活动的需要。正因为有形形色色的消费需要，消费者才会产生相应的消费行为。消费者需要具有如下特征：

**1）无限性**

人们的需要是永无止境的，永远不会停留在一个水平上。随着社会生产、科学技术的发展和消费者收入水平的提高，人们对商品和服务的要求和欲望也在不断变化。一种需要满足了，又会产生新的需要，循环往复，直至无穷。这就促使营销人员要不断开发新产品，开拓新市场，以满足人们不断增长的需要。

#### 2）多样性

消费者由人类群体构成。由于每个人的年龄、性别、民族、职业、收入水平、文化程度、审美情趣、宗教信仰以及生活环境等方面不同，其需要丰富多彩、千差万别。

#### 3）层次性

消费者需要不仅复杂多变，而且层次众多。这就决定了其购买动机的丰富性和购买行为的多样性。对于需要层次的分析，美国心理学家马斯洛的"需要层次理论"最为典型，也最具影响力。

马斯洛将人类的需要由低到高依序排列成五个不同的层次，即：①生理需要；②安全需要；③社会需要；④自尊需要；⑤自我实现需要。马斯洛的"需要层次理论"如图3-1所示。

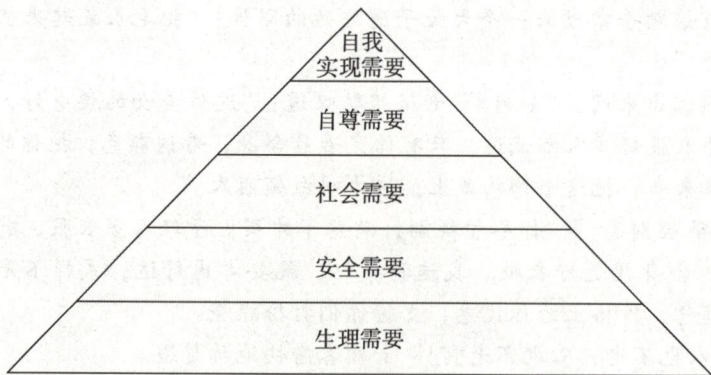

图3-1　需要层次理论

马斯洛"需要层次理论"的要点归纳起来有以下几方面：①肯定了人是有需要的；②把人的基本生存需要置于需要层次结构的最底层，强调它们的满足是其他需求发展的基础；③不同的需要可以分为不同的层次，在不同时期各种需要对行为的支配力量不同——当最重要的需要得到满足后，这个需要便不再是激励因素，失去了对行为的刺激作用，人会转而追求下一个重要需要；④需要层次越高，其可塑性、变异性就越大；⑤高层次需求的具体表现形式更丰富，与他人和社会的关系更密切。

"需要层次理论"可以帮助企业营销人员在为消费者服务的过程中，把不同的需求同企业经营的商品、服务和促销联系起来，了解各种商品和服务怎样才能更好地适应消费者的生活水准、目标与计划。

学习微平台

延伸阅读3-1

#### 4）伸缩性

人们的需要受内因和外因的影响，从而具有一定的伸缩性。一般而言，生活必需品需要伸缩性小，生活非必需品需要伸缩性大。

#### 5）可诱导性

可诱导性是指消费者的需要可以通过环境改变或外部诱因的刺激，引导、诱发消费者需要。这一特点为企业提供了巨大的市场机会。企业可以通过采取各种促销手段正确地影响和引导消费者，将无需求转变为有需求，将潜在需求转变为现实需求。

**同步思考3-1**

学习微平台

视频 3-1

　　一家咨询公司，在不同时期购置了配置和品牌各不相同的计算机，目前在使用上没有问题。现在由于业务发展需要，希望内部实现现代化办公及信息化管理，该公司决定在更新所有员工计算机的同时在公司内建立局域网。为此，该公司采购人员咨询了中关村多家知名经销商，得到若干十分类似但并不适用的解决方案，因而未能达成交易。然而几周后，一家小公司通过了解该咨询公司原有设备和真正需求，提出了一个的"拾遗补阙"的方案，最终拿到了这份订单。

　　中关村多家经销商没有拿到的订单，为什么让这家小公司的销售人员拿到了？

### 3.1.2　消费者购买动机

　　动机是推动人们从事某种活动，维持个体行为，导向某一目标的愿望、意图、意念或信念，是人类行为（除极少数下意识、不随意的本能行为、生物性行为外）的直接内因和原动力。动机的产生或形成以外部客观刺激为条件，以内部主观需要、欲望为根本原因和基础。**消费者购买动机**，是指消费者为了满足某种需要而产生购买商品的欲望和意念。人的行为受动机支配，而动机由需要引起。当人的需要达到足够强度时，就会成为动机。由于消费者的需要复杂多样，其购买动机也五花八门。不过归纳起来，这些购买动机可概括为两大类，即生理性（先天性）购买动机和心理性（后天性）购买动机。

#### 1）生理性购买动机

　　生理性购买动机，是指人们因生理需要而产生的购买动机，如饥思食、渴思饮、寒思衣等，所以又称本能动机。生理动机又可分为维持生命的生存动机、保护生命的安全动机、发展生命的发展动机和延续生命的繁衍动机。生理动机以人们的生理本能需要为基础，具有经常性、重复性、习惯性和稳定性特点。应该注意到，在现实生活中，人们的购买行为很少受单纯的生理动机驱使，当社会经济发展到一定水平时，心理动机在消费者行为中占有更重要的地位。

#### 2）心理性购买动机

　　心理性购买动机，是指人们由于心理需要或精神需要而产生的购买动机。根据对人们心理活动的认识，以及对情感、意志等心理活动过程的研究，可将心理动机划分如下：

　　（1）情感动机

　　**情感动机**，是指由个人的情绪和情感心理因素引起的购买动机。情绪为喜、怒、哀、乐，情感如美感、道德感、时代感、集体感等。消费者的情绪和情感千差万别，从而可以产生不同的购买动机。消费者的感情动机有不同的侧重或心理倾向，诸如：求新心理，即消费者追求商品时尚和新颖，重视商品款式、格调的心理；求美心理，即消费者重视商品欣赏价值和艺术价值的心理；求名心理，即消费者追求名牌产品，看重商品的商标、牌号、产地和名声，借以达到"炫耀"与"显名"，满足其虚荣与好胜的心理。

## 同步案例3-1

### 巧借王妃做推销

**背景与情境：**20世纪80年代初，英国伦敦一家服装公司在王妃戴安娜身上做推销商品文章，设计了一款底色鲜红夹杂黑白色的孕妇衣服，赠给怀孕的王妃戴安娜。戴安娜穿了这件衣服去球场看查尔斯王子打球。电视转播后，英国妇女争相模仿，甚至有些并没有怀孕的女士也穿起了戴安娜式孕服。于是，这种款式服装一夜之间成为畅销货。

**问题：**戴安娜式孕服一夜之间成为畅销货的诀窍是什么？我们能从中得到什么启示？

## 课程思政3-1

### 对联促销

**背景与情境：**茶联常悬于茶社茶馆，作招徕顾客广告之用。相传，成都有家茶馆兼酒铺子，老板没有什么文化，加上铺子简陋，生意很萧条。铺子交到儿子手上后，年轻人脑子灵光，请了秀才写了一副对联，生意居然从此兴隆起来。联文是：

为名忙，为利忙，忙里偷闲且喝一杯茶去；

劳心苦，劳力苦，苦中作乐再倒一碗酒来。

这副对联生动贴切、雅俗共赏，引得人们交口相传，慕名前去观看，领略其中的甘苦，"偷闲""作乐"一番，于是乎，这家铺子起死回生，生意逐渐兴隆。

资料来源　戴玄. 跟着茶经学泡茶［M］. 北京：中国轻工业出版社，2019：216.

**问题：**这家店铺起死回生，生意逐渐兴隆的奥妙何在？我们能够从中得到什么启示？

（2）理智动机

**理智动机**，是指建立在对商品客观认识的基础上，经过充分的分析比较后产生的购买动机。理智动机具有客观性、周密性特点，在具体购买活动中表现为下列消费心理倾向：求实心理，即消费者追求实惠，主要考虑商品的使用价值（如使用方便、省时省力、质地优良等），不太计较产品的外观，不受社会潮流和广告影响的心理；求廉心理，即消费者购买商品时侧重商品价格，而对商品包装、款式、色彩等不大挑剔，追求价廉物美的购买心理。

## 同步思考3-2

一批鞋油急需套现，众人皆无良方。老贺灵机一动，计上心来。他先进了一批廉价的雨伞，然后推出"高级鞋油试用价5元，买两盒送一把雨伞"的促销活动。结果，鞋油热销一空且获利颇丰（雨伞在当地零售价长期稳定在10元，其批发价仅为4元，一盒鞋油成本为5角钱）。

平销变畅销，奥秘何在？请运用所学理论回答。

**同步案例 3-2**

### "正话反说"出奇效

**背景与情境：**有一家手表厂，由于不善于宣传，导致生产的手表一直卖不出去。后来，有人为它在电视上打出一则广告："我厂的手表因走时不是很精确（每走 1 个月约慢 1.5 秒），现在降价 20% 销售，有意者前往某某处购买。"此后不久，销售便开始红火起来。

**问题：**"正话反说"为什么能够产生神奇的促销效果？

学习微平台

分析提示 3-4

（3）惠顾动机

**惠顾动机，**是指消费者由于对特定商品或特定商店产生特殊信任和偏好而形成的重复光顾的购买动机。这种动机具有经常性和习惯性特点，表现为"嗜好心理"，即以满足个人偏好为目的的购买心理倾向。这类消费者的购买行为定型化，对某种品牌商品执着、偏爱，非此商品不消费。

**问题思维 3-1**

**疑点：**生理性购买动机就是指人们因生理需要而产生的购买动机，如饥思食、渴思饮、寒思衣等。在现实生活中，人们的购买行为都是由生理动机驱使的。

**释疑提示：**消费者的购买动机多种多样，可概括为生理（先天性）动机和心理（后天性）动机两大类。在现实生活中，人们的购买行为很少是单纯由生理动机驱使的，特别是当社会经济发展到较高水平时，心理动机在消费者购买行为中占有越来越重要的地位。

### 3.1.3　消费者购买行为划分

**消费者购买行为，**是指消费者在一定购买动机驱使下，为满足某种需求而购买商品的活动过程。由于消费者的购买动机纷繁复杂，消费者的购买行为也多种多样。

**1）按消费者购买目标划分**

按消费者的购买目标，购买行为可分为：

（1）全确定型

这类购买行为是指消费者在购买商品以前，已经有明确的购买目标，对商品的名称、型号、颜色、式样、商标以至价格的幅度都有明确要求。他们进入商店以后，会主动寻找欲购商品，只要该商品能满足其需要，就毫不犹豫地买下来。

（2）半确定型

这类购买行为是指消费者在购买商品以前，已有大致的购买目标，但具体要求还不够明确，最后购买决定需要经过选择比较才能完成。

（3）不确定型

这类购买行为是指消费者在购买商品以前，没有明确或坚定的购买目标，进入商店后一般是漫无目的地左看看右看看，遇上感兴趣或合适的商品也会购买，否则逛后就会离开。

**2）按消费者购买态度划分**

按消费者的购买态度，购买行为可分为：

（1）习惯型

这类消费者由于对某种商品或某家商店比较信赖、偏爱，从而产生经常、反复的购买行为。

（2）理智型

这类消费者购买商品时头脑冷静，行为慎重，主观性较强，不轻易相信广告、宣传、承诺、促销方式以及售货员的介绍，而主要看商品质量与款式。在每次购买前，他们会对需要购买的商品进行研究比较，很少带个人感情色彩。

（3）经济型

这类消费者由于自身的经济状况原因，在购买商品时特别重视价格，对于价格特别敏感，从而对"大甩卖""清仓""血本销售"等低价促销活动最感兴趣。

（4）冲动型

这类消费者从个人的兴趣或情绪出发，喜欢新奇、新颖、时尚的产品，购买时不愿反复比较与选择，最容易受商品的外观、包装、商标或其他促销手段的刺激，产生购买行为。

（5）疑虑型

这类消费者具有内倾型心理特征，善于观察事物，好沉思、喜内省，因而在购买商品时显得小心谨慎和疑虑重重，行动迟缓、耗时长。

**教学互动 3-1**

**互动问题**：一家商店购进了一批款式新、质地好的衬衫。为了使消费者了解这批价廉物美的商品，并及早推销出去，店主大做广告，以为通过此举即可实现热卖。可事与愿违，预购者寥寥无几，顾客都愿意到另一家商店买穿惯了的老式衬衫。在老板束手无策之际，有人给他出了一个简单的主意：在店门口挂一招牌，写上"新式衬衫，每人限购一件"。不久，前来购买者络绎不绝，甚至排起了长队。款式新、质地好的衬衫为什么会滞销？后来为什么又能够转滞销为畅销？我们能从中得到什么启发？

**要求**：同"教学互动 1-1"的"要求"。

## 3.2    影响消费者购买行为的因素

### 3.2.1    文化因素

文化，是指人类在社会发展过程中创造的物质财富和精神财富的总和，是根植于一定的物质、社会、历史传统基础上的特定价值观念、信仰、宗教、思维方式、习俗等的综合体。

市场营销理论认为，文化是决定人类欲望和行为的基本因素，文化的差异引起消费行为的差异，表现在婚丧、服饰、饮食起居、建筑风格、节日、礼仪等物质和文化生活等方面的不同特点上。文化对人们的行为具有最广泛和最深层的影响，人们在特定的文化环境中成长，通过家庭和其他组织学到了一套基本的、特定的价值观念。这些特定的价值观念对人们的行为起着最基本的决定作用。在不同国家，人们由于受到不同文化的熏陶，其价值观念、活动行为、对市场上某种商品的看法等都有天壤之别。例如，中国的文化传统是忠孝、礼貌、谦让、仁爱等；而美国人则喜欢冒险、刺激，追求个性化。

在每个国家的文化中，都包含着一些较小群体所具有的独特文化，也就是亚文化。亚文化主要表现在民族、宗教、种族和地理等方面。

**业务链接3-1**

### 不吉利的"4"

据《美国商业》杂志报道，美国一家生产高尔夫球的工厂，为了让自己的产品打入日本市场，在商品的数量上进行了精心研究，每盒装上4只球，寓意成双成对。但销售结果却出乎意料，买者甚少。经过调查才知道，是在装盒的数字上出了问题，因为数字"4"与日文"死"同音，难怪日本人不买这样包装的高尔夫球。

### 3.2.2　社会因素

#### 1）社会阶层

社会学家根据人们的职业、收入来源、受教育程度、价值观和居民区域进行社会分类，按层次排列成具有同质性和持久性的社会群体，形成了社会阶层。所谓社会阶层，是指由具有相似的社会经济地位、利益、价值取向和兴趣的人组成的群体。处于同一社会阶层的人有着相似的社会经济地位、利益、价值取向和兴趣，他们对商品、品牌、大众宣传媒体等都有相同或较为相似的看法。当然，人们可以通过自身的努力，改变自己的社会阶层归属。

#### 2）相关群体

相关群体，是指那些直接或间接地对人们的态度、爱好和行为产生影响的群体。其基本形式有两种：

一种是个人具有成员资格，并且面对面地直接受到影响的群体。它又可区分为首要群体和次要群体：首要群体是个人经常受其影响的非正式群体，如家庭、亲密朋友、同事、邻居等；次要群体是个人并不经常受其影响的比较正式的群体，如工会、行业协会等。

另一种是具有成员资格但间接地受其影响的群体。它又可分为期望群体和游离群体：期望群体是个人希望成为其中一员或与其交往的群体，如一些球迷以运动队为期望群体；反之，则属游离群体。

消费者个人往往与相关群体具有某些相似的态度和购买行为。群体的结合越紧密，相关群体对个人购买行为的影响就越大。

#### 3）家庭

营销理论认为，家庭是社会中最重要的消费单位和购买决策单位。社会学家根据家庭权威中心点不同，把所有家庭分为4种类型：丈夫决策型、妻子决策型、协商决策型和自主决策型。家庭对消费活动的影响表现在：大约80%的消费行为是由家庭控制和实施的，家庭对其成员的消费观念、生活方式、消费习惯有着深刻的影响，甚至制约着家庭成员消费支出的投向、购买决策的实施。因此，家庭需要受到特别重视。

### 3.2.3　个人因素

#### 1）经济因素

个人的经济状况，如可支配收入、储蓄和借贷能力等，在很大程度上影响消费者对产品的选择。营销人员虽然不能改变消费者的经济状况，但能够影响消费者的消费与储蓄态度。

#### 2）生理因素

生理因素是指年龄、性别、体征（高矮、胖瘦）、健康状况和嗜好等生理特征。生理因素影响消费者对产品种类、款式、功能等方面的要求。例如，消费者对食品、衣着、娱乐、教育等方面的消费，就具有明显的年龄特征。

**教学互动 3-2**

**互动问题：** 一次，日本的一位营销人员在一家饭店观察外国人饮茶时发现，由于欧洲人的鼻子较大，当茶水少于半杯时，鼻子便碰到杯沿上。若想喝完茶水，必须仰起脖子，这样既不方便，也有失欧洲人的绅士风度。这位日本营销人员回国后，立即将信息反馈给公司。公司最终研制生产了斜口杯，推向市场后果然风靡欧洲市场。斜口杯的诞生说明了什么？我们能够从中获得什么启发？

**要求：** 同"教学互动 1-1"的"要求"。

#### 3）个性

个性，是指一个人的心理特征。个性特征有许多类型，如外向与内向、自信与自卑、冒险与谨慎、独立与依赖、主动与被动、领导与追随、乐观与悲观等。直接与消费者个性相联系的购买风格有习惯型、理智型、经济型、冲动型、想象型、不定型等。

#### 4）生活方式

生活方式，是指一个人在生活环境中，以其活动、兴趣和看法表现出来的生活模式。生活方式比社会阶层和个性更深刻、更全面地制约着一个人在态度、行为和心理需要方面的特点，形成节俭型、奢侈型、守旧型、时尚型、成就型及自我主义型等不同购买风格。

### 3.2.4　心理因素

消费者心理是消费者在满足需要活动中的思想意识，它支配着消费者的购买行为。影响消费者行为的心理因素，除了由需要引起的动机这个重要的因素外，还有感觉和知觉、思维和学习、信念和态度三个因素。

#### 1）感觉和知觉

感觉，是指人通过特定器官的视、听、嗅、触得到的对外界的刺激物或情绪的反应或印象；所谓知觉，是指人随着感觉的深入，在头脑中将各种感觉信息联系起来进行初步分析综合，所形成的对刺激物或情境的整体反应。知觉对消费者的购买决策、购买行为影响较大。众所周知，一个消费者有了购买动机之后，就会采取行动。但是，这个消费者决定如何行动还离不开外界刺激物或情境的影响。在刺激物或情境相同的情况下，不同的消费者有不同的知觉，他们的购买决策、购买行为也截然不同。

**2）思维和学习**

思维，是指消费者在感性认识的基础上对某些刺激物和情境进行分析、综合、判断、推理，从而获得对它们的本质反映的理性认识过程。消费者经过思维过程才会形成购买意向，做出购买决定。

学习是指由于经验而引起的行为变化过程。人们的大多数行为是通过后天经验和学习得来的。从市场营销的角度看，学习是消费者在长期的购买、使用商品的基础上，不断获取、积累大量经验，并调整后来的购买决策的过程。通过学习，消费者获得了商品的购买经验，并运用到未来的购买行动中。按照"刺激-反应"理论，人类的学习过程是包含驱使力、刺激物、提示物、反应和强化等因素在内的一连串相互作用的过程，如图3-2所示。如某人觉得每天洗衣服太费时间和体力，就会产生一种逃避洗衣劳动的驱使力，同时产生对洗衣机的需求。当他看到洗衣机（刺激物），又接触到某种品牌洗衣机的广告宣传（提示）时，就会实施购买行为（反应）。通过使用产生的对该品牌洗衣机的满意（正强化）或不满意（负强化），将决定他将来是否继续购买同一品牌产品的行为。

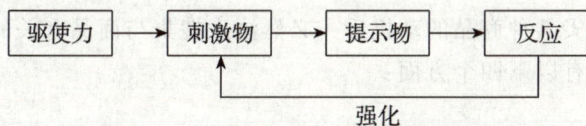

图3-2 "刺激-反应"理论示意图

**3）信念和态度**

信念，是指人们对某些事物的特有看法。一些信念可能建立在客观基础上，另一些信念则可能带有某种感情色彩而建立在偏见基础上。企业应关注消费者对其商品的信念，这些信念会形成对产品和品牌的印象，并影响消费者的购买行为。对那些因消费者的误解而形成的错误信念，企业应通过宣传促销活动加以纠正。

态度，是指人们长期持有的对某些事物或观念的好与坏在认识上的评价、感受和行为倾向。对某种商品持肯定态度可以使它长期畅销，而否定态度则可能妨碍该商品在市场上的销售。企业应该注意消费者的态度，在一般情况下，应该使自己的产品适应消费者的现有态度，从而使自己的产品畅销不衰。

**业务链接3-2**

**借助名人巧推销**

据《战国策·燕策二》记载，有一位卖骏马的人，在集市上站了三天，谁也没有注意他的马。后来他去找名气很大的相马专家伯乐，对他说："我有一匹骏马，想卖掉，三天也没有人问津，请你帮帮忙，在马身边转悠一下，看一看，走开后再回过头来瞧一瞧，这样就够了。"伯乐一看，确实是匹好马，因此爽快地答应并且照办了。顿时，这匹马就变为人们抢购的对象，价格也因此被抬高了10倍。

## 3.3　消费者购买决策过程

消费者的购买决策并不是一种偶然存在的孤立现象。事实上，消费者的购买过程在实际购买前就已经开始，而且延伸到实际购买以后。因此，企业不能仅仅着眼于"决定购买"阶段，而要调查研究和了解消费者购买过程的各个阶段。消费者的购买决策过程一般可分为五个阶段，如图3-3所示。

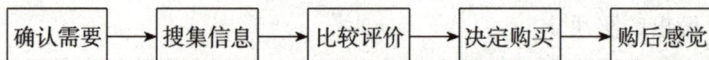

确认需要 → 搜集信息 → 比较评价 → 决定购买 → 购后感觉

图3-3　消费者购买决策过程

### 3.3.1　确认需要

当消费者意识到对某种商品有需要时，购买过程就开始了。来自内部和外部的刺激都可能引起他的需要，诱发他的购买动机。首先，企业应及时了解消费者产生了哪些需要，这些需要是由什么原因引起的，程度如何；其次，企业应研究如何将比较迫切的需要引导到特定的商品上，使其转化为购买动机、方法或途径；最后，企业应据此制定适当的市场营销策略，引起消费者需要并诱发其购买动机。

### 3.3.2　搜集信息

消费者形成购买某种商品的动机后，必然注意搜集与商品有关的各种信息。消费者的信息来源通常有以下四个方面：

**1）商业来源**

它是指消费者得到的信息源自广告、经销商、商店售货员、商品陈列、商品包装等途径。一般来说，商业来源是消费者获取信息的主要途径。商业来源通常是企业可以控制的。

**2）个人来源**

它是指消费者得到的信息源自家庭、亲友、邻居、熟人等途径。

**3）大众来源**

它是指消费者得到的信息源自报纸、杂志、电视、广播等大众传播媒介。

**4）经验来源**

它是指消费者得到的信息源自自身操作、实验、使用产品得到的体验。

消费者通过寻找信息，逐渐了解市场上出售的某种品牌的产品及其特征。企业必须了解消费者获取信息的主要来源和渠道，以便有效地向市场传导自己商品的信息。

### 3.3.3　比较评价

消费者对商品的比较评价，是根据其搜集到的资料，对商品属性做出的价值判断。消费者对商品属性的评价因人、因时、因地而异；有的注重价格，有的注重质量，有的注重牌号或式样等。企业营销人员应通过调查，了解消费者在比较评价时主要注意什么，设法吸引消费者对自己产品的注意。

**教学互动3-3**

**互动问题**：星期天通常是购物广场顾客云集的高峰时段，也是各专柜促销人员抓紧促销的大好时机。这一天，某女士来到了女装区，准备为自己选购一套漂亮的衣服。她边走边看，在一个服装专柜前看中了一件心仪的上衣。于是，她让促销员取来试穿，感觉很合身，自己比较满意。这时，就听那位促销员对着另一个柜台的促销员说："这身衣服穿上真的很好看，我打算给我妈也买一件。"本来正打算买这件衣服的女士听见这句话后，立刻打消了念头，转身离开了柜台。这位女士为什么立刻打消购买念头，转身离开了柜台？

**要求**：同"教学互动1-1"的"要求"。

**课程思政3-2**

注水鸡

**背景与情境**：据央视《每周质量报告》栏目报道，北京市西南郊肉类批发市场销售的山东省潍坊昌邑市恒达冷藏厂的鸡肉，注水现象严重。该厂通过分别给鸡胸、鸡腿、鸡翅甚至鸡爪注水进行全方位造假，可将原来17斤半的鸡肉变成30斤。

**问题**：给鸡肉注水是一种什么行为？

学习微平台

分析提示3-5

### 3.3.4  决定购买

经过比较评价，消费者形成了对某种品牌的偏好和购买它的意向，继而会做出购买决定。

需要注意的是，在这一阶段，可能会有三种因素影响消费者的购买决策：一是他人的态度；二是意外情况；三是预期风险。因而，消费者的购买意向并不一定导致其做出立即购买的决定，而有可能决定缓购或不购。营销人员应以良好的态度和质量保证，以价格、服务、支付方式等优惠条件，消除消费者对购买风险的疑虑，增强其信心，促成其购买。

### 3.3.5  购后感觉

消费者对所购商品是否满意，会直接影响他购买后的行为。企业应采取有效的措施，尽可能使消费者购买后感到满意。产品的社会宣传要实事求是，并适当留有余地。另外，企业还应注意经常征求消费者的意见，强化售后服务工作，并同购买者保持各种可能的联系，以便在消费者对产品出现不满时能迅速采取补救措施。

以上分析表明，在购买决策的每一阶段，消费者的思想和行为都会对其购买决策产生影响。企业通过调查分析，可以针对消费者在决策过程各个阶段的思想和行为采取适当措施，影响消费者的购买决策，使消费者做出对企业有利的购买决策。

学习微平台

延伸阅读3-2

**同步案例3-3**

### 对联促销出奇效

**背景与情境：** 相传明代有个商人因仰慕唐伯虎这位江南才子的大名，特地登门请他书写一副对联，并要求既要体现生意兴隆和财源充足之意，又要语句通俗易懂。唐伯虎略加思索，便展纸挥笔写成一副"生意如春意，财源似水流"的生意联。那商人读后却摇头说："好是好，只是还有点文绉绉的，读起来有点不过瘾。"唐伯虎笑了笑，当即又写了一副："门前生意，好似夏日蚊虫，对进对出；柜里铜钱，就像冬天虱子，越抓越多。"这位商人见了这副生意联十分满意，便拱手作揖道："唐先生不愧为饱学才子，这样的对子才真正符合买卖人的心意啊！"这家店铺自从贴上这副对联后，过路者见了，都要停步观赏，进去看看，生意也就更加兴隆。

无独有偶，有一个卖豆芽菜的商店，用十四个"长"字组成一副对联——"长长长长长长长，长长长长长长长"（凡带着重点的"长"字用作动词，读作"生长"的"长"，其余的都作为形容词，读作"长短"的"长"）。见了这么一副怪对，再配上"水里求财"的横批，谁不想看看猜猜呢？来的人多了，生意便自然兴隆起来。

**问题：** 对联促销出奇效的奥秘何在？

学习微平台

视频3-3

**深度剖析3-1**

**背景资料：** 国庆节期间，卖场内的各大堆头前人潮涌动，促销员都彬彬有礼地站在堆头前，等待着过往的顾客前来选购。

"小姐，您看这双米色的鞋合适吗？"一个温柔的声音吸引了我，回头一看，只见一位梳着短发的促销员正笑意盈盈地拿着一双休闲鞋给一位怀孕的女顾客看，那位顾客看着面前各种各样的鞋子，脸上流露出犹豫的神色，嘀咕说："我也不知道该选哪双好。"促销员笑着说："这双米色的比较清爽，这个季节穿刚好，而且今年也比较流行米色，您觉得怎么样？"顾客看了看，没有吱声，随手拿起一双黑色的皮鞋端详，促销员又耐心地询问："您打算配什么颜色的裤子？深色裤子多还是浅色裤子多？"顾客说："我想买一双配黑裤子的。"促销员看了看说："那这双黑色的是不是更好一些？"她边说边拿起米色和黑色的鞋子放在一起让顾客比较，然后又说："您要不要先试穿一下，看哪双更好一些？"顾客这时看了看旁边一双高跟的皮鞋，眼里流露出羡慕的神情，善解人意的促销员马上笑着说："现在穿这种不太适合，不过再过一段时间就可以了，是吧？"顾客听完笑了笑，便拿起一双黑色的试穿起来，待穿好后，促销员在一边耐心地问："合不合脚？感觉如何？"顾客觉得很满意，便点了点头。"就这双吗？那好，我帮您包起来吧。"

促销员边说边动作麻利地把鞋包装好，开好销售小票，双手递到顾客手中，指着前面礼貌地说："麻烦您到前面那个收银台付款好吗？谢谢！"顾客拿着小票愉快地走向了收银台。

**问题思考：** 这位促销员为什么能这么顺利地完成这笔生意？其接待顾客、介绍商品与一般促销员有何差别？哪些做法值得我们学习？

## ━ 本章概要 ━➡

☐ 内容提要与结构

▲ 内容提要

● 需要是消费者行为的原动力。消费需要反映了消费者某种生理或心理体验的缺乏状态，表现为消费者对获取以商品及劳务形式存在的消费对象的需求和欲望，具有无限性、多样性、层次性、伸缩性、可诱导性等特征。消费者购买动机可分为生理（先天性）动机和心理（后天性）动机两大类：生理动机又可分为维持生命的生存动机、保护生命的安全动机、发展生命的发展动机和延续生命的繁衍动机；心理性动机又可分为感情动机、理智动机和惠顾动机。消费者购买行为按消费者的购买目标划分，可分为全确定型、半确定型和不确定型；按消费者的购买态度划分，可分为习惯型、理智型、经济型、冲动型和疑虑型。

● 影响消费者购买行为的因素有文化因素、社会因素、个人因素和心理因素。其中：社会因素包括社会阶层、相关群体和家庭等；个人因素包括经济因素、生理因素、个性、生活方式等；心理因素除了由需要引起动机之外，还有感觉和知觉、思维和学习、信念和态度。

● 消费者购买决策过程一般分为五个阶段，即确认需要、搜集信息、比较评价、决定购买和购后感觉。

▲ 内容结构

本章内容结构如图3-4所示。

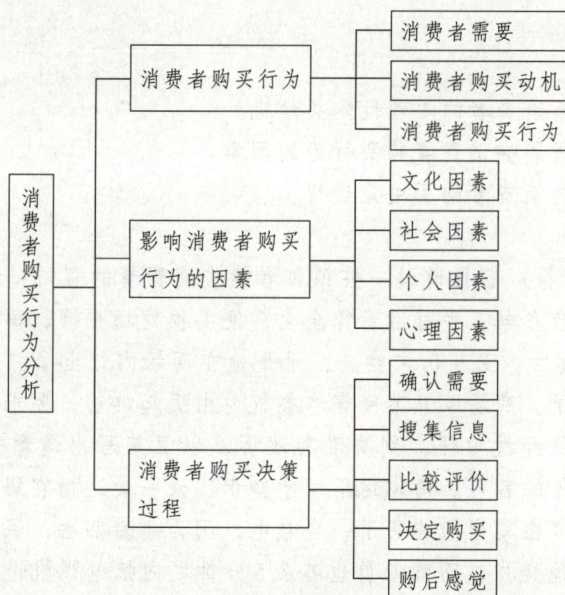

**图3-4　本章内容结构**

☐ 主要概念和观念

▲ 主要概念

消费者购买动机　情感动机　理智动机　惠顾动机　消费者购买行为

▲ 主要观念

消费者购买动机理论    消费者购买行为理论    消费者的购买决策过程理论

□ 重点实务和操作

▲ 重点实务

消费者购买动机分析    消费者购买行为分析    消费者购买决策过程分析    相关"业务链接"

▲ 重点操作

消费者购买行为分析知识应用

## ⊃ 单元训练 ➡

□ 理论题

▲ 简答题

（1）消费需要有哪些特征？

（2）消费者的购买行为可分为哪些类型？

（3）消费者的信息来源主要有哪些？

▲ 讨论题

（1）为什么研究消费者购买动机必须从研究消费者的需要入手？

（2）举例说明消费者的需要是怎样通过环境的改变或外部诱因的刺激和引导被诱发出来的？

（3）为什么说文化对人们的消费行为具有最广泛和最深层的影响？

□ 实务题

▲ 规则复习

（1）简要分析消费者的心理性购买动机。

（2）简要分析影响消费者购买行为的因素。

（3）简要分析消费者购买决策过程。

▲ 业务解析

（1）《经济日报》曾报道过一桩销售者状告消费者的官司：退休女工卫某在某市友谊商场买了一台彩电，半月后音像全无，便去找商场更换，商场因其已办理保修手续不肯换。4天过后，卫某仍未换成，于是她在商场内打出了"友谊商场为什么不退劣质彩电"的牌子。商场以卫某侵害名誉权为由提起诉讼，要求卫某赔礼道歉并赔偿损失1万元。法院经过审理，判决卫某败诉，以卫某写出道歉书、商场退彩电款了结。这是一桩少见的官司。请你运用所学知识，谈一谈这场官司该不该打，为什么？

（2）一位顾客在某商场购买了一台彩电，因为急着回去，买了电视机后，顾客要求营业员快速给他交货，而营业员也答应5分钟之内把电视机送到出口。此时，顾客想5分钟的时间已来不及购买其他物品，就在出口等。等了5分钟后没有见人过来，顾客耐着性子又等了5分钟，两个5分钟过去了，还是不见营业员的踪影，半小时又过去了，仍不见送货员出现，顾客火了，直奔前台投诉……

经核实，原来家电部的出货程序是这样的：商品出货首先要当班管理人员签字后拿单去仓库调拨，经防损员检查、签字后才可送到出口，在这个程序中，若有一个人

不在，时间就会拉长很多。面对顾客投诉，你认为怎样处理比较妥当，为什么？

☐ 案例题

▲ 案例分析

【训练项目】

案例分析-Ⅲ。

【相关案例】

### 起死回生的童鞋厂

**背景与情境：** 有一家生产童鞋的厂家，一直都按照常规的传统模式进行分销，但是随着市场竞争的加剧和传统分销模式的乏力，这家童鞋厂的生意一天不如一天，甚至濒临倒闭的边缘。怎么办？这家童鞋厂经过反复研究，决定主动适应互联网迅速发展的新形势，探究消费者需求的新变化，引入新的营销模式。其具体做法是：童鞋厂的技术人员在童鞋底部植入了一块定位芯片，然后配合对应的App来进行监控，这样买了童鞋的家长就可以随时随地确定自己小孩的位置，确定有没有异常等情况。该App除了有定位功能之外，还有资讯频道、导购、投放广告等模块。定位儿童+控制App的产品创新设计完成后，童鞋厂先申请了国家专利，同时确立了全新的营销策略。童鞋采取成本定价，同时赠送定位服务。新童鞋上市后，销售异常火爆，注册App的会员也越来越多。一年之后，该厂家注册的App会员突破了100万；此时，童鞋厂开始打通商城、广告、资讯等模块，然后吸引商家、广告主、资讯内容生产者进来，从中可以赚取相应的入驻费、广告费、服务费等，从而达到了最终的盈利目标，并成功转型为一个创新的移动互联网儿童鞋制售一体化平台。

学习微平台

分析提示3-8

资料来源 佚名. 移动互联网时代的四种引流思维［EB/OL］.（2018-11-27）［2022-10-04］. https：//www.infoobs.com/article/20181127/27770.html.

**问题：**

（1）党的二十大报告把高质量发展明确作为全面建设社会主义现代化国家的首要任务，同时对如何推动高质量发展做出战略部署。其中，一个重要措施就是"坚定实施创新驱动发展战略，向创新要动力"。请结合这家童鞋厂家起死回生的经历，谈一谈你的看法。我们能从中得到哪些有益的启示？

（2）请简要归纳分析其营销运作过程。

【训练要求】

同第1章本题型的"训练要求"。

▲ 课程思政

【训练项目】

课程思政-Ⅲ。

【相关案例】

### 王老吉加多宝红罐大战

**背景与情境：** "怕上火，喝王老吉"的广告语可谓家喻户晓。2012年开始，王老吉却换上了加多宝的外衣。加多宝方面声称，将对"广药版"红罐王老吉的包装侵权行为进行索赔。广药集团反过来告加多宝在商品装潢上有侵权行为。8月15日晚间，南昌街头的一起群殴事件，让广药与加多宝之间的"红罐"之战增添了一抹血色。潜伏到对手的工厂内取证；"扫荡"对手产品阻止其上架；促销时"围剿"对手，甚至引发群殴。加多宝与广药的"红罐"战，从台面上转到台面下，甚至转向"暴力"。一家外资企业与一家本土国企的利益争夺战，呈现出无所不用其极的局面。

资料来源　佚名. 剖析加多宝王老吉之战　冤冤相报何时了［EB/OL］.［2019-12-18］. http://food.china.com/rdjj/11101747/20120824/17393402.html.引文经过节选、压缩和改编。

学习微平台

分析提示3-9

**问题：**

（1）王老吉与加多宝为什么会发生如此激烈争斗？它们之间存在哪些道德伦理问题？试对上述问题做出思政研判。

（2）通过互联网或图书馆调研等途径搜集你做出思政研判所依据的行业道德规范。

（3）针对王老吉与加多宝如此激烈的争斗，请从消费者角度来谈一谈你的看法。

【训练要求】

同第1章本题型的"训练要求"。

□ 自主学习

【训练项目】

自主学习-Ⅱ。

【训练目的】

见本章"学习目标"中的"自主学习"目标。

【教学方法】

采用"学导教学法"和"研究教学法"。

【训练要求】

（1）以班级小组为单位组建学生训练团队，各团队依照本教材"附录三"附表3"自主学习"（初级）的"基本要求"和各"'技术-技能'点"的"参照规范与标准"，制订《团队自主学习计划》。

（2）各团队实施《自主学习计划》，自主学习本教材"附录一"附表1"自主学习"（初级）各"'技术-技能'点"相关的"'知识准备'参照范围"所列知识。

（3）各团队以自主学习获得的"学习原理"、"学习策略"与"学习方法"知识为指导，通过校图书馆、院资料室和互联网，查阅和整理近两年以"消费者购买行为分析"为主题的国内外学术文献资料。

（4）各团队以整理后的文献资料为基础，依照相关规范要求，讨论、撰写和交流《"消费者购买行为分析"最新文献综述》。

（5）撰写作为"成果形式"的训练课业，总结自主学习和应用"学习原理"、"学习策略"与"学习方法"知识（初级），依照相关规范，准备、讨论、撰写和交流《"消费者购买行为分析"最新文献综述》的体验过程。

【成果形式】

训练课业：《"自主学习-Ⅱ"训练报告》

课业要求：

（1）内容包括：训练团队成员与分工；训练过程；训练总结（包括对各项操作的成功与不足的简要分析说明）；附件。

（2）将《团队自主学习计划》和《"消费者购买行为分析"最新文献综述》作为《"自主学习-Ⅱ"训练报告》的"附件"。

（3）《"消费者购买行为分析"最新文献综述》应符合"文献综述"规范要求，做到事实清晰，论据充分，逻辑清晰。

（4）结构与体例参照本教材"课业范例"的"范例-4"。

（5）在校园网的本课程平台上展示班级优秀训练课业，并将其纳入本课程的教学资源库。

## ━ 单元考核 ━►

考核要求：同第1章"单元考核"的"考核要求"。

# 第 **4** 章
# 市场细分与目标市场定位

## 学习目标

通过本章学习，应该达到以下目标：

**理论目标：** 学习和把握市场细分的概念与作用，市场细分的理论依据，选择目标市场的条件和目标市场定位概念等陈述性知识；能用其指导本章"同步思考"、"教学互动"、"随堂测"和"基本训练"中"理论题"各题型的认知活动，正确解答相关问题；体验本章"初级学习"中专业认知的横向正迁移，以及相关胜任力中"认知"要素的阶段性生成。

**实务目标：** 了解和把握市场细分的步骤，生活资料和生产资料市场进行细分的条件、标准和方法，目标市场选择与市场定位的策略、方法与技巧，以及"业务链接"和二维码资源等程序性知识；能以其建构"市场细分和目标定位"的规则意识，正确解析本章"同步思考"、"教学互动"和"基本训练"中"实务题"的相关问题；体验本章专业规则与方法"初级学习"中的横向正迁移和"高级学习"中的重组性迁移，以及相关胜任力中"专业规则"要素的阶段性生成。

**案例目标：** 能运用所学"市场细分与目标市场定位"的理论与实务知识研究相关案例，培养和提高学生在特定业务情境中分析问题与决策设计的能力；能结合本章教学内容，依照相关规范或标准，对"课程思政4-1""课程思政4-2"专栏和章后"课程思政-Ⅳ"案例中的企业及其从业人员行为进行思政研判，促进"立德树人"根本任务的落实；体验本章"高级学习"中专业知识、通用知识与思政元素的协同性重组迁移，以及相关胜任力中"认知弹性"要素的阶段性生成。

**实训目标：** 引导学生参加"'STP策略'知识应用"的实践训练。在其了解和把握本实训所及"能力与道德领域"相关技能点的"参照规范与标准"的基础上，通过各项实训任务的完成，系列"技术-技能"操作的实施，相应《实训报告》的准备与撰写等有质量、有效率的活动，培养其"'市场细分与目标市场定位'知识应用"的专业能力，强化其"信息处理"、"解决问题"和"革新创新"等职业核心能力（中级），并通过"认同级"践行"职业情感""职业态度""职业良心""职业作风""职业守则"诸多素养点规范，促进健全职业人格的塑造；体验本章"实践学习"中"专能""通能""职业道德"元素的协同性"重组-产生"迁移，以及相关胜任力中"求知韧性"和"复合性技能"要素的阶段性生成。

**引例：小油漆厂在竞争中取胜的奥秘**

　　**背景与情境**：有一家小油漆厂，调查了许多潜在的消费者，在了解他们的需求后对市场做出了以下细分：本地市场的60%，是一个较大的普及市场，对各种油漆产品都有潜在需求，但是本厂无力参与竞争。另有四个分市场，各占10%的份额。一个是家庭主妇群体，其特点是不懂室内装饰需要什么油漆，但要求质量要好，希望油漆商提供设计，油漆效果美观；一个是油漆工助手群体，顾客需要购买质量较好的油漆，替住户进行室内装饰，他们过去一向从老式金属器具店或木材厂购买油漆；一个是老油漆技工群体，他们的特点是一向不买调好的油漆，只买颜料和油料自己调配；最后一个是对价格敏感的青年夫妇群体，其收入低，租公寓居住，按照英国的习惯，公寓住户在一定时间内必须给住房重涂油漆，以保护房屋，因此，他们购买油漆不求质量，只要比普通粉刷墙面稍好就行，但要价格便宜。

　　经过研究，该厂决定选择青年夫妇群体作为目标市场，并制定了相应的市场营销组合：（1）产品。经营少数不同颜色、大小不同包装的油漆，并根据目标顾客的喜好，随时增加、改变或取消颜色品种和包装规格。（2）分销。产品送抵目标顾客住处附近的每一家零售商店。目标市场范围内一旦出现新的商店，立即招徕经销本厂产品。（3）价格。保持单一低廉价格，不提供任何特价优惠，也不跟随其他厂家调整价格。（4）促销。将"低价""满意的质量"作为口号，以适应目标顾客的需求特点；定期更新广告内容，选择使用不同广告媒体。

学习微平台

分析提示4-1

　　该企业市场定位明确，市场营销战略较好地适应了目标顾客，尽管经营的是低档产品，但赢得了这部分顾客欢迎，仍然实现了较好的经济效益。

　　**问题**：这家小油漆厂在激烈的市场竞争中为什么能够取胜？从中我们能够得到什么启示？

## 4.1　市场细分

### 4.1.1　市场细分的概念和作用

#### 1）市场细分的概念

　　市场细分这个概念是20世纪50年代中期由美国著名市场营销专家温德尔·斯密在总结一些企业的营销实践经验后提出来的。它的提出，顺应了第二次世界大战后美国众多商品市场由卖方市场转变为买方市场这一新的市场形势，是企业市场营销观念的新发展。

　　**市场细分**，是指根据整体市场上顾客需求的差异性，以影响顾客需求和欲望的某些因素为依据，将一个整体市场划分为两个或两个以上消费者群体的过程。每个需求特点相近的消费者群体构成一个子市场，即细分市场。不同细分市场的消费者对同一种产品的需求和欲望存在着明显的差别；而属于同一细分市场的消费者，其需求和欲望则较为相似。因此，市场细分是辨别差异性消费者群体的一种方法，它不是以产品，而是以消费者作为划分的对象，是识别具有不同要求或需要的消费者群体的过程。

　　在市场细分理论中，依据消费者对商品的不同需求，可以把市场分为同质市场和异质市场。同质市场，是指消费者对商品需求大致相同的市场。异质市场，是指市场群之间的差异大，但各市场群内部差异小的市场。市场细分实际上就是一个将异质市场分成若干个同质市场的过程，或者说市场细分就是依据顾客需求差异"同中求异，异中求同"的过程。例如，在服装市场上，假设消费者最关心的是服装的式样和质量这两个特性，那么，消费者对这两种特性的偏好程度可分为三种类型，如图4-1所示。

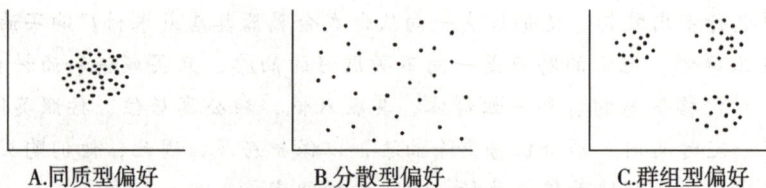

图4-1　异质市场消费者偏好类型

① 同质型偏好。市场上所有的消费者偏好大致相同，没有大的区别。

② 分散型偏好。市场上消费者的偏好很不集中，呈分散状态。

③ 群组型偏好。市场上不同偏好的消费者形成了一些群体。

**2）市场细分的作用**

（1）市场细分有利于企业发现新的市场机会

市场机会，是指市场上客观存在的尚未得到满足或未能充分满足的消费需求。通过市场细分，企业既可分析与了解各类消费者的情况（看哪一类消费者的需求已经得到满足，哪一类尚未有合适的产品去满足，哪一类满足的程度还不够），也可分析与了解在各个细分市场上，哪些竞争激烈，哪些平缓，哪些有待发展等。有了这些分析与了解，企业就可结合自身的具体情况选择恰当的目标市场。

（2）市场细分有利于增强企业的应变能力，提高竞争力

进行市场细分后，企业在所选择的目标市场上展开营销工作，由于范围相对缩小，服务对象具体明确，增强了企业调研的针对性。市场细分便于企业认识和掌握顾客的需求特点，了解消费者对不同营销手段反应的差异性，使企业能够及时、准确地调整产品的结构、价格、渠道及促销策略，以适销对路的产品、合理的价格、恰当的服务方式更好地满足消费者的需求。同时，在所选定的目标市场上，企业还可以更清楚地认识和分析各个竞争者的优势和不足，扬长避短，有针对性地开展经营活动。

（3）市场细分有利于提高企业的经济效益

企业进行市场细分后，可根据自身的条件选择恰当的目标市场，避免在整体市场上分散使用力量，使企业有限的"人、财、物"资源集中使用于一个或几个细分市场，形成局部市场优势，从而产生节约经营费用、提高经济效益的效果。

（4）市场细分有利于提高社会效益

在市场细分的基础上，企业可以不断发现和利用市场上客观存在的各种未被满足或未被充分满足的需要，从而促使企业专心开发新产品。这样，企业产品的花色品种就会日益丰富繁多，从而既丰富了人们的物质文化生活，也推动了社会效益的提高。

**同步案例4-1**

### 零食消费男女有别，细分市场有潜力

**背景与情境：** 为了解孩子们对零食的消费情况，架起食品生产商与市场沟通的桥梁，北京一家调查公司对北京、上海、广州、成都、西安5个消费先导城市的儿童零食消费市场进行了一次调查。调查以街头拦截访问方式进行，调查对象为0至12岁儿童的家长和7至12岁的儿童。调查结果如下：

（1）女孩偏爱果冻和水果，男孩偏爱饮料和膨化食品

男孩、女孩对零食消费表现出不同程度的偏爱。调查显示：女孩爱吃果冻和水果的比例均比男孩高出8个百分点左右，对于冰淇淋、巧克力和面包的喜爱率也分别高出男孩5.2至6.8个百分点；男孩更偏爱饮料和膨化食品，喜爱率比女孩分别高出近3个百分点和1个百分点。

（2）9岁以下儿童喜爱吃饼干和饮料，10岁以上儿童偏爱巧克力和膨化食品

对5个城市有独立回答能力的7至12岁儿童的调查显示，不同年龄的儿童对零食的偏好也有所不同：年龄小的儿童爱吃饼干和饮料，年龄大的儿童爱吃巧克力和膨化食品。调查还显示：在爱吃饼干和饮料的儿童中，7至9岁比10至12岁的儿童均多出9个百分点以上；在爱吃巧克力和膨化食品的儿童中，10至12岁比7至9岁的儿童分别多出7个和5个百分点以上。

（3）零食消费中果冻独占鳌头

①城市儿童对果冻有特别的偏好。

果冻食品以其新鲜的口味、科学的营养成分及细腻爽滑的口感，成为城市儿童最喜爱吃的零食。调查显示：六成以上的儿童表示爱吃果冻；其次是水果，占57.2%；最后是饮料，占51.7%。

②经常购买果冻的儿童家长每年在果冻上的花费超过百元。

学习微平台

5个城市经常购买果冻的家长一年用于果冻的花费平均为105.9元。分城市看，广州和成都的家长一年在果冻上的开销较高，分别达到了174.1元和170.7元，居于前两位；北京和上海的家长花费分别为66.3元和56元，分列第三、四位；相比之下，西安的儿童家长一年花费在果冻上的开销最低，仅为22.3元。

分析提示4-2

③一批果冻品牌已确立市场地位。

"喜之郎"以其强大的广告攻势及优良的品质不仅赢得了孩子们的喜欢，也赢得了家长们的心。本次调查显示："喜之郎"在儿童家长中的综合知名度最高，提及率达到90%；"乐百氏"和"旺旺"的提及率也超过五成，分别为66.2%和53.9%；"徐福记"和"波力"的提及率分别为42.8%和35.2%，分列第四、五位。

**资料来源**　佚名. 零食消费男女有别　细分市场有潜力［EB/OL］.［2019-12-18］. http：//finance.sina.com.cn/x/20020805/0810240059.html.引文经过节选、压缩和改编。

**问题：** 对城市儿童零食消费市场中男女孩消费品种和比例进行调查，与市场细分有何关系？在企业营销过程中这种调查有何用处？为什么？

### 4.1.2 市场细分的原则和标准

**1）市场细分的原则**

（1）可衡量性

可衡量性，是指市场细分的标准和细分以后的市场是可以衡量的。它要求：第一，消费者需求具有明显的差异性。只有这样，才值得对市场进行细分。第二，消费者需求的特征信息易于获取和衡量，能衡量细分标准的重要程度并进行定量分析。第三，经过细分后的市场范围、容量、潜力等也可以衡量，这样才便于企业进行分析、比较和选择，否则，对企业就没有任何意义。

（2）能进入性

能进入性，是指企业有能力进入选定的目标市场。如果企业没有能力进入这样的目标市场，则细分显示出来的市场机会就不是企业的营销机会。

（3）可盈利性

可盈利性，是指企业要进入的细分市场规模必须保证企业有利可图，能够获得足够的经济效益。如果市场规模太小、潜力有限，细分出来的市场对企业营销的意义就不大。

**业务链接4-1**

**福特汽车公司的侏儒特制汽车构想**

福特汽车公司为了更好地满足特殊消费者的需求，在20世纪50年代曾经打算专门为1.2米以下的侏儒生产特制汽车，这需要特殊的产品设计、不同的生产线及组装设备，造成成本剧增。通过市场调研与细分后，发现这一汽车细分市场的需求极其有限，人数较少，盈利前景暗淡，福特汽车公司最终放弃了这一构想。

（4）稳定性

稳定性，是指企业在占领市场后的相当长时期内，无特殊情况一般不改变自己的目标市场，即必须保持一定程度的稳定。目标市场的改变必然带来企业经营设施和营销策略的改变，使企业的风险和损失随之增加，从而得不偿失。

**2）市场细分的标准**

消费者市场细分的标准主要分为四大类：地理细分、人口细分、心理细分、行为细分，各类细分标准见表4-1。

表4-1                            **消费者市场细分的标准**

| 细分标准 | 具体变量 |
|---|---|
| 地理细分 | 国家、地区、城市、乡村、城市规模、人口密度、气候、地理地貌等 |
| 人口细分 | 年龄、性别、家庭规模、家庭收入、文化水平、职业、宗教信仰、国籍、民族、家庭生命周期等 |
| 心理细分 | 消费者的个性、购买动机、价值取向、生活方式、社会阶层等 |
| 行为细分 | 消费者购买动机，购买状况，使用习惯，对品牌的忠诚程度，对质量、广告和服务的信赖程度等 |

（1）地理细分

地理细分，是指按照消费者所处的地理位置或自然环境来划分市场，其具体变量包括国家、地区、城市、乡村、城市规模、人口密度、气候、地理地貌等。例如，我国市场按地理方位可分为南方市场和北方市场，南方气候温和湿润，北方干燥寒冷，消费者的衣、食、住、行有很大的差别。此外，还可进一步把我国市场细分为东北市场、华北市场、华东市场、华中市场、华南市场、西南市场和西北市场等。处于不同地理环境下的消费者，对于同一类产品往往形成不同的消费习惯和偏好，具有不同的需求特点，企业可以采取不同的营销措施和策略与之相适应。

（2）人口细分

人口细分，是指按照人口统计因素来划分市场，其具体变量包括年龄、性别、家庭规模、家庭收入、文化水平、职业、宗教信仰、国籍、民族、家庭生命周期等。例如，以年龄为标准划分市场，可以把市场细分为老年市场、中年市场、青少年市场和婴儿市场等。不同年龄的人，在价值观念、生活情趣、审美观念、消费方式等方面会有或大或小的差别；即使对于同样的产品，不同年龄的人也会有不同的消费需求。

**业务链接 4-2**

### 资生堂公司的客户年龄细分

日本资生堂公司根据女性消费者的年龄，将化妆品市场分为四个子市场：

15~17 岁，妙龄，讲究打扮，追求时髦，以单一化妆品为主；

18~24 岁，积极消费，只要满意，不惜花费高价；

25~34 岁，化妆是日常习惯；

34 岁以上的女性，单一品种。

（3）心理细分

心理细分，是指按照消费者的心理特征来细分市场，其变量包括消费者的个性、购买动机、价值取向、生活方式、社会阶层等。例如，以生活方式为标准可以把市场细分为时髦市场、朴素市场和随俗市场等。细分市场之所以要考虑消费者心理，是因为消费者需求受个人生活方式及其性格等因素的影响极大：独立性较强的人，自己左右资金投向，受外界因素影响较小；而依赖性较强的人，则经常受外界的影响。企业应按照消费者的心理特征对市场进行细分，根据他们的需求偏好，选择对路的商品，制定适合的营销策略，取得营销成功的概率就大了。

**教学互动 4-1**

**互动问题：**宝洁公司在中国市场上分别推出了"海飞丝""潘婷""飘柔"等不同品牌。其中："海飞丝"突出的功能是去头屑；"潘婷"突出的功能是营养保健；"飘柔"突出的功能是光滑柔顺。

宝洁公司在中国市场上为什么要分别推出"海飞丝""潘婷""飘柔"等不同品牌？其主要目的是什么？有这个必要吗？

**要求：**同"教学互动 1-1"的"要求"。

（4）行为细分

行为细分，是指根据消费者不同的购买行为来细分市场，其变量包括消费者的购买动机，购买状况，使用习惯，对品牌的忠诚程度，对质量、广告和服务的信赖程度等。例如，根据消费者的购买动机细分市场时可以发现，有的追求物美价廉，有的追求社会声誉，有的追求使用方便等。

市场细分是一项十分复杂的工作。企业应根据自身和消费者需要的具体情况，用动态的观点选择某些变量作为细分标准，并根据细分结果确定企业的目标市场。

### 同步思考 4-1

学习微平台

视频 4-1

可口可乐为了细分市场，曾把其产品口味分成"一般的"和"加料的"，后者又分成"苹果口味"、"香草口味"和"樱桃口味"，这三种口味的产品再细分成"健怡可乐"和"传统可乐"。

可口可乐对其产品是否需要如此细分？为什么？运用市场细分的理论进行回答。

### 问题思维 4-1

**疑点：** 企业在进行市场细分时所考虑的变量越多，所获得的精确度也就越高，所以，市场应该是分得越细越好。

**释疑提示：** 企业在进行市场细分时所考虑的变数越多，所获得的精确度确实也就越高，但企业所付出的代价（工作量、生产成本、推销费用等）是随着细分市场的增多而成倍增长的。并且，市场分得越细，每个细分市场的人数也就越少，由于市场规模太小、潜在需求有限，这样细分出来的市场对企业营销来说就毫无意义。所以，市场并非分得越细越好。究竟根据多少变量来进行市场细分，则要依企业和市场的实际情况来确定。

## 4.1.3　市场细分的程序和方法

### 1）市场细分的程序

市场细分一般分为七个步骤：

（1）正确选择市场范围

企业在确定经营目标之后，必须开展深入细致的调查研究，分析市场消费需求的动向，确定市场经营范围。要注意，市场范围既不宜过大，也不宜过小，企业应考虑到自己的资源和能力。

（2）列出市场范围内潜在顾客的需求状况

企业对市场范围内潜在顾客的需求，要尽可能全面地罗列归类，以便针对消费需求的差异性，决定实行何种细分市场的变量组合，为市场细分提供可靠的依据。

（3）进行初步细分

企业通过分析不同消费者的需求，了解消费者需求类型的地区分布、人口特征、购买行为、消费心理、个性特点等方面的情况，结合营销决策者的营销经验，进行初步的市场细分。

（4）对初步细分的市场加以筛选

价廉物美可能对所有消费者都很重要，但这类共同的因素，对企业细分市场并不重要；而对畅销的紧俏产品，企业又不可能及时投产，所以也不足取。因此，企业应当对初步细分的市场加以筛选，找出最能发挥自身优势的细分市场。

（5）为细分市场定名

根据各个细分市场消费者的主要特征，用形象化的方法为各个可能存在的细分市场确定名称。

（6）分析市场营销机会

一要分析市场整体和每个子市场的竞争情况，确定对它们的营销组合方案；二要根据市场研究和需求潜力估计，确定市场整体和每个子市场的营销收入和费用情况；三要估计潜在利润大小，作为最后选定目标市场和制定营销策略的依据。

（7）根据细分结果选定目标市场

如果分析细分市场后，发现市场情况不理想，那么企业要主动放弃这一市场；如果认为市场营销机会多，需求和潜在利润令人满意，那么企业可选定该细分市场作为企业的目标市场。

## 2）市场细分的方法

市场细分的方法是多种多样的，而较通行的主要方法有三种。

（1）单一标准法

单一标准法，是指根据影响消费者需求的某一要素进行市场细分的方法。如按年龄对所有消费者进行划分，每个年龄段的消费者群体即为一个细分市场。

（2）综合标准法

综合标准法，是指根据影响消费者需求的两个或两个以上要素进行市场细分的方法。其核心是并列多因素分析，各因素之间并无先后顺序和重要与否的区别。例如，服装可按年龄（老、中、青）、收入（高、中、低）、性别（男、女）等要素进行综合细分。

（3）系列标准法

系列标准法，是指根据影响消费者需求的各种要素，按照一定的顺序由少到多、由粗到细，由简至繁进行细分的方法。如鞋的消费市场可以细分为城市市场与农村市场，城市市场又可以细分为男性市场与女性市场，女性市场又可以细分为老年市场、中年市场、青年市场、少儿市场，中年市场又可以细分为高收入市场、中收入市场、低收入市场。

### 业务链接4-3

#### "市场细分表"的设计制作与分析

"市场细分表"要根据市场细分理论和市场细分的标准、原则和方法，联系具体市场或有关项目资料进行设计，并可按照一定程序展开分析。

（1）"市场细分表"的设计制作

"市场细分表"设计制作的主要步骤包括：

①确定整体市场的范围，即根据项目开发需要，针对自己所进入的市场情况来确

定整体市场的范围。

②确定市场细分标准，即根据具体项目要求，选择一定的细分标准来设计"市场细分表"。一般来说，消费者市场的常用细分标准有区域、性别、年龄、职业、收入、使用情况、品牌偏好等。

③制作"市场细分表"，即根据所确定的市场细分标准，制作"细分表格"，填入有关数据和市场资料。

（2）"市场细分表"的分析

对"市场细分表"的分析工作可依照如下程序展开：

①在"市场细分表"上展示由整体市场划分出来的若干细分市场，并辨识这些细分市场。

②依据"市场细分表"所展示的细分市场进行初选，并对初选的细分市场进行标号命名。

③根据市场需求状况和企业营销实力现状，正确选择企业准备进入的细分市场，并分析选择的理由。对初选细分市场的分析可以从"市场规模""市场成长性""盈利性""风险性"等方面着手。

④细分市场选择的数量一般根据企业的营销目标与营销实力来确定，中小企业选择细分市场不宜目标太多、范围太大。

资料来源　王妙. 市场开发分析技能培养［EB/OL］.［2019-12-18］. http：//www.docin.com/p-605850090.html.引文经过节选、压缩和改编。

## 4.2　选择目标市场

### 4.2.1　目标市场分析

**目标市场**，是指企业在细分市场的基础上，根据自身条件，为实现企业经营目标，决定进入的特定细分市场，也就是企业准备投其所好为之服务的顾客群体。

市场细分与选择目标市场既有联系，又有区别：市场细分是按一定的标准划分不同消费群体的过程；而选择目标市场则是根据自身条件，选择一个或一个以上细分市场作为企业营销对象的过程。市场细分是选择目标市场的前提和基础；选择目标市场则是市场细分的目的和归宿。

企业要选择目标市场，首先要分析哪些细分市场是可供选择的，并不是所有的细分市场都是本企业经营所需要的，因此，企业在确定目标市场之前，要对细分市场进行分析评估。分析评估细分市场主要应从三方面考虑：一是各细分市场的规模和潜力；二是各细分市场的吸引力；三是企业本身的目标和资源。

### 4.2.2　选择目标市场策略

企业对各个细分市场进行了充分的比较分析后，就得考虑是以全部细分市场，还是选择某些或某个细分市场作为自己的最佳目标市场的问题，即考虑制定企业目标市场营销策略的问题。一般来说，选择目标市场的营销策略主要有三种：

### 1）无差异市场营销策略

**无差异市场营销策略**，是指企业把一种产品的整体市场视为一个大的目标市场，只考虑消费者在需求方面的共同点，而不管他们之间是否存在差别，企业采取以一种产品去满足市场上所有消费者需求的营销策略。这种策略被人们形容为"一把钥匙开所有的锁"。实施这种策略的企业有时在包装、价格等方面做些改变，但产品实体本身没有什么变化。一般来说，这种策略主要适用于市场有广泛需求、企业能大量生产和销售的产品。采用这种策略的企业一般是实力雄厚的大企业。

企业采用无差异市场营销策略，旨在降低产品的营销成本，以期用一种产品满足各个细分市场的共同需求。所以，无差异市场营销策略的最大优点是产品营销成本低，缺点是产品缺乏针对性。

**业务链接4-4**

#### 可口可乐公司早期的营销策略

在相当长的一段时间内，可口可乐公司因为拥有独特的配方，仅生产一种口味、一种规格和一种形状的瓶装可口可乐，连广告词也只有一种，期望凭借一种可乐来满足所有消费者对饮料的需求。

### 2）差异性市场营销策略

**差异性市场营销策略**，是指企业根据各细分市场上消费者需求的差别，为所选定的各个细分市场分别设计不同的产品，采用不同的营销组合方案，多方位或全方位地满足其需求的营销策略。这种策略被人们形容为"多把钥匙开多把锁"。

差异性市场营销策略的优点包括：一是强调各细分市场间需求的差异性，能够满足各细分市场不同顾客群体的不同需求，从而增强了竞争能力；二是企业的经营不依赖某单一细分市场，具有较大的回旋余地，从而降低了经营风险。其缺点：由于要满足不同顾客群的不同需求，企业资源被分散用于各个细分市场，这样就会使企业的生产成本和营销费用增加，有可能降低经济效益。因此，企业在使用该策略时，要注意比较运用该策略所能获得收益是否能抵消费用或成本的增加。

**深度剖析4-1**

**背景资料：** 某服装企业按生活方式把妇女分成三种类型：时髦型、男子气型、朴素型。时髦型妇女喜欢把自己打扮得华贵艳丽，引人注目；男子气型妇女喜欢打扮得超凡脱俗，卓尔不群；朴素型妇女讲求经济实惠，价格适中。该企业准备根据不同类型妇女的不同偏好，有针对性地设计了不同风格的服装，力争让产品对各类消费者都具有吸引力。

**问题思考：** 这个服装企业按生活方式把妇女分成三种类型是否妥当？为什么？该企业准备根据不同类型妇女的不同偏好，有针对性地设计了不同风格服装的经营思路如何？请运用所学营销知识展开分析。

**课程思政 4-1**

### 标准搅局

**背景与情境：**甲、乙两家公司的矿泉壶，除把手设计不一样外，基本区别不大。因此，双方销售尽管都十分努力，却难分高下。此时，甲公司营销部经理经过冥思苦想，终于想出"产品没有差异，制造差异也要上"的方法：他雇用 15 名某大学新闻学院的学生，以做环保市场问卷调查的名义在乙公司的促销现场进行调查。

问题一：您知道哪个品牌的矿泉壶是纯天然材料做成的吗？被调查对象一般说不知，这些学生接着就说了一句，是甲公司的矿泉壶。

问题二：您知道矿泉壶原材料的国际环保标准是什么吗？得到的答复还是"不知道"。调查人员马上就补上一句，甲矿泉壶就达到了这个标准。

这时，一个事先雇好的"托儿"提着一个早就准备好的乙公司矿泉壶经过，学生们立马就叫起来："您看见了吗？那个矿泉壶在流黑水。"

**问题：**甲公司营销部经理想出的营销方法如何？其行为符合企业营销伦理要求吗？

学习微平台

分析提示 4-3

### 3) 集中性市场营销策略

**集中性市场营销策略**，是指企业集中力量进入某一个细分市场，为该市场开发出一种较为理想的产品，实行高度专业化生产和销售的营销策略。采用这种策略的原理：与其在一个较大的市场上占有较小的市场份额，还不如在一个较小的细分市场上占有一个较大的市场份额。这种策略被人们形容为"一把钥匙开一把锁"。

集中性市场营销策略主要适用于那些资源力量有限的小企业。这是因为，小企业各方面力量较为薄弱，无力与大企业在整体市场或多个细分市场上相抗衡，如果集中力量于大企业无法顾及的某个细分市场，反而容易获得成功。一旦在某个细分市场上站稳了脚跟，有了一定的知名度，企业就可以抓住机会，再向其他细分市场渗透。采用集中性市场营销策略，是众多中小企业由小到大、由弱到强发展的必由之路。其缺陷是：风险较大，一旦目标市场发生变化，企业容易陷入困境。因此，采用此策略的企业应密切关注市场动向，研究和预测市场发展趋势，并根据自身条件抓住有利时机，力争进入更多的细分市场，使企业有更大的回旋余地。

**教学互动 4-2**

**互动问题：**日本尼西奇起初是一个生产雨衣、尿垫、游泳帽、卫生带等多种橡胶制品的小厂，由于订货不足，濒临破产。总经理多川博在一个偶然的机会，从一份人口普查表中发现，日本每年约出生 250 万个婴儿，如果每个婴儿用两条尿垫，一年需要 500 万条。于是，多川博决定放弃尿垫以外的产品，实行尿垫专业化生产。一炮打响后，尼西奇又不断研制新材料、开发新品种，不仅垄断了日本尿垫市场，还远销世界 70 多个国家和地区，成为闻名于世的"尿垫大王"。

"尿垫大王"成功的故事说明了什么？我们能够从中得到哪些启示？

**要求：**同"教学互动 1-1"的"要求"。

以上三种选择目标市场的策略如图 4-2 所示。

| 营销名称 | 图 示 | | |
|---|---|---|---|
| 无差异<br>市场营销策略 | 市场营销组合 → 整体市场 | | |
| 差异性<br>市场营销策略 | 市场营销组合 → 细分市场Ⅰ<br>市场营销组合 → 细分市场Ⅱ<br>市场营销组合 → 细分市场Ⅲ | | |
| 集中性<br>市场营销策略 | 市场营销组合 → 某一细分市场 | | |

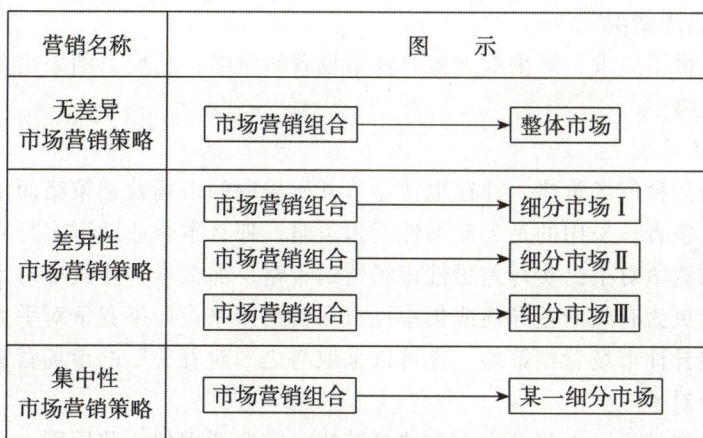

图4-2　选择目标市场策略

### 4.2.3　影响目标市场选择的因素

三种目标市场营销策略各有长短。企业在采用具体策略前，应当全面考虑各种主客观因素，通过权衡利弊得失，做出正确选择。这些因素主要包括：

**1）企业实力**

企业实力是指企业拥有的设备、技术、资金等资源和营销能力等。大企业各方面实力比较强，往往选择差异性市场营销策略，以便最大限度地提高市场份额；中小企业由于实力比较弱，往往选择无差异性市场营销策略或集中性市场营销策略。

**2）市场差异性**

消费者对商品需求相同或不同，会形成不同的市场。如果企业面临同质市场，即顾客的需求、爱好等大体相同，则可采用无差异性市场营销策略；反之，如果面临的市场需求差异较大，则可采用差异性或集中性市场营销策略。

**3）产品差异性**

它是指产品在性能、特点等方面差异性的大小。如食盐、食糖、大米等产品，需求的差异性是很小的，一般可视为"同质"产品，可实行无差异性市场营销策略；而像化妆品、服装等产品，由于差异性较大，则可实行差异性市场营销或集中性市场营销策略。

**4）产品所处生命周期的阶段**

对于处于不同生命周期阶段的产品，应采取不同的目标市场营销策略：当产品处于投入期时，由于品种单一，竞争者少，既可采用无差异性策略，以试探市场需求的规模和了解顾客具体的要求，亦可采用集中性市场策略，将力量集中于某个细分市场上，以便形成局部优势；当产品进入成长期后，则适宜选用差异性市场战略，以便增加新的花色品种，以提高企业的竞争能力，延长产品的生命周期；当产品进入成熟期后，由于市场竞争激烈，消费者需求日益多样化，可改用差异性市场营销策略，以开拓新市场，满足新需求；当产品进入衰退期后，则可采用集中性市场营销策略，以便延长产品的生命周期。

**5）市场供求情况**

如果产品供不应求，可采取无差异性市场营销策略；相反，则采用差异性或集中性市场营销策略。

**6）竞争者情况**

企业采用何种市场策略，往往也视竞争者所采取的市场营销策略而定。如果对手是强有力的竞争者，采用的是无差异性营销策略，那么本企业就可实行差异性市场营销策略；如果竞争对手已实行差异性市场营销策略，那么本企业就应对市场做进一步的细分，实行更为有效的差异性或集中性市场营销策略；如果竞争对手力量较弱，既可以采用无差异性市场营销策略，也可以采取与之"对着干"的市场营销策略，凭借实力击败竞争对手。

应当说明的是，以上只是企业在选择策略时需要考虑的一些原则。企业在实际工作中，应根据市场具体情况进行综合分析、全面衡量。有时，企业出于各种考虑，往往会在不同时期、不同市场、不同产品项目上，采取不同的营销策略，实行多种目标市场营销策略的有机组合。

## 4.3　市场定位

### 4.3.1　市场定位的概念和步骤

**1）市场定位的概念**

**市场定位**，是指企业根据所选目标市场的竞争情况，即竞争者现有产品在市场上所处的位置，针对消费者对产品某些特征或属性的重视程度，凭借自身优势为本企业产品塑造与众不同、个性鲜明的形象，并把这种形象生动有效地传递给消费者，从而确定该产品在市场上所处的位置。

企业产品的市场定位是否准确，直接关系到营销过程的成败。定位准确，可以发挥企业的资源优势，拥有足够的市场，确保生产经营活动的顺利进行；定位失误，会找不到合适的市场，即使投入较高的营销费用，也不能拥有预计数量的购买者，使企业陷入不利的生产经营境地。

企业市场定位的核心内容是设计和塑造产品的特色或形象。面对千差万别的市场需求，企业的产品应力求具备独特的个性，通过设计、生产具有个性的产品，在消费者心中树立起独具特色的市场形象。这种市场形象，可以从多个方面显现出来，诸如：产品的实体，可表现为不同的形状、性能、颜色、构造、重量等；产品的价格和质量，可表现为优质优价、质优价廉、低质低价或质价适中等；产品的风格，可表现为典雅、富贵、豪华、朴素、恬淡、浓烈；产品的档次，可表现为高、中、低档等。以汽车为例：德国的"奔驰"定位于"豪华""舒适"；日本的"丰田"定位于"经济可靠"。

**同步思考4-2**

### "三只松鼠"的市场定位

"三只松鼠"是安徽三只松鼠电子商务有限公司于2012年强力推出的第一个互联

网森林食品品牌，代表着天然、新鲜以及非过度加工。其市场定位是做"互联网顾客体验的第一品牌"。之所以这样定位，是因为公司认为：产品体验是顾客体验的核心，互联网的速度可以让产品更新鲜、更快到达，这就是"三只松鼠"坚持做"互联网顾客体验的第一品牌"和"只做互联网销售"的原因。"三只松鼠"上线仅仅65天，其销售量在淘宝天猫坚果行业中就跃居第一名，发展速度之快创造了中国电子商务历史上的一个奇迹。在2012年天猫"双11"大促中，成立刚刚4个多月的"三只松鼠"当日成交额近800万元，一举夺得坚果零食类目冠军。2013年1月，"三只松鼠"单月业绩突破2 000万元，轻松跃居坚果行业全网第一。

"三只松鼠"为什么能够轻松跃居坚果行业全网第一？其奥秘何在？

**2）市场定位的步骤**

（1）调查研究影响企业定位的因素

适当的市场定位必须建立在准确的市场营销调研基础上，必须先了解影响市场定位的各种因素。这些因素主要包括：

① 竞争者的状况。要了解竞争对手的产品特点及其在顾客心目中的形象，估测其产品成本和经营情况，判断其有无潜在的竞争优势。

② 目标顾客对产品的评价标准。要了解消费者对所要购买产品的最大期待和偏好是什么，他们对产品优劣的评价标准是什么。企业只有搞清楚顾客最关心的问题，才有可能做出科学的定位决策。偏离了顾客的喜好所做出的市场定位，注定是要失败的。

③ 企业的潜在竞争优势。企业只有在弄清自身潜在竞争优势的基础上，才有可能扬长避短，准确突出竞争优势。竞争优势一般表现为两种形式：一是在同等条件下比竞争者价格更低，从而具有价格竞争优势；二是可以提供更具特色的产品，更好地满足顾客需求，从而具有产品特色优势。

（2）确定本企业产品的个性和市场形象

企业通过对顾客喜好与偏爱的分析，以及与竞争者在产品、成本、促销、服务等方面的对比，可以准确判定企业的竞争优势所在，选择合适的定位策略，塑造出本企业产品与众不同的鲜明个性和良好的市场形象，从而进行恰当的市场定位。

（3）准确地传播企业的市场定位观念

企业在做出市场定位决策后，还必须花大力气进行市场定位的广告宣传工作，以便把塑造出来的本企业产品通过与众不同的鲜明个性和良好的市场形象，准确地呈现给目标顾客和社会公众。企业在进行这项工作时，要注意避免因宣传不当而在顾客心目中造成三种误解：一是宣传定位太低，不能体现企业特色。如企业以高质量定位，却在一些信誉不高的小报上做宣传，结果使顾客对产品质量产生不信任。二是宣传定位太高，不符合企业的实际情况，让公众产生企业是在自吹自擂的印象，反而失去了目标顾客。三是宣传上混淆不清，在顾客心目中没有树立统一明确的形象，致使同一产品在消费者群体中有人认为是高档的，有人认为是低档的。

**课程思政 4-2**

### 不与大店争抢热门，乐为市场拾遗补阙

**背景与情境：** 某市南方照相馆根据自身是小型店的特点，没有一味地去争那些利润大的热门服务项目，而是开辟一些被人忽视的"化妆套照""婚礼录像"等服务项目，为市场拾遗补阙，赢得社会各界的好评，连续两年经济效益居全市同行业中小型企业之首。

这家店通过市场调查，发现消费者要求照艺术套照的很多，而市内一般照相馆均认为这种套照程序复杂、利润低，不愿经营，于是他们瞄准这一"空挡"，投资 3 万多元开设了豪华影楼，在全市首家推出了"艺术套照"服务。这种套照一次照 4 张相，每套仅收 10 元钱。这一新的服务项目一推出，立即受到了各个层次消费者的欢迎，"套照"开办 5 个月来，该店的这项服务共接待顾客 2 000 多人次。这家照相馆的经理说："化妆套照虽然利润低，但它的社会效果好。我店全盘业务这样红火，'套照'帮了我们大忙。"这个店随后又在全市首家推出了配合"婚纱照"的婚礼摄像服务和儿童系列照等服务项目，这些新的服务与"化妆套照"相得益彰，使该店知名度日益扩大。

**问题：** 该照相馆是怎样通过市场细分确定市场定位的？其营销运作获得了哪些好处？

### 4.3.2　市场定位的策略和方法

#### 1）市场定位策略

市场定位策略的核心问题，是本企业（企业产品）与其他竞争对手的关系问题，它显示的是一种产品或一家企业与类似产品或企业之间的竞争关系。

（1）挑战定位策略

挑战定位策略也叫"迎强定位策略"，它是指企业把市场位置定在竞争者的附近，与在市场上占支配地位的最强竞争对手"对着干"，实现"取而代之"目的的市场定位策略。这是一种"明知山有虎，偏向虎山行"的市场定位策略，它意味着要与目前市场上占据支配地位的最强竞争对手一比高低，显示了企业知难而上、志在必得的自信心。企业采取这种定位策略必须具备以下条件：①要有足够的市场潜力；②本企业具有比竞争对手更丰富的资源和更强的营销能力；③本企业能够向目标市场提供更好的商品和服务。

（2）领先定位策略

领先定位策略，是指企业选择的目标市场尚未被竞争者所发现，企业率先进入市场、抢先占领市场的定位策略。企业采用这种定位策略必须具备以下几个条件：①该市场符合消费发展趋势，具有强大的市场潜力；②本企业具备领先进入的条件和能力；③进入的市场必须有利于创造企业的营销特色；④提高市场占有率，使本企业的销售额在未来市场的份额中占有 40% 左右。

（3）跟随定位策略

跟随定位策略，是指企业发现目标市场尽管竞争者充斥，但该目标市场需求还有很大潜力，企业应跟随竞争者挤入目标市场的定位策略。企业采用这种策略必须具备下列条件：①目标市场还有很大的需求潜力；②目标市场未被竞争者完全垄断；③企业具备挤入市场的条件和与竞争对手"平分秋色"的营销能力。

（4）补缺定位策略

补缺定位策略也叫"避强定位策略"，它是指企业把自己的市场位置定在竞争者没有注意和占领的市场"空白"或"空隙"上的定位策略。这是一种避开较强竞争对手的市场定位策略，它不像迎强定位策略那样锋芒毕露、咄咄逼人，而显得较为平和、宽厚，既避开了强有力的竞争对手，又给人们留下温和的印象。采用这种定位策略能够较快地在市场上站稳脚跟，以风格迥异的企业产品形象面对消费者。避强定位策略由于避开了竞争对手，降低了市场风险，因而成功率较高，常为多数企业所采用。企业采用这种市场定位策略必须具备以下条件：①本企业有满足这个市场所需要的货源；②该市场有足够数量的潜在购买者；③企业具有进入该市场的特殊条件和技能；④经营必须盈利。

（5）调整定位策略

调整定位策略，是指根据市场变化的情况对企业原有的市场定位进行调整的定位策略。当目标市场发生下列变化时，就需考虑调整原定位的方向：①经过一段时间的市场实践，发现原有的市场定位不准确，产品打不开销路，市场反响差；②竞争者的销售额上升，使本企业的市场占有率下降，企业出现困境；③企业产品在市场推出后，获得了意想不到的成功，有更多的消费者对产品提出了更高要求；④新的消费趋势出现和消费者群体的形成，使本企业销售的商品失去吸引力；⑤本企业的经营战略和策略做出了重大调整等。

企业的市场定位是一个动态过程，企业应当根据新的环境、新的需求、新的企业战略等变化，不断调整自身的市场定位。

### 2）市场定位方法

各个企业经营的产品不同，面对的顾客不同，所处的竞争环境不同，因而市场定位的方法也就不同。一般来说，市场定位主要有以下几种方法：

（1）根据产品特色定位

所谓产品特色定位，就是根据产品本身特征，确定它在市场上的位置。构成产品内在特色的许多因素（如产品成分、材料、质量、档次、价格等）都可以作为市场定位的依据。例如："七喜"汽水的定位是"非可乐"，强调它与可乐饮料不同，是不含咖啡因的饮料；"波导手机——手机中的战斗机"，是从产品的质量上加以定位等。

（2）根据产品利益和功能定位

所谓产品利益和功能定位，就是根据产品本身的属性、功能以及由此衍生的利益，确定它在市场上的位置。例如，宝洁公司的舒肤佳健康沐浴露，突出宣传的是去除和抑制皮肤感染和汗臭细菌的主要功能，适合人们在生活水平提高后对健康的重视。而上海家化公司的六神花露水，突出强调的是其所含麝香等名贵中草药能有效去痱止痒，味道清香能有效去除汗味的功效，塑造出能在炎热的夏天给人带来清凉的感觉形象。

（3）根据使用者类型定位

所谓使用者类型定位，就是企业根据使用者的心理与行为特征，以及特定消费模式，塑造出恰当的形象，确定它在市场上的位置，借此把产品指引给潜在使用者。例如，"金利来领带，男人的世界"和"百事可乐，年轻一代的选择"等，就是根据使用者的不同类型加以定位的。

（4）根据竞争需要定位

所谓竞争需要定位，就是企业根据竞争者的特色与市场位置，结合企业自身发展需要，将本企业产品或定位于与其相似的另一类竞争者产品的档次，或定位于与竞争直接有关的不同属性或利益。例如，美国阿维斯出租车公司将自己定位于出租汽车行业的第二位，强调"我们是老二，我们将更加努力"，暗示要比居市场第一位的企业提供更好的服务。

## 同步案例4-2

### 联通CDMA的市场定位

**背景与情境：**我们来看一下当年中国联通CDMA挑战中国移动GPRS的例子。中国联通是一家综合性的电信运营商，作为国务院授权的唯一负责CDMA网络建设的单位，获得了挑战中国移动的资格。

当时，中国联通和中国移动都有庞大的GSM网络，市场发展已经成熟。与GSM相比，CDMA网络具有频谱占用率低、保密性强、话音清晰、掉线率低、基站覆盖面广、电磁辐射小等众多优点，并且可以平滑地过渡到2.5G和3G，还具有一定的运营与建设成本优势。从技术看，CDMA占有一定的优势，但从业务来看，中国联通2G阶段的CDMA与GSM并无本质的区别。

当时，中国联通GSM网络客户主要是低端客户，如将CDMA定位于中高端用户（一般指每月通话费在200元以上的用户），可为企业带来大量优质客户。从技术和市场角度来讲，CDMA这种市场定位具有一定的合理性。但由于90%以上的高端用户已经建立了对中国移动的品牌忠诚，如果改投中国联通的CDMA，不仅要换机，而且要改号，带来的不便令顾客难以接受。同时，考虑到网络尚不完善和用户量小，2G阶段的中国联通CDMA实际提供给用户的价值可能还要小于中国移动。鉴于上述情况，这种定位的争议颇多。

CDMA开通后，中国联通在出现过诸如号码短缺、换机传闻、手机缺货、价格不菲等一系列问题之后，逐渐走上了正轨。但是，从运行结果来看，中国联通CDMA的市场表现与预期还有不小差距。到2002年6月，中国联通CDMA用户的总数约100万户，每月增长速度仍处于10万至15万户的偏低水平，这与中国联通2002年的目标700万用户要求尚有较大差距。有关数据表明，CDMA并没有成功地将中国移动的高端用户吸引过来。中国联通曾设想CDMA的用户应至少有70%~80%是来自中国移动的中高端用户，而实际上其大部分却来自新用户。

在"中高端用户"的市场定位下，中国联通CDMA采取了相应的营销组合策略，但也存在不少困惑。例如，在定价方面，CDMA比GSM有成本优势，且国家又给予10%的资费优惠政策，因此中国联通有实力采取低价策略去快速开拓市场，但

这与 CDMA 的"中高端用户"市场定位是矛盾的。如果选择高价策略，中国移动通信市场早已经过了"取脂"时期。又如，在广告方面，中国联通初期以"走进新时空，享受新生活"的形象广告为主，其后的诉求是"绿色、健康"概念，最后则趋向多样化，其中有相当多的部分诉求"时尚"概念，像是瞄准追求时尚与潮流的青年一族。CDMA 品牌的"绿色健康"概念传播尽管非常吸引人，却似乎与当初"中高端用户"的市场定位有一定偏差，这是否意味着中国联通的用户定位发生了变化？

　　与此同时，中国移动也加强了自身的宣传和服务，开始用 GPRS 这一法宝对抗联通 CDMA。

　　资料来源　玲珑阁. 联通 CDMA 的市场定位路在何方？[EB/OL]. [2019-12-18]. http：//hi. baidu.com/linlong_shao/blog/item/473b2d0829288e970a7b8208.html.引文经过节选、压缩和改编。

　　**问题：**中国联通 CDMA 的目标市场定位如何？面对无情变化的市场，你认为中国联通的市场营销策略恰当吗？如果不恰当，你认为应该如何改变呢？

　　应当指出，实行市场定位策略离不开产品的差异化。产品差异化是有意识地在类似产品之间造成区别的一种策略，这是达到市场定位目标的必不可少的手段。如果没有产品差异化，其同一目标市场上的产品就无法区分，除了从商标和生产厂家来识别产品外，消费者无法识别各种产品的不同点，企业的市场定位也就成了一句空话。

**教学互动4-3**

　　**互动问题：**图 4-3 是某家电企业电热水器市场开发项目组根据市场定位理论设计的"市场定位图"。通过市场调查了解到：（1）消费者对电热水器最为关心的是性价比，即性能与价格之比是否较高（这里的"性能"指质量优劣、功能多少与节能程度）；（2）电热水器市场已有 A、B、C 三个主要生产厂家，其产品的定位情况如图 4-3 所示。市场定位图以矩阵为基础设计，图中的圆圈表示竞争对手的产品与本企业产品定位的位置，圆圈大小表示各企业市场占有率的高低。请分析该"市场定位图"并说明该企业采取的是什么市场定位策略？试分析之。

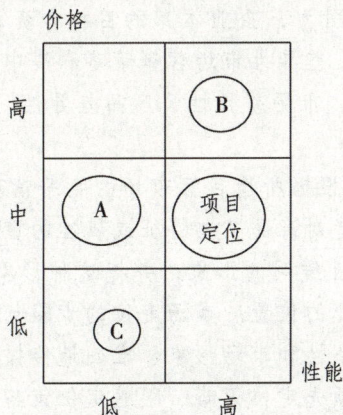

图4-3　市场定位示意图

　　**要求：**同"教学互动 1-1"的"要求"。

　　市场细分化、市场定位和产品差异化都是企业市场营销战略的组成部分。当市场

定位策略在细分市场上实施时，要求同时运用市场细分化和产品差异化两种策略。这两种策略的区别在于：市场细分化着眼于市场需求，要求企业针对不同消费者群体的需求特点开发出不同的产品，因而是一种市场导向性策略；产品差异化的着眼点是企业能够生产的产品，赋予产品以不同的鲜明个性是为了和竞争者的同类产品相区别，因而是一种产品导向性策略。两种策略需要在不同的情况下分别运用：企业选择目标市场，必须进行市场细分，这是运用细分化策略；在细分后的目标市场上进行市场定位，则必须运用产品差异化策略。把这两种策略恰到好处地结合起来，是搞好企业营销工作的重要前提。

## 本章概要

□ 内容提要与结构

▲ 内容提要

● 市场细分实际上是辨别有差异性的消费者群体的一种方法。它不是以产品，而是以消费者作为划分的对象，是识别具有不同需要的消费者的过程。在市场细分理论中，依据消费者对商品的同质需求和异质需求，可以把市场分为同质市场和异质市场。市场细分应遵循可衡量性、能进入性、可盈利性和稳定性的原则。消费者市场细分的标准有地理细分、人口细分、心理细分和行为细分。市场细分的程序为：正确地选择市场范围；列出市场范围内潜在顾客的需求状况；进行初步细分；对初步细分的市场加以筛选；为细分市场命名；分析市场营销机会；根据细分结果选定目标市场。市场细分的方法有单一标准法、综合标准法和系列标准法。

● 市场细分与目标市场选择既有联系，又有区别：市场细分是按一定的标准划分不同消费者群体的过程，目标市场选择是根据自身条件确定一个或一个以上细分市场作为企业营销对象的过程；市场细分是目标市场选择的前提和基础，选择目标市场则是市场细分的目的和归属。选择目标市场，首先要分析哪些细分市场是可供选择的，因为并不是所有的细分市场都是适合本企业经营需要的。因此，在确定目标市场之前，要对细分市场进行分析评估。分析评估细分市场时应主要考虑各细分市场的规模和潜力，各细分市场的吸引力，企业本身的目标和资源。目标市场营销策略有三种，即无差异市场营销策略、差异性市场营销策略和集中性市场营销策略。影响目标市场选择的因素有企业实力、市场差异性、产品差异性、产品所处生命周期的阶段、市场供求情况和竞争者情况。

● 市场定位，是指企业根据所选目标市场的竞争情况，即竞争者现有产品在市场上所处的位置，针对消费者对产品某些特征或属性的重视程度，凭借自身优势为本企业产品塑造与众不同、个性鲜明的形象，并把这种形象生动有效地传递给消费者，从而确定该产品在市场上所处的位置。市场定位的步骤包括：调查研究影响企业定位的因素、确定本企业产品的个性和市场形象、准确地传播企业的市场定位观念。市场定位策略有挑战定位策略、领先定位策略、跟随定位策略、补缺定位策略和调整定位策略。市场定位方法主要有根据产品特色定位、根据产品利益和功能定位、根据使用者类型定位、根据竞争需要定位。

▲ 内容结构

本章内容结构如图4-4所示。

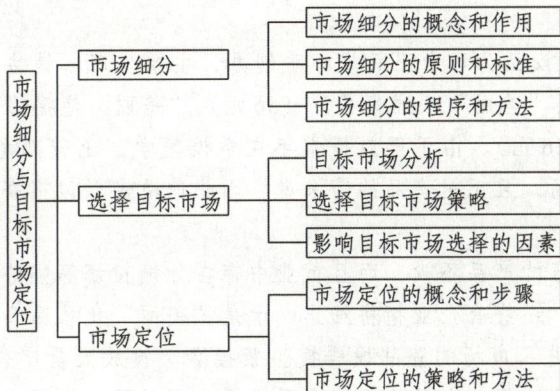

图4-4 本章内容结构

□ 主要概念和观念

▲ 主要概念

市场细分 同质市场 异质市场 目标市场 无差异市场营销策略 差异性市场营销策略 集中性市场营销策略 市场定位

▲ 主要观念

市场细分理论 目标市场选择理论 市场定位理论

□ 重点实务和操作

▲ 重点实务

市场细分的原则和标准 市场细分的程序和方法 选择目标市场策略 市场定位策略 相关"业务链接"

▲ 重点操作

市场细分和目标市场定位知识应用

━ 单元训练 ➤

□ 理论题

▲ 简答题

（1）市场细分有什么作用？

（2）选择目标市场应考虑哪些因素？

（3）目标市场定位策略有哪些？

▲ 讨论题

（1）如何理解市场细分化和产品差异化？

（2）如何理解市场细分与目标市场选择之间的关系？

（3）为什么说企业产品的市场定位是否准确直接关系到营销的成败？

□ 实务题

▲ 规则复习

（1）简述市场细分程序。

随堂测4-1

单选题

随堂测4-2

多选题

随堂测4-3

判断题

（2）简述选择目标市场策略。

（3）简述目标市场定位方法。

学习微平台

分析提示4-6

▲ 业务解析

（1）"美丽"化妆品公司由王教授一手创办，主要生产、销售四种产品："美丽"祛痘霜Ⅰ型（56元）、"美丽"祛痘霜Ⅱ型（56元）、"美丽"疤痕修复霜（58元）、"美丽"祛痘洗面奶（26元）。由于王教授常年在学校教学，比较熟悉学校的消费环境，加之大学生聚集度高，且正是产品的需求者，因此他决定以该市高校为桥头堡，走学校辐射社会的路线。

尽管市场上祛痘的产品不少，而且行业中存在如姗拉娜等强势品牌，但对于大学这个细分市场来说，还鲜有企业精耕细作。于是"美丽"化妆品公司把握先机，广告先行，顺利铺货，进入市场的登陆战告捷。紧接着又投放大量广告，兼施新品促销，产品知名度大大提升。第一个月的战绩令王教授大喜过望，区区万余人的该大学，营业额竟高达1 400元。兴奋之余，他决定继续加大广告投放力度，提高终端回访频率，加强客情联络。但第二个月的战绩令其大跌眼镜，营业额下降到800元。考虑到第一批购买者及产品的消费周期，王教授并不焦急；但接下来的几个月营业额始终徘徊在四五百元，有一个月甚至下降到百元以下，即使大幅降价也于事无补。该产品只好悄悄撤出其大学市场。

"美丽"为什么会兵败某大学市场？如果现在请你出任"美丽"化妆品公司的营销经理，你认为采取什么营销措施才能使其起死回生？

（2）脑白金是一种保健品，如何让脑白金明显地区别于其他保健品，在众多的同类产品中脱颖而出、一枝独秀，是制造商在进行产品促销策划时首先要考虑的因素。

在人们的日常生活中，睡眠问题一直是困扰中老年人的难题，而失眠或睡眠不足的人比比皆是。统计资料显示：国内至少有70%的妇女存在睡眠不足现象，有90%的老年人经常睡不好觉。可见"睡眠"市场何等之大。据此，脑白金首先将其产品功能定位在"睡眠"上，应该说是十分准确的。然而在红桃K携"补血"、三株口服液携"调理肠胃"概念创造了中国保健品市场高峰之后，在保健品行业信誉跌入谷底之时，脑白金单靠一个"睡眠"概念似乎不可能迅速崛起。

学习微平台

分析提示4-7

然而在现实中，作为单一品种保健品的脑白金却以极短的时间迅速启动了市场，并登上中国保健品行业"盟主"的宝座，创下多年来保健品行业难得的销售奇迹。其奥秘何在？如果由你来进行营销运作，怎样做才能更好？

□ 案例题

▲ 案例分析

【训练项目】

案例分析-Ⅳ。

【相关案例】

### 元气森林成功的奥秘

**背景与情境**：2020年，在竞争激烈的饮料行业，一匹黑马横空出世，元气森林这个成立于2016年的国产品牌，一直以来都以饮料行业"无糖引领者""健康饮品新方式"的品牌形象示人。其利用"0蔗糖""0糖""0脂""0卡"等一系列彰显健康的定位标签迅速在年轻群体中杀出一片天地，在疫情背景下2020年营收约30亿元，比2019年同期增长270%，2021年的目标75亿元。据多家媒体报道，元气森林的估值仅5年时间便狂飙至500亿元。

**问题：**

元气森林为什么能在较短的时间内取得巨大的成功？有人说这是因为抓住了新一代消费者崛起的机会，有人说这是满足了健康诉求的趋势，也有人说这是互联网经济下的产物……请联系实际谈一谈你的看法，我们能够从中得到什么启示？

【训练要求】

同第1章本题型的"训练要求"。

▲ 课程思政

【训练项目】

课程思政-Ⅳ。

【相关案例】

### 专为中老年女性"开小灶"

**背景与情境：**满街的时装店开得比金铺、米店还要多，但望衣兴叹，抱怨购衣难、制衣难的沪上中老年消费者依然大有人在。岁月流逝，青春不再，要么是服装尺码规格对不上路、配不上号，要么是款式陈旧、面料灰蓝黑，连老太太们都看不上眼。据说，服装生产部门也有苦衷，发福女性身材的各部分尺寸比例可谓千差万别，别说千人千面，统一的版样根本无法确定，就是核算成本、定价也难，占料、用料大了，价格一冒高，买主往往以为：莫不是你乘人之"难"非得宰我一刀不成？

上海全泰服饰鞋业总公司为帮助中老年顾客解决购衣难的问题，遴选公司各部门的精兵强将，集中优势人力和物力，开展个性化的服装产销咨询、设计、制作一条龙的特色服务。具体的做法如下：推选上海市商业系统职业明星和服务品牌、市劳模胡伟华创建的"中老年服饰形象设计工作室"担纲主角，由资深制版师杜福明等主持裁剪，加工制作师傅均须经过严格技术考核并持有上岗证书。公司还专门委派采购人员分赴市内外各面料生产和出口主营企业"翻箱倒柜"，寻觅花色繁多的小段"零头布"作为独家拥有的"个性化面料"，形象设计、来样定制、来样定做、来料加工、备料选样定制，诸多"小锅菜"齐上桌，深受消费者的喜爱。

资料来源 佚名. 中老年用品：市场细分 [EB/OL]. [2020-12-18]. http://www.docin.com/p-23884112.html.引文经过节选、压缩和改编。

**问题：**

（1）"全泰"与中老年女性顾客之间是一种什么关系？"全泰"为什么要专为中老年女性"开小灶"？试对上述问题做出思政研判。

（2）通过互联网或图书馆调研等途径搜集你做出思政研判所依据的行业道德规范。

（3）我们能够从"全泰"为中老年顾客解决购衣难的问题中学到什么？

【训练要求】

同第1章本题型的"训练要求"。

□ 实训题

【训练项目】

阶段性体验Ⅱ："STP策略"技术应用。

【训练目标】

见本章"章名页"之"学习目标"中的"实训目标"。

【训练内容】

专业能力训练：见表4-2。

表4-2　　　　　　　　　　　　　　**专业能力训练表**

| 领域 | "技术–技能"点 | 名称 | 参照规范与标准 |
|---|---|---|---|
| "STP策略"技术应用 | "技术–技能"1 | "市场细分"技术应用 | （1）能全面把握"市场细分"技术。<br>（2）能从"市场细分"的特定视角出发，应用相应技术，有质量、有效率地进行以下操作：<br>①分析企业营销决策和业务运作的现状，分析其成功、不足与尚待解决的各种问题；<br>②提出优化建议和解决实际问题的方案 |
| | "技术–技能"2 | "目标市场选择"技术应用 | （1）能全面把握"目标市场选择"技术。<br>（2）能从"目标市场选择"的特定视角出发，应用相应技术，有质量、有效率地进行以下操作：<br>①分析企业营销决策和业务运作的现状，分析其成功、不足与尚待解决的各种实际问题；<br>②提出优化建议和解决实际问题的方案 |
| | "技术–技能"3 | "市场定位"技术应用 | （1）能全面把握"市场定位"技术。<br>（2）能从"市场定位"的特定视角出发，应用相应技术，有质量、有效率地进行以下操作：<br>①分析企业营销决策和业务运作的现状，分析其成功、不足与尚待解决的各种实际问题；<br>②提出优化建议和解决实际问题的方案 |

职业核心能力和职业道德训练：其内容、种类、等级与选项见表4-3；各选项的操作"参照规范与标准"见本教材"附录三"的附表3和"附录四"的附表4。

表4-3　　　　　　　　　　　　　　**职业核心能力与职业道德训练表**

| 内容 | 职业核心能力 | | | | | | | 职业道德 | | | | | | |
|---|---|---|---|---|---|---|---|---|---|---|---|---|---|---|
| 种类 | 自主学习 | 信息处理 | 数字应用 | 与人交流 | 与人合作 | 解决问题 | 革新创新 | 职业观念 | 职业情感 | 职业理想 | 职业态度 | 职业良心 | 职业作风 | 职业守则 |
| 等级 | 中级 | 中级 | 中级 | 中级 | 中级 | 中级 | 中级 | 认同 | 认同 | 认同 | 认同 | 认同 | 认同 | 认同 |
| 选项 | | √ | | √ | √ | √ | √ | √ | | | √ | | √ | √ |

【训练任务】

（1）对"'STP策略'技术应用"专业能力领域的各"'技术–技能'点"，依照其"参照规范与标准"，实施应用相关知识的基本训练。

（2）对职业核心能力选项，依照其相关"参照规范与标准"实施应用相关技术的"中级"强化训练。

（3）对职业道德选项，依照其"参照规范与标准"，实施"认同级"相关训练。

【组织形式】

（1）以小组为单位组成营销团队。

（2）各营销团队结合实训任务进行恰当的角色分工，确保组织合理和每位成员积极参与。

【指导准备】

知识准备：

学生通过自主学习，预习如下知识：

（1）该企业相关产品或项目知识。

（2）STP策略的理论与实务知识。

（3）本教材"附录一"的附表1中，与本章"职业核心能力'强化训练项'"各"'技术-技能'点"相关的"'知识准备'参照范围"。

（4）本教材"附录三"的附表3中涉及本章"职业核心能力领域"强化训练项的各"'技术-技能'点"，以及"附录四"的附表4中"职业道德领域"相关训练项各素质点的"参照规范与标准"知识。

操作指导：

（1）教师向学生阐明"训练目的"、"能力与道德领域"和"知识准备"。

（2）教师就"知识准备"中的第（3）、（4）项，对学生进行培训。

（3）教师要指导学生从"'STP策略'技术应用"视角进行企业营销决策和业务运作情况调研、资料搜集与整理。

（4）教师指导学生撰写"'××企业STP策略'技术应用"的《训练报告》。

【情境设计】

将学生组成若干营销团队，分别选择一个企业（或校专业教育实训基地），结合课业题目，从"'STP策略'技术应用"视角，对该企业营销决策及营销运作现状进行调查研究，分析其成功经验与不足之处，在此基础上为其量身定制"基于'STP策略'技术应用"的《××企业市场营销运作（或优化）方案》，通过系统体验各项相关操作完成本次实训的各项任务，撰写相应《训练报告》。

【训练时间】

本章课堂教学内容结束后的双休日和课余时间，为期一周。

【训练步骤】

（1）将班级学生每4~6位组成一个营销团队，每个团队确定1人负责。

（2）各团队结合实训任务、"情境设计"和课业题目，分别选择一个企业（或校专业教育实训基地），从"'STP策略'技术应用"的特定视角出发，对该企业营销决策及营销运作现状进行调查、研究与评估，分析其成功与不足。

（3）各团队应用"'STP策略'技术应用"知识，系统体验如下操作：

①依照"'技术-技能'1"的"参照规范与标准"，从"'市场细分'技术应

用"的特定视角出发，就该企业营销决策和业务运作中存在的不足，提出优化建议或解决方案。

②依照"'技术–技能'2"的"参照规范与标准"，从"'目标市场选择'技术应用"的特定视角出发，就该企业营销决策和业务运作中的不足，提出优化建议或解决方案。

③依照"'技术–技能'3"的"参照规范与标准"，从"'市场定位'技术应用"的特定视角出发，就该企业营销决策和业务运作中的不足，提出优化建议或解决方案。

（4）各团队总结以上①至③项操作体验，撰写"基于'STP策略'技术应用"的《××企业市场营销优化方案》。

（5）各团队在上述实训步骤中，依照表4-3中相关训练选项的"参照规范与标准"，应用相关知识，融入"职业核心能力"的"中级"强化训练和"职业道德"的"认同级"相关训练。

（6）各团队综合以上阶段性成果，撰写《"'STP策略'技术应用"实训报告》。其内容包括：实训组成员与分工；实训过程；实训总结（包括对专业能力训练、职业核心能力训练和职业道德训练成功与不足的分析说明）；附件（指阶段性成果全文）。

（7）在班级讨论、交流和修订各团队的《训练报告》，使其各具特色。

【成果形式】

实训课业：《"'STP策略'技术应用"实训报告》

课业要求：

（1）"实训课业"的结构与体例参照本教材"课业范例"中的范例-3。

（2）将《训练方案》和《××企业市场营销优化方案》以"附件"形式附于《训练报告》之后。

（3）在校园网平台上展示经过教师点评的班级优秀《训练报告》，并将其纳入本课程的教学资源库。

### 单元考核

考核要求：同第1章"单元考核"的"考核要求"。

# 第5章
# 产品策略

## 学习目标

通过本章学习，应该达到以下目标：

**理论目标：** 学习与把握整体产品、产品组合、新产品的概念，新产品开发的原则、方向和方式，包装的概念与功能，包装设计的内容与原则，品牌和商标的概念与作用，产品生命周期的概念及各阶段特点等陈述性知识；能用其指导本章"同步思考"、"教学互动"、"随堂测"和"基本训练"中"理论题"各题型的认知活动，正确解答相关问题；体验本章"初级学习"中专业认知的横向正迁移，以及相关胜任力中"认知"要素的阶段性生成。

**实务目标：** 学习与把握产品组合策略、新产品开发策略、品牌策略、包装策略、生命周期营销策略和"业务链接"和二维码资源等程序性知识；能以其建构"产品策略"的规则意识，正确解析本章"同步思考"、"教学互动"和"基本训练"中"实务题"的相关问题；体验本章专业规则与方法"初级学习"中的横向正迁移和"高级学习"中的重组性迁移，以及相关胜任力中"专业规则"要素的阶段性生成。

**案例目标：** 能运用本章理论与实务知识研究相关案例，培养和提高学生在"产品策略"特定情境中分析问题与决策设计的能力；结合本章教学内容，依照相关规范或标准，对"课程思政5-1"至"课程思政5-4"专栏和章后"课程思政-V"案例中的企业及其从业人员行为进行思政研判，促进"立德树人"根本任务的落实；体验本章"高级学习"中专业知识、通用知识与思政元素的协同性重组迁移，以及相关胜任力中"认知弹性"要素的阶段性生成。

**自主学习：** 参加"自主学习-Ⅲ"训练。在实施《自主学习计划》的基础上，通过阶段性学习和应用"附录一"附表1"自主学习"（中级）"'知识准备'参照范围"所列知识，尽可能搜集、整理与综合"产品策略"前沿知识，讨论、撰写和交流《"产品策略"最新文献综述》，撰写《"自主学习-Ⅲ"训练报告》等活动，培养"自主学习"的通用能力（中级）；体验本章"自主学习"中"专能"与"通能"的"重组性"迁移，以及相关胜任力中"求知韧性"的阶段性生成。

### 引例："巴克斯"酒为何能独领市场风骚？

**背景与情境：**在10万客商云集郑州的全国秋季糖酒交易会上，没想到名不见经传的长沙泰丰食品酒类公司推出的"巴克斯"酒独领风骚。每天订货达1万多件，最后因货源吃紧，不得不限制订货数量。"巴克斯"酒何以在中原大地如此走俏呢？

酒的芬芳伴随着中华民族几千年沧桑历史，酒的风采、酒的诗韵、酒的故事无不飘逸着馥郁的芳香……几年前，不善饮酒的彭普生在长沙做起了酒生意，创办泰丰食品酒类公司，自任总经理，生意一度做得非常红火。可在经营中他发现，自己公司所经销的各种白酒不少内在质量并不差，就因为包装差，酒名不好听，牌子不响亮，顾客不问津。他暗自下决心，同生产厂家联营，从提高包装质量入手，创造一个响亮的牌子。

于是，他挑选出几十种白酒，请专家品尝和权威部门鉴定，从中筛选出一种因包装差而影响销路的优质白酒为酒源，投资50万元帮助厂家改善生产条件，进一步提高质量，创出一种新酒。取个什么名字好呢？他想到国外酒神巴克斯。据说古希腊、罗马人每月至少举行一次酒神节，一连三日狂欢酒宴。中国虽然没有一个名正言顺的酒神，但却有众多的"神酒"，如古代的琼花露、白玉膏，现代的茅台、五粮液……彭经理突发奇想，何不给中国酒取个洋名字呢？"巴克斯"酒就这样诞生了。

接着，他改进了包装。为防止假冒，他专门定制了异型磨砂瓶，在湖南首家使用，花钱精心设计制作了商标，别出心裁地研制出独特的新型防盗瓶盖，开瓶后即无法复原，并给每瓶酒编号，建立档案，以便顾客查对。同时，公司还配备专人查处假冒伪劣产品，发现制盖厂给别人制造相同的防盗瓶盖，立即予以制止，并申请了内外包装及大小三种酒瓶的专利。

改进包装后的"巴克斯"酒，质量100%合格，投放市场后不仅畅销省内，还走俏广东、江西、四川、北京等地市场。北京一消费者来信说，"巴克斯"确实与众不同，绵软香甜，回味长久，瓶帖的设计和外包装的造型也都很美观、醒目。商标是产品的"脸"，有了好的内外质量，群众自然就会认"脸"购货。

**问题：**"巴克斯"酒为何能独领市场风骚？我们能够从中得到何种启示？

学习微平台

分析提示 5-1

## 5.1　整体产品

### 5.1.1　产品的整体概念

**1) 产品概念**

通常人们所说的产品，是指人们在生产过程中创造的、具有某种特定的物质形态和具体用途的劳动生产物。这是传统观念上关于产品的狭义概念，其本质是站在生产者角度对产品做出的一种解释。

按照现代市场营销观念，应该站在消费者角度，从广义上理解产品的概念。现代营销学对产品的定义如下：**产品**，是指企业提供给市场，能满足消费者某种需要或欲望的任何有形实物或无形服务。有形实物主要包括产品实体及其品质、特色、式样、品牌和包装等；无形服务包括可以给消费者带来附加利益和心理上的满足感及信任感的售前、售中、售后服务及产品形象、企业声誉等。此外，思想、主意、计谋等由于其同样能够满足我们的某种需要或欲望，因此，也是产品。

业务链接5-1

### 原始生活方式的魅力

某地一偏僻村寨，交通很不方便，村子很穷，没有什么特产。为使村子富起来，村里的人请一位营销智者做顾问。这位先生想，要使村子富起来，必须想办法使之商品化。他在冥思苦想的过程中，突然灵机一动：如今在物质文明中生活的现代人，厌倦了大城市的喧嚣，对"原始"生活有尝试的兴趣，因而说服村上人筑屋而居。很快有消息传开，许多城里人争相来观光，体会原始方式的意境。该村寨很快就富裕起来。

#### 2）产品的层次结构

（1）核心产品

核心产品，是指产品能为消费者带来的基本利益和效用，是消费者购买的核心所在。因为消费者购买某种产品，不仅是为了获得它的所有权，而且在于它能满足自己某一方面的需求或欲望。例如，人们购买化妆品，并不是为了获得某个具有某些化学成分的瓶子，而是希望通过对某种化妆品的使用，达到保养皮肤，使自己显得更年轻、更漂亮的目的。可见，核心产品体现了产品的实质，所以，又叫实质产品。营销人员的任务就是要从满足消费者需求或欲望出发，揭示消费者购买每一件产品的真正目的，说明这种产品将会给消费者带来何种实际利益，让消费者产生购买这种产品的欲望。产品的层次结构如图5-1所示。

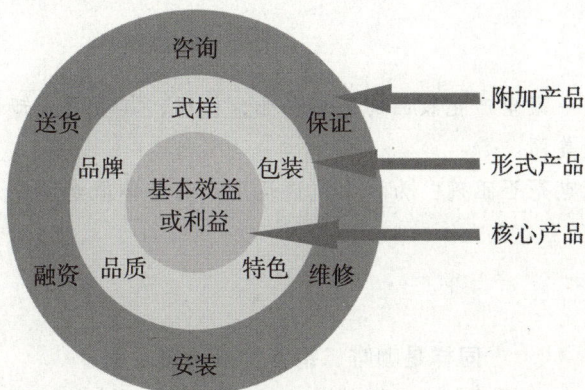

**图5-1　产品的层次结构**

（2）形式产品

形式产品也叫形体产品，是指消费者所需产品实体的具体外观形状和特色。形式产品一般通过产品款式、质量水平、品牌、包装以及产品说明书等反映出来。形式产品是核心产品借以实现的形式，产品的基本效用必须通过形式产品才能有效地体现出来，才能为顾客所识别。因此，它是消费者选择产品的直观依据。如果没有良好的形式产品作保证，消费者要从核心产品获得利益满足将成为一句空话。

（3）附加产品

附加产品也叫延伸产品，是指消费者因购买产品所得到的附加服务和附加利益的总和。例如，向顾客提供咨询、送货、安装、维修、资金融通、使用指导以及各种服务保证等。在竞争激烈的市场上，产品能否给消费者带来附加利益和服务，已成为企业经营成败的关键。只有向消费者提供具有更多实际利益、能更完美地满足其需要的附加产品，企业才能在日益激烈的市场竞争中取胜。即便是核心和形式完全相同的两个产品，只要随同物质实体所提供的服务有差异，那么在消费者眼中，就是两个完全不同的产品。正如美国市场营销专家莱维特指出："现代竞争的关键，并不在于各家公司在其工厂中生产什么，而在于它们能为其产品增加些什么内容——诸如包装、服务、广告、用户咨询、融资信贷、及时送货、仓储以及人们所重视的其他价值。每一公司应寻求有效的途径，为其产品提供附加价值。"

核心产品、形式产品和附加产品作为产品的三个层次是不可分割、紧密联系的，它们共同构成了产品的整体概念。这一概念充分体现了以消费者为中心的现代营销观念要求。在现代条件下，企业如果没有产品整体概念，就不能说是以消费者为中心，企业营销要想取得成功也是不可能的。

**业务链接5-2**

### 奔驰汽车公司的整体产品观念

奔驰汽车公司认识到提供给顾客的产品不仅是一个交通工具，还应包括顾客拥有汽车的心理感受，如汽车的质量、造型、功能与维修服务等。因此，奔驰汽车公司以整体产品来满足顾客的多方面要求，创新出160个品种，3 700多个型号，覆盖了从小轿车到255吨的大型载重车，并建立了遍布全国各个大中城市的推销网与服务站。

**同步思考5-1**

学习微平台

视频5-1

日本资生堂是一家生产化妆品的著名企业，然而，其负责人却说：本公司推销的不是化妆品，而是美丽。

这位负责人观点是否正确？为什么？请运用产品整体概念理论进行分析，说说自己的看法。

**同步案例5-1**

学习微平台

视频5-2

### 同样是咖啡，销售价格天壤之别

**背景与情境**：有人曾对咖啡做过销售试验，发现如下有趣现象：当咖啡被当作普通的产品卖时，一杯可卖5元；当咖啡被包装为精美商品时，一杯就可以卖到一二十元；当其加入了服务，在咖啡店中出售时，一杯最少要几十元；但如果能让咖啡成为一种香醇与美好的体验，则一杯就可卖到上百元甚至是好几百元。

**问题**：同样是咖啡，当销售方式发生变化时，其价格为什么竟然有如此大的差别？它说明了什么？

### 5.1.2　产品组合及其策略

**1）产品组合的概念**

**产品组合**，是指一个企业向市场提供的其生产或经营的全部产品的构成方式，即全部产品的结构。通常，产品组合由若干产品线组成，每条产品线又包含了若干个产品项目，每一产品项目又有若干个品牌、包装和服务。

所谓产品线，就是同一产品种类中密切相关的一组产品，又称产品系列或产品类别。所谓产品项目，就是在同一产品线或产品系列下不同型号、规格、款式、质地、颜色的产品。

产品组合包括三个变量：产品组合的广度、深度和关联度。产品组合决策，就是企业对其产品组合在广度、深度及关联度等方面的选择。产品组合的广度，是指一个企业所拥有的产品线的多少，多则为宽，少则为窄。产品组合的深度，是指企业每条产品线中的产品项目的数量。产品组合的关联度，是指各个产品线在最终使用、生产条件、分销渠道或其他方面的相关联的程度。

**教学互动 5-1**

**互动问题：** 表 5-1 展示的是海尔的产品组合。请运用所学知识分析海尔产品组合的广度、深度和关联度。

表 5-1                                       海尔的产品组合

| 电冰箱 | 洗衣机 | 空调 | 彩电 |
|--------|--------|------|------|
| 冰王子 | 小神童 | 小元帅 | 探路者 |
| 双王子 | 神童五 | 金元帅 | |
| 大王子 | 小神功 | 小公主 | |
| 帅王子 | 小神泡 | 小状元 | |
| | 丽达 | 小超人 | |
| | 小丽人 | | |

**要求：** 同"教学互动 1-1"的"要求"。

**2）产品组合的优化方法**

由于市场需求和竞争形势的不断变化，企业无论采用何种类型的产品组合策略，都不可能是一成不变的。企业需要经常分析各个产品系列的利润率、销售增长率和市场占有率，判断各种产品的需求发展趋势，以便采取恰当的营销策略。因此，产品组合的优化方法实质上是一个如何有效分配企业现有资源和合理确定营销方向，调整产品结构，确定企业营销重点的方法问题。下面介绍产品组合的优化方法之一——四象限评价法。

**四象限评价法，** 又称波士顿矩阵法，是指根据产品的市场占有率与销售增长率的对比关系来描绘企业各种产品的特点和前景，分析确定企业产品所处市场地位的一种形象评价方法。其具体步骤如下：

第一步，以横轴表示市场占有率、以纵轴表示销售增长率作图。

市场占有率，是指一定时期内企业某种产品的销售量占同一市场同类产品销售总量的比重。其计算公式如下：

市场占有率=（企业某种产品的销售量/市场上该产品的销售总量）×100%    (5.1)

**同步计算5-1**

郴州市果汁饮料全年销售量为10 000箱，其中某企业的果汁饮料销售量为800箱，该企业的市场占有率为多少？

**解**：该企业的市场占有率=800÷10 000×100%=8%

**答**：该企业的市场占有率为8%。

在其他条件不变的情况下，市场占有率越高，企业销售量就越大，可能实现的利润就会越多，投资收益率也相应提高。此外，市场占有率的高低还影响着企业的形象和知名度。因此，提高市场占有率，是企业的重要战略目标之一。

销售增长率，是指计划期产品销售增加额与基期产品销售额的比率。其计算公式如下：

销售增长率=［（计划期销售额-基期销售额）÷基期销售额］×100%    (5.2)

**同步计算5-2**

郴州市某企业2008年的果汁饮料销售额为10 000元，2009年的果汁饮料计划销售额为12 000元，该企业2009年的销售增长率为多少？

**解**：该企业2009年的销售增长率=（12 000-10 000）÷10 000×100%=20%

**答**：该企业2009年的销售增长率为20%。

如果产品的价格、生产成本、营销费用等条件不变，计划期销售额增加了，则企业的利润也会增加。但是，有时销售额的增加是以降低价格或提高营销费用为代价的，从而导致利润无法增加。所以，企业不能片面地追求高销售增长率，应全面考虑使企业有利可图的销售增长率。

第二步，确定评价标准。企业可根据以往产品销售统计资料确定市场占有率和销售增长幅度作为区分高低的评价标准，将坐标图划分为四个象限。例如，以市场占有率10%、销售增长率10%为界就可划分为四个象限，如图5-2波士顿矩阵所示。

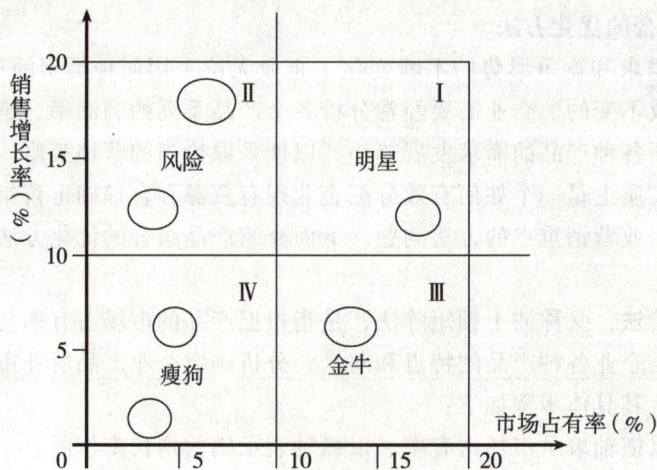

图5-2　波士顿矩阵

第三步，根据每种产品的不同数据在图上描点。处于第Ⅰ象限的产品，不仅销售增长率高，而且市场占有率也高，这类产品代表着企业的希望，所以称之为明星产品。处于第Ⅱ象限的产品，销售增长率高，但市场占有率低。意味着这是新产品，企业在扩大市场份额的过程中，必然要冒一定的风险，所以称之为风险产品。处于第Ⅲ象限的产品销售增长率不高，但市场占有率很高，产品销售快，资金周转快，给企业带来了丰厚的利润，所以称之为金牛产品。处于第Ⅳ象限的产品，销售增长率不高，市场占有率也很低，这类产品往往是进入衰退期的亏本或仅能保本的产品，所以称之为瘦狗产品。

第四步，观察分析。

第一，各象限中的产品位置并不是固定不变的，会因各种原因不断向其他象限转移。例如，风险产品就有两种转移可能：一是通过大力扶持转为明星产品；二是条件太差或经扶持但成效不显著转变为瘦狗产品。就明星产品而言，也有两种转移可能：一是转为金牛产品；二是由于某种特殊原因（技术改进不及时、营销决策失误等）而转为瘦狗产品。对于金牛产品，一般力求维持现状。

第二，分析资金来源与投向。金牛产品是企业的支柱，可为企业提供大量资金，而风险产品则需要大力扶持，才有可能变为明星产品。如果企业的全部产品都分布在第Ⅳ象限内，表明没有资金来源，长此下去，企业可能陷入破产的境地。如果企业的全部产品都分布在第Ⅲ象限内，表面看盈利很高，资金充足，但由于缺少后继产品，企业的长期生存将受到威胁。如果企业全部产品分布在Ⅱ、Ⅲ、Ⅳ象限内，很明显缺少明星产品，说明企业在市场上的地位和名誉不佳，长期利益堪忧。

第五步，决策。企业应采取的决策主要有：①确定需要大力支持的风险产品；②金牛产品销售提供的资金，主要应流向风险产品中极有前途且需要大力扶持的产品；③对已衰退的金牛产品和没有前途的风险产品采取收缩措施；④对瘦狗产品一般采取淘汰策略。

### 3）产品组合策略

产品组合策略，是指企业根据市场状况、自身资源条件和竞争态势对产品组合的广度、深度和关联度进行不同的组合。其主要包括产品项目的增加、调整或剔除；产品线的增加、伸展和淘汰；产品线之间关联度的加强和简化等。一个企业产品组合的决策并不是随意确定的，而应遵循有利于销售和增强企业利润总额的原则，根据企业的资源条件和市场状况进行灵活选择。一般可供选择的产品组合策略有：

（1）扩大产品组合

扩大产品组合，是指扩大产品组合的广度或深度，增加产品系列或项目，扩大经营范围，生产经营更多的产品以满足市场需要。方法主要有两种：一是在原产品组合中增加产品线，扩大企业经营范围；二是加强产品组合的深度，即在原有产品线内增加新的产品项目。扩大产品组合，有利于企业充分利用现有资源，分散经营风险，增强竞争能力。

（2）缩减产品组合

缩减产品组合，是指降低产品组合的广度或深度，删除一些产品系列或产品项目，集中力量生产经营一个系列的产品或少数产品项目，提高专业化水平，力图从生产经营较少的产品中获得较多的利润。当市场环境不景气或原材料、能源供应较为紧张时，企业可考虑缩减产品组合，剔除那些获利很小甚至无利可图的产品线或产品项目，使企业集中资源生产获利较高的产品，反而会使总利润上升。

（3）产品线的延伸

产品线延伸，是指突破原有经营档次的范围，改变企业原有产品的市场定位方法。产品线延伸的策略有三种：向下延伸、向上延伸和双向延伸。向下延伸是指原来定位于高档市场的企业逐渐增加一些中、低档次的产品。向上延伸是指原来定位于中、低档市场的企业，增加高档产品的生产。双向延伸是指原来定位于中档市场的企业，在具备一定实力后，将产品线逐渐向高档和低档两个方向同时延伸。

应该指出的是，无论采用向下延伸、向上延伸还是双向延伸策略，都存在着一定的风险。这是因为，在高档产品线中推出低档产品，容易损坏高档产品甚至企业的形象；在中低档产品线中推出高档产品，则难以树立高档产品的独特形象；双向延伸则二者缺点可能兼而有之。

**问题思维 5-1**

**疑点**：产品组合策略确定后，应保持稳定，不能更改；否则，会影响企业经营策略的连续性。

**释疑提示**：无论企业采用何种类型的产品组合策略，都不可能是一成不变的。这是因为企业内部和外部的环境在不断发生变化，产品组合也必然随之发生变化。其中一部分产品销售获得了较快的增长，为企业带来了较高的利润，也有一部分产品滞销，逐渐趋于衰退。为此，企业需要经常分析产品组合中各个产品系列的利润率、销售增长率和市场占有率，判断各种产品的需求发展趋势，以便采取恰当的营销策略，力求达到动态的最佳产品组合。

## 5.2　新产品开发

### 5.2.1　新产品的概念和分类

#### 1）新产品的概念

从市场营销学的角度看，新产品并不一定就是新发明的产品，它与科技开发意义上的新产品含义不完全相同。这里的"新"是相对的，新发明创造的产品毫无疑问是新产品，而对市场现有的产品有所改进，采用了本企业品牌的也是新产品，在企业现有产品系列中增加新的品种也可认为是新产品等。它是从"产品整体概念"的角度出发，只要其中任何一部分内容的创新或改革，都可视为新产品。因此，市场营销学上的**新产品**可定义为：凡是企业向市场提供过去没有生产过或经营过，能满足顾客某种新需求的产品就叫新产品。这个新产品的定义只是对企业而言，对市场而言可能并不是新产品。

#### 2）新产品的分类

新产品的分类有着各种不同的标准，根据产品的新颖程度，新产品一般可分为以下五类：

（1）全新型新产品

全新型新产品，是指应用科技成果，运用新技术、新工艺和新材料制造的市场上前所未有的产品。同时，它往往要求顾客培养新的消费观、新的消费方式。如电话、汽车、飞机、计算机、激光唱片等产品刚投入市场时都属于全新产品。这类新产品的出现从理论到应用、从实验室到批量生产，不仅要经历很长的时间，而且要耗费大量的人力、物力和财力，所以这类产品开发难度最大，成功率低。调查，新产品中全新产品只占 10% 左右。

（2）换代型新产品

换代型新产品，是指在原有产品基础上，部分采用新技术、新材料和新结构研制的，在性能上有显著提高的产品。例如，电视机从黑白电视机到彩色电视机，再到等离子电视机、液晶电视机；电子计算机从最初的电子管，经历了晶体管、集成电路、大规模集成电路几个阶段，发展到现在的人工智能电脑；空调从单冷空调，到冷暖空调，再到变频空调等。相对于开发全新型新产品而言，开发换代型新产品要容易些，而且能取得较好的效果。随着科技的迅速发展，产品更新换代的速度正在加快。

（3）改进型新产品

改进型新产品，就是指采用各种改进技术，对原有产品的结构、性能、款式及包装等进行改良之后生产出来的产品。如由单一用途的收音机、录音机发展而成的集收、录、放多用途于一体的收录机，装有水哨的水壶等。一般而言，改进后的产品或性能更加优良，或结构更加合理，或精度更加提高，或功能更加齐全，或特征更加突出。

（4）仿制型新产品

仿制型新产品，是指企业仿照市场上已有的产品而生产出来的新产品。如市场上出现的新牌号的电视机、手机等大都是模仿已有产品生产的；各种时装，用途上没有改变，但在面料、款式、颜色上做出了少许的改变。目前我国很多新产品都属于仿制型新产品之列。不过，企业在仿制时应充分关注知识产权问题。

（5）重新定位型新产品

重新定位型新产品就是对现有产品开发出新的用途，或者为现有产品寻找到新的消费群，使其畅销起来。

以上几种新产品尽管"新"的角度和程度不同，科技含量相差悬殊，但都有一个共同特点，就是消费者在使用时，认为它与同类产品相比具有特色，能带来新的利益和获得更多的满足。

**业务链接 5-3**

### 速溶咖啡的产品定位

速溶咖啡在 20 世纪初期诞生于美国。在上市之初，速溶咖啡制造商麦斯威尔的决策层认为，速溶咖啡与传统的手磨咖啡相比，能让美国的家庭主妇们从烦琐的咖啡制作中解脱出来，省时省力。因此，他们决定向美国家庭主妇展开宣传攻势，大力宣扬速溶咖啡省时省力的基本特点。但市场反应平平，该宣传没有达到推广目的。

他们百思不得其解，经过深入调查分析，终于找到了失败的原因。当时，在美国家庭主妇的观念里，制作咖啡的烦琐过程被视为是一个勤快家庭主妇的标志。购买速溶咖啡图的是省时省力，会被人们认为这是一个懒惰的家庭主妇，难怪速溶咖啡不被她们接受。了解到这一微妙的消费心理之后，他们调整了新产品定位，转而诉求速溶咖啡的醇香美味，并邀请当时的总统罗斯福为之做广告，在罗斯福总统的那句"滴滴香浓，意犹未尽"的广告语感召下，美国的家庭主妇争相品尝速溶咖啡的醇香美味，从此速溶咖啡进入美国的千家万户。

**同步思考5-2**

学习微平台

视频5-3

　　5G手机、变频空调、人工智能电脑、在素色脸盆上增加颜色图案，在烧水壶上加装鸣叫器，经营自然科学图书的书店准备经营社会科学图书。
　　上列产品哪些是新产品？是什么类型的新产品？为什么？运用新产品的理论和依据进行回答。

### 5.2.2　新产品开发的意义和要求

#### 1）新产品开发的意义

企业要想不断发展壮大，必须具备两个方面的能力：一是开拓新市场；二是开发新产品。从市场营销角度说，开发新产品对企业有如下意义：

（1）满足需要

人们的生活需要不仅是多方面的，而且是不断发展和变化的，为了适应人们多样化的消费需求，企业必须不断开发新产品。

（2）提高经济效益

为了减少现有产品进入衰退期给企业造成的损失，巩固市场份额，保持或提高企业的盈利水平，企业必须未雨绸缪，开发新产品。

（3）充分利用资源

开发新产品是充分利用企业现有资源的最有效方法。

（4）增强竞争实力

随着科学技术不断发展和人民生活水平的提高，产品生命周期有日渐缩短的趋势。只有不断开发、创新、改进，增强企业的技术储备，才能提高企业的适应能力，成为竞争的强者。

#### 2）新产品开发的要求

（1）要有市场

新产品的开发必须适销对路，具有一定的销量，这是新产品开发成功的保证。因此，必须进行市场调研，充分了解市场需求，准确测定市场需求量，按消费者要求开发新产品。只有这样，才能保证新产品有一定的市场容量，有市场生命力。

（2）要有特色

所谓特色，就是开发的新产品要具有独创性，能为消费者提供新的利益。

（3）要有效益

新产品开发必须考虑能给企业带来多少经济利益。因此，在开发新产品之前，必须进行可行性分析和经济效益分析，要尽可能挖掘原有的生产能力，综合利用资源，努力降低成本，实现经济效益的最大化。

（4）要有能力

企业开发新产品必须具有一定的实力，特别是技术力量和销售力量，一定要量力而行。

**教学互动 5-2**

### 从市场缝隙中创造市场、开发新产品

每到夏季，衣服的洗涤就成了不少人的难题，因为夏天衣服要经常换，甚至一天换两次，用一般的洗衣机洗既费时又不经济，而用惯了洗衣机的人又不愿意用手洗。海尔人正是看到了消费者遇到的这个难题，开发出中国第一台"即时洗"洗衣机——"小小神童"。它以内衣、外衣分开洗，夏天衣服即时洗的独特优点，开创了人们即时洗衣的新时尚，创造了新生活。这种微型洗衣机外形尺寸不到普通全自动洗衣机的1/3，洗涤1.5千克衣物水电用量相当于全自动洗衣机的1/3。由于其省水、省电、省时，有的还带有消毒功能，夏天用得放心，特别适宜夏日洗衣，从而风靡市场，颇受消费者欢迎。

海尔自推出第一款小小神童洗衣机以来，已对其进行了30余次技术升级，并从第1代开始持续迭代，已出口到欧、亚、美、非的近百个国家和地区，受到了世界范围内消费者的普遍欢迎。

### 5.2.3　新产品开发的原则、方向和方式

#### 1）新产品开发原则

（1）以正确的新产品研制战略为指导

企业应按照市场需要，认真研究企业的实际情况，确定正确的新产品开发战略。做到开发研制一批，更新换代一批，保留提高一批，限制淘汰一批，保证新产品开发顺利进行。

（2）符合社会需要

企业开发新产品必须在国家宏观计划指导下，以社会经济发展的需要为基本出发点，密切注意国内外市场需求动向，迅速开发适销对路的产品，以满足社会需要。

（3）符合国家技术经济政策

企业开发新产品要符合国家的能源政策、环境保护法和产品安全卫生标准等。

（4）坚持技术上的适宜性和经济上的合理性

技术上的适宜性是指新产品开发要与企业的技术能力和消费者的需求相适应。经济上的合理性是指以最少的费用，实现新产品开发的技术目标，使新产品开发获得最大的社会效益和经济效益。

（5）需提高"三化"水平

通用化、标准化、系列化是新产品开发的重要原则之一。"三化"水平越高，就越有利于产品的制造、使用和维修，也有利于消费者购买和使用。

#### 2）新产品开发的方向

（1）多能化

所谓多能化，就是要想方设法使产品从单一功能向多功能、多用途方向发展，要

在产品原有结构的基础上，增加产品的新用途，做到一机多用，一物多用，方便用户。例如，研发多功能手表、组合音响等。

（2）微型化

微型化，是指产品的性能不变，但体积要小，重量要轻，便于移动，方便使用。

（3）节能化

节能型产品有两个主要方向：一是产品在使用中能比原来减少能耗和物耗，省电、省煤、省油、省水等；二是开发利用新能源产品，如利用太阳能、风能、地热能、潮汐能等方面的产品。

（4）简易化

简易化，是指产品结构和使用方法既要简单，又要便利，使消费者易于掌握使用。产品简易化还有利于减少产品零部件的种类、型号，使之系列化、通用化。

（5）合理化和美化

合理化和美化，是指把产品的实用性和艺术美结合起来，使产品既满足实用的要求，又是一件造型优美的工艺品。

（6）智能化

智能化，是指在开发新产品中使用微电子等技术，实现产品使用的自动控制，赋予其智能功能。例如，研发智能芯片控制的洗衣机。

**3）新产品开发的方式**

（1）独立开发

独立开发，是指企业依靠自己的科研能力和技术力量，独立进行新产品开发的全部工作。优点：这种方式能够结合企业的特点，形成自己的产品系列，一旦开发成功，能使企业在某一方面具有领先地位，从而给企业带来高速发展的机会。缺点：这种开发方式往往需要投入大量的人力、物力、财力，风险比较大，因此一般适用于技术经济力量比较雄厚的企业。

（2）协作开发

协作开发，是指企业与科研机构、高等院校、社会上有关专家或其他单位联合进行新产品开发。优点：这种开发方式充分地利用了社会科研的力量，使科研成果很快地转化为商品，弥补了企业科研、技术力量的不足，而且成本也比较低。因此，这种开发方式深受各种类型企业的青睐。缺点：协调关系难度相对较大。

（3）技术引进

技术引进，是指企业引进国外或地区外的成熟技术进行新产品开发，或直接引进设备生产新产品。优点：采用这种方式，企业可以节省研究费用，缩短开发时间，能够较快地掌握产品制造技术，及时生产出新产品并投放市场，风险较小，成功率较高。因此，在企业科研、技术能力有限的情况下，技术引进是一种有效的开发方式。不过在引进技术前，必须充分掌握市场及科技情报，对所要引进技术的成熟程度、先进性、适应性以及经济性进行充分论证，以免造成不必要的损失。

（4）独立开发与技术引进相结合

这是指企业在引进别人先进技术的基础上，结合自身专长开发新产品。优点：这种方式既可以加快消化吸收别人的先进技术，又能不断创新；不仅时间省、投资少、风险小，而且可使产品更具特色和吸引力，有利于促进企业技术水平和经济效益的提高。

### 5.2.4　新产品开发程序

不同企业的生产条件与产品项目不同，新产品开发程序也不尽相同。大致包括：

**1）搜集新产品构思**

新产品构思，是指对新产品基本轮廓结构的设想或创意。它是新产品开发的基础与起点，一个好的构思，往往等于新产品开发成功了一半；而一个成功的新产品，首先来自有创见性的构思。新产品构思的主要来源有：消费者、销售人员、科技情报资料、竞争产品、中间商、科学家、企业职工等。据统计，新产品构思来自企业外部的约占 60%，出自企业内部的约占 40%。为了集思广益，广开思路，应鼓励人们把各种设想、联想，乃至空想、幻想都及时地、无保留地提出来，以便从中发现闪光之处。

**2）进行筛选**

筛选，是指对所有方案按一定评价标准进行审核分析，剔除与本企业发展目标和长远利益不相一致，或本企业资源条件尚不具备的新产品构思的过程。企业搜集的新产品构思不可能全部付诸实施，因而需通过筛选，淘汰那些不可行或可行性较低的构思，使企业有限的力量能集中用于少数几个成功机会较大的新产品开发。

新产品构思筛选的具体标准因企业而异，但在此过程中，企业一般都要考虑：

（1）市场成功的条件

如产品的潜在市场、产品的竞争程度及前途估计、经济效益估计等。

（2）企业内部条件

如企业的人、财、物以及企业科研人员和工人的技术素质能否与这种产品的开发相适应等。

（3）销售条件

如企业现有的销售人员和销售组织结构能否适合这种产品的销售要求。

（4）利润收益条件

如产品的获利水平如何、对企业原有产品的影响等。

在筛选过程中，要特别注意避免"误舍"和"误取"。误舍是指企业由于未能充分认识某一构思方案的潜力和作用，而将其舍弃，使企业痛失良机；误取是指企业错误估计一个没有前途的产品构思方案而付诸实施，使企业蒙受损失。因此，企业要对评审的构思方案作全面分析，选择市场有需求、资源有保证、投资有效益的新产品开发最优方案。

**3）形成新产品概念**

新产品概念，是指已经成型的产品构思，即通过文字、图案或模型等将产品的功能特性、质量水平、包装、名称及品牌等内容清晰地描绘出来，使之在顾客心目中形成一个比较具体、清晰、明确的产品形象。新产品的构思仅仅是一种创意或想法，而顾客所要买的是一个实实在在的产品，而非产品的创意。所以必须将创意变成一个清楚的"产品概念",并能够将其进一步发展成为有商品价值的实质产品。

**同步思考5-3**

某企业打算生产一种有特殊口味、使用简单方便、即冲即饮的营养奶制品。为了将其转化为产品概念,提出了以下一些问题:目标顾客是儿童、成人、病人还是老人?消费者从产品中得到的主要益处是营养、方便、美味、提神还是健身?适合在早餐、午餐、晚餐还是夜餐饮用?

请根据上述问题,帮助该企业形成新产品概念。

**4)进行经济分析**

经济分析,是指从财务方面对新产品的开发进行分析,看其能否给企业带来经济效益,主要从预计销售量、成本、利润、投资收益率等方面展开。

**5)进行新产品的研制与鉴定**

在经济分析的基础上,如果认为可行,这时就需将新产品概念转化成实体产品,也就是说要进行新产品的研制。研制包括产品设计、样品试制、功能测试和专家鉴定等步骤。当这些测试和鉴定都通过时,经过有关部门的批准,新产品才可进行试销。

**6)初拟市场营销战略**

初拟市场营销战略,是指企业在进行新产品的研制与鉴定的同时,必须制订把新产品引入市场的营销战略初步计划,并在以后的各开发阶段逐步完善。营销战略一般包括三个部分:第一部分描述目标市场的规模、结构、顾客的购买行为、产品的市场定位以及短期的销售量、市场占有率和利润目标等;第二部分概述产品的预期价格、分销渠道及第二年的营销预算;第三部分阐述预计今后长期的销售额和投资收益率,以及不同时期的市场营销组合策略等。

**7)进行试销**

所谓试销,就是将产品投放到有代表性的市场进行销售,以了解消费者对新产品的反应和意见,如新产品的目标市场情况,新产品在设计、包装方面给消费者的感觉,新产品的营销方案是否合理,新产品的销售趋势如何等,当发现新产品具有严重缺陷时可及时中止开发,避免企业可能遭受的更大损失。

不过,并非所有新产品上市都要进行试销。是否需要进行试销,取决于产品开发者对该产品的信心,以及顾客对产品的选择空间。如果企业在产品概念及研制阶段,已经通过各种方式搜集了顾客对该产品的意见和建议,对产品做出改进,或者顾客对该产品的选择性小,就可以不必进行试销,而直接向市场推出。此外,对一些价格比较昂贵,并且非大量销售的工艺品,通常也不进行市场试销。

**8)批量上市**

如果新产品试销成功,即可进行批量生产,投入市场。这是新产品开发的最后一个程序。至此,新产品也就进入了商业化阶段。

这时,需着重考虑以下四个问题:何时推出新产品;何地推出新产品;向谁推出新产品;如何推出新产品。

### 5.2.5　新产品开发策略

**1）挖掘产品功能策略**

所谓挖掘产品功能策略，就是通过赋予老产品新的功能、新的用途，使老产品获得新生而重新占领市场。

**2）挖掘顾客需求策略**

顾客需求主要有两种，一种是眼前的现实需求，另一种是潜在的需求。企业在开发新产品时，应该把力量放在捕捉、挖掘顾客潜在需求方面，并能善于以生产促消费，主动为自己创造新市场。

**教学互动5-3**

**互动问题：** 20世纪50年代英国瑞奇公司生产的哈比特牌清洁剂曾经风行一时，后来因竞争失败而退出市场。瑞奇公司重新调查市场，发现英国人希望得到既卫生又杀菌的清洁剂，就改进原有工艺，研制出能杀菌的哈比特牌清洁剂。通过持续的营销工作，终于使能杀菌的哈比特牌清洁剂成为家喻户晓的浴室、厕所清洁剂。哈比特牌清洁剂为什么能在激烈的市场中重新崛起，成为家喻户晓的产品？我们能够从中得到何种启示？

**要求：** 同"教学互动1-1"的"要求"。

**3）开发边缘产品策略**

所谓开发边缘产品策略，就是开发跨行业的多功能产品策略，如以纸代替布的纸桌布，既可书写又可计时的电子笔等。

**4）利用别人优势的开发策略**

所谓利用别人优势的开发策略，就是善于利用别人的优势（花钱购买），为发展本企业的新产品服务。

**5）满足好奇心的开发策略**

所谓满足好奇心的开发策略，就是针对一般人都有好奇心的特点，开发既能满足人们的好奇心理又具有一定使用价值产品的方法。

**同步案例5-2**

#### 新可乐配方的失败

**背景与情境：** 1985年4月，可口可乐公司面对百事可乐的有力竞争，在怀疑"永远的配方能否维持永远的可口可乐"的情况下，决定放弃它的传统配方，推出更甜、口感更柔的新配方饮料，并起名为新可乐。尽管口味测试表明了可乐饮用者偏爱带甜味的新可乐配方，但市场调研者没有估计到消费者对可口可乐的感情。新可乐的诞生引来无数愤怒的来信、正式抗议甚至法律威胁，都要求保留"真正的东西"。最后，新可乐在传统可乐偏好的压力下屈服了。由于数百万可乐爱好者的强烈抗议和大规模"叛逃"，77天后，可口可乐公司不得不恢复原配方。

**问题：** 可口可乐公司推出新可乐配方的依据是什么？是否妥当？新可乐配方的失败说明了什么？你有别的办法让新可乐配方起死回生吗？

学习微平台

分析提示5-2

## 5.3　包装策略

### 5.3.1　包装的概念和功能

#### 1）包装的概念

产品包装包含两层含义：一是指采用不同形状的容器或物品对产品进行包容或捆扎；二是泛指盛装产品的容器或包装物。一般来讲，商品包装应该包括商标或品牌、形状、颜色、图案和材料等要素。商标或品牌是包装中最主要的构成要素，在包装整体上占据突出位置。形状是包装中不可缺少的组合要素，适当的包装形状不仅有利于商品的储运和陈列，而且有利于商品的销售。颜色是包装中对销售最具刺激作用的构成要素，如果色调组合能突出商品的特性，则不仅能够加强品牌特征，而且对顾客有较强的吸引力。图案在包装中起着广告宣传的作用，也是包装中不可缺少的组合要素。包装材料不仅影响包装成本，而且影响商品的市场竞争力。选择适宜的材料是商品包装的一项重要工作。此外，标签也是包装的一部分，它打印在包装上或随包装一起出售。

人们常用"三分人才，七分打扮""人靠衣裳，佛靠金装"来形容穿衣打扮对于人的重要性。商品包装就是商品的衣裳，包装作为产品整体概念中的一个重要组成部分，其重要性远远超出了保护商品的容器本身。有道是"货卖一张皮"，人们把包装比喻为"沉默的推销员""心理的推销手段"，充分说明了包装在现代市场营销活动中的重要作用。因此，包装已成为企业开展市场营销，刺激消费者需求，有效进行市场竞争的重要手段。

学习微平台

延伸阅读 5-1

### 同步思考 5-4

西方国家对消费者购买行为的研究显示，有 60% 的人在购买商品时受到商品包装的吸引。英国市场调查公司指出，一般去超级市场购物的妇女，受到精美包装的吸引，其所购物品通常超过出门时打算购买数量的 45%。资料表明，美国超级市场的顾客，平均每人在陈列 63 000 种商品的店里逗留 27 分钟。也就是说，每个人浏览每种商品的平均时间为 1/4 秒。

为什么说商品包装是商品的"沉默推销员"？每个人浏览每种商品的平均时间为1/4 秒意味什么？

学习微平台

视频 5-5

#### 2）包装的功能

（1）保护商品

保护商品是包装最基本的功能。良好的包装可使产品在存储、运输、销售和使用过程中不发生破损、震动、挤压、风吹、日晒、雨淋和虫蛀等。

（2）方便使用

某些商品根据正常使用时的用量进行适当包装，能起到方便使用和指导消费的作用。例如，瓶装酒以 500 毫升或 250 毫升罐装，味精以 25 克或 50 克包装就适用于家庭。有些包装上还说明商品的用法、用量或注意事项。

（3）增加产品附加值

尽管产品的内在质量是增强市场竞争力的基础，但优良的包装不仅可以使其与好的产品质量相得益彰，而且可以使产品增值。例如，苏州的檀香扇在香港市场上的售价原为 65 元，由于改用成本为 5 元的锦盒包装，售价提高到 165 元且销售量大幅度增长。

（4）美化商品，促进销售

好的包装，就是一个"无声的推销员"，样式、图案、色彩俱佳的包装设计不仅可以吸引消费者注意，还可以给消费者带来美好的艺术享受，激发消费者的购买欲望，从而促进商品的销售。

### 5.3.2　包装的设计

如前所述，"人靠衣裳，佛靠金装"。在企业开展营销活动过程中，做好包装的设计十分重要。营销工作人员既要对包装标志的内容进行设计，又要对其他信息进行整体设计，使之和谐、美观。在设计过程中，必须考虑以下问题：

**1）包装的设计内容**

（1）包装材料的选择

一是要考虑方便用户使用；二是要考虑节省包装费用；三是要考虑外观装饰符合人们的审美情趣；四是要考虑包装材料的选用有利于环保。

（2）包装标签的设计

包装标签是指附着或系挂在商品销售包装上的文字、图形、雕刻及印制说明。其设计一般包括：制造者或销售者的名称和地址，商品的名称、商标、成分和品质特点，包装内商品的数量、使用方法及用量、货号、储藏应注意的事项、执行标准、生产日期和保质期等内容。

（3）包装标志的设计

包装标志是指在运输包装外部印制的图形、文字、数字及其组合，主要有运输标志、指示性标志、警告性标志三种。

**2）包装的设计原则**

一般而言，包装的整体设计应体现安全性、经济性、功能性、生产性、流通性、方便性和观赏性等要求。就销售包装而言，其设计应遵循以下基本原则：

（1）安全

包装材料的选择及包装物的制作必须适合产品的物理、化学和生物性能，以保证产品不损坏、不丢失、不变质、不变形、不渗漏，不对环境安全构成威胁。

（2）适用

在保证产品安全的前提下，应尽可能缩小包装体积，以利于节省包装材料和运输、储存费用，并便于运输、保管、陈列、携带和使用。

（3）美观大方，突出特色

美观大方的包装能给人以美的享受，有比较强的艺术感染力，从而成为激发顾客购买欲望的一种诱因。同时，包装还应突出产品个性，运用包装的外形或色彩表现产品的特点和风格，以增加对顾客的吸引力。

（4）造型别致、图案生动、色彩协调

包装形状除了追求利于储运、陈列和产品销售外，还要新颖别致，造型、颜色、图案必须符合现代人的审美情趣、思维方式和消费心理，对顾客有吸引力。

（5）包装与产品价值和质量水平相匹配

既要避免"金玉其外，败絮其中"，又要避免"一流商品，二流包装"。经验告诉我们，包装不宜超过商品本身价值的15%~20%。若包装在商品价值中所占的比重过高，就容易让消费者产生名不副实之感，从而难以接受；反之，贵重商品自然也需要高档包装来烘托其高贵，借以提高商品的身价。

（6）尊重消费者的宗教信仰和风俗习惯

在包装设计中，必须尊重不同国家和地区的宗教信仰和风俗习惯，切忌出现有损消费者宗教情感，让消费者忌讳的颜色、图案和文字。

（7）符合法律规定

在包装设计中，必须严格依法行事，并兼顾社会利益。例如：按法律规定在包装上标明企业名称及地址；对食品、化妆品等与用户身体健康密切相关的产品，应标明生产日期和保质期等；兼顾社会利益，努力减轻消费者负担，节约社会资源，禁止使用有害包装材料，实施绿色包装策略；有利于社会主义精神文明建设等。

### 课程思政 5-1

#### 沃尔玛启动"包装瘦身"计划

**背景与情境：** 据报载，2007年年初，全球零售巨头沃尔玛启动"包装瘦身"计划。该计划出台了具体的"7R指标"，即从去掉多余包装、减少空间、重新使用、材料可回收、使用再生资源、节支包装、节约相关阅读材料7个方面改进包装。公司总裁兼首席执行官表示，沃尔玛将与供货商携手努力，在2013年前减少5%的包装。这项努力相当于每年减少21.3万辆卡车在公路上行驶，每年节约32.4万吨煤或6 700万加仑柴油。有消息称，这个计划可帮助沃尔玛节约34亿美元的开支。

**问题：** 沃尔玛启动"包装瘦身"计划出于什么目的？沃尔玛启动的"包装瘦身"计划符合企业营销伦理要求吗？

（学习微平台 / 分析提示 5-3）

### 5.3.3  常用的包装策略

一个能有效促进销售的包装，不仅要有独特创新的设计，还要使用正确的策略方法。常用的包装策略主要有以下几种：

#### 1）类似包装策略

类似包装策略，是指企业所生产的各种产品均使用相同的包装，或在所有包装上使用共同的特征，如同一颜色、同一图案等，使消费者容易意识到是同一企业产品的策略。其优点：节省包装设计费用；能够强化消费者对本企业的印象，壮大企业声势；有利于介绍新产品。本策略只适用于质量水平相近的产品。

#### 2）不同包装策略

不同包装策略，是指企业对不同的产品使用不同包装的策略。其优点是不会因一种产品失败而影响其他产品的声誉；缺点是用于包装设计和宣传促销的费用较高。

**3）配套包装策略**

配套包装策略，是指企业把使用时互有关联的多种产品组合装入一个包装物中同时出售的策略。例如，将地方特产组合在一起；将乒乓球、球拍、球网组合在一起；将化妆工具和化妆品组合在一起等。配套包装既方便了消费者购买和使用，又扩大了销路。

**4）等级包装策略**

等级包装策略，是指企业把产品按照品种和等级分别采用不同包装的策略。本策略旨在满足不同购买心理、不同购买水平的消费者需要。

**5）再使用包装策略**

再使用包装策略，是指企业将产品包装物回收使用或移作他用的策略。其优点是消费者会产生"合算"的感觉，有利于诱发消费者的购买动机，扩大商品销售；同时，印有商标的包装物再使用，又可为企业起到广告宣传的作用。

**6）附赠品包装策略**

附赠品包装策略，是指企业在产品包装物内附赠奖券或实物，以吸引消费者购买的策略。这种策略利用了顾客获取额外利益的心理，吸引其购买和重复购买，以扩大销量，对儿童用品、玩具及食品较为适宜。

**7）改变包装策略**

改变包装策略，是指当企业产品因包装原料差、设计落后、包装款式陈旧等问题，难以实现促销目的时，改进包装设计，用改换包装的办法来扩大销售的策略。

除了上述策略以外，还有不同容量包装策略、礼品式包装策略、获取知识（如猜谜语）式包装策略、情趣式包装策略、性别式包装策略等，不再一一赘述。

**同步案例 5-3**

**买椟还珠**

**背景与情境**：成语"买椟还珠"源自这样一个故事：楚国有人到郑国卖珠宝，用上好的木料做了一只盒子，还给盒子熏上桂椒的芳香，缀上珠玉、翡翠，画上鲜艳的玫瑰。结果有人出高价买了盒子，而将盒子里的珍珠还给了卖珠宝的人。

**问题**：人们常用"买椟还珠"这个成语比喻那些舍本逐末、取舍失当的人。在现代条件下，如果运用市场营销原理看待这一现象，"买椟还珠"说明了什么？

学习微平台

分析提示 5-4

## 5.4　品牌策略

### 5.4.1　品牌与商标

**1）品牌**

品牌，俗称牌子，是企业整体产品中的一个重要组成部分。**品牌，是指制造商或经销商给自己产品规定的商业名称**。它可以用文字、符号或图案单独或组合表示出来。品牌的基本功能是把不同企业的产品区别开来，防止发生混淆，便于销售。

品牌是一个集合概念，包括品牌名称和品牌标志两部分。品牌名称是指品牌中可以用言语称呼的部分，也称"品名"，如"耐克""长虹""海尔""康师傅"等。品牌标志也称品标，是指品牌中可以被认出、易于记忆，但不能用言语称呼的部分，通常由图案、符号或特殊颜色等构成。

**课程思政 5-2**

### 出奇制胜与弄巧成拙

**背景与情境：** 据报载，天津一家取名为"塔玛地"的饭店已悄然停业。这家取名极为粗俗的饭店地处天津市中心，一年前开业时，因为企业名称谐音不文明（"塔玛地"谐音"他妈的"）遭到天津舆论谴责。店主满以为取这样一个店名必定会引起轰动效应，带来兴隆生意，结果适得其反。刚开业时，店里店外确实来了不少人，但绝大多数是来看热闹、瞧新鲜的。不少人说，瞧着"塔玛地"这个店名，就觉得有种被愚弄、嘲骂的感觉。由于企业形象不佳，经营状况每况愈下，店主最后实在撑不下去了，只好关门停业。

无独有偶，青岛市工商行政管理局在监督检查中发现，山东沂源玉德酿酒饮料有限公司生产的"二房佳酿"白酒所使用的商标标识的图形为一个旧社会装束打扮的妇女坐在磨盘上。该公司声称其产品是从两间房子起家，故称"二房"，尽管其广告词为"健康、质朴、倔强、回味无穷"，但是该产品商标标识与广告整体效果在市场上已经造成不良影响。相关市场管理部门批准对该公司的行为予以查处。

**问题：** 何为出奇制胜？何为弄巧成拙？联系实际谈一谈你对上述品牌、商标设计的看法。

#### 2）商标

我国习惯上把品牌称为商标，然而品牌和商标是有区别的。品牌是一个市场概念，商标则是一个法律概念。**商标**，是指经过国家权威机构依照法定程序注册登记后受法律保护的品牌。经注册登记后的商标有"R"标记或"注册商标"字样，商标注册人享有专用权，受法律保护。品牌与商标既有区别，又有联系：品牌无须办理注册，商标必须办理注册；商标是受法律保护的品牌，属于企业的知识产权，构成企业无形资产的一部分。

#### 3）名牌

名牌，是指消费者认可和信赖的知名品牌。大家公认的好品牌就是名牌。名牌之所以能得到大家的公认，是因为其往往标志着悠久的历史和背后雄厚的实力，体现了上乘的品质和良好的信誉，表现出精湛的工艺或典雅的风格，具有广泛的知名度、较高的美誉度、强烈的示范效应和推动技术进步的作用。名牌集鲜明的品牌个性、稳定过硬的质量、新颖独特的设计、周密友善的服务于一体，因而能赢得广大消费者的认可。

在一个商品经济发达的社会里，追求名牌似乎是一件理所当然的事。精通成本经济学的人士说，名牌产品的成本，其实只比普通产品高出40%，但价格往往是普通产品的几倍甚至十几倍。除支付广告宣传费和其他费用外，其利润之高是可想而知的。因此，在现代经济条件下，谁拥有了名牌就等于谁拥有了广阔的市场和利润源泉。

#### 4）商标权的维护

商标权是企业的一种财产权，属于企业的无形资产。在激烈的市场竞争中，商标不仅是消费购物的导向，也成为企业走向国际市场的"护照"，是企业参与市场竞争的重要手段。因此，加强对商标的保护和管理就具有十分重要的意义。

第一，及时办理商标注册手续，确保自己的利益得到法律保护。

第二，严格按照核准注册的文字和图形使用注册商标，避免给商标侵权和假冒行为提供可乘之机。

第三，在转让注册商标时，一定要考虑使用者的技术水平和信誉，注意维护商标的声誉。

第四，加强对商标的宣传，对商标侵权行为及时提起异议和诉讼。

第五，加强对商标的管理，建立商标档案。

### 课程思政 5-3

#### "擦边球"品牌

**背景与情境：** 有的企业不是扎扎实实地锻造自己的品牌，而是一心投机走捷径，于是就出现了顾客想要"娃哈哈"买到"娃恰恰"，顾客想要"六个核桃"买到"大个核桃"，顾客想要"康师傅"买到"康帅傅"，顾客想要"奥利奥"买到"粤利粤"，顾客想要"百事可乐"买到"白事可乐"等让人哭笑不得的情形。这些企业老板并不是真心塑造品牌，他们就是想蹭个热度，傍个"大款"，借助其他企业的广告宣传浑水摸鱼，"短、平、快"地赚一把就走。

**问题：** 何谓"擦边球"品牌？会产生什么后果？出现这种现象的原因是什么？联系实际谈一谈你对这种行为的看法。

### 教学互动 5-4

**互动问题：** 由同仁堂——已有 350 多年历史的老店——监制生产的中医药品畅销中外，而在颇信中医的日本却难见"同仁堂"的踪迹。因为早在 1983 年，"同仁堂"商标已被一家经营食品和饮料的日本企业在日注册。同仁堂药品如果要进入日本市场，要么重金买回本属于自己的商标使用权，要么"改名换姓"，再创声誉，否则将构成商标侵权。

商标被抢注，已成了我国许多企业出口自己名牌产品的拦路虎："青岛啤酒"商标在美国被抢注；"竹叶青"酒商标在韩国被抢注；"杜康"酒商标在日本被抢注；"阿诗玛"卷烟商标在菲律宾被抢注；"蝴蝶"缝纫机商标在印度尼西亚被抢注……

商标被抢注说明了什么？我们能够从中获得哪些有益的启示？

**要求：** 同"教学互动 1-1"的"要求"。

#### 5）品牌的作用

有人曾把品牌商标形象地比喻为"商品的脸"，我们只要看到一个人的脸，就能把他认出来。同样，一种商品，只要我们看见它的品牌商标，就能很容易把它同别的商品区别开来。品牌商标是企业信誉的象征，是企业赖以生存的基础，是企业市场竞争能力的综合体现。因此，强化品牌商标意识具有十分重要的意义。品牌具有如下作用：

第一，品牌从消费者角度看，一是可以帮助消费者识别和购买商品；二是便于消费者对产品质量进行监督，有效维护自身的利益。

第二，品牌从销售者角度看，一是产品竞争的有力武器；二是有助于产品促销；三是注册商标受法律保护；四是有助于监督、提高产品质量；五是企业宝贵的无形资产。

第三，品牌从社会角度看，一是公众监督的重要手段；二是可加强社会的创新精神；三是可保护企业间的竞争，促进整个社会经济健康发展。

### 同步案例5-4

#### 商标的价值

学习微平台

视频5-6

**背景与情境：** 1994年，国外有关机构曾对一些世界名牌的价值做了估计："可口可乐"价值359.5亿美元，"万宝路"价值330.45亿美元，"雀巢"价值115.49亿美元，"柯达"价值100.2亿美元……

上海一家无线电厂生产的收录机，卖给日本某公司，每台仅37元人民币，但这种收录机一经贴上日本公司的商标，便可卖到560元人民币以上。

**问题：** 同样的商品，一旦贴上著名商标，其身价就立马暴涨，这种现象说明了什么？我们从中能得到什么启示？

### 5.4.2　品牌策略的实施

#### 1）品牌建立策略

品牌建立策略，是指为企业的产品创立品牌的决策。对于多数产品来说，使用品牌都具有积极作用，但并非所有产品都必须使用品牌。建立品牌必须付出相应的费用（包括设计费、制作费、注册登记费、广告费等），这会增加企业经营的总成本；而当品牌不受顾客欢迎时，企业还要承担相应风险。因此，如果有些产品使用品牌对促进销售的积极意义不大，也可以不使用品牌，而只注明产地或生产厂家名称。

#### 2）品牌归属策略

品牌归属策略，是指企业在决定使用品牌之后，就产品品牌归属问题所做出的决策。品牌的归属有三种选择：

第一种，制造商品牌，即制造企业采用自己的品牌。

第二种，中间商品牌，又叫经销商品牌，指制造企业把产品批发给中间商，由中间商使用自己的品牌把产品推销出去。

第三种，混合品牌，即企业一部分产品采用自己的品牌，另一部分则采用中间商的品牌。

#### 3）家族品牌策略

家族品牌策略，是指企业在决定使用自己的品牌之后，所面临的选择品牌名称的决策。一般有以下四种策略可供选择：

（1）个别品牌

它是指企业生产的每种产品分别采用不同名称的策略。其好处：不会因为个别产品出现问题而影响整个企业的声誉,可以为新产品推出和品牌变更提供方便。其缺点:需要为每一个品牌分别做广告宣传,促销费用开支较大。

（2）统一品牌

它是指企业生产的所有产品都采用一个品牌的策略。其好处:在统一品牌下各种产品可以互相声援、扩大销售,新产品推出时可节省大量设计和宣传促销费用,在原有产品已有很好声誉的情况下,消费者很容易接受企业的新产品。其缺点:任何一种产品的失败都可能使企业声誉和其他产品受到影响。

（3）分类品牌

它是指企业生产的各类产品采用分别命名的策略,即每类产品各用一个品牌。采用此策略可避免各类产品相互混淆,便于消费者区别和购买。

（4）企业名称加个别品牌

它是指在每一品牌名称前冠以企业名称,以企业名称表示产品出处,以品牌名称表示产品特点的策略,如"海尔小王子"。

**4）品牌延伸策略**

品牌延伸策略,是指利用已经成功的品牌声誉和潜在价值推出新产品或产品系列的策略,如"娃哈哈"从儿童专用营养液延伸到AD钙奶、八宝粥、纯净水等。品牌延伸可以加快新产品推广,节省宣传促销费用,也有利于扩大原品牌的影响力。

**5）副品牌策略**

副品牌策略,是指企业以一个主产品涵盖企业的系列产品,同时给各产品打一个副品牌,以副品牌来突出产品个性形象的策略。例如,"海尔——神童"洗衣机,副品牌"神童"传神地表达了"电脑、控制、全自动、智能型"等产品特点和优势,而消费者对它的认可,主要是基于对海尔综合家电品牌的信赖。

**6）多品牌策略**

多品牌策略,是指同一企业在同一种产品上设立两个或多个相互竞争的品牌。如美国的宝洁公司,它曾在一种清洁剂上同时使用9个品牌。这样可以满足不同消费者的不同需求,品牌之间也可以形成竞争,但也可能导致每个品牌的市场份额较少而无利可图。

**7）品牌革新策略**

品牌革新策略,是指根据经营条件的变化,企业对原有的品牌、商标进行更新或修改的策略。出现以下情况之一,便可考虑采用品牌革新策略,借以把新的企业形象和产品形象传递给消费者,实现营销业务的持续稳健发展:当企业生产经营范围发生变化,原有品牌已不能充分体现企业和产品的特色时;当市场竞争加剧,需要以新的形象来提高企业的竞争力时;当原有品牌名称老化,落后于国际化形象的潮流时;当企业实施兼并、合并或成立新公司,必须重新塑造企业形象时。

**同步案例5-5**

### 名牌战略是红豆集团稳步发展的关键

**背景与情境:** 江苏无锡红豆集团1983年以8台棉毛车和6 500元贷款起家,经过十多年的顽强拼搏,发展成为我国服装行业生产规模最大、品种系列最全的专业服装生产企业。红豆牌服装成为中国服装十大名牌之一。

红豆集团在这样短的时间里能以惊人的速度发展，并创出名牌，除了因为它实施了全面的质量管理外，还得力于实施名牌战略。

为了实施名牌战略，确保名牌一枝独秀，红豆集团非常注重商标保护。1995年，当一位澳大利亚客商在红豆集团说出将在大洋洲注册"红豆"商标的图谋时，红豆集团董事长周耀庭当即告诉他：不要白费心思了，"红豆"已在大洋洲注册。这位客商对这家中国企业的商标意识惊讶不已，随即打消了抢注念头。殊不知，自1992年开始，红豆集团就开了我国企业之先河，第一个设立了由7人组成的商标科，这支队伍的首要任务就是负责在国际、国内进行商标注册。他们花费了100多万元，先后在54个国家和地区申请了注册。1996年2月，一场商标纠纷案经国家工商局商标评审委员会裁定：天津旅游工艺品厂申请的"思豆"商标，与红豆集团先已注册的保护性商标"相思豆"相近，构成侵权，最终判红豆集团胜诉。原来，红豆集团为了保护其商标不被冒用、混用、借用，早已把与"红豆"形似、音同、意近的"江豆""虹豆""相思豆"等统统作了保护性注册。最近，红豆集团选定一只新产品商标，取名"赤兔马"，接着便一同把"红马""赤色马""红兔马""亦兔马""赤免马"等都实施了保护性注册。这就有效防止了少数企业鱼目混珠，靠近名牌找商标的行为发生。红豆人自豪地宣称："不管将来中国服装市场是几分天下，红豆都能占其一。"

**问题：**为什么红豆人宣称"不管将来中国服装市场是几分天下，红豆都能占其一"？红豆集团的发展说明了什么？我们可以从中获得哪些启迪？

学习微平台

分析提示 5-5

### 课程思政 5-4

### 连任两届央视"标王"的产品走向没落

**背景与情境：**秦池曾以6 660万元中标央视黄金广告段成为"标王"，由此一夜成名，其白酒也身价倍增。中标后两个月，秦池销售收入就达2.18亿元，实现利税6 800万元，相当于秦池酒厂建厂以来的总和。

第二年，秦池以3.2亿元的天价再次成为"标王"。当年秦池实现销售收入9.8亿元，利税2.2亿元。

第三年年初，一则关于"秦池白酒是用川酒勾兑"的系列新闻报道，彻底把秦池从"标王"的宝座上拉了下来。

据了解，秦池在蝉联"标王"后不足两个月，北京《经济参考报》的4位记者便开始了对秦池的暗访。一个从未被公众知晓的事实终于浮出了水面：秦池的原酒生产能力只有3 000吨左右，它从四川邛崃收购了大量散酒，再加上他们本厂的原酒、酒精，勾兑成低度酒，然后以"秦池古酒""秦池特曲"等品牌销往全国市场。记者们还发现，秦池的罐装线基本是手工操作，每条线周围都有10多个操作工，酒瓶的内盖是专门由一个人用木榔头敲进去的……

这篇报道迅速传播到全国各地，并被国内无数家报刊转载，秦池从此一蹶不振。2000年7月，一家酒瓶帽的供应商指控秦池酒厂拖欠300万元货款，法院判决秦池败诉，并裁定拍卖"秦池"注册商标。令人啼笑皆非的是，几亿元打造的商标却只以几百万元的价格抵债。

　　**问题：** 一个连任两届央视"标王"的产品缘何走向没落？秦池的行为符合社会主义企业营销伦理要求吗？

学习微平台

分析提示 5-6

## 5.5　产品生命周期策略

### 5.5.1　产品生命周期的概念

　　**产品生命周期**，是指产品从试制成功、投放市场开始，直到被市场淘汰、退出市场的全过程。该过程如图 5-3 所示。

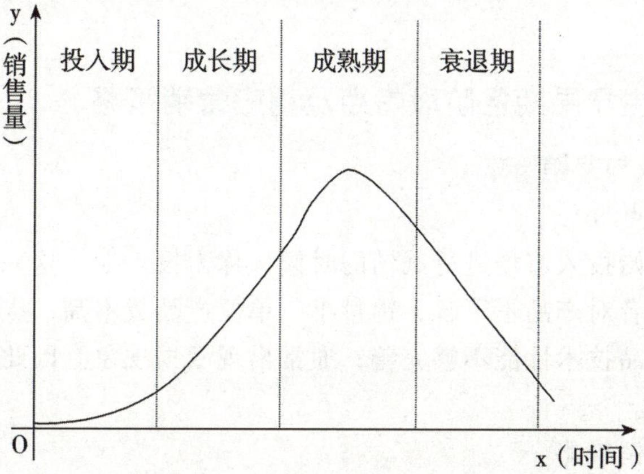

**图5-3　产品生命周期曲线图**

理解这个概念应注意以下几点：

　　第一，产品生命周期不同于产品使用寿命。产品生命周期是指产品在市场上存在的时间，是产品的经济寿命，其长短受到社会生产力发展水平、产品更新换代速度、消费者需求变化和企业间竞争状况等因素的影响。产品使用寿命是指产品从投入使用到损坏或消失所经历的时间，它与产品的自然属性和使用强度有关。

　　第二，市场营销所研究的产品生命周期，严格地讲是指产品品种的生命周期。产品种类（如电视机、洗衣机）、产品品种（如黑白电视机、彩色电视机）、产品品牌（如创维牌电视机、熊猫牌电视机）的生命周期各不相同，其中产品种类的生命周期最长，如电视机、洗衣机等种类的产品，而某些品种、某些品牌的电视机、洗衣机随时都有可能被市场淘汰。

　　第三，产品生命周期只是一种理论上的描述。一般认为，典型的产品生命周期可划分为四个阶段：投入期、成长期、成熟期和衰退期。根据实践经验，销售增长率不足 10% 时为投入期，在 10% 以上时为成长期，成熟期又回到 0~10% 之间，衰退期的销售增长率为负数。

　　并非所有产品都要依次经过投入期、成长期、成熟期和衰退期这四个阶段。有些产品一上市就很快进入成长期，没有经过投入期的缓慢增长过程；有些产品则没有成长期，从投入期直接进入成熟期；有些流行产品，昙花一现，很快就退出市场。

　　研究产品生命周期理论有着特别重要的意义。它可以帮助企业正确判断不同产品的销售趋势，有助于企业制定正确的产品策略以及各种市场营销策略，想方设法延长产品的生命，从而提高企业的经济效益。

**同步案例5-6**

下列产品分别处于产品生命周期的哪一个阶段？为什么？运用产品生命周期的理论进行回答：

家用汽车　汽车电话　家用电脑　微波炉　电视机　卡式录音机　教育培训

**理解要点**：首先，运用产品生命周期的理论说明产品生命指的是什么生命，其生命有多长。

然后，对上述产品分别处于产品生命周期的哪一个阶段逐个进行辨别分析，说明理由。

### 5.5.2　产品生命周期各阶段特点及相应营销策略

**1）投入期特点与营销策略**

（1）投入期特点

一种新产品开始投入市场进行试销的时候，称为投入期。这一阶段的特点：产品刚进入市场，消费者对产品不了解，销量小，单位产品成本高；广告费用和其他营销费用开支较大；产品技术性能不够完善；通常出现亏损现象。因此，在这个阶段，企业的市场风险较大。

（2）投入期营销策略

投入期企业的营销重点是把握一个"快"字。一般有四种可供选择的策略，如图5-4所示。

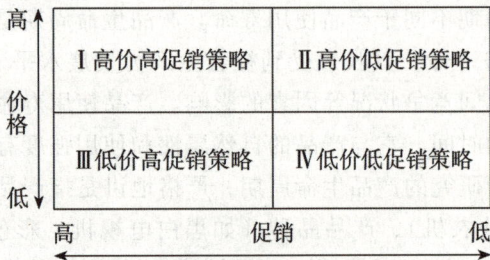

图5-4　产品投入期营销策略图

**业务链接5-4**

**惠普成为全球领先技术公司的秘诀**

惠普公司董事长兼CEO费奥瑞纳女士2004年说，惠普为了成为全球领先的技术公司，一切工作紧紧围绕创新，每年投入40亿美元用于研发，两年前每天产生3项专利，一年前每天产生5项专利，而现在每天产生11项专利。

"快"而持续的创新，使惠普公司的激光打印机、喷墨打印机、磁盘存储设备、Unix服务器、Windows服务器、Linux服务器、笔记本计算机等均位居全球市场份额之首，掌上计算机、桌面PC均居全球市场份额第二位。

①双高策略。这一策略的特点是以高价格和高促销费用推出新产品，以期尽快

收回投资。这种策略的适用条件：产品的确有特点，有吸引力，但知名度还不高；市场潜力很大，并且目标顾客有较高的支付能力；面对潜在竞争者的威胁，急需先声夺人，尽快树立名牌威望。

② 高价低促销策略。这一策略的特点是以高价格低促销费用推出新产品，目的是以尽可能低的费用开支，取得最大的收益。此策略的适用条件：市场规模有限；产品有一定的知名度；目标顾客愿支付高价；潜在的竞争并不紧迫。

③ 低价高促销策略。这一策略的特点是企业以低价格高促销费用推出新产品，以争取迅速占领市场，然后再随销量和产量的扩大将产品成本降低，取得规模效益。这种策略的适用条件：市场容量大，但消费者对该产品还不了解；消费者对产品价格特别敏感；潜在竞争的威胁严重；新产品成本能因生产规模的扩大和生产经验的增加而降低。

④ 双低策略。这一策略的特点是企业以低价格低促销费用推出新产品。低价格可扩大销量，低促销费用可降低营销成本，增加利润。这种策略的适用条件：市场容量较大，潜在消费者熟悉该产品；消费者对价格十分敏感；存在某些潜在竞争者，但威胁不大。

### 2）成长期特点与营销策略

（1）成长期特点

当产品经过试销逐渐为市场所接受，上市量增加，销售越来越好的时候，产品就进入成长期。这一阶段的特点：产品基本定型，技术工艺及设备趋于成熟配套，产量激增，成本下降，利润额迅速提高。在这一时期，该产品已具有相当高的市场占有率，但是在高额利润的吸引下，生产和经营这种产品的厂家逐渐增多，市场竞争渐趋激烈，原来的生产厂家的地位受到严峻挑战。

（2）成长期营销策略

在产品的成长期，企业营销的核心是把握一个"好"字。成长期可以采取以下营销策略：

① 提高产品质量，增加新的功能、特色和款式。

② 开拓新市场和增加新的分销渠道。

③ 加强品牌宣传。广告宣传要从介绍产品转向树立产品形象，争取创立品牌。

④ 选择适当时机调整价格，吸引对价格敏感的顾客，提高本企业产品的竞争力。

### 3）成熟期特点与营销策略

（1）成熟期特点

当产品已经基本普及并开始在市场上呈现饱和状态时，表明产品进入成熟期。这一阶段的特点：产品的销售量、利润额达到最高峰，销售增长速度缓慢或呈稳定状态；企业内部生产管理趋于完善，机器、劳动力得到最佳利用，产品成本降到最低限度；产品供需达到平衡，甚至供过于求，市场进入饱和状态，竞争最为激烈，为了进行竞争，企业又投入大量的推销费用；在本阶段后期，销售量和利润额开始下降。

（2）成熟期营销策略

在产品的成熟期，企业营销的核心是把握一个"长"字，要采取各种措施，千方百计延长产品市场生命周期。成熟期有三种策略可供选择：

① 产品改革策略。它是指对产品进行某些改进，使之在功能、规格、包装等方面有所变化，以吸引新的消费者，达到延长产品成熟期的目的。

② 市场改革策略。它是指开发新市场、寻求新用户，通常有三种方式：一是开发产品的新用途，寻求新用户；二是刺激老用户，增加重复购买；三是重新为产品定位，寻求新的买主。

③ 营销组合改革策略。它是指运用定价、渠道、促销组合方式延长产品的成熟期。

### 深度剖析 5-1

**背景资料：** 有个商人，曾把一种叫"抱娃"的玩具拿到百货公司去推销，可惜，这种玩具几乎无人问津。他只得从百货公司把这种黑皮肤的"抱娃"取回来堆放在仓库里。

有一次，他注意到百货公司里一个身着泳装的女模特模型有着一双雪白的手。他想：如果把这种黑色的"抱娃"放在女模特模型雪白的手腕上，那真是黑白分明，格外醒目。通过这样的鲜明对比，说不定顾客会喜欢"抱娃"。

经过一番说服之后，百货公司终于同意让女模特模型手持"抱娃"。这一招真灵！凡是走过女模特模型前的年轻姑娘都会情不自禁地打听："这个'抱娃'真好看，哪儿有卖？"原来无人问津的"抱娃"一时间成了抢手货。

后来，他又想出一个办法。他请了几位白皮肤的女青年，身着夏装，手中各拿一个"抱娃"，在繁华热闹的街道上"招摇过市"。这样一来，不仅吸引了大量的过往行人，就连新闻记者也纷纷前来采访。第二天，报纸上竞相刊登出照片和报道，该市因此掀起了一股"抱娃"热。

**问题思考：** 无人问津的"抱娃"为什么会成为抢手货？从抢手货再升级上升到"抱娃"热说明了什么？我们能够从"抱娃"由滞转畅营销发展过程中获得哪些有益的启示？

#### 4）衰退期特点与营销策略

（1）衰退期特点

由于同类新产品不可遏制地占领了市场，本企业产品竞争力不断下降，使产品的生命周期进入衰退期。这一阶段的特点：该产品已经过时，已不再适应市场需求，销售量急剧下降，产品积压，价格下跌，效益不佳。

（2）衰退期营销策略

产品一旦进入衰退期，从战略上看已经没有留恋的余地。企业营销的核心是把握一个"转"字，应通过积极开发新产品取代老产品。同时，还要根据市场的需求情况，保持适当的原产品生产量以维持一部分市场占有率，并做好撤退的准备。衰退期企业可采用如下营销策略：

① 集中策略。企业应缩小经营范围，把人力、物力、财力集中到最有利的产品上去，从最好的目标市场和销售渠道上获得较多的利润。

② 持续策略。保持原有的细分市场，沿用以往的营销策略，以低价策略将销售维持在一个低水平上，待到适当时机，再退出市场。

③ 榨取策略。采用赚一点算一点的方式，在产品的淘汰过程中获取一定效益。

④ 转移策略。企业停止处于衰退期商品的生产，将生产转移到发展新产品上去，以争取市场形势的转机。

### 同步案例 5-7

#### 日本黑白电视机成功延长生命周期

**背景与情境：** 20 世纪 70 年代后期，12 英寸黑白电视机在日本已处于产品生命周期的尾声，即将被市场淘汰。然而，此时正逢中国改革开放，放松了对耐用消费品进口的限制，很多欧美企业由于对中国市场潜力估计不足，认为中国消费者购买能力低而持观望态度，而日本的日立、夏普、东芝等企业经过认真分析，认为这是一个千载难逢的好机会，于是紧锣密鼓地组织生产，在保持原有生产线基本要素不变的前提下，根据中国市场特点，对产品和营销策略按中国市场特点和消费习惯进行了适当调整，在很短时间内就将适合中国制式和国情的电视机大量投放中国市场，成功地延长了黑白电视机这种产品的生命周期。

**问题：** 日本黑白电视机采取了哪些方法成功地延长了生命周期？我们能从中获得哪些启示？

学习微平台

视频 5-7

### ━ 本章概要 ━▶

□ 内容提要与结构

▲ 内容提要

● 产品，是指企业提供给市场、能满足消费者某种需要或欲望的任何有形实物或无形服务。核心产品、形式产品和附加产品作为产品的三个层次是不可分割、紧密联系的，它们共同构成了产品的整体概念。这一概念充分体现了以消费者为中心的现代营销观念要求。所谓产品组合，是指一个企业向市场提供其生产或经营的全部产品的构成方式。四象限评价法是产品组合的优化方法之一，产品组合策略有扩大产品组合、缩减产品组合、产品线的延伸。

● 企业向市场提供的过去没有生产过或经营过，能满足顾客某种新需求的产品叫作新产品。新产品一般可分为全新型新产品、换代型新产品、改进型新产品、仿制型新产品和重新定位型新产品。新产品开发要求有市场、有特色、有效益、有能力。新产品开发策略主要有挖掘产品功能策略、挖掘顾客需求策略、开发边缘产品策略、利用别人优势策略和满足好奇心策略。

● 包装的整体设计应体现安全性、经济性、功能性、生产性、流通性、方便性和观赏性等要求。

包装策略主要有类似包装策略、不同包装策略、配套包装策略、等级包装策略、再使用包装策略、附赠品包装策略和改变包装策略。

● 品牌是指制造商或经销商给自己产品规定的商业名称。商标是指经过国家权威机构依法定程序注册登记后受到法律保护的品牌。品牌策略主要有品牌建立策略、品牌归属策略、家族品牌策略、品牌延伸策略、副品牌策略、多品牌策略和品牌革新策略。

● 产品生命周期是指产品从试制成功、投放市场开始，直到被市场淘汰、退出市场的全过程，一般包括投入期、成长期、成熟期和衰退期四个阶段，并非所有产品生命周期都必须依次经过这四个阶段。在产品生命周期的四个阶段，其营销重点应分别把握"快""好""长""转"字。

▲ 内容结构

本章内容结构如图5-5所示。

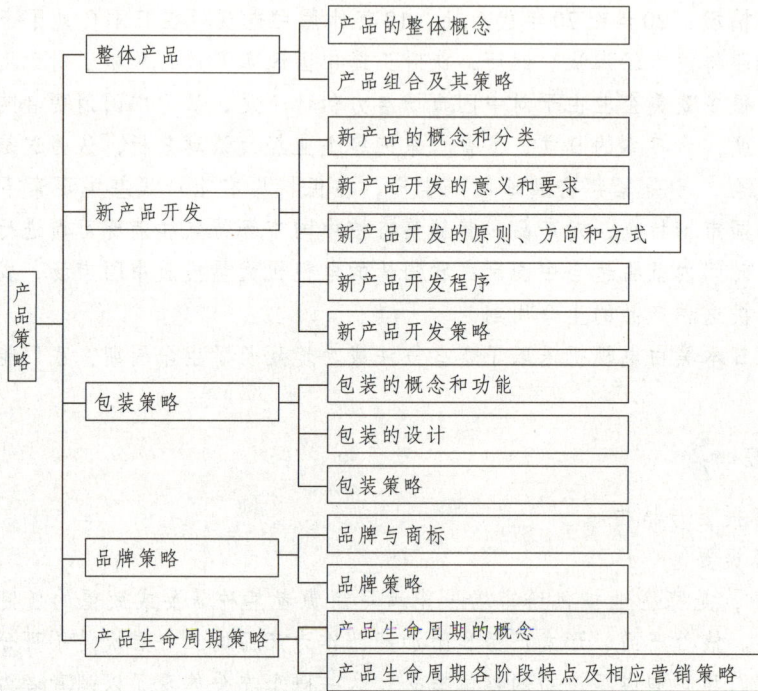

图5-5　本章内容结构

□ 主要概念和观念

▲ 主要概念

产品　产品组合　四象限评价法　新产品　品牌　商标　产品生命周期

▲ 主要观念

产品整体概念理论　新产品开发原理　包装品牌理论　产品生命周期原理

□ 重点实务和操作

▲ 重点实务

产品层次结构分析　新产品开发的要求、程序和策略　品牌策略的运用　相关"业务链接"

▲ 重点操作

产品策略知识运用

**单元训练**

□ 理论题

▲ 简答题

（1）产品组合策略有哪些？

（2）新产品开发一般要经过哪些程序？

（3）商品包装有哪些策略？

▲ 讨论题

（1）如何理解产品及其整体概念？

（2）有人说"品牌就是商标"，这话对吗？为什么？

（3）如何理解产品市场生命周期的概念？

□ 实务题

▲ 规则复习

（1）简述四象限评价法的具体步骤。

（2）简述产品生命周期各阶段的特点及应采取的营销策略。

（3）简述品牌策略。

▲ 业务解析

（1）2016 年某市宏大商场共销售电视机 3 000 台，销售额为 1 000 万元；2017 年的电视机计划销售额为 1 200 万元。通过调查，得知该市 2016 年电视机全年销售量为 10 万台。试问：宏大商场经营的电视机在该市的市场占有率是多少？宏大商场经营的电视机 2017 年的销售增长率是多少？

（2）目前牙膏市场的集中诉求是防蛀、清新口气、预疾、固齿，而且针对牙齿、牙龈的各种功能都已被众多品牌开发得淋漓尽致。某集团公司曾向市场推出过取名为"高力嘉"的牙膏，这是一种在航天技术支撑下，融中草药物功能和氟钙配方为一体的全效性牙膏，也是少有的货真价实产品。然而该产品上市后，销售一直不理想。

对消费者的调查结果显示：几乎所有的被调查者都认为，其目前使用的牙膏功能诉求比较适合自己的牙齿状况，但很多人觉得效果并不理想。为什么消费者会觉得效果不理想？原因很简单：以高露洁为首的外资品牌以氟、钙为主要成分，主要针对口腔中硬的部分——牙齿——做文章，突出宣传其防蛀、固齿和美白功效。而两面针、草本等国内品牌以中草药为主要成分，针对口腔中软的部分——牙龈——做文章，突出宣传其消炎、止痛、去火的功效。现假定该集团公司问计于你，请你运用所学市场营销知识对这种牙膏展开分析，谈一谈你的看法。

□ 案例题

▲ 案例分析

【训练项目】

案例分析-V。

【相关案例】

**产品换衣裳，身价不一样**

**背景与情境：**在湖南省益阳味蛋厂的产品陈列室里，陈列着造型别致、制工精巧

随堂测 5-1
单选题

随堂测 5-2
多选题

随堂测 5-3
判断题

学习微平台
分析提示 5-7

学习微平台
分析提示 5-8

的各式皮蛋包装：有的像散花仙女手中的花篮，有的如江上渔姑腰间的鱼篓，有的似寿仙葫芦，有的如民间腰鼓，还有的像金砖、玉钵，姿态各异，栩栩如生。一种松花皮蛋产品，包装竟有17种之多。

以前，这个厂只重视产品质量，忽视了包装更新，尽管产品获得了中国首届食品博览会银奖，但包装一直式样单调，难以激起顾客的购买热情，顾客称其为"俏妹子穿大布衣——内优外劣"。该厂后来狠抓了包装的更新改造，从满足各种顾客的需要出发，先后设计出48种包装式样。东北人把"四"作为最吉利的数字，他们设计了一种"四时吉祥"的四方形手提式包装，每件40枚。沈阳市禽蛋公司批发部曾有两名采购员来湖南，准备调进一批皮蛋，先后跑了10多个县市的30多家工厂，都没找到合意的产品。当他们返回沈阳途经武汉时，在商店发现了该厂"四时吉祥"包装的产品，当即赶到益阳，一次就购货5.2万元，并与该厂签订了长期业务合同。

一次，该厂厂长出差到广东，发现广东人喜欢"8"（与"发财"的"发"谐音），出门办事也选择逢8的日期，赶紧设计了一种金砖形状的8枚包装，并印上"恭喜发财"4个烫金大字。然后，将5万盒这种包装的产品运到深圳试销，刚一上市就被抢购一空。后来，广东、湖南两省已有13个单位与该厂签订了70多万元的销售合同。

多种式样的包装，赢得了市场。目前，该厂产品已畅销17个省市。

**问题：**

（1）"产品换衣裳，身价不一样"说明了什么？

（2）益阳味蛋厂营销成功的原因是什么？我们可从中获得哪些有益的启示？

（3）结合我国商品包装的历史与现状，谈谈如何运用包装策略为企业促销服务。

**【训练要求】**

同第1章本题型的"训练要求"。

▲ 课程思政

**【训练项目】**

课程思政-Ⅴ。

**【相关案例】**

### 300万元输给了300元

**背景与情境：** 北京北冰洋食品公司曾开发一种新型保健饮料"维尔康"，其注册商标是"大白熊"。公司花了300多万元广告费，发起强大的广告攻势，宣传的却是"维尔康"而非商标"大白熊"。后来，山西一家小饮料厂花300元在国家商标局申请注册了"维尔康"商标。北冰洋食品公司请求法律保护，判决虽无情却是公正的：北冰洋食品公司注册的是"大白熊"商标，他人完全可以注册"维尔康"商标。

**问题：**

（1）300万元为什么会输给了300元？两公司之间存在道德伦理问题吗？试对上述问题做出思政研判。

（2）通过互联网或图书馆调研等途径搜集你做出思政研判所依据的行业道德规范。

（3）从北冰洋食品公司付出如此惨重的代价中，我们应该吸取什么教训？

学习微平台
分析提示5-9

学习微平台
分析提示5-10

研判要求：同第1章本题型的"研判要求"。

☐ 自主学习

【训练项目】

自主学习-Ⅲ。

【训练目的】

见本章"学习目标"中的"自主学习"目标。

【教学方法】

采用"学导教学法"和"研究教学法"。

【训练要求】

（1）以班级小组为单位组建学生训练团队，各团队依照本教材"附录三"附表3"自主学习"（中级）的"基本要求"和各"'技术-技能'点"的"参照规范与标准"，制订《团队自主学习计划》。

（2）各团队实施《自主学习计划》，自主学习本教材"附录一"附表1"自主学习"（中级）各"'技术-技能'点"相关的"'知识准备'参照范围"所列知识。

（3）各团队以自主学习获得的"学习原理"、"学习策略"与"学习方法"知识为指导，通过校图书馆、院资料室和互联网，查阅和整理近两年以"产品策略"为主题的国内外学术文献资料。

（4）各团队以整理后的文献资料为基础，依照相关规范要求，讨论、撰写和交流《"产品策略"最新文献综述》。

（5）撰写作为"成果形式"的训练课业，总结自主学习和应用"学习原理"、"学习策略"与"学习方法"知识（中级），依照相关规范，准备、讨论、撰写和交流《"产品策略"最新文献综述》的体验过程。

【成果形式】

训练课业：《"自主学习-Ⅲ"训练报告》

课业要求：

（1）内容包括：训练团队成员与分工；训练过程；训练总结（包括对各项操作的成功与不足的简要分析说明）；附件。

（2）将《团队自主学习计划》和《"产品策略"最新文献综述》作为《"自主学习-Ⅲ"训练报告》的"附件"。

（3）《"产品策略"最新文献综述》应符合"文献综述"规范要求，做到事实清晰，论据充分，逻辑清晰。

（4）结构与体例参照本教材"课业范例"的"范例-4"。

（5）在校园网的本课程平台上展示班级优秀训练课业，并将其纳入本课程的教学资源库。

━●单元考核━➤

考核要求：同第1章"单元考核"的"考核要求"。

# 第6章
# 定价策略

## 学习目标

通过本章学习，应该达到以下目标：

**理论目标：** 学习与把握商品定价的概念，影响定价的因素，各种定价目标以及二维码资源中的陈述性知识；能用其指导本章"同步思考"、"教学互动"、"随堂测"和"基本训练"中"理论题"各题型的认知活动，正确解答相关问题；体验本章"初级学习"中专业认知的横向正迁移，以及相关胜任力中"认知"要素的阶段性生成。

**实务目标：** 学习与把握定价方法、定价策略和"业务链接"以及二维码资源等程序性知识；能以其建构"定价策略"的规则意识，正确解析本章"同步思考"、"教学互动"和"基本训练"中"实务题"的相关问题；体验本章专业规则与方法"初级学习"中的横向正迁移和"高级学习"中的重组性迁移，以及相关胜任力中"专业规则"要素的阶段性生成。

**案例目标：** 能正确运用本章的理论与实务知识研究相关案例，培养和提高学生在"定价策略"特定情境中分析问题与决策设计的能力；能结合本章教学内容，依照相关规范或标准，对"课程思政6-1""课程思政6-2"专栏和章后"课程思政-Ⅳ"案例中的企业及其从业人员行为进行思政研判，促进"立德树人"根本任务的落实；体验本章"高级学习"中专业知识、通用知识与思政元素的协同性重组迁移，以及相关胜任力中"认知弹性"要素的阶段性生成。

**实训目标：** 引导学生参加"'定价策略'技术应用"的实践训练。在其了解和把握本实训所及"能力与道德领域"相关技能点的"参照规范与标准"的基础上，通过各项实训任务的完成，系列"技术-技能"操作的实施，相应《实训报告》的准备与撰写等有质量、有效率的活动，培养其"'定价策略'知识应用"的专业能力，强化其"数字应用"、"解决问题"和"革新创新"等职业核心能力（中级），并通过"认同级"践行"职业观念""职业情感""职业态度""职业良心""职业守则"诸多素养点规范，促进健全职业人格的塑造；体验本章"实践学习"中"专能""通能""职业道德"元素的协同性"重组-产生"迁移，以及相关胜任力中"求知韧性"和"复合性技能"要素的阶段性生成。

**引例：手表定价，各有高招**

**背景与情境：** 某年春，全国百货钟表订货会在山东济南召开。当时，全国市场上机械手表已经滞销，连续三次降价，销路仍不见好转。业内人士估计，手表市场萎缩已成定局。因此，很多手表厂担心这次订货会将引发手表"大放血"甩卖。上海是全国钟表行业的"大哥"，各地厂家都盯着上海，探听上海会不会降价，得到的回答是："不降，不降，阿拉上海表降价要市委批，侬放心。"大家听说上海不降，都放心挂出了自己的老牌价。

订货会开了两天，商家在会上转来转去，只看样品，问价格，不订货，厂家直发愁。第三天一早又被这样一条消息弄懵了："所有上海表降价30%以上。"各厂家销售科长们纷纷打电话回厂请示。厂长不敢拍板，又是开会研究，又是请示报告。待研究、请示完毕，几天时间过去了，上海人已把生意做完了。各厂纷纷叫"惨"，都责怪上海不讲义气，但已无法挽回败势。

订货会后，各厂纷纷寻求对策。青岛厂家认为，此时跟着降价着实不是好选择，因为顾客会认为便宜没好货。他们算了一笔账：青岛生产的"铁锚"牌手表，每块原价80元，如果降价，一块表顶多赚1~2元，要将100多万块表卖出去实在太难；如果不降，每块表可赚30多元，售出6万~7万块表，基本上能将100万块的利润拿回。他们选择了后者，有意在电视上做了不降价的广告，效果不错。其他很多厂家仿效上海，结果吃了大亏。如重庆钟表公司，一年就亏损了600多万元。

与此同时，深圳的"天霸"表更是大胆：每块表从124元上涨到185元。他们的策略是不断在样式上求新，在质量上求精，价格一路上涨。他们通过广告宣传展开地毯式轰炸，不仅在国内消费者中树立了良好的产品形象，还将手表销往澳大利亚等国。那一年，"天霸"表究竟赚了多少，只有他们自己清楚，反正从市场上看，"天霸"表是相当走俏的。

学习微平台

分析提示6-1

资料来源 佚名. 价格攻略之降价策略［EB/OL］.［2020-12-18］. http://www.ltwh.com.cn/article-673.html.引文经过节选、压缩和改编。

**问题：** 这场手表价格战说明了什么？我们能够从中得到哪些启示？

## 6.1 影响定价的因素

影响商品定价的因素有很多，主要有产品的成本及其价值、供求状况、市场竞争因素、顾客心理、政策法规等。

### 6.1.1 产品的成本及价值

价值是价格的基础，价格是价值的货币表现。所谓价值，是指凝结（或物化）在商品中的一般人类劳动。商品的价值量是由社会必要劳动时间决定的，它由三部分组成：（1）在生产过程中消耗掉的生产资料价值c；（2）劳动者为自己创造的价值v；（3）劳动者为社会创造的价值m。c和v构成商品的成本，而m则意味着盈利。在产品的成本和价值之间，可以有无数个销售价格，但成本是销售价格的下限，如果商品定价低于这个下限，企业不仅无利可图，而且连简单再生产也无法维持。所以，在为商品定价时，企业应首先考虑产品的价值（成本+盈利）这个因素。

企业在营销定价过程中，应做好两方面的工作：一方面，应在可能的情况下制定尽量高于成本的销售价格；另一方面，应在企业内部采取各种措施，努力降低成本，使自己生产商品的个别劳动时间低于社会必要劳动时间，以求在同等价格水平下，获取更多的利润。

### 6.1.2　供求状况

#### 1）市场商品供求关系

商品价格是在一定的市场供求状况下形成的。在一定时间内，某种商品的供求状况反映其供给总量与需求总量之间的关系，这种关系不外乎三种情况，即供求平衡、供不应求和供过于求。

供求平衡，是指某种商品的供给与需求在一定时期内大体相等的情况。在供求平衡状态下，市场价格被称为均衡价格。供不应求，是指某种商品的供给低于需求的情况。供过于求，是指某种商品的供给高于需求的情况。当某种商品的供给量满足不了人们的需要时，商品畅销，价格上涨，购买者之间就会激烈地争夺货源。随着价格的上涨，商品的利润增大，吸引了更多的企业生产这种产品，从而使该种商品的市场供给量剧增。这时，市场上就会出现供过于求的现象，促使商品价格降低，利润下降。因此，在商品走俏时，企业营销人员应当居安思危，警惕价格的上升引致的供给增加；当某种商品的供给总量大于需求总量时，商品滞销，价格下跌，卖主就会激烈地争夺商品销路。必须注意的是，这种局面往往是长期的，不会很快改变。这是因为，企业的生产能力是相对稳定的，即使商品价格下跌，企业仍然开动机器生产。同时，消费者也不会因为价格下降在长时间内大幅度地增加购买。这时，企业应善于发现和创造新的需求，寻找和开发市场空白点。

#### 2）需求的价格弹性

需求的价格弹性，是指需求量对价格变化的反应敏感程度。价格弹性系数的计算公式为：

价格弹性系数（$E_p$）=需求变动的百分比/价格变动的百分比    (6.1)

式中：需求变动的百分比=产品需求变动量/原需求量；价格变动的百分比=价格变动量/原价格。

当需求的价格弹性系数＞1时，说明需求变动的百分比大于价格变动的百分比，称为强弹性需求或称富有弹性，此时降低产品价格会使销售收入增加，提高价格反而会使销售收入减少；当需求的价格弹性系数＜1时，说明需求变动的百分比小于价格变动的百分比，称为弱弹性需求或称无弹性需求，此时提高价格会使销售收入增加，降低价格会使销售收入减少；当需求的价格弹性系数=1时，说明需求变动的百分比与价格变动的百分比是一致的，称单一弹性，此时以保持价格相对稳定为宜。

**教学互动6-1**

**互动问题**：某商品原价5元，需求量为2 600件；现价格为6元，需求量为2 200件。该商品有需求价格弹性吗？其计算结果说明了什么经济含义？

**要求**：同"教学互动1-1"的"要求"。

**问题思维 6-1**

**疑点：**只有薄利，才能多销，只有多销才能多利，因此，企业在制定价格时，必须采取薄利多销的策略，以实现企业经营目标。

**释疑提示：**一般认为，只有采取薄利多销的策略，才能实现企业经营目标，其实未必。对需求弹性小的产品，可采用提价的办法，通过厚利少销，同样可以实现企业经营目标。在实际营销活动中，究竟是采用厚利少销还是薄利多销，一般通过对价格需求弹性的研究与市场营销调研来决定。

## 6.1.3　市场竞争因素

在市场经济中，企业间的竞争日趋激烈，竞争方式多种多样，其中最原始、最残酷的就是价格竞争，即价格大战。当竞争在生产者之间进行时，说明商品供过于求，价格必然下跌；当竞争在消费者之间展开时，说明商品供不应求，价格必然上涨。面对激烈的价格竞争，企业必须采取适当方式，了解竞争对手的价格和产品质量，与竞争产品比质比价，尽可能制定出有利于企业竞争取胜的价格。

## 6.1.4　顾客心理

企业在制定价格时还必须考虑顾客的心理，尽可能制定出顾客乐于接受的价格。

**1）预期心理**

预期心理，是指顾客对未来一段时间内市场产品供求及价格变化趋势做出预测判断而产生的一种心理。根据供求规律，价格上涨一般会抑制需求，而价格下跌则会刺激需求。然而现实生活中往往出现相反的现象：价格越涨，购买者越多；价格越跌，购买者越少。这就是所谓的"买涨不买跌"的消费现象。当产品价格上涨时，顾客预期价格可能还会进一步上涨，于是争相购买；而当产品价格下跌时，顾客预期价格可能还会继续下降，于是持币待购，期待价格再次降低后再购买。

**2）认知价值**

认知价值，是指顾客在心理上对产品价值做出的估计和认同。顾客在购买产品时，往往将价格与自己内心形成的认知价值相比较，将一种产品的认知价值同另一种产品的认知价值相比较，如果认为价格合理、物有所值，就会购买；如果企业的产品价格高于顾客的认知价值，顾客就会认为定价太高；如果企业的产品价格低于顾客的认知价值，顾客又可能对产品的质量产生疑虑，也不愿意购买。所以，企业在制定价格时必须考虑顾客的心理因素，把握顾客的认知价值，借以制定出合适的价格，达到促进产品销售的目的。

**同步案例 6-1**

### 随你给多少

**背景与情境：**美国有个叫罗西的人，经营着一个家庭餐馆。餐馆菜单上没有标价，广告牌上有"随你给多少"的提示语。他规定："让顾客根据饭菜和服务的满意程度自定价格，给多给少，悉听尊便；若不满意，也可分文不付。"罗西这一绝招，

学习微平台

视频 6-1

使好奇的食客们闻风而至，罗西餐馆顿时顾客爆满，应接不暇，收入大增。许多食客心甘情愿地付出比实际价格高得多的价款。虽然难免有个别无赖之徒和饕餮之客，但对餐厅的整体经营却不伤筋骨，最终使他腰缠万贯。

资料来源　曙光. 独辟蹊径营销谋略［N］. 中国质量报，2005-09-27.

问题：罗西的家庭餐馆为什么敢承诺"随你给多少"，他不怕亏本吗？

### 6.1.5　政策法规

价格是事关国家、企业和个人三者之间物质利益的大事，涉及各行各业和千家万户，与人们的物质生活息息相关。在当今市场经济舞台上，政府扮演着越来越重要的角色。作为国家与消费者利益的维护者和代表者，政府力量渗透到企业市场行为的每一个角落。政府在遵循价值规律的基础上，往往要通过制定物价工作方针和各项政策、法规，对价格进行管理，或利用税收、金融、海关等手段间接地控制价格。因而，国家有关的政策、法规对产品价格的形成也有着重要的影响。

此外，企业定价时还必须考虑其他环境因素，如国内外的经济形势、货币流通状况、产品生命周期等。

## 6.2　定价目标

定价目标，是指企业对其生产或经营的产品，通过制定价格，有意识地要求达到的营销目的和标准。企业应根据自身的性质和特点，权衡各种定价目标的利弊而加以取舍。

### 6.2.1　以获取利润为定价目标

#### 1）以获取最大利润为定价目标

追求最大利润为定价目标并不意味着企业要制定最高价格。因为最大利润既有长期和短期之分，又有企业全部产品和单个产品之别。有远见的企业经营者，往往追求长期利润的最大化。当然这并不排除在某些特定情况下，通过高定价获取短期最大利润。如果选择以短期最大利润为企业的营销目标，必须具备两个前提条件：一是企业的产品质量和生产技术、生产能力处于领先地位；二是消费者对商品的边际需求评价较高或商品供不应求。如果选择以长期最大利润为企业的营销目标，也必须具备两个前提条件：一是产品的长期市场前景看好；二是企业有望迅速扩大生产能力和提高技术水平。为了实现长期利润最大化目的，企业在制定营销战略时，可能会牺牲一些短期利益，这是吃小亏而占大便宜的举措。还有一些经营多种产品的企业，经常使用组合定价策略，即有些产品的价格定得比较低，有时甚至低于成本以招徕顾客，借以带动其他产品的销售，从而使企业利润最大化。

学习微平台

延伸阅读 6-1

#### 2）以获取合理利润为定价目标

合理利润定价目标，是指企业为避免不必要的价格竞争，以适中、稳定的价格获得适当利润的一种定价目标。采用这种定价目标的企业，往往是为了降低风险，保护自己，或限于力量不足，只能在补偿正常情况下平均成本的基础上，加上适量利润作为产品价格。

### 3）以获取投资收益为定价目标

任何企业对营销过程中投放的资金，都希望获得一定的预期报酬。所谓投资收益定价目标，就是指企业在一定时期内能够收回投资并获取预期投资回报的一种定价目标。采用这种定价目标的企业，一般是根据投资额规定的收益率，计算出单位产品的利润额，加上产品成本作为销售价格。此时必须注意两个问题：第一，要确定适度的投资收益率。一般来说，投资收益率应该高于同期的银行存款利息率，否则人们就不会愿意投资；同时不能对投资收益率要求太高，否则消费者就难以接受。第二，产品要有竞争优势。与竞争对手相比，产品要有明显的优势，否则产品卖不出去，预期的投资收益也实现不了。

## 6.2.2 以提高市场占有率为定价目标

市场占有率，是指企业产品销售量在同类产品市场销售总量中所占的比重。它反映了一个企业的经营状况和产品在市场上的竞争能力，关系到企业的兴衰存亡。提高市场占有率，对企业来说往往比获取投资报酬更为重要。企业只有提高了市场占有率，才能增加生产批量，从而促使产品成本大幅下降，保证企业获得长期的最高利润。因此，企业往往通过制定尽可能低的价格来实现市场占有率的领先地位。然而，并不是在任何情况下制定较低价格都能提高市场份额。只有具备下列条件之一时，企业才可考虑通过低价来实现市场占有率的提高：市场对价格高度敏感，因此低价能刺激需求的迅速增长；生产与分销的单位成本会随着生产经验的积累而下降；低价能吓退现有和潜在的竞争者。如果盲目降价促销，非但不能增加总利润，还可能影响企业的扩大再生产。

## 6.2.3 以应对和防止竞争为定价目标

在市场经济条件下，同业竞争主要集中在价格竞争和非价格竞争两方面，其中价格竞争更为直接和突出。由于价格比较容易掌握，有些企业为了阻止竞争者进入自己的目标市场，就以竞争者的价格为基础，故意将产品价格定得很低，阻止竞争对手进入市场或迫使其无利可图而退出市场。这种定价目标一般适用于实力雄厚的大企业。有些中小企业在市场竞争激烈的情况下，以市场主导的价格为基础，随行就市定价，也可以缓和竞争，稳定市场。

## 6.2.4 以树立和维护企业形象为定价目标

良好的企业形象是企业的无形资产和宝贵财富。企业以树立和维护自身形象为定价目标，要注意三点：首先，要考虑价格水平能否被目标消费者所接受，是否有利于企业整体策略的有效实施。其次，产品价格要使人感到性价相称、货真价实。也就是说，从整体上看，产品应具有一定特色，或以价廉物美著称，或以价格稳定见长。最后，要遵守社会和职业道德规范，自觉遵守政策指导和法律约束，不能因为贪图一时的蝇头小利而损害消费者的利益，自损信誉，自毁形象。

### 6.2.5　以稳定价格为目标

为了长期稳定地占领目标市场并获得适当利润，采取保持价格稳定的方法，可避免不必要的价格竞争或价格骤然波动所带来的经营风险。这是获得一定的投资收益和长期稳定利润的一条重要途径。以稳定价格为营销目标，对大企业来说，是一种稳妥的保护政策，而中小企业一般也愿意追随大企业制定价格。

企业定价所要达到的目标既可能是单一的，也可能是多重的。在制定价格前，企业应当对各种定价目标进行权衡，并结合企业的特点，根据轻重缓急予以取舍。

**课程思政 6-1**

学习微平台

分析提示 6-2

#### 化解价格异议有绝招

**背景与情境：** 某机器的价格平均在 20 000 元左右，而一家生产和销售该机器的公司的报价是 24 000 元，高出同类产品 4 000 元。尽管如此，其销路仍然很好。营销人员是这样介绍产品的：

20 000 元是与竞争者同一型号的机器价格；

3 000 元是因产品更耐用而必须多付的价格；

2 000 元是产品可靠性更高而多付的价格；

2 000 元是本公司服务更佳而多付的价格；

1 000 元是保修期更长多付的价格；

28 000 元是上述应付价格的总和；

（减去 4 000 元的折扣）24 000 元是最后价格。

经该公司营销人员这样一算账，消费者疑惑尽释，尽管其产品报价高出同类产品 4 000 元，可它的销路却很好。

**问题：** 这家公司的定价目标是什么？其行为是否有悖于职业道德和营销伦理？其报价高出同类产品 4 000 元，为什么它的销路却很好？奥秘何在？有何启示？

## 6.3　定价方法

### 6.3.1　成本导向定价法

**成本导向定价法**，是指以企业的生产或经营成本作为制定价格依据的定价方法。按照定价成本的性质不同，成本导向定价法又可分为以下几种：

**1）成本加成定价法**

成本加成定价法，是指企业以产品单位销售成本为基础，加上一定的预期利润而形成产品价格的方法。其计算公式为：

单位产品价格＝单位销售成本×（1+综合加成率）　　　　　　　　　　（6.2）

**同步计算 6-1**

某企业生产一种皮包，单位销售成本为 100 元，企业规定的综合加成率为 25%，求该皮包的销售价格。

**解**：皮包的销售价格=100×（1+25%）=125（元）

**答**：按成本加成定价法，该皮包的销售价格应确定为125元。

采用这种方法定价的关键是综合加成率的确定。如考虑不周，产品定价太高或太低都可能给企业造成不应有的损失。

**优点**：计算简便。在正常情况下，可以保证企业获得正常利润。

**缺点**：只考虑了产品本身的成本和预期利润，忽视了产品的社会价值、供求和竞争情况。用这种方法计算出来的价格，很可能不为消费者所接受，或缺乏市场竞争力。

#### 2）盈亏平衡定价法

盈亏平衡定价法，是指企业根据盈亏平衡点原理进行定价的方法。盈亏平衡点又称保本点，是指在一定价格水平下，企业的销售收入刚好与同期发生的费用额相等，收支相抵，不盈不亏时的销售量；或在一定销量前提下，使收支平衡的价格。其计算公式为：

单位产品保本价格=固定总成本÷预计销售量+变动成本 (6.3)

产品保本销售量=固定总成本÷（销售价格−变动成本） (6.4)

**同步计算6-2**

某企业经营的女式皮鞋应分摊固定成本4万元，每双女式皮鞋进价为200元，销售费用和税金为20元，即每双女式皮鞋变动成本为220元。若企业每年预期销量为1 000双，每双女式皮鞋售价定为多少时企业才能保本？如果该企业采取与竞争者同样的价格300元出售，其收支相抵、不盈不亏的销售量是多少？

**解**：女式皮鞋保本价格=（40 000÷1 000）+220=260（元）

300元出售时的保本销售量=40 000÷（300−220）=500（双）

**答**：按盈亏平衡定价法，每双女式皮鞋售价定为260元时，企业才能保本。如果每双女式皮鞋售价300元，则只需出售500双就能保本。

可见，这种定价方法比较简单。在市场不景气的情况下，采用这种方法比较适用，因为保本经营比停业的损失要小，而且企业有较灵活的回旋余地。运用这种定价方法的关键是必须正确预测市场销售量。

#### 3）目标利润定价法

目标利润定价法，是指企业以投资额为基础，加上投资希望达到的目标利润进行定价的方法。其计算公式为：

单位产品价格=（固定总成本+目标利润）÷预计销售量+变动成本 (6.5)

**同步计算6-3**

如果上例中该企业希望达到的目标利润为2万元，那么每双女式皮鞋售价定为多少时企业才能实现目标利润？

**解**：女式皮鞋目标利润价格=（40 000+20 000）÷1 000+220=280（元）

**答**：按目标利润定价法，当每双女式皮鞋定价为280元时，企业就能实现2万元的目标利润。

目标利润定价法的优点：能保证企业按期收回投资，并能获得预期利润，计算也较方便。其缺点：由于产品价格是根据预计产量推算的，因此，并不能保证销量也能同步达到预期目标。所以，企业必须在综合考虑自身实力、产品特点和市场供求等方面的因素后，才能确定价格。这样制定出来的价格，才有可能达到预期的目标利润。

#### 4）边际贡献定价法

边际贡献定价法又叫变动成本定价法，是指企业以变动成本为基础，加上预期的边际贡献确定价格的定价方法。其计算公式为：

$$产品价格=单位变动成本+边际贡献 \tag{6.6}$$
$$边际贡献＝产品单价-产品单位变动成本 \tag{6.7}$$

边际贡献的作用是补偿固定成本。当产量达到盈亏平衡点时，说明固定成本补偿完毕，企业做到了收支平衡。可见，只要边际贡献大于零，每多出售一件产品，就能对固定成本有所补偿。在市场竞争激烈、企业订货不足、存在剩余生产能力时，可以考虑采用边际贡献定价法。

**同步计算 6-4**

某企业生产电冰箱的能力为每年1万台，固定成本为300万元，单位变动成本为1 300元，产品原售价为2 000元。目前订货只有8 000台，一家外商提出订购2 000台，但其出价最高只有1 500元。问这笔订货是否可以接受？

**解：** 从表面看，单位产品总成本为1 600元（3 000 000÷10 000+1 300），外商出价1 500元，每台要亏损100元。但进一步分析会发现：每台变动成本为1 300元，每多销售一台的边际贡献为200元（1 500-1 300）。如果接受这笔订货，可获边际贡献40万元（200×2 000÷10 000）。固定成本300万元总是要支出的，而且分配到了已订货的8 000台中。这个企业由于生产能力有闲置，因此，如果接受这笔订货，不仅不亏本，反而可以增加利润40万元，或者说可以增加40万元补偿固定成本。

**答：** 由于该企业订货不足，存在剩余生产能力，按边际贡献原则分析，接受这笔订货是有利可图的。

边际贡献定价法一般适用于以下情况：一是当市场上产品供过于求，企业产品滞销积压时，如坚持以总成本为基础定价出售，往往难以为市场所接受，其结果不仅不能补偿固定成本，连变动成本也无法收回。此时以边际贡献为基础定价，可大大降低售价，对付短期价格竞争。二是当企业订货不足、生产能力过剩时，与其让厂房和机器设备闲置，不如利用低于总成本但高于变动成本的低价来扩大销售，借以补偿固定成本，减少亏损。

**深度剖析 6-1**

**背景资料：** 某家电商场主营彩电、冰箱、洗衣机，其中彩电、冰箱经营效益良好。洗衣机每台变动成本400元，每台应摊固定成本100元，售价每台480元，全年可销1 000台，共计亏损2万元。由于亏损，基层管理人员纷纷建议停止洗衣机经营，集中经营彩电、冰箱或开辟别的经营门路。（提示：彩电、冰箱竞争激烈，增销可能

性不大；商场受条件限制，目前无力开辟新的经营门路）

**问题思考：**由于亏损，基层管理人员纷纷建议停止洗衣机经营，集中经营彩电、冰箱或开辟别的经营门路的请求能否采纳？为什么？

### 6.3.2　需求导向定价法

**需求导向定价法**，是指以企业顾客需求和可能接受的价格作为定价依据的定价方法。这种方法虽然不能完全排除成本因素，但成本不是产品定价的基本出发点。其具体方法有：

#### 1）理解价值定价法

理解价值定价法，是指企业根据消费者对商品的理解认识程度和需求程度来确定价格的定价方法。这种方法的倡导者认为：一种商品的价格、质量、服务水平等，在消费者心目中都有一个特定的位置。当商品价格与消费者的认识理解水平大体一致时，消费者才会接受这种价格。因此，企业要在市场上推出一种新产品，应首先从产品的功能、款式、质量、服务以及广告宣传等方面为产品树立一个完整形象，并估计出消费者对这种产品的认识程度和需求程度，即理解价值，以此定出产品的初始价格，然后估算这个初始价格水平下的销售量、成本和盈利，最后确定实际价格。可见，理解价值定价法的关键，是企业要对消费者理解的相对价值有一个正确的估计和判断。

> **同步思考6-1**
>
> 美国一家生产猪皮便鞋的公司，在生产一种名叫"安静的小狗"牌便鞋时，他们首先将100双这种便鞋送给100位顾客试穿。试穿8周后，公司通知顾客说："公司准备收回鞋子，不过你想留下也行，但每双必须付5美元。"
>
> 该公司是不是真的要收回那5美元的鞋子？为什么？

学习微平台

视频6-2

#### 2）反向定价法

反向定价法，是指企业根据产品的市场需求状况，通过价格预测和试销、评估，先确定消费者可以接受和理解的零售价格，然后逆向倒推批发价格和出厂价格的定价方法。这种方法不是以实际成本为主要依据，而是以市场需求为定价出发点，力求使价格为顾客所接受。

#### 3）需求差异定价法

需求差异定价法，是指企业以销售对象、销售地点、销售时间等条件变化所产生的需求差异（尤其是需求强度差异）作为定价基本依据的定价方法。在实际生活中，不仅不同的消费者对同一产品的需求有差异，而且同一消费者在不同的时间、不同的地点对同一产品的需求强度也不相同，甚至有很大差异。因此，按需求差异定价法制定的价格，并不与产品成本和质量的差异程度成比例，而以消费者需求的差异为标准。

应用需求差异定价法，应具备以下条件：（1）市场能够根据消费者需求强度的不同加以细分，而且需求差异较为明显；（2）细分后的市场之间无法相互流通，即低价市场的消费者不可能向高价市场的消费者转手倒卖产品或服务；（3）在高价市场中用低价竞争的可能性不大，企业能够垄断其所生产经营的产品和服务；（4）市场细分后所增加的管理费用应小于实行需求差异定价所得到的额外收入；（5）不会因价格差异而引起消费者的反感。

#### 4）比较定价法

比较定价法，是指企业以对产品需求弹性的研究和市场营销调研结果确定产品价格的定价方法。一般认为：产品价格高，获利就多；价格低，获利就少。其实未必。如果根据市场需求情况，实行薄利多销，在销量增加的情况下，仍然可以获得较多利润。

在实际营销活动中，究竟是采用厚利少销还是实行薄利多销，可通过对价格需求弹性的研究与市场营销调研来决定。需求弹性强的产品，可采用降价的办法；需求弹性弱的产品，可采用提价的办法。通过比较其利润大小，判断出哪种价格更为合适。

### 6.3.3　竞争导向定价法

**竞争导向定价法**，是指企业以市场上竞争对手的价格作为制定其同类产品价格主要依据的方法。这种方法适用于市场竞争激烈、供求变化不大的产品。它具有在价格上排斥对手、扩大市场占有率、迫使企业在竞争中努力推广新技术的优点。其具体方法有以下几种：

#### 1）通行价格定价法

通行价格定价法也叫随行就市定价法，是指企业将其产品价格与同行业产品的现行市场价格水平保持一致的定价方法。企业在营销中采用通行价格定价法，既容易被消费者所接受，也能与竞争对手"和平共处"，还能给企业带来合理的利润。因此，这是一种较为流行的定价方法，主要适用于企业难以对消费者和竞争者的反应做出准确估计，不易为产品另行定价的状况。

#### 2）竞争价格定价法

竞争价格定价法，是指企业根据其产品的实际情况及与竞争对手产品的差异状况来确定价格的定价方法。这是一种主动竞争的定价方法，一般为实力雄厚或产品独具特色的企业所采用。

其定价的步骤为：首先，将市场上竞争产品价格与企业估算价格进行比较，分为高于、等于、低于三个价格层次；其次，将本企业产品的性能、质量、成本、产量等与竞争企业进行比较，分析造成价格差异的原因；最后，根据以上综合指标确定本企业产品的特色、优势及市场地位，并在此基础上，按企业定价目标确定产品价格；最后，跟踪竞争产品的价格变化，及时分析原因，相应调整本企业的产品价格。

#### 3）投标定价法

投标定价法，是指买方引导卖方通过竞争成交的定价方法。本方法一般由买方（招标人）发出招标公告，卖方（投标人）竞争投标，密封递价，招标人从中择优选定。企业参加投标的目的是中标，所以它的报价应低于竞争对手的报价。一般而言，报价高，利润大，中标机会就小，如果因价高而导致不能中标，则利润为零；反之，报价低，中标机会大，但利润小，其机会成本可能要大于其他投资方向。因此，报价时不仅要考虑实现企业目标利润，也要结合竞争状况考虑中标概率。一般来说，投标报价时，应预测对手的报价，计算本企业的费用和预期利润，然后提出自己的报价。投标定价法主要适用于提供成套设备、承包建筑施工、设计工程项目、开发矿产资源或大宗商品订货。

## 6.4 定价策略

### 6.4.1 新产品定价策略

#### 1）取脂定价策略

**取脂定价策略**，是指企业在新产品刚投入市场时，把产品的价格定得很高，使其在短期内赚取最大利润的定价策略。"取脂"的本意是指从牛奶中撇取奶油，在此比喻赚取利润，所以又称为高价厚利策略。企业之所以能以高价将新产品打入市场，主要是抓住了顾客的求新心理。取脂定价策略的优点：可以提高产品身价，树立新产品高档优质的形象；容易激发追求优质新潮的消费者的购买心理，并为以后降低产品价格留有余地，使企业掌握调价主动权。其缺点：价格过高易使消费者望而生畏，不利于企业开拓市场；产品价高利大，也容易诱使大批竞争者进入。作为一种短期的价格策略，较适用于技术独特、难以仿效、生产能力不易迅速扩大的新产品。

**课程思政 6-2**

#### 雷诺公司的高价策略

**背景与情境**：第二次世界大战结束时，美国的雷诺公司趁当时世界上第一颗原子弹爆炸的新闻热潮，从阿根廷引进了美国人从未见过的圆珠笔生产技术，取了个时兴的名字——原子笔，并通过各种宣传为之披上了层层神秘外衣，作为圣诞礼物迅速投放市场。当时，生产圆珠笔的成本仅50美分，而卖给零售商的价格高达10美元，零售商卖给顾客的价格又高达20美元。尽管价格如此高昂，但由于圆珠笔的奇特、新颖和高贵而风靡美国，在市场上十分畅销。等到这种商品的神秘外衣被不断揭开，身价一落千丈时，雷诺公司的老板已带着快要撑破的钱包去经营更新潮的商品去了。

**问题**：美国雷诺公司运用的是什么定价策略？有何优点？其行为符合营销伦理规范吗？

学习微平台

视频 6-3

#### 2）渗透定价策略

**渗透定价策略**，是指企业以微利、无利甚至亏损的低价全力推出新产品，借以在短时间内迅速打开销路，尽快占领市场，在获得对市场的一定控制之后，根据情况变化，再逐步提高价格的定价策略。其目的在于使新产品迅速向市场渗透，通过牺牲短期利益来取得巨额销售量和市场占有率。其优点是运用价格优势争取用户，可以迅速占领市场，并能有效排斥竞争者加入。其缺点是投资回收期较长，降低价格的回旋余地较小。

**同步案例 6-2**

#### 太麦克斯韦公司崛起之谜

**背景与情境**：美国太麦克斯韦公司原是一家生产军用计时器的小公司，第二次世界大战后军火生意越来越难做，于是从1950年开始涉足手表制造业。但是，当时的手表市场竞争十分激烈，像他们这种小公司，要想在竞争激烈的手表市场上分到一杯羹，确非易事。他们运用的定价策略是不断以低价向市场推出自己的新产品。1963年，该公司首次生产电子手表，以30美元推向市场，仅为当时同类产品价格的一半；70年代初，世界主要手表制造商推出1 000美元以上的豪华型石英手表，1972年初日本、瑞士和其他手表厂的石英表也以400美元或更高价格推出。该公司1972年4月上市的石英表，售价才125美元，低廉的价格成为其迅速崛起的法宝。据说，美国市场上每出售2块手表，其中就有1块是该公司的产品。

**问题**：太麦克斯韦公司运用的是什么定价策略？其优点是什么？有何启示？

### 3）满意定价策略

满意定价策略，是指企业为产品制定不高不低的价格，既能对消费者产生一定的吸引力，又能使企业在弥补成本后还有盈利，是企业和消费者双方都感到满意的定价策略。采用满意定价策略的优点：适中的价格被认为是合情合理的，能较快被市场接受，消费者也比较满意；可以避免不必要的竞争；价格在弥补成本后还有盈利，使生产经营者也能收回投资，为企业对产品进一步改进并稳步调价奠定了基础。其缺点是将产品消极地推向市场，企业往往难以灵活适应瞬息万变的市场。

## 6.4.2　折扣定价策略

**折扣定价策略**，是指企业出售产品时，在基本价格的基础上再给购买者一定价格优惠的定价策略。

### 1）现金折扣定价策略

现金折扣定价策略，是指购买者如果按约定日期付款或提前付款，企业可按商品基本价格给予一定数量折扣的定价策略。本策略旨在鼓励消费者及时支付全部货款，以加速企业资金的周转。

### 2）数量折扣定价策略

数量折扣定价策略，是指企业对购买产品达到一定数量的消费者给予一定价格折扣的定价策略。其实质是把消费者大量购买时企业节约的一部分销售费用以价格折扣的形式退还给消费者。数量折扣的形式有两种：一种是累计数量折扣，即在一定时期内，对消费者购买商品的数量进行累计，规定购买达到若干数量等级时，给予若干等级的折扣，一般是累计购买数量越大，折扣就越多。这种形式既能鼓励消费者大量购买，借以扩大产品销量，也有利于与消费者或客户建立长期固定的合作关系，降低企业的经营风险。另一种是非累计数量折扣，即对消费者购买商品的数量不逐笔进行累计，仅根据一次购买数量的多少给予一定的价格折扣，一般是购买越多，折扣越大。

### 3）功能折扣定价策略

功能折扣定价策略，是指企业根据各类中间商（批发商、零售商）在营销活动中所执行的功能不同，分别给予不同折扣的定价策略。本策略旨在调动中间商的推销积极性。

**4）季节折扣定价策略**

季节折扣定价策略，是指企业对那些购买过季产品的消费者给予价格优惠的定价策略。其实质是为了均衡生产，均衡上市，节约仓储费用，把商品存储的任务交给了买主。

### 6.4.3　地理定价策略

地理定价策略，是指企业根据产品特点和买方所在地区的市场状况、运输费用等情况，为不同地区的买主制定不同价格的定价策略。其具体形式有：

**1）产地交货价格（提货价格）策略**

产地交货价格策略，是指企业在所在地的某种运输工具上交货的定价策略，也称"离岸价格"策略。依照这种方式，卖主支付把商品装上运载工具的费用，在装货地点把商品所有权转让给买主，由买主承担运费和运输中的风险。其优点是可以相对降低销售企业在交易中的风险；其缺点是要冒可能失去远方客户的风险，因为远方客户需承担较大的运输费用和风险。

**2）目的地价格（交货价格）策略**

目的地价格策略，是指企业在商品产地价的基础上，再加上由卖方负担的、在商品到达目的地之前的运输、搬运、保管等费用而形成价格的定价策略。此种价格虽然略高，但方便了买主，降低了买主运输商品所要承担的风险，因此买主一般都乐于接受。

**3）统一交货价格策略**

统一交货价格策略，是指企业不管买主距离远近均制定相同出售价格的定价策略。其优点是有利于巩固销售企业的市场地位，也较易获得客户好感，还方便买者比较其他供应者的价格。

**4）区域价格策略**

区域价格策略，是指企业把整个市场分为几个区域，每一个区域实行一种销售价格的定价策略。实质上，区域定价是统一交货价格的一种新形式，能够较为合理地分摊运输费用。

### 6.4.4　心理定价策略

心理定价策略，是指企业根据消费者的心理特点，迎合消费者的某些心理需要，以激发顾客的购买动机，引发顾客购买行为而采取的定价策略。常用的心理定价策略主要有以下几种：

**1）尾数定价策略**

尾数定价策略，是指企业在制定产品价格时，采取以零头结尾，而不以整数结尾的定价策略。大多数消费者在购买一般日用消费品时，往往乐于接受尾数价格，如0.99 元、9.97 元等。消费者会认为这种价格经过精确计算，购买不会吃亏，从而增加对产品的亲切感和信任感。同时，价格虽离整数仅差几分钱，但给人一种低一位数的感觉，符合消费者求廉的心理愿望。尾数定价策略有利于扩大商品销售，但这种方法对熟悉市场情况的消费者作用不大，且给计价、收款带来麻烦。这种策略通常适用于基本生活用品。

**教学互动6-2**

**互动问题：**据美国一些商业心理学家的调查，零售价49美分的商品，其商品销量远比标价50美分的商品多，也比48美分的商品好。因此，许多商店对商品标价，宁取9.97元而不标价为10元，宁可定价为4.99元而不定价为5元。商品奇数定价好销的奥秘何在？

**要求：**同"教学互动1-1"的"要求"。

#### 2）整数定价策略

整数定价策略，是指企业在定价时有意将产品价格定为整数而不要零头的定价策略，如电视机1 000元/台、汽车98 000元/辆等。由于人们常有"一分钱，一分货"的心理，因此采用这种定价方式能使人们产生"产品档次高"的印象，提高商品身价，反而有利于商品销售。一般来说，耐用消费品、礼品、高档商品、消费者不太了解或对质量较为重视的产品，均可采用此种定价策略。

#### 3）声望定价策略

**声望定价策略**，是指企业对有较高声誉的名牌高档商品以及在名店销售的产品，有意把商品价格定得较高，以满足顾客崇尚名牌心理的定价策略。不少高级名牌产品和稀缺商品，如豪华轿车、高档手表、名牌时装、名人字画、珠宝古董等，在消费者心目中享有极高的声望。购买这些商品的人，往往不在乎商品价格，而关心商品能否显示其身份和地位、满足其炫耀心理，价格越高心理满足的程度也就越大。因此，对于此类商品，把价格定得高些，反而有利于销售。当然，采取声望定价策略一是必须质价相符，不能随意欺骗消费者；二是价格不能高得离谱，以免失去消费者信任。

**业务链接6-1**

#### "巴厘克"服装

"巴厘克"是印度尼西亚久负盛名的传统服装。印度尼西亚某服装厂设计师经过革新，在服装设计上达到了精美与典雅、娟秀与华丽并存的水平。该服装厂到日本参加展销会，日本社会名流应邀光顾，却无人问津。调查发现，由于该传统服装整体上定价过低，贵妇们认为购买这样的商品让自己脸上无光。其后，设计师改进了设计，第二年又来到日本参加展销会，尽管服装质量并无大的变化，但价格比上次高出3倍，带来的服装最终被抢购一空。调查发现，日本妇女认为，价格昂贵，又久负盛名，一定货真价实，购买这种服装能显示自己的身份和地位，因而争相购买。

#### 4）习惯定价策略

许多日用消费品，由于经常使用，在长期的市场交换过程中已经形成了为消费者所熟知的价格，这就是习惯价格。企业对这类消费者已经熟知的价格，在确定产品价格时必须充分考虑消费者的习惯倾向，采用习惯定价策略。此类商品的价格不宜轻易变动，这是因为：降低价格，可能会引起是否货真价实的怀疑；提高价格又可能引起"涨价"的社会反响，会使消费者产生不满情绪，导致购买意向转移。企业不得不提价时，应向消费者加强宣传，讲清理由，避免负面影响；或采用某种变通手段（如改换包装或品牌等措施），达到消除消费者抵触心理的目的。同时，企业还要想方设法引导消费者逐步接受新的习惯价格。

**5）招徕定价策略**

**招徕定价策略**，是指企业利用消费者的求廉心理和投机心理，以较低的价格（特价）吸引消费者，以达到连带销售其他商品目的的定价策略。其目的是通过优惠极少数商品来推销绝大多数商品。采用这种策略，虽然几种低价产品不赚钱，甚至亏本，但从总的经济效益来看，由于低价产品带动了其他产品的销售，企业还是有利可图的。节日期间的优惠酬宾、换季"大甩卖"等，就属于这类情况。企业实行这种定价方法时要注意是否具备以下条件：第一，"特价品"必须是大多数顾客熟悉、日常生活必需、购买频率较高的商品；第二，"特价品"的数量必须适宜，不能太多，也不能太少，因为太多会伤企业元气，太少会使顾客失望，甚至会产生不信任感；第三，降价应有吸引力；第四，降价应有时间限制；第五，特价品要经常变换；第六，经营的规模要大，否则不能达到营销目的。

### 6.4.5　组合定价策略

组合定价策略，是指企业在各产品大类、选择品、补充品、副产品、产品系列之间进行价格合理组合安排，借以实现经营目的的定价策略。本策略主要包括：

**1）产品大类定价策略**

当企业生产的系列产品存在需求和成本的内在关联性时，为了充分发挥这种内在关联性的积极效应，就可以采用产品大类定价策略。按照这种策略定价时，要确定三种价格：首先，要确定某种产品的最低价格，以其作为产品大类的领袖价格，借以吸引消费者购买产品大类中的其他产品；其次，要确定产品大类中某种商品的最高价格，使其在产品大类中充当品牌质量代表和收回投资的角色；最后，产品大类中的其他产品也要分别依据其在产品大类中的角色不同而制定不同的价格。在这种策略中，营销者的任务就是认知产品大类中各种产品的质量差别，使其价格差别合理化。

**业务链接 6-2**

#### 某洗衣机厂洗衣机的定价

某洗衣机厂生产三种型号的洗衣机：A 型是普及型的单缸洗衣机，成本为 150元，售价为 180 元；B 型是带有甩干装置的双缸洗衣机，成本为 200 元，售价为 400元；C 型是全自动洗衣机，成本为 400 元，售价为 850 元。B 型和 C 型两种型号的洗衣机，其较高的售价所反映的不仅是更高的生产成本，还有更高的顾客需求强度。

**2）选择产品定价策略**

在本策略中，企业在提供主要产品的同时，还会附带提供一些可供选择的产品，如汽车用户可以订购电动开窗控制器、除雾器和减光器等。

**3）补充产品定价策略**

在本策略中，制造商为主要产品制定较低的价格以吸引顾客，为附属产品制定较高的价格以获得利润。例如，剃须刀与剃须刀片，照相机与胶卷。

### 4）分部定价策略

在本策略中，企业经常收取一笔固定费用，再加上可变的使用费。例如，游乐园一般先收门票费，超出规定的游乐内容另收费。

### 5）副产品定价策略

在生产加工肉类、石油产品和其他化工产品的过程中，经常有副产品。如果副产品价值很低，处理费用昂贵，就会影响到主产品的定价。企业确定的价格必须能够弥补副产品的处理费用。如果副产品对某一顾客群有价值，就应该按其价值定价。

### 6）产品系列定价策略

在本策略中，企业经常以某一价格出售一组产品，这组产品的价格低于单独购买其中每一产品的费用总和。

**同步思考 6-2**

肯德基的汉堡包10元钱一个，购买套餐时其价格只有8元，如果加上定期派发的优惠券，购买一个汉堡包实际付出的价格只有7元。"实惠看得见，心动到永远。"可是如果你单买汉堡包，10元就是10元，9.5元也不可以。这就是美国的快餐价格文化，也是肯德基带给中国的经营价格文化。

肯德基汉堡包的这种价格战术奥秘何在？请运用所学理论进行分析，谈谈自己的看法。

**本章概要**

　　□ 内容提要与结构

　　▲ 内容提要

　　● 影响产品定价的因素主要有产品的成本及其价值、供求状况、市场竞争、顾客心理和政策法规等。

　　● 定价目标主要有以获取利润为目标、以提高市场占有率为目标、以应对和防止竞争为目标、以树立和维护企业形象为目标和以稳定价格为目标。

　　● 定价方法可分为三类，即成本导向定价法、需求导向定价法和竞争导向定价法。成本导向定价法又可分为成本加成定价法、盈亏平衡定价法、目标利润定价法和边际贡献定价法；需求导向定价法又可分为理解价值定价法、反向定价法、需求差别定价法和比较定价法；竞争导向定价法又可分为通行价格定价法、竞争价格定价法和投标定价法。

　　● 定价策略可分为新产品定价策略、折扣定价策略、地理定价策略、心理定价策略和组合定价策略。新产品定价策略又可分为取脂定价策略、渗透定价策略和满意定价策略；折扣定价策略又可分为现金折扣定价策略、数量折扣定价策略、功能折扣定价策略和季节折扣定价策略；地理定价策略又可分为产地交货价格策略、目的地价格策略、统一交货价格策略和区域价格策略；心理定价策略主要有尾数定价策略、整数定价策略、声望定价策略、习惯定价策略和招徕定价策略；组合定价策略主要有产品大类定价策略、选择产品定价策略、补充产品定价策略、分部定价策略、副产品定价策略和产品系列定价策略。

▲ 内容结构

本章内容结构如图6-1所示。

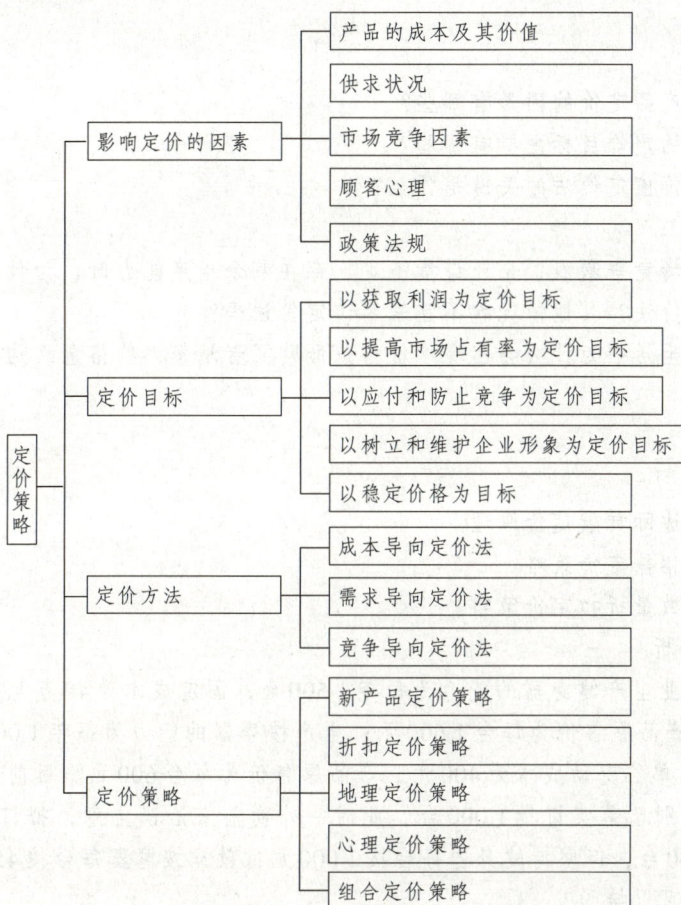

```
                                    ┌─ 产品的成本及其价值
                                    │
                                    ├─ 供求状况
                                    │
                      ┌─ 影响定价的因素 ┼─ 市场竞争因素
                      │              │
                      │              ├─ 顾客心理
                      │              │
                      │              └─ 政策法规
                      │
                      │              ┌─ 以获取利润为定价目标
                      │              │
                      │              ├─ 以提高市场占有率为定价目标
                      │              │
                      ├─ 定价目标 ─────┼─ 以应付和防止竞争为定价目标
            定价策略 ─┤              │
                      │              ├─ 以树立和维护企业形象为定价目标
                      │              │
                      │              └─ 以稳定价格为目标
                      │
                      │              ┌─ 成本导向定价法
                      │              │
                      ├─ 定价方法 ─────┼─ 需求导向定价法
                      │              │
                      │              └─ 竞争导向定价法
                      │
                      │              ┌─ 新产品定价策略
                      │              │
                      │              ├─ 折扣定价策略
                      │              │
                      └─ 定价策略 ─────┼─ 地理定价策略
                                     │
                                     ├─ 心理定价策略
                                     │
                                     └─ 组合定价策略
```

图6-1　本章内容结构

□ 主要概念和观念

▲ 主要概念

成本导向定价法　需求导向定价法　竞争导向定价法　取脂定价策略　渗透定价策略　折扣定价策略　声望定价策略　招徕定价策略

▲ 主要观念

需求价格弹性原理　盈亏平衡定价原理　边际贡献定价原理

□ 重点实务和操作

▲ 重点实务

需求价格弹性原理运用　定价方法运用　定价策略运用　相关"业务链接"

▲ 重点操作

定价策略知识应用

随堂测 6-1

单选题

随堂测 6-2

多选题

随堂测 6-3

判断题

学习微平台

分析提示 6-4

学习微平台

分析提示 6-5

## ➡ 单元训练 ➡

□ 理论题

▲ 简答题

（1）影响产品定价的因素有哪些？

（2）企业的定价目标主要有哪些？

（3）理解价值定价法的关键是什么？

▲ 讨论题

（1）在市场竞争激烈、企业订货不足、存在剩余生产能力时，为什么可以考虑采用边际贡献定价法？其他情况就不宜采用该定价法吗？

（2）现实生活中为什么会出现"价格愈涨购买者越多，价格愈跌购买者越少"的现象？

□ 实务题

▲ 规则复习

（1）简述边际贡献定价原理。

（2）简述招徕定价策略。

（3）简述数量折扣定价策略。

▲ 业务解析

（1）某企业生产健身器的能力为每年1 500台，固定成本为40万元，单位变动成本为800元，产品原售价为每台1 600元；生产按摩器的能力为每年1 000台，固定成本为10万元，单位变动成本为400元，产品原售价为每台600元。目前该企业的健身器和按摩器分别已落实订货1 000台。此时一外商前来洽谈生意，拟订购健身器400台，按摩器200台，但坚持健身器每台按1 000元付款，按摩器每台按450元付款。问这笔订货是否可以接受？

（2）某日，一位推销员与一家金属量具厂洽谈一笔不小的业务。这家量具厂经营十分不景气，有一半工人不能上班，每月只领取500元的生活费。但推销员与厂长谈判时，厂长说："你这业务尽管很大，却根本没有利润，也就是说，我做完这笔业务等于白干，而且目前我们的业务很满，要完成你这笔业务得加班，还得支付加班工资，这样我们不仅不挣钱，可能还会亏损。"

这样的业务在这个城市只有这个厂能完成，按照惯例计算这笔业务基本没有利润。面对这种局面，你认为推销员采取什么方法才能说服厂长，完成推销任务？

□ 案例题

▲ 案例分析

【训练项目】

案例分析-Ⅵ。

【相关案例】

### 巧妙定价出奇效

**背景与情境：**泰国曼谷有一家专门经营儿童玩具的商店，有一次购进了造型极为

相似的两种玩具小鹿，一种是日本生产，一种是中国生产，标价都是3.9元一只。出乎意料的是，两种造型可爱的小鹿就是卖不动，店员们认为，定价太高，纷纷建议老板降价促销。可是，精明的老板经过一番思考，不仅没有采纳大家降价促销的建议，反而做出将中国生产小鹿的售价提高到5.6元的决定，并让店员们把它与日本生产的3.9元小鹿放在一起卖。光顾这家商店的顾客看到两种相似的小鹿，价钱相差如此悬殊，就忍不住询问，此时，售货员按老板的安排，告诉顾客：价钱不同是因为产地不同、进货渠道不同，其实质量并没有什么区别。经过仔细比较，顾客发现两种小鹿玩具质量确实差不多，自然觉得买日本生产的就特别合算，产生一种买了便宜、得了实惠的心理。不出半个月，日本产的小鹿就卖光了。这时，老板又让售货员把中国生产的小鹿玩具标上原价5.6元，现价3.9元，降价出售。光顾这家商店的顾客看到降价，又以为买了便宜、得了实惠，成了人们茶余饭后津津乐道的话题，其广而告之的效果可想而知，不久，这些中国生产的小鹿也卖光了。

**问题：**

（1）泰国曼谷这家儿童玩具商店老板运用的是什么定价策略？

（2）为什么能够产生如此神奇效果？其营销取得成功的根本原因是什么？

（3）结合我国市场商品价格现状，谈谈如何运用定价策略为企业促销服务？

**【训练要求】**

同第1章本题型的"训练要求"。

▲ 课程思政

**【训练项目】**

课程思政–Ⅵ。

**【相关案例】**

### 招徕定价

**背景与情境：**某企业为了在国庆长假期间扩大销售、回笼资金，在国庆节到来的前一天晚上，就将其经营的服装价格标签偷偷地进行了更改，在原价格基础之上统统上调50%，然后，大搞促销宣传："迎国庆，换新装，优惠大酬宾，时尚服装5折出售"，由于看上去折扣力度很大，对顾客诱惑不小，着实吸引了不少顾客，生意非常火爆。

**问题：**

（1）某企业在国庆长假期间采取的促销定价方法是招徕定价吗？为什么？

（2）其促销定价方法存在哪些道德伦理问题？试对上述问题做出思政研判。

（3）通过互联网或图书馆调研等途径搜集你做出思政研判所依据的行业道德规范。

**【训练要求】**

同第1章本题型的"训练要求"。

□ 实训题

**【训练项目】**

阶段性体验Ⅲ："定价策略"技术应用。

【训练目标】

见本章"章名页"中"学习目标"中的"实训目标"。

【训练内容】

专业能力训练：见表6-1。

表6-1　　　　　　　　　　　　　　**专业能力训练表**

| 领域 | "技术–技能"点 | 名称 | 参照规范与标准 |
|------|------------|------|------------|
| "定价策略"技术应用 | "技术–技能"1 | "'影响定价因素'技术应用"技能 | (1) 能全面把握"影响定价因素"技术。<br>(2) 能从"影响定价因素"的特定视角出发，应用相应技术，有质量、有效率地进行以下操作：<br>①分析企业营销决策和业务运作的现状，分析其成功、不足与尚待解决的各种问题；<br>②提出优化建议和解决实际问题的方案 |
|  | "技术–技能"2 | "'确定定价目标'技术应用"技能 | (1) 能全面把握"定价目标"技术。<br>(2) 能从"定价目标"的特定视角出发，应用相应技术，有质量、有效率地进行以下操作：<br>①分析企业营销决策和业务运作的现状，分析其成功、不足与尚待解决的各种实际问题；<br>②提出优化建议和解决实际问题的方案 |
|  | "技术–技能"3 | "'定价方法'技术应用"技能 | (1) 能全面把握"定价方法"技术。<br>(2) 能从"定价方法"的特定视角出发，应用相应技术，有质量、有效率地进行以下操作：<br>①分析企业营销决策和业务运作的现状，分析其成功、不足与尚待解决的各种实际问题；<br>②提出优化建议和解决实际问题的方案 |
|  | "技术–技能"4 | "'定价策略'技术应用"技能 | (1) 能全面把握"定价策略"技术。<br>(2) 能从"定价策略"的特定视角出发，应用相应技术，有质量、有效率地进行以下操作：<br>①分析企业营销决策和业务运作的现状，分析其成功、不足与尚待解决的各种实际问题；<br>②提出优化建议和解决实际问题的方案 |

职业核心能力和职业道德训练：其内容、种类、等级与选项见表6-2；各选项的操作"参照规范与标准"见本教材"附录三"的附表3和"附录四"的附表4。

表6-2　　　　　　　　　　　　**职业核心能力与职业道德训练表**

| 内容 | 职业核心能力 | | | | | | 职业道德 | | | | | | |
|------|------|------|------|------|------|------|------|------|------|------|------|------|------|
| 种类 | 自主学习 | 信息处理 | 数字应用 | 与人交流 | 与人合作 | 解决问题 | 革新创新 | 职业观念 | 职业情感 | 职业理想 | 职业态度 | 职业良心 | 职业作风 | 职业守则 |
| 等级 | 中级 | 中级 | 中级 | 中级 | 中级 | 中级 | 中级 | 认同 | 认同 | 认同 | 认同 | 认同 | 认同 | 认同 |
| 选项 |  | √ | √ | √ | √ | √ | √ | √ | √ | √ | √ | √ | √ |  |

【训练任务】

（1）对"'定价策略'技术应用"专业能力领域的各"'技术-技能'点"，依照其"参照规范与标准"实施应用相关知识的基本训练。

（2）对职业核心能力选项，依照其相关"参照规范与标准"实施应用相关知识的"中级"强化训练。

（3）对职业道德选项，依照其"参照规范与标准"，实施"认同级"相关训练。

【组织形式】

（1）以小组为单位组成营销团队。

（2）各营销团队结合实训任务进行恰当的角色分工，确保组织合理和每位成员的积极参与。

【指导准备】

知识准备：

学生通过自主学习，预习如下知识：

（1）该企业相关产品或项目知识。

（2）定价策略的理论与实务知识。

（3）本教材"附录一"的附表1中，与本章"职业核心能力'强化训练项'"各"'技术-技能'点"相关的"'知识准备'参照范围"。

（4）本教材"附录三"的附表3中涉及本章"职业核心能力领域"强化训练项的各"'技术-技能'点"，以及"附录四"的附表4中"职业道德领域"相关训练项各素质点的"参照规范与标准"知识。

操作指导：

（1）教师向学生阐明"训练目的"、"能力与道德领域"和"知识准备"。

（2）教师就"知识准备"中的第（3）、（4）项，对学生进行培训。

（3）教师要指导学生从"'定价策略'技术应用"视角进行企业营销决策和业务运作情况调研、资料搜集与整理。

（4）教师指导学生撰写"'××企业定价策略'技术应用"的《训练报告》。

【情境设计】

将学生组成若干营销团队，分别选择一个企业（或校专业教育实训基地），结合课业题目，从"'定价策略'技术应用"视角，对该企业营销决策及营销运作现状进行调查研究，分析其成功经验与不足之处，在此基础上为其量身定制"基于'定价策略'技术应用"的《××企业市场营销运作（或优化）方案》，通过系统体验各项相关操作完成本次实训的各项任务，撰写相应《训练报告》。

【训练时间】

本章课堂教学内容结束后的双休日和课余时间，为期1周。

【训练步骤】

（1）将班级学生每4~6位组成一个营销团队，每个团队确定1人负责。

（2）各团队结合实训任务、"情境设计"和课业题目，分别选择一个企业（或校专业教育实训基地），从"'定价策略'技术应用"的特定视角出发，对该企业营销决策及营销运作现状进行调查、研究与评估，分析其成功与不足。

（3）各团队应用"'定价策略'技术应用"知识，系统体验如下操作：

①依照"'技术-技能'1"的"参照规范与标准"，从"影响定价因素技术应用"的特定视角出发，就该企业营销决策和业务运作中的不足，提出优化建议或解决方案。

②依照"'技术-技能'2"的"参照规范与标准"，从"'确定定价目标'技术应用"的特定视角出发，就该企业营销决策和业务运作中的不足，提出优化建议或解决方案。

③依照"'技术-技能'3"的"参照规范与标准"，从"'定价方法'技术应用"的特定视角出发，就该企业营销决策和业务运作中的不足，提出优化建议或解决方案。

④依照"'技术-技能'4"的"参照规范与标准"，从"'定价策略'技术应用"的特定视角出发，就该企业营销决策和业务运作中的不足，提出优化建议或解决方案。

（4）各团队总结上一步骤中①至④项操作体验，撰写"基于'定价策略'技术应用"的《××企业市场营销运作（或优化）方案》。

（5）各团队在上述实训步骤中，依照表6-2中相关训练选项的"参照规范与标准"，应用相关知识，融入"职业核心能力"其他选项的"中级"强化训练和"职业道德"的"认同级"相关训练。

（6）各团队综合以上阶段性成果，撰写《"'定价策略'技术应用"训练报告》。其内容包括：训练组成员与分工；训练过程；训练总结（包括对专业能力训练、职业核心能力训练和职业道德训练成功与不足的分析说明）；附件（指阶段性成果全文）。

（7）在班级讨论、交流和修订各团队的《训练报告》，使其各具特色。

【成果形式】

实训课业：《"'定价策略'技术应用"训练报告》

课业要求：

（1）"实训课业"的结构与体例参照本教材"课业范例"中的范例-3。

（2）将《训练方案》和《××企业市场营销运作（或优化）方案》以"附件"形式附于《训练报告》之后。

（3）在校园网平台上展示经过教师点评的班级优秀《训练报告》，并将其纳入本课程的教学资源库。

➡ 单元考核 ➡

考核要求：同第1章"单元考核"的"考核要求"。

# 第7章
# 分销渠道策略

## 学习目标

通过本章学习，应该达到以下目标：

**理论目标**：学习与把握分销渠道的概念、模式和类型，了解影响分销渠道选择的因素和分销渠道成员的构成等陈述性知识；能用其指导本章"同步思考"、"教学互动"和"基本训练"中"理论题"各题型的认知活动，正确解答相关问题；体验本章"初级学习"中专业认知的横向正迁移，以及相关胜任力中"认知"要素的阶段性生成。

**实务目标**：学习与把握分销渠道策略，中间商的选择、激励、评估与调整等管理分销渠道方法，以及"业务链接"和二维码资源等程序性知识；能以其建构"分销渠道策略"的规则意识，正确解析本章"同步思考"、"教学互动"和"基本训练"中"实务题"的相关问题；体验本章专业规则与方法"初级学习"中的横向正迁移和"高级学习"中的重组性迁移，以及相关胜任力中"专业规则"要素的阶段性生成。

**案例目标**：能正确运用本章理论与实务知识研究相关案例，培养和提高学生在"分销渠道策略"特定情境中分析问题与决策设计的能力；能结合本章教学内容，依照相关规范或标准，对"课程思政7-1"专栏和章后"课程思政-Ⅶ"案例中的企业及其从业人员行为进行思政研判，促进"立德树人"根本任务的落实；体验本章"高级学习"中专业知识、通用知识与思政元素的协同性重组迁移，以及相关胜任力中"认知弹性"要素的阶段性生成。

**自主学习**：参加"自主学习-Ⅳ"训练。在实施《自主学习计划》的基础上，通过阶段性学习和应用"附录一"附表1"自主学习"（中级）"'知识准备'参照范围"所列知识，尽可能搜集、整理与综合"分销渠道策略"前沿知识，讨论、撰写和交流《"分销渠道策略"最新文献综述》，撰写《"自主学习-Ⅳ"训练报告》等活动；体验相关胜任力中"求知韧性"的阶段性生成。

**引例：渠道调整酿成悲剧**

**背景与情境：** 经过激烈的价格战，家电行业进入微利时代。在大厂家和连锁家电销售商的强势挤压下，中小家电厂家的日子愈发艰难。

此时，怎样降低成本以获取更多利润，成为家电行业亟待解决的问题。曾为本土家电厂家建功立业的自建渠道，现在成了它们"不能承受之重"，渠道变革遂提上各家电厂家的议事日程。

2002年，乐华彩电扮演了彩电渠道变革的急先锋角色。乐华渠道改革的核心内容是全面推行"代理制"。为了完成从渠道自营制到代理制的根本性转变，乐华首先对企业结构进行了调整，继而开始了疾风暴雨式的渠道革命。

乐华一口气砍掉了旗下30多家分公司和办事处，同时对其选定的代理商提出了严格要求：现款拿货。从理论上分析，全面推行代理制后，厂家可以集中精力搞研发、搞品牌，代理商则专心做渠道、分销、售后服务，现款现货可使厂家提高资金周转速度，还能够节省一大笔自营渠道的运营支出，可谓益处多多。

然而，是否有经销商愿意加盟成为代理商呢？对于代理商来说，失去厂家终端提供的市场支持，其面对的风险和压力将大大增加。这样，代理制能否推行下去，就取决于企业的品牌和实力。而作为二线彩电品牌，乐华彩电并不具备吸引经销商的足够实力和品牌影响力。

从公开的资料来看，乐华也估计到了这种情况。乐华在调整渠道前预想：可以借力国内新出现的连锁家电销售商，继而争取专业代理商加盟。在这个思路下，乐华匆匆砍掉了自建渠道，从全国各大商场、超市中撤柜，并大量裁撤售后服务人员。

乐华的渠道激进策略很快让自己尝到了苦果。连锁家电销售商主要集中在一类、二类城市，在这些城市中，乐华彩电因为不具备品牌实力、对消费者吸引力不强，因此其销售额直线下降；另一方面，乐华彩电因为大量裁撤售后服务人员，致使不能提供正常的售后服务，以广州为例，最多的时候，广州市消费者委员会一周就能接到40多个消费者对乐华彩电的投诉。

销量锐减切断了乐华彩电的现金流，售后问题则直接打击了消费者和终端商对乐华彩电的信心。2002年11月，曾被乐华彩电寄予厚望的连锁家电销售商对乐华彩电丧失信心，北京国美乐华店率先撤柜。至此，乐华彩电无力回天，从5月到11月，半年内乐华彩电的销售体系就轰然坍塌了。

**资料来源** 铂策划，陈奇锐，单艳. 乐华彩电：渠道激变酿悲剧［EB/OL］.［2020-12-18］. http：//www.globrand.com/2006/17575-2.shtml.引文经过节选、压缩和改编。

**问题：** 乐华彩电的渠道调整是不是一时心血来潮？其调整为什么会酿成悲剧？

## 7.1　分销渠道选择

### 7.1.1　分销渠道的模式

#### 1）分销渠道的含义

所谓**分销渠道**，也叫销售渠道，是指某种产品在从制造商向消费者转移过程中，取得这种产品所有权或帮助所有权转移的所有企业和个人。分销渠道包括商人中间商

（他们取得了产品所有权）和代理中间商（他们帮助转移了产品所有权）；商人中间商又包括批发商和零售商，代理中间商又包括代理商和经纪商。此外，分销渠道还包括处于渠道起点的制造商和渠道终点的最终消费者或用户。

**教学互动7-1**

**互动问题：** 在供应商、制造商、批发商、零售商、市场监管局、代理人、银行、经纪人、顾客等机构和人员中，哪些是分销渠道的成员？哪些不是分销渠道的成员？为什么？

**要求：** 同"教学互动1-1"的"要求"。

**2）常见的分销渠道模式**

产品的消费目的与购买特点具有差异性，由此形成消费品市场分销渠道和产业市场分销渠道两种基本模式。每一种基本模式又包括不同的分销渠道具体模式。在产品从制造商向消费者转移的过程中，任何一个对产品拥有所有权或负有推销责任的机构，都是一个渠道层次。渠道层次的多少决定了渠道的具体模式。

消费品市场分销渠道和产业市场分销渠道分别如图7-1和图7-2所示。

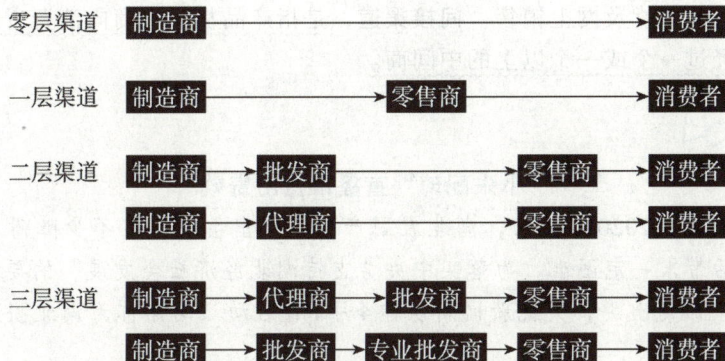

图7-1　消费品市场分销渠道

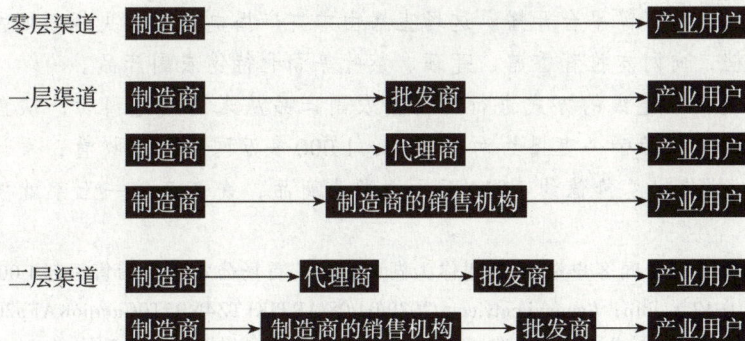

图7-2　产业市场分销渠道

零层渠道通常称为直接分销渠道。所谓直接分销渠道，就是产品在从制造商流向最终消费者的过程中不经过任何中间商转手的分销渠道，即"制造商→消费者"。

一层渠道含有一个营销中介机构。在消费品市场中，这个中介机构通常是零售商；在产业市场中，这个中介机构通常是销售代理商或经纪人。因此，一层渠道可表示为"制造商→零售商→消费者"和"制造商→经纪人→产业用户"。

二层渠道含有两个营销中介机构。在消费品市场，营销中介机构通常是批发商和零售商；在产业市场，营销中介机构通常是销售代理商和批发商。二层渠道可表示为"制造商→批发商→零售商→消费者"和"制造商→销售代理商→批发商→产业用户"。

三层渠道含有三个营销中介机构。通常有一个专业批发商处于批发商和零售商之间，该专业批发商从批发商进货，再卖给无法从批发商进货的零售商。三层渠道可表示为"制造商→批发商→专业批发商→零售商→消费者"。

更高层次的分销渠道比较少见。

**3）分销渠道的类型**

分销渠道依照不同的标志，可划分为不同的类型。

（1）依照是否有中间商参与划分

依照分销活动是否有中间商参与，可将分销渠道划分为直接渠道与间接渠道。

**直接渠道**，是指制造商不通过任何中间商而直接将产品销售给消费者或用户。直接渠道的形式有以下几种：制造商直接销售产品、派员上门推销、邮寄、电话销售、电视销售、直播带货及网上销售。**间接渠道**，是指产品从制造商向消费者或用户转移的过程中要经过一个或一个以上的中间商。

学习微平台

延伸阅读 7-1

**同步案例7-1**

**"小朱配琦"直播带货出奇效**

**背景与情境：** 2020年以来，湖北农副产品"走出去"存在不少障碍，给农业生产、农民生活带来一定困难。为落实中央"支持湖北经济社会发展"的要求，助推优质湖北农副产品走出去，央视新闻新媒体4月1日启动"谢谢你为湖北拼单"大型公益活动。

4月6日晚，央视新闻"谢谢你为湖北拼单"公益行动首场带货直播在央视新闻客户端、淘宝、微博等平台开播。这场直播由中央广播电视总台央视新闻主播朱广权和李佳琦搭档，向网友推荐香菇、莲藕、茶叶等湖北待销农副产品。

直播通过视频连线的方式进行，待销农副产品从米酒到莲藕汤，从鱼糕到小荞酒，从毛肚到泡藕带……直播约两个小时，1 000多万网友在线收看，累计观看人次达到1.2亿，共售出总价值约4 014万元的湖北商品，许多产品一上架就被网友迅速抢光。

**资料来源**　央视新闻客户端."谢谢你为湖北拼单"首场公益直播销售额超4 000万元［EB/OL］．［2021-01-12］．http://gongyi.cctv.com/2020/04/08/ARTIKkTZ4NB7T0CqqqioKAFp200408.shtml.

**问题：**"小朱配琦"直播带货为什么能够产生销售奇效？如果由你组织举办一场小型的为本地产品直播带货营销活动，你将如何组织营销运作？

（2）依照流通环节或层次的多少划分

依照流通环节或层次的多少，可将分销渠道划分为长渠道和短渠道。长渠道，是指制造商利用两个或两个以上的中间商把产品销售给消费者或用户。短渠道，是指制造商利用一个中间商或自己直接销售产品。

（3）依照渠道的每个层次中同类中间商的多少划分

依照渠道的每个层次中同类中间商的多少，可将分销渠道划分为宽渠道和窄渠道。**宽渠道**，是指制造商在某一区域目标市场上同时选择两个以上的同类中间商销售自己的产品。**窄渠道**，是指制造商在某一区域目标市场上只选择一个中间商为自己销售产品，实行独家经销。

（4）依照制造商所采用的渠道类型多少划分

依照制造商所采用的渠道类型多少，可将分销渠道划分为单渠道和多渠道。单渠道，是指制造商采用同一类型渠道分销企业的产品，即分销渠道比较单一。多渠道，是指制造商根据不同层次或地区消费者的情况，选用不同类型的分销渠道。

企业对分销渠道进行分析，目的在于选择有利于企业产品销售的分销渠道策略。

**问题思维7-1**

**疑点：** 经济效益的高低与分销渠道的长短密切相关。一般来说，缩短渠道能减少环节，加速流通，节约社会劳动，提高经济效益。因此，分销渠道越短越好。

**释疑提示：** 经济效益的高低与分销渠道的长短确实密切相关，而且缩短渠道确实具有上述诸多优点，但不能得出分销渠道越短越好的结论。例如日用消费品的分销渠道往往就比较长，如果缩短渠道就会给消费者生活带来不便，反而不利于经济效益提高。所以，企业究竟选择多长的分销渠道，要通过分析、比较，视其综合经济效益的大小进行权衡决策。

### 7.1.2　影响分销渠道选择的因素

**1）产品因素**

（1）产品单位价格的高低

一般来说，单位价格高的产品，宜选择流通环节少的短分销渠道或直接渠道较为有利；单位价格低的产品，则采用长渠道与宽渠道销售更佳。

（2）产品的体积与重量

体积过大或过重的商品，为减少运输和仓储费用，宜选用少环节的短渠道。有些产品重量虽轻但体积很大，也宜采用短渠道。

（3）产品的易腐、易毁性

易腐、易毁或有效期短的商品，应尽量缩短营销渠道，迅速把商品出售给消费者。

（4）产品的时尚性

产品的式样或款式变化较快的，宜采取环节少的短渠道，以避免潮流变化使产品过时，造成积压。

（5）产品的技术性与服务要求

凡技术性较强而又需要提供售前、售中、售后服务的商品，企业应尽量直接卖给消费者，或采取短而窄的渠道，以便于企业销售人员、技术人员当面介绍产品，提供必要的服务。

（6）产品的标准性和专用性

用途广泛，具有固定的品质、规格和式样的产品，可用间接分销渠道，由中间商出售。专用性强的商品，以不经过中间环节为好。

（7）产品的市场生命周期

处于不同生命周期阶段的产品，其分销渠道也应有所不同。对处于投入期或成长期的新产品，制造商一般采用设专柜、试销门市部等形式进行直接销售。如果中间商推销得力，也可考虑采用间接销售。处于成熟期的产品，以间接渠道销售的居多。产品进入衰退期后，则应考虑削减中间商数量。

（8）商品的季节性

对季节性生产、常年消费的产品，或常年生产、季节性消费的产品，宜采用长渠道、多环节销售，充分发挥中间商的作用，保持生产的连续性和供应不断档。

### 2）市场因素

（1）市场范围与密集度

市场范围大、需求量大的商品，需要中间商提供的服务较多，一般要经过批发商供应给零售商，由零售商再出售给消费者，采取长而宽的分销渠道较合适；反之，市场范围小、需求量小的商品，可由制造商直接供应给用户或消费者，选择直接分销渠道或短而窄的渠道较为合适。

（2）市场的地区性

如果市场较为集中，顾客集中分布在一个或少数几个地区，可考虑设点直接销售；顾客分布很分散的，则应通过中间商，选择间接销售。

（3）市场的竞争性

着眼于市场竞争性因素，可根据竞争需要，分析竞争对手的实力，灵活选择渠道，或同类商品采用同样渠道进行针锋相对的竞争，或避其锋芒另辟渠道占领市场。

（4）市场销售量大小

如果产品销售量不大，不宜直接销售，则由少数中间商帮助推销比自己直接推销更节省销售费用，效果也更佳；如果企业产品销售量很大，除了主要利用中间商以外，也可自己推销部分产品。

### 3）企业本身的因素

（1）企业生产经营能力

企业规模较大、资金雄厚、生产经营能力强的，一般可以自由地选择销售渠道，甚至建立自己的直销渠道，采取产销合一的短渠道经营；反之，生产经营能力差、资金薄弱的企业，则需借助中间商销售。

（2）企业销售经验和服务能力

具有丰富销售经验和较强服务能力的制造商，可考虑选择直接渠道或短而窄的渠道，否则就应选择间接渠道，利用中间商销售。

（3）企业的声誉

声誉是制造商与经营者选择对方的一个重要条件。有声望、实力强的中间商，往往在挑选生产者方面占优势，只有那些产品质量与销路俱佳、企业声誉好的制造商，中间商才愿意为其服务。同样，有声望、实力较强的生产者，往往在挑选中间商方面占优势，那些推销能力强、销售经验丰富、企业经营信誉好的中间商，才能赢得制造商的青睐。

（4）企业市场信息的搜集能力

如果企业搜集市场信息的能力弱，缺乏对消费者或用户的了解，就应利用中间商来销售产品；反之，则可采取直接分销渠道。

#### 4）经济效益因素

经济效益的高低与分销渠道的长短密切相关。一般来说，缩短渠道能加速流通，节约社会劳动，提高经济效益。但从某些商品的营销要求来看，只有增加渠道环节，才能拓展市场，扩大销售，提高经济效益。企业究竟选择哪种分销渠道为好，要通过分析、比较、衡量各种分销渠道的利弊，视其综合经济效益的大小而定。

#### 5）中间商因素

中间商的实力与特点各不相同，诸如其在广告、运输、储存、信用、员工素质、送货频率等方面具有不同特点，从而影响制造商对分销渠道的选择。

#### 6）其他因素

商品销售渠道的选择除了受上述因素影响之外，还受其他一些因素影响，如交通运输条件、商品的购销政策、价格政策、有关的法令和条例（如国家规定有些产品专营，对某些产品进出口加以限制）等。对于这些产品，企业就没有选择分销渠道的权利。此外，传统的消费习惯、购买习惯、营销习惯等，也会影响分销渠道的选择。

### 同步案例7-2

#### 枸杞为什么滞销

**背景与情境：** 河北省鹿县盛产枸杞，其产量占全国枸杞总产量的比重较大，但是有关部门就是不愿意收购，说是产大于销，没有销路。果真如此吗？调查发现，枸杞并不是没有销路，而是拥有很大的市场，问题出在缺乏一个合适的销售途径。原来，人们生活水平提高了，枸杞不再是纯粹的中草药，还有其他用途，如作为滋补品、桌上佳肴、馈赠亲友的礼品等。

资料来源　编者根据网络资料编写。

学习微平台

视频7-1

**问题：** 具有诸多用途的枸杞，应该拥有很大的市场，为什么会滞销呢？请你为之出谋划策，结合市场营销原理谈谈你的想法。

### 7.1.3　分销渠道选择策略

#### 1）直接渠道与间接渠道的选择

直接渠道与间接渠道的选择，其实就是是否采用中间商的决策。由于直接渠道没有中间商的介入，其优点表现在：商品销售及时；直接了解市场，便于产销沟通；提供售后服务；节省流通费用；有利于控制商品价格。其缺点表现在：制造商在产品销售上需要花费一定的物力、人力、财力，使销售范围受到较大限制，从而影响销售量。

间接渠道由于有中间商的介入，其优点表现在：可以使交易次数减少，节约流通领域的人力、物力、财力和流通时间，降低销售费用；可以使制造商集中精力搞好生产，而且可以扩大流通范围和产品销售。其缺点表现在：制造商和消费者不能直接沟通信息，制造商不能准确地掌握消费者的需求，消费者也不能了解制造商供应情况和产品性能特点。

综上分析可见，直接渠道与间接渠道各有利弊，企业在选择时，必须对产品、市场、企业营销能力、控制渠道的要求、财务状况等方面进行综合分析。

### 2）分销渠道长度的选择

分销渠道长度的选择，其实就是利用几个中间商的决策问题。由于长渠道有两个以上中间商的介入，其优点表现在：可以使制造商在产品销售中充分利用各类中间商的职能，发挥他们各自的优势，扩大销售，制造商本身也可以更好地集中精力搞好生产。其缺点表现在：流通费用增加，不利于减轻消费者的价格负担。由于短渠道没有或只有一个中间商的介入，其优点表现在：可以使商品迅速到达消费者手中；能减少商品使用价值的损失，有利于开展售后服务；有利于节省费用开支，降低产品价格。其缺点表现在：制造商承担商业职能多，不利于集中精力搞好生产。

综上分析可见，长渠道与短渠道各有利弊，企业在选择时，应综合分析制造商的特点、产品的特点、中间商的特点以及竞争者的特点加以确定。

### 3）分销渠道宽度的选择

分销渠道宽度的选择，其实就是选择几个同类中间商的决策问题。由于宽渠道有两个以上的同类中间商的介入，其优点表现在：通过多家中间商，分销广泛，可以迅速地把产品推向流通领域，使消费者随时随地买到需要的产品，促使中间商展开竞争，使制造商有一定的选择余地，提高产品的销售效率。其缺点表现在：由于每个层次的同类中间商较多，使得各个中间商推销某一商品不专一，不愿意花费更多的促销精力；制造商与中间商之间是一种松散关系，在遇到某些情况时关系容易僵化，不利于合作。由于窄渠道只有一个中间商的介入，其优点表现在：制造商与中间商容易合作，有利于制造商借助中间商的信誉和形象提高产品的销售能力。其缺点表现在：中间商要求折扣较大，制造商开拓市场费用一般要高。

综上分析可见，宽渠道与窄渠道各有利弊，制造商在选择时，可根据企业希望产品在目标市场上扩散范围的大小加以确定。对此，有三种可供选择的策略：

（1）普遍性分销策略

普遍性分销策略，是指制造商在同一区域市场内各个层次的中间环节中，广泛选择尽可能多的中间商来推销其商品的销售策略。它适合于价格低廉、差异性不大的日用消费品，或生产资料中普遍使用的小工具等的销售。顾客购买这类商品的主要要求是购买方便。

普遍性分销策略的优点：既可以让商品迅速进入流通领域，扩大市场覆盖面，也可以让消费者及时、就近和方便地购买商品，还可以在全国范围的广告中得到更大的反响，并为选择中间商提供更大的方便。其缺点：经销商数目众多，制造商要花费较多的精力联系这些经销商，不易取得中间商的合作；中间商的专一性不强，不愿承担推销费用，从而增加制造商的促销费用。

（2）选择性分销策略

选择性分销策略，是指制造商在同一区域市场内各个层次的中间环节中，选择少数中间商来推销其商品的销售策略。它一般适用于那些选择性较强的日用消费品、专业性较强的零部件，以及技术服务要求较高的商品经营。

选择性分销策略的优点：由于中间商数量较少，制造商与中间商能密切配合，从而既能使制造商得到较大的销售面，提高渠道控制能力，也可以有效避免经销商之间的盲目竞争，提高商品的声誉，同时其成本也较低。其缺点：经销商区域的最佳重叠程度不易确定。高市场重叠率方便顾客的选购，但会在零售商之间造成一些冲突；低重叠率可提高经销商的忠诚度，却降低了顾客的方便性。

（3）专营性分销策略

专营性分销策略，是指制造商在同一区域市场内某一层次的中间环节中，仅选择一家中间商来推销其商品，并规定该中间商不得再推销其他同类商品的销售策略。它一般适用于新产品、名牌产品以及有某种特殊性能和用途的产品。采用专营性分销策略，通常都要求制造商和中间商签订书面协议来明确彼此之间的权利和义务，如规定制造商不得把同类商品委托给本区域内其他中间商经营，经销商不得经营其他制造商的同类产品等。

专营性分销策略的优点：易于控制市场的销售价格和数量；能获得经销商的有效协作和支持；有利于带动其他新产品上市；经销商愿意花费一定投资和精力开拓市场。其缺点：过分依赖中间商，易受中间商支配，会因中间商选择不当或关系恶化而失去市场。

**同步思考7-1**

耐克在六种不同类型的商店中销售其生产的运动鞋和运动衣：
- 体育用品专卖店，如高尔夫职业选手用品商店。
- 大众体育用品商店，供应许多不同样式的耐克产品。
- 百货商店，集中销售最新样式的耐克产品。
- 大型综合商场，仅销售折扣款式。
- 耐克产品零售商店，设在大城市中的耐克城供应耐克的全部产品，重点是销售最新款式。
- 工厂的门市零售店，销售的大部分是二手货和存货。

耐克采用的是哪种分销渠道策略？如何评价其分销渠道策略？为什么？

以上三种分销策略应从不同企业、不同产品的实际情况出发，进行正确选择。制造商在选定分销渠道之后，一方面要注意在一定时期和一定地区范围内保持渠道的相对稳定；另一方面应经常对经销商的经营情况和市场情况进行了解和分析。如果发现市场情况已发生变化，现有的分销渠道又不能适应市场新情况，就应进行渠道的调整，以利于开拓商品的销售市场。

学习微平台

视频7-2

**业务链接7-1**

### 柯达与富士在分销渠道策略运用上的不同之处

柯达在中国市场的基本目标，是保持其在专业胶片、医疗胶片上的绝对优势，力争在民用产品上打败富士，以达到对中国市场的占领。在渠道策略上，柯达在多数产品上都采用垂直型营销系统，其中较突出的特点是采用较短的销售渠道，即"设在中国的生产厂家→区域分销商→零售商"。柯达先后兼并了汕头公元胶卷厂和福建福达胶卷厂，从而直接在中国生产胶卷。这样，胶卷从出厂到最终消费者经过的渠道很短。在渠道宽度上，柯达选择的经销商数量并不多，其特点是经销商专业化，不同类型的产品由不同专业公司代理。在民用产品零售布点上，主要集中在两处：一是柯达专卖店；二是百货大楼的摄影器材部。柯达在中国的很多大城市直接设立办事处，办事处市场部按不同产品设立不同产品部，负责所在区域的产品相关工作。柯达很多专卖店的位置选择在一个城市中的黄金地段。例如，在广州选择世贸中心附近、中信大厦、天河城，在深圳选择地王大厦等。此类专卖店由于外观华丽，给人以大公司的形象感。

富士在中国市场的主要目标，是保持胶卷上的领先优势，以此为基础扩大其他产品的市场占有率。就分销策略而言，富士在多数产品中也采用垂直型营销系统，但在销售渠道的长度上，富士与柯达明显不同，采用了较长的销售渠道，即"日本厂家→总代理→中国区域代理→主要城市代理→零售商"。富士在中国销售的产品，不像柯达那样由设在中国的厂家生产，其绝大多数都是在日本生产的。在经销商的选择上，富士也与柯达不同。富士在中国的绝大部分工作，由总代理负责，自己不直接参与，与中国的经销商没有直接接触。富士的中国总代理——香港富士摄影器材有限公司，是其在中国内地、香港和澳门的独家经销，在中国北京、广州、上海和成都设有办事处，分别负责华北、华南、华东、华西地区的市场开拓等相关工作。当然，在民用产品零售布点上，富士与柯达是一样的，即主要集中在自己的专卖店和百货大楼的摄影器材部。

资料来源　佚名. 柯达、富士较劲中国市场［EB/OL］.［2020-12-18］. http：//wenku.baidu.com/link? url=jH-RuzLY1q4ZWWuFjTnJk-bjRCK6P5YLkODFUlGoiwyMZ547kr6it8T9ED-4k6AU0ktSkIkMD0thl8yPG2lv0iC9Rb2QvmWJtj75YQAQcPK.引文经过节选、压缩和改编。

## 同步案例7-3

### 董明珠网上直播带货取得营销成功的秘密

**背景与情境：** 2020年6月1日，董明珠代表格力电器在网上直播带货，当天的累计销售额高达65.4亿元，创下了家电行业的直播销售纪录。

一天65.4亿元，这是什么概念？这相当于格力电器今年一季度营业收入（203.96亿元）的32%。这个成绩太惊人了。而在一个多月前（4月24日）董明珠的直播首秀上，当天的销售额不到23万元。从4月24日到6月1日，董明珠一共做了四场直播，销售额分别是22.5万元、3.1亿元、7亿元、65.4亿元。

这是怎么做到的？有人说，其中不少都来自格力经销商的"刷单"。情况真的是这样吗？

为此，我专门采访了一位格力经销商，来为我们独家揭示董明珠直播背后的商业逻辑。

问：董明珠直播背后的逻辑是什么？经销商在其中扮演什么样的角色？

答：与大多数人的直播带货不同，董明珠的直播带货是由经销商在线下获得流量，然后由董明珠在线上直播间完成转化。

大量的经销商会在线下用各种各样的方法聚集流量。比如，去周边小区摆个摊，你加我的微信，我就给你个桃子。以地推的方式把周围住户的微信都收集起来，等到董明珠做直播的时候，给这些用户发一个专属的二维码，用户扫二维码就可以进入董明珠的直播间，系统可以通过二维码来识别这是哪个经销商带来的流量。这一步非常关键，一旦用户实现购买，格力就能给相应的经销商分成。所以，董明珠的直播带货本质上是直播分销的逻辑。经销商的价值是引流，而直播间的价值是转化。

问：那怎么给经销商分成呢？

答：假如有一款空调，经销商的进货价是2 800元，全国统一的零售价是3 500元，在一线城市，因为竞争激烈，有时搞活动最低会卖到3 200元。那这款空调在董明珠的直播间卖多少钱？大概比3 200元再低10%，卖2 900元左右，比经销商的进货价要高一点，比线下最低的零售价要低一点。在直播间成交之后，格力总部会通过二维码来追溯，每个经销商带来了多少流量，产生了多少销售额。然后给各地的经销商分成。比如，上海格力带来的用户成交了1 000台，销售额是290万元，格力总部就直接打给上海格力290万元。这1 000台空调，还是由上海格力发货和提供售后服务。290万元扣除进货成本，剩下来的就是上海格力的利润。这是经销商分到的第一笔钱。除此之外，还有第二笔钱。很多用户并不是通过经销商的二维码进来的，而是通过格力的官方宣传等其他方式进来的。针对这样的订单，格力会根据用户的收货地址，把订单分配给对应区域的经销商。这些用户不是经销商带来的流量，所以这个时候经销商赚不到差价，但是他们可以赚到一笔服务费。比如，安装一次空调的服务费是200元，扣除工人成本100多元，经销商还能赚到几十元的差价。这是经销商分到的第二笔钱。

问：经销商愿意以这种方式和格力合作吗？本来都是你区域内的用户，在线下卖是3 200元，而在直播间卖是2 900元，你赚到的差价不是少了吗？

答：经销商是愿意的。因为平时在线下卖不一定能聚集这么大流量，虽然每一件的差价少了，但是因为数量多、薄利多销，赚到的利润就会更多，所以大部分经销商都愿意来做这件事。

问：格力到底赚不赚钱？这65亿元的销售额，是未来一定会发生在格力手中的吗？现在只不过是把这65亿元提前集中实现了？还是说，这65亿元中，本来很多人是要买美的、海尔的，但是因为此次直播而买了格力？

答：我估计有80%是格力的忠实用户，有20%是从别的地方吸引来的用户。如果真的是这样，就意味着很大的收益。这就相当于格力整体降价了10%，然后带来了20%的新用户，这对格力来说非常划算。

资料来源　刘润．揭秘董明珠直播：可能只有董明珠，找到了直播带货的本质［EB/OL］．［2020-11-21］．http://finance.sina.com.cn/roll/2020-06-04/doc-iirczymk5120067.shtml.引文经过节选、压缩和改编。

学习微平台

分析提示7-2

**问题：** 董明珠直播带货取得营销成功的秘密是什么？格力电器这种网上直播带货营销方式取得成功需要具备什么条件？我们能够从中得到哪些启示？

## 7.2 分销渠道管理

### 7.2.1 分销渠道成员分析

分销渠道成员构成中最基本的是中间商，主要包括批发商和零售商。研究批发商和零售商将有助于制造商更好地管理分销渠道。

**1）批发商**

批发商，是指不直接服务于最终消费者和用户，而是为了转卖或实现商业用途而购买产品的机构和个人。它是连接制造商与零售商的中间环节，主要有商人批发商、经纪人和代理商、制造商销售分支机构等，如图7-3所示。

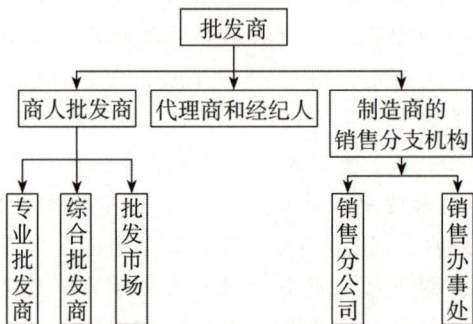

图7-3　批发商的构成

（1）商人批发商

商人批发商又称独立批发商，是指独立经营，拥有产品的所有权并承担相应风险，将产品卖给其他批发商、工业品用户、零售商的商业企业。它是批发商的最主要类型。

依照经营商品和业务内容的不同，可以把批发商细分为专业批发商、综合批发商和批发市场。专业批发商即专门经营某一类或某一种商品的批发商，如纺织品、文化用品、五金化工、家用电器、化妆品等；综合批发商即经营多类商品的批发商；批发市场是介乎零售业和批发业之间的一种经营业态。之所以称为批发市场，是因为它以批发价格进行批量交易。按其交易特点，我国习惯上将批发市场再分为产地批发市场、销地批发市场、集散地批发市场三种类型。

（2）代理商和经纪人

代理商是指接受生产者委托从事销售业务，但不拥有商品所有权的中间商；经纪人又称掮客，是指既不拥有产品所有权，又不控制产品实物价格及销售条件，只在买卖双方交易洽谈中起媒介作用的中间商。

**深度剖析7-1**

**背景资料：** 分销渠道成员构成中最核心的就是中间商（商人中间商和代理中间商）。在实际工作中，人们习惯将商人中间商简称为经销商（独立批发商与独立零售商），将代理中间商简称为代理商，他们都是从事商品经营销售活动，帮助产品从生产领域向消费领域顺利转移的商人。

**问题思考**：经销商与代理商两者之间存在什么本质区别？为什么？这两种分销形式各有哪些优缺点？

（3）制造商的销售分支机构

制造商为了更有效地接近顾客，为顾客提供更好的服务，可通过设立销售分支机构自行经营批发业务，以便及时了解市场信息，把握市场动向，扩大市场份额。其主要形式有销售分公司和销售办事处两种。

**2）零售商**

零售商是指把商品直接销售给最终消费者，以供应消费者个人或家庭消费的中间商。零售商处在商品流通的最终环节，其交易对象是最终消费者，交易结束后，商品脱离流通领域进入消费领域。零售商的构成如图7-4所示。

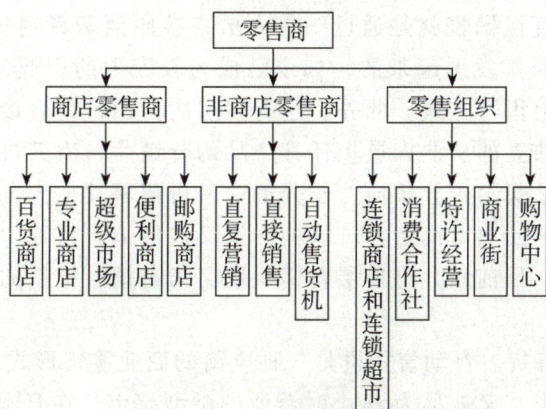

**图7-4 零售商的构成**

（1）商店零售商

① 百货商店。其特点：经营范围广，商品类别多，花色品种齐全，能满足消费者多方面的购买需要。

② 专业商店。其特点：专门经营某一类商品，或专门经营具有连带性的几类商品，或专门为特殊消费对象经营特殊商品的商店，如钟表店、眼镜店、体育用品商店、文化用品商店等。

③ 超级市场。超级市场一般以主、副食及家庭日用商品为主要经营范围，采取敞开式售货、顾客自我服务方式，又称"自助商店"或"自选商店"。

④ 便利商店。便利商店一般以经营方便品、应急品等周转快的商品为主，如饮料、食品、日用杂品、报刊等，其商品品种有限。便利店具有营业时间长、服务好、就近方便等优点，所以受到消费者欢迎。

⑤ 邮购商店。邮购商店主要通过向消费者寄送商品目录来吸引顾客邮购商品。

（2）非商店零售商

① 直复营销。直复营销就是使用一个或多个广告媒体，使之作用于任何一个购买者，并获取可度量的回复和交易的相互作用的营销系统。直复营销有很多种形式，主要包括直邮营销（邮购目录、直接邮寄信函、宣传单等）、电话营销、电视营销、网络营销、插页（杂志中的活页）、挨家挨户发宣传单等。研究数据显示：在直复营销

人员获得的直接反应交易中，以来自直接邮寄和邮购目录者为最多，高达48%，来自电话营销的回应占7%，来自宣传单的为7%，来自杂志报纸的仅为6%。

**同步思考7-2**

学习微平台

视频7-3

戴尔计算机公司于1984年由迈克尔·戴尔创立，现已成为全球领先的计算机系统直销商，跻身业内主要制造商之列。戴尔直销方式，就是戴尔公司通过互联网商务网站建立的一套与客户联系的渠道，由客户直接向戴尔发订单，订单中可以详细列出所需的配置，然后由戴尔"按单生产"。戴尔所称的"直销模式"实质上就是精简销售渠道。

如何评价戴尔的销售方式，这种销售方式可以大量复制推广吗？为什么？

②直接销售。直接销售就是通过销售人员直接向消费者销售的零售商业活动。它是由古老的沿街叫卖发展起来的，如今已成为较庞大的产业，主要有逐户销售、办公室销售、聚会销售等方式。此外，还有多层次营销，即直接销售的变形，其具体做法为：先招募独立的从业人员担任其产品的分销商，由其再招募一些人员作为子分销商，并将产品卖给子分销商，子分销商又再招募其他人，以此类推，直到最后一层子分销商将产品卖给消费者。这种方式又称传销，俗称"老鼠会"。在我国，传销是严令禁止的，目前只允许单层营销，取名为直销，推销的主要是保健品和日化用品。

③自动售货机售货。自动售货机是一种全新的商业零售形式，20世纪70年代自日本和欧美发展起来，又被称为24小时营业的微型超市。在日本，70%的罐装饮料是通过自动售货机售出的。目前，可口可乐公司仅在日本就有100多万台饮料自动售货机。

（3）零售组织

①连锁商店和连锁超市。连锁商店，是指由众多同行业的零售商店，按统一的原则形成一体，在同一商业形象下从事经营的一种零售组织形式。它们具有以下特点：统一采购，统一配货，有效减少运输费用、仓储费用，享有价格优势；统一规范，统一管理，有效降低管理费用；统一价格，统一服务标准，统一销售政策，方便购买，促进经济节约。连锁超市是连锁商店这种组织形式和超级市场的有机结合，既发挥了超级市场的特点，又发挥了连锁零售业的优势。

②消费合作社。消费合作社，是指由居民区的消费者自愿入股成立，按消费者购货额分红的零售组织形式。通常情况下，消费合作社内商品售价较低。

③特许经营。特许经营，是指根据合同进行商业活动的一种组织形式、一种互利的合作关系。在这种组织中，一般由特许授予人按照合同要求、约束条件给予被授予人（加盟者）的一种权利，允许其使用特许人已开发的企业象征（如商标、商号）和经营技术、诀窍及其他产权；有关加盟者的承诺和义务责任问题、使用权的回报等都在合同中加以明确说明。特许经营是实现商业资本扩张的一种比较好的形式。特许人和加盟者在保持其独立性的同时，经过特许合作达到双方互利共赢的目的。

④商业街。商业街就是由众多不同规模、不同类别的商店有规律地排列组合

的商品零售交易场所。近年来，不管是带状式商业街还是环型组团式商业街，均受到社会的格外关注。现代商业街是城市的窗口和标志，也是城市竞争力的重要表现。

⑤ 购物中心。购物中心，是指以一个或多个大的核心商店为中心，许多小的商店环绕其间，拥有庞大的停车场设施，顾客购物来去方便的商店群体零售组织形式。在这种组织形式中，通常先由房地产商或房地产商与大型零售商店合资开发一整套商业设施，然后租赁给其他零售商经营。其主要特征：在一个屋檐下，容纳了众多各种类型的商店，购物、美容、娱乐、健身、休闲等功能齐全，是一种超级商业零售模式。

### 7.2.2　中间商的选择

制造商在选择中间商时，常处于两种极端情况之间。一种情况是制造商可以毫不费力就能找到特定的中间商，让他为其服务；另一种情况是制造商必须费尽心思才能找到符合要求的中间商。

不论制造商遇到哪一种情况，都必须对中间商进行慎重选择。一般来说，其选择时应考虑的因素主要有：

#### 1）中间商的信誉、知名度和美誉度

中间商信誉的好坏、知名度的大小和美誉度的高低，直接关系企业产品销量的大小。中间商的信誉越好，知名度越大，美誉度越高，商品销量就越大。因此，制造商应将信誉较好、知名度较大、美誉度较高的中间商作为自己的选择对象。

**课程思政7-1**

#### 生意人吴老板

**背景与情境：** 吴老板，四十多岁。几年来，他靠给厂家做代理，拖欠厂家货款，生意像吹气球一样发展起来。厂家来催款，找人找不到，打手机关机，万一让你碰到了，来要钱的反而没理了。"咋了？谁说不给你钱了，排队！"你问排到啥时候，他说："你问我我问谁去？等着吧。"好了，你等吧，一个月、两个月、一年、两年……直到你厂子倒闭。打官司，打吧，他奉陪，并决战到底：他欠你十万元，你付出两个十万元终于把这官司打赢了，没想到法院强制执行时，他一把鼻涕一把泪，"没钱，真没钱啊！要房产？你去要吧，那是我老婆的——离婚了！要车？有两台，已经抵债了，抵给我老爸了！要货？行，你去仓库搬吧，不过你那冰箱、洗衣机、电饭锅都没了！"最后按两倍的进价抵给你一堆过期的方便面、变质的饮料……

**问题：** 生意人中有吴老板这种人吗？这种现象的存在说明了什么？万一碰上吴老板这种人，你该怎么办？

学习微平台

分析提示7-3

#### 2）中间商的实力

中间商的实力包括资金、人员素质、营业面积、仓储和运输能力等。一般来说，中间商的实力越强，销售成功的概率也就越高。因此，制造商应考虑选择实力较强的

中间商。

### 3）对企业产品的熟悉程度

对企业产品的熟悉程度，是指中间商对企业产品的性能、用途、保养等方面知识的了解程度。中间商越熟悉制造商的产品，就越可能在经营中取得成功。在同等条件下，制造商应考虑使用对本企业产品熟悉程度较高的中间商。

### 4）预期合作程度

中间商与制造商合作关系处理得好坏，直接影响企业产品的销售。中间商如能同生产企业密切合作，将会大大提高产品销量。制造商在挑选中间商时，应重视这一因素。

**同步案例7-4**

#### "富迪"成功进入成都市场的奥秘

**背景与情境：** 某年10月，投产仅3个月的上海"富迪"果汁饮料从东海之滨悄然来到成都。在众多同行因季节转换而从市场撤退，商家纷纷撤下饮料改换保健品之时，"富迪"趁机大举进入成都市场。

早在3月，富迪公司就派出多名营销骨干，借参加"春季糖酒交易会"的机会，对成都进行了一次深入调查研究。经过分析发现：有一条完全可以取得稳固销量，且不受季节影响，又能对品牌号召力、产品形象产生重大影响的销售渠道，却没有任何品牌的果汁饮料在精耕细作。9月底，富迪公司再次来到成都，对最初构想的渠道促销方案进行最后论证。10月5日，第一辆贴有"富迪"品牌大型海报、引人注目的广告车开出了富迪经营部……10月24日，在新落成的意大利比萨饼快餐厅，富迪和成都实验商场联合举行了一场别具特色的新闻发布会。十几家省市新闻单位人士和近百家餐饮业、娱乐业的老板们，在品尝了富迪饮料后不禁惊呼：成都饮料市场的真正挑战者终于来了！11月底，没做一次广告就在成都掀起一股热潮的富迪饮料，终于在成都电视台的"黄金海岸"频道露面。至此，"富迪"登陆成都市场计划得到完美实现。

**资料来源**　斯剑. "富迪"，一次成功的"诺曼底"登陆 [J]. 销售与市场，1996（4）.

**问题：** "富迪"成功进入成都市场的奥秘何在？

学习微平台

分析提示7-4

### 7.2.3　中间商的激励

中间商是一个独立的经营者，而非受雇于生产者，必然有他自己的目标、利益和策略。同时，中间商与生产者所处的地位不同，考虑问题的角度也不同，两者在合作中会产生一定矛盾。如何处理好产销关系中的矛盾，让中间商能努力为制造商推销商品，是制造商必须考虑的问题。

激励中间商的形式有多种多样，通常分为直接激励方式和间接激励方式。直接激励，是指制造商通过给予中间商物质的或金钱的奖励，肯定中间商在销售量和市场规范操作方面的成绩，借以充分调动中间商的积极性，更好地实现制造商的销售目标。目前，较为普遍的直接激励方法有返利和等级现金奖励两种。间接激励，是指为了提高中间商的经营效率，制造商通过与中间商建立长期稳定的合作关系，甚至建立利益共享的企业战略联盟，不断帮助中间商加强销售管理，借以激发其销售积极性。常用的间接激励方法有提供适销对路的优质产品、给中间商提供广告费用补贴、随销售商品发送赠券或赠品以促进销售、帮助中间商改进经营管理、培训中间商的销售人员和管理人员、免费送货上门以降低中间商的运输成本、给中间商提供资金支持、采取多种保护措施以降低中间商风险（如允许商品销售后付款，对不合格及残损商品予以退换，提供相应的维修、安装、试用服务）等。

制造商应避免激励过分与激励不足两种情况。激励过分，是指制造商给予中间商的优惠条件超过了取得合作与努力水平所需的条件，造成销售量提高而利润下降的后果。激励不足，是指制造商给予中间商的条件过于苛刻，以致不能调动其努力推销的积极性，使销售量降低、利润减少。

**业务链接7-2**

某食品有限公司是一家以生产醋饮和果饮为主的食品生产厂家，为了避免春节期间市场缺货，在春节来临之前，公司采取了一系列占仓压货政策：

（1）对于在春节前20天内批量进货的经销商，一律给予10%的随车搭赠政策。

（2）与经销商签订书面协议，对于在春节前批量进货的二批商和零售商，一律给予每进10件"虞美人"苹果醋均赠送名牌不粘锅一套的促销奖励政策。

（3）货箱内增设形式新颖的刮刮卡，有现金奖、礼品奖等多种奖项，100%中奖。

该公司通过这一系列的渠道利益再分配以及终端拉动措施，有效地刺激了各级销售渠道的购进积极性，并直接拉动了产品终端消费和购买，使其产品在春节期间无论是在流通渠道还是餐饮酒店终端都火了一把。

### 7.2.4　中间商的评估与调整

制造商除了选择和激励渠道成员外，还必须定期评估后者的绩效。如果某一渠道成员的绩效过低，达不到既定标准，必须找出造成这种状况的主要原因，并考虑可能的补救办法。当放弃或更换中间商将导致更坏的结果时，制造商可与中间商共同研究改进办法；如果更换业绩欠佳的中间商不至于出现太坏的结果，制造商应要求其在一定时期内改进经营，否则就终止与其合作。

检测中间商的绩效主要有两种方法：

一种办法是将每一中间商当期的销售绩效与上期的绩效进行比较，并以整个群体的升降百分比作为评价标准。对低于该群体销售绩效平均水平的中间商，应加强调查分析，找出问题，采取相应的措施。对销售绩效好的中间商，则应帮助其总结经验，并给予相应鼓励。

另一种办法是将各中间商的绩效与该地区的销售潜力分析所设立的配额相比较，即在销售期过后，根据中间商实际销售额与其潜在销售额的比率，将各中间商按先后名次进行排列。在排列名次时，不仅要看中间商各自销售水平的绝对值，还要考虑他们各自面临的各种可控因素的变化程度，考虑制造商的产品大类在各中间商的全部货品搭配中的相对重要程度。

在渠道管理过程中，有时由于情况变化，需要增加或减少渠道成员、局部修正某

学习微平台

延伸阅读7-2

些渠道，或者全面修正分销渠道系统。这种调整属于重大决策，应慎重进行，通常应由企业的最高管理层做出。

**同步案例7-5**

### 书商与总统

**背景与情境：** 美国一出版商有一种滞销书迟迟不能脱手。他想了一个主意：送给总统一本，并三番五次去征求意见。忙于政务的总统不愿与他多纠缠，便回了一句："这本书不错。"于是出版商便大做广告："现有总统喜爱的书出售。"大多数人出于好奇，争相抢购，书被一抢而空。不久，这个出版商又有书卖不出去，又送了一本给总统，总统上过一次当，这次吸取教训想奚落他，就说："这本书糟透了。"出版商又大做广告："现有总统讨厌的书出售。"不少人出于好奇又争相购买。第三次，出版商将书送给总统，总统接受前两次的教训，便不做任何答复，出版商却乘机大做广告："现有总统难以下结论的书，欲购从速。"结果书居然又被一抢而光。总统哭笑不得，出版商大发其财。

资料来源　胡华北，王家明. 大学生公共关系指导［M］. 合肥：合肥工业大学出版社，2012.

**问题：** 这位出版商利用总统卖书说明了什么？

**学习微平台**

**分析提示7-5**

### ━ 本章概要 ━➤

□ 内容提要与结构

▲ 内容提要

● 分销渠道有消费品市场分销渠道和产业市场分销渠道两种基本模式。渠道层次的多少决定了渠道的具体模式。分销渠道的分类：按照分销活动是否有中间商参与，可分为直接渠道与间接渠道；按照流通环节或层次的多少，可分为长渠道和短渠道；按照渠道中每个层次同类中间商的多少，可分为宽渠道和窄渠道；按照制造商所采用的渠道类型多少，可分为单渠道和多渠道。影响分销渠道选择的因素主要有产品因素、市场因素、企业本身因素、经济效益因素、中间商因素和其他因素。分销渠道选择策略可分为：直接渠道与间接渠道的选择，即是否采用中间商的决策；分销渠道长度的选择，即利用几个中间商的决策；分销渠道宽度的选择，即选择几个同类中间商的决策。可供选择的策略有普遍性分销策略、选择性分销策略和专营性分销策略。

● 分销渠道管理主要包括分销渠道成员分析，中间商的选择、激励、评估与调整。分销渠道成员构成中最基本的是中间商，主要包括批发商和零售商。选择中间商应考虑的因素有中间商的信誉、知名度和美誉度，中间商的实力，对企业产品的熟悉程度和预期合作程度。激励中间商的形式通常分为直接激励方式和间接激励方式。检测中间商的绩效主要有两种方法：一种是将每一中间商的销售绩效与上期的绩效进行比较，并以整个群体的升降百分比作为评价标准；另一种是将各中间商的绩效与该地区的销售潜力分析所设立的配额相比较。

▲ 内容结构

本章内容结构如图7-5所示。

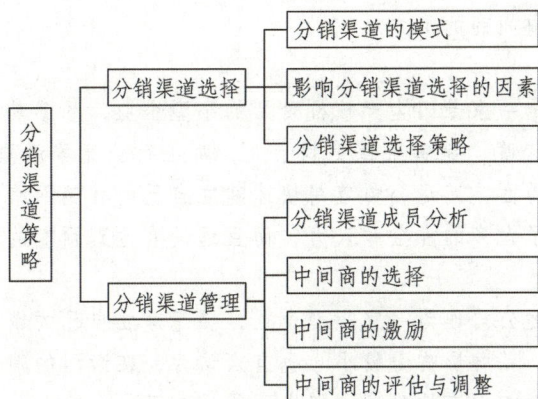

图7-5 本章内容结构

□ 主要概念和观念

▲ 主要概念

分销渠道 直接渠道 间接渠道 宽渠道 窄渠道

▲ 主要观念

分销渠道的模式与类型 影响分销渠道选择的因素 分销渠道成员的构成

□ 重点实务和操作

▲ 重点实务

分销渠道选择策略 中间商的选择 中间商的激励 中间商的评估与调整 相关
"业务链接"

▲ 重点操作

分销渠道策略知识应用

━ 单元训练 ➤

□ 理论题

▲ 简答题

（1）分销渠道有哪些类型？

（2）选择中间商应考虑哪些因素？

（3）影响分销渠道选择的主要因素有哪些？

▲ 讨论题

（1）制造商和中间商在经营中既然是合作关系，为什么制造商还需要采取各种方式激励中间商呢？

（2）间接渠道由于有中间商的介入，就存在制造商和消费者不能直接沟通信息等诸多缺点，为什么还要使用间接渠道呢？

（3）制造商对中间商的激励为什么要避免激励过分与激励不足两种情况？

□ 实务题

▲ 规则复习

（1）简述影响分销渠道选择的因素。

（2）简述分销渠道选择策略。

随堂测 7-1

单选题

随堂测 7-2

多选题

随堂测 7-3

判断题

（3）简述激励中间商的形式。

▲ 业务解析

（1）鸿运公司是一家专门生产核桃食品的小型企业，尽管其产品质量比同类产品要好，但由于起步较晚，销售渠道受制于人，加上行业竞争激烈，经营上感到吃力。为了改变这种不利局面，鸿运公司曾想快速建立自己的营销网络，然而经过两年的实际运作，不但耗费了太多的资金和人力，而且远没有达到预期的目的，企业陷入了进退两难的境地。

学习微平台

分析提示7-6

有人认为，鸿运公司作为一家小型企业，要想建立自己的销售渠道难度很大，因为其经济实力有限，品牌影响力较小。也有人认为，在激烈的消费品市场上要建立自己的销售渠道，尽管有一定的难度，但也不是没有可能……

你赞同谁的观点，为什么？

（2）"厂商是一家"这句经常挂在嘴边、看似"动听"的话语，在当今市场经济大潮的冲击下，已变得异常脆弱。我们经常可以看到：厂家过河拆桥，经销商见利忘义；厂家编织圈套，请君入瓮，经销商花言巧语，画地为牢；厂家魔高一尺，经销商道高一丈。多少年来，厂商之间的这种明争暗斗从来就没有停止过，可谓"刀光剑影，你来我往"。这种厂商之间的内战和消耗战，使本应皆大欢喜的双赢，往往演变成双亏。

学习微平台

分析提示7-7

然而市场经济的本质是均衡经济，其最鲜明的特征是创造和谐、协同发展。厂商之间如何实现战略"联姻"，将"厂商是一家"这句话真正落实到行动上，构建双赢的新型厂商关系，是未来厂商们所渴望达到的共同目标。怎样运作才能真正地实现"厂商一家"呢？请你谈谈解决思路。

□ 案例题

▲ 案例分析

【训练项目】

案例分析－Ⅶ。

【相关案例】

### 新品牌却能迅速打开市场局面

**背景与情境：**白酒市场竞争之激烈，用"白热化"来形容一点儿也不为过。然而，某酒厂生产的"琼浆玉液"作为一个新品牌，却想迅速进入某市场。循规蹈矩、按常理运作，显然难以奏效，必须另辟蹊径出奇兵。该酒厂营销部经理制订的营销方案，并不像大多数进入某市场的白酒品牌那样，从终端起步硬拼竞争对手，而是充分利用渠道力量，结合终端铺货和促销技巧，活用渠道激励，迅速掌控当地白酒市场，为其品牌快速切入市场打下良好基础。

方法一，现金返利。"琼浆玉液"针对分销商直接控制的餐饮网点，推出由分销商执行的盒盖返利政策。过去，分销商只是针对批发和零售的客户，而"琼浆玉液"的盒盖返利政策极大地推动了分销成员的经营热情。

方法二，分级返利。针对分销商的销量大小，推行分级返利。分销商每多完成一件产品的销售，将多增加1%的额外利润。

方法三，堆箱促销。针对规模大、人流集中的分销成员商行，销售人员用堆箱来营造产品的热销局面，并在周末开展针对消费者的有奖游戏、有奖竞猜和有奖销售活动。

方法四，捆绑销售。联合当地市场最畅销的"燕京"啤酒经销商以及众多的"燕京"啤酒分销成员，达成销售网络共享、促销人员共享、产品联合捆绑销售的意向，并在市内最大的10家餐饮终端推广这个活动。

"琼浆玉液"尽管是一个新品牌酒，名不见经传，但是经过他们一番精心运作却迅速打开了市场局面。

**问题：**

（1）作为一个名不见经传的新品牌酒，"琼浆玉液"为什么能迅速打开市场局面？

（2）该酒厂营销部经理制订的营销渠道激励方案你觉得如何？为什么？

（3）如果这个方案由你来制订，你准备如何构思运作？为什么？

【训练要求】

同第1章本题型的"训练要求"。

▲ 课程思政

【训练项目】

课程思政−Ⅶ。

【相关案例】

学习微平台

分析提示 7-8

### 贾老板和吴某的利益博弈

**背景与情境：** 贾老板的工厂推出了一款新饮料，为了尽快占领3个目标乡镇市场，他选择了一个实力较强的经销商吴某，让其负责3个乡镇的销售工作。为了支持吴某迅速启动市场，贾老板给吴某的促销费和促销品是给其他经销商的数倍。吴某果然不负所望，该饮料市场份额迅速上升，销量占到贾老板总销量的1/5，从而坐上经销商的头把交椅。一时间，其他品牌的饮料在当地几乎无法动销。

然而，随着市场逐渐做大，吴某的胃口也越来越大，不断提出更多的支持要求。尽管如此，贾老板还是想方设法给予满足，到后来几乎是按厂价给吴某供货。此时，贾老板只希望吴某能稳住销量，自己则可以从其他市场赚取利润。

出乎贾老板意料的是，吴某的贪欲还在膨胀，要求提供更大的价格优惠和更大的市场区域。如果贾老板答应，那么他给吴某的价格将低于厂价，由于吴某的进价比其他乡镇经销商的进价低，必将冲击其他乡镇市场，打击其他乡镇经销商的积极性，导致价格体系崩溃。

面对吴某的步步紧逼，贾老板陷入了两难境地：取消对吴某供货，将面临3个乡镇市场销量的急剧下滑，而且吴某可能改销售竞争品来抢占市场；如果放纵吴某，价格的穿底将导致整个市场的混乱和这款饮料提前退场！

**问题：**

（1）贾老板和吴某的关系为什么会变得如此尴尬？他们之间存在哪些道德伦理问题？试对上述问题做出思政研判。

（2）通过互联网或图书馆调研等途径搜集你做出思政研判所依据的行业道德规范。

（3）面对吴某的步步紧逼，贾老板应该采取何种对策？

学习微平台

分析提示 7-9

【训练要求】

同第1章本题型的"训练要求"。

□ 自主学习

【训练项目】

自主学习-Ⅳ。

【训练目的】

见本章"学习目标"中的"自主学习"目标。

【教学方法】

采用"学导教学法"和"研究教学法"。

【训练要求】

（1）以班级小组为单位组建学生训练团队，各团队依照本教材"附录三"附表3"自主学习"（中级）的"基本要求"和各"'技术-技能'点"的"参照规范与标准"，制订《团队自主学习计划》。

（2）各团队实施《自主学习计划》，自主学习本教材"附录一"附表1"自主学习"（中级）各"'技术-技能'点"相关的"'知识准备'参照范围"所列知识。

（3）各团队以自主学习获得的"学习原理"、"学习策略"与"学习方法"知识为指导，通过校图书馆、院资料室和互联网，查阅和整理近两年以"分销渠道策略"为主题的国内外学术文献资料。

（4）各团队以整理后的文献资料为基础，依照相关规范要求，讨论、撰写和交流《"分销渠道策略"最新文献综述》。

（5）撰写作为"成果形式"的训练课业，总结自主学习和应用"学习原理"、"学习策略"与"学习方法"知识（中级），依照相关规范，准备、讨论、撰写和交流《"分销渠道策略"最新文献综述》的体验过程。

【成果形式】

训练课业：《"自主学习-Ⅳ"训练报告》

课业要求：

（1）内容包括：训练团队成员与分工；训练过程；训练总结（包括对各项操作的成功与不足的简要分析说明）；附件。

（2）将《团队自主学习计划》和《"分销渠道策略"最新文献综述》作为《"自主学习-Ⅳ"训练报告》的"附件"。

（3）《"分销渠道策略"最新文献综述》应符合"文献综述"规范要求，做到事实清晰，论据充分，逻辑清晰。

（4）结构与体例参照本教材"课业范例"的"范例-4"。

（5）在校园网的本课程平台上展示班级优秀训练课业，并将其纳入本课程的教学资源库。

━ 单元考核 ━➤

考核要求：同第1章"单元考核"的"考核要求"。

# 第8章
# 促销策略

## 学习目标

通过本章学习，应该达到以下目标：

**理论目标：** 学习和把握促销的概念、作用与原则，促销组合的概念，影响促销组合的因素，人员推销的任务和组织结构，营业推广的特点与形式，广告促销的作用与原则，广告的类型与选择广告媒体应考虑的因素，公关促销的概念与职能等陈述性知识；能用其指导本章"同步思考"、"教学互动"、"随堂测"和"基本训练"中"理论题"各题型的认知活动，正确解答相关问题；体验本章"初级学习"中专业认知的横向正迁移，以及相关胜任力中"认知"要素的阶段性生成。

**实务目标：** 学习和把握促销流程，促销预算方法，促销组合策略与常用方法，人员推销的步骤，推销队伍的建设与管理方法，营业推广方案的制订与实施，广告促销、公关促销的策略与步骤和"业务链接"等程序性知识；能以其建构"促销策略"的规则意识，正确解析本章"同步思考"、"教学互动"和"基本训练"中"实务题"的相关问题；体验本章专业规则与方法"初级学习"中的横向正迁移和"高级学习"中的重组性迁移，以及相关胜任力中"专业规则"要素的阶段性生成。

**案例目标：** 能正确运用本章"促销策略"的理论与实务知识研究相关案例，培养和提高学生在"促销策略"特定情境中分析问题与决策设计的能力；结合本章教学内容，依照相关规范或标准，对"课程思政8-1"至"课程思政8-6"专栏和章后"课程思政-Ⅷ"案例中的企业及其从业人员行为进行思政研判，促进"立德树人"根本任务的落实；体验本章"高级学习"中专业知识、通用知识与思政元素的协同性重组迁移，以及相关胜任力中"认知弹性"要素的阶段性生成。

**实训目标：** 引导学生参加"'促销策略'技术应用"的实践训练。在其了解和把握本实训所及"能力与道德领域"相关技能点的"参照规范与标准"的基础上，通过各项实训任务的完成，系列"技术－技能"操作的实施，相应《实训报告》的准备与撰写等有质量、有效率的活动，培养"'促销策略'知识应用"的专业能力，强化"数字应用""与人交流""解决问题""革新创新"等职业核心能力（中级），并通过"认同级"践行"职业观念""职业情感""职业态度""职业良心""职业守则"诸多素养点规范，促进健全职业人格的塑造；体验本章"实践学习"中"专能""通能""职业道德"元素的协同性"重组－产生"迁移，以及相关胜任力中"复合性'技术－技能'"要素的阶段性生成。

引例：久催不来的订单

**背景与情境：** 2021年春节前，两家知名图书销售网站都在做促销活动，有位顾客在这两家网站上分别下了订单，时间是2月1日。但直到2月下旬，这位顾客依然没有收到商品。到网站催单，不是回复"还没上班"，就是"您的订单正在处理，请耐心等待"。据业内人士分析，从顾客月初下单算起，将近一个月的时间，顾客仍然没有收到商品，原因有两个：一是平台促销力度大，商家不赚钱或赔钱，没有动力；二是春节期间仓储与物流紧张。

原本依靠价格与服务效率获得有别于传统销售优势的网站与商家，失去了顾客的信赖，顾客最后取消了订单。

**问题：** 这两家网站面对顾客催单，其处理方式是否妥当？会产生什么后果？联系实际谈谈你对此事的看法。

学习微平台

分析提示 8-1

## 8.1　促销概述

### 8.1.1　促销的作用、原则与流程

**1）促销的作用**

**促销**，是指企业为了打开市场，扩大产品销售，把有关本企业产品和服务的信息通过相应的方式和手段，向目标顾客传递，促使其了解、熟悉、信赖企业的产品和服务，从而达到激发顾客购买欲望、促成顾客购买行为的一系列活动。

促销活动实质上是一种信息沟通活动。在社会化大生产条件下，生产者与消费者之间客观上存在着分离，生产者只有不断向消费者或用户传递产品信息，影响人们的购买行为，才能有效地扩大产品销售。顾客的信任是通过企业提供令人满意的产品与进行有效的沟通而建立起来的。在市场日益广阔、供求变化日益复杂的现代条件下，促销活动体现着企业开拓市场、扩大销售、满足消费需求的主动精神、进取精神和创造精神。

促销活动对于实施企业战略、树立企业和产品的形象、增加产品销售额、提高市场占有率和强化竞争地位等，都有重要的促进作用。具体表现在：

（1）传递信息，沟通情报

在现代市场经济中，生产经营者和消费者之间存在着信息分离：一方面，生产经营者不知道消费者需要何种产品，以及何时、何地需要；另一方面，消费者不知道由谁、何时、何地、供应何种产品。这种产销矛盾，决定了生产经营者必须及时向中间商和消费者传递商品和服务相关信息，采取相应的方式向中间商和消费者推介商品，让社会各方了解企业的实力和商品的情况，建立起企业和商品的良好声誉，引起他们的注意，从而为企业市场营销活动的成功创造前提条件。同时，它也决定了生产经营者必须及时搜集市场需求信息和消费者的意见及要求，借以根据市场需求趋势和消费者意见，生产适销对路的商品，达到占领或扩大市场、促进销售的目的。

（2）突出特点，强化竞争力

随着社会主义市场经济的发展，市场竞争日趋激烈，不同的厂商生产经营许多同类产品。这些同种类商品在其功能、结构、式样等方面差别不大，消费者对这些产品的细微差别往往不易察觉。因此，企业要想使其产品能在市场上占有一定份额，必须通过适当的促销方式，突出地宣传本企业产品较竞争企业产品的不同特点及其给消费者带来的特殊利益，以引起消费者的注意，产生购买欲望，进而扩大产品的销售，提高企业的市场竞争力。

（3）创造需求，扩大市场

在市场经济条件下，企业生产经营活动的方方面面都存在着十分激烈的竞争。为了在竞争中取胜，企业在市场营销活动中必须使自己的产品在性能、款式、价格等方面最大限度地满足消费者的需要。然而，仅仅满足消费者的需求是不够的，还必须在此基础上针对消费者的心理动机，通过采取灵活有效的促销方式，想方设法诱导、激发其潜在的购买欲望，引发他们的购买行为，借以达到创造需求、扩大市场的目的。

（4）增加利润，提高效益

经营者必须认识到，要想在激烈的市场竞争中立于不败之地，就必须把产品销售出去。如果产品卖不出去，产品的价值无法实现，消耗在产品上的劳动得不到社会的承认，企业的生产经营活动就会出现负效益。一般来说，产品价值的实现程度与企业的经济效益是成正比的。对于企业来说，在成本和价格既定的情况下，产品销量越大，销售额越高，效益越好；反之，情况则相反。而要做到扩大销售、提高效益，就必须重视促销工作。企业只有通过各种促销手段，使更多的消费者或用户了解、熟悉和信任其产品，促成供需旺盛的局面，才能达到其扩大市场份额、巩固市场地位、增加企业盈利、提高经济效益的目的。

**业务链接8-1**

### 手表空投促销

20世纪60年代初期，日本西铁城钟表公司为了开拓澳大利亚市场，提高西铁城手表的知名度，挖空心思想出了一条销售妙计：采用飞机空投方式，从高空中把手表扔下来，落到指定的广场，谁捡到便送给谁。消息一经传开，马上引起轰动。成千上万名观众早早地赶往指定地点，惊讶地看着一只只手表天女散花般地从天而降。当人们拾起这些手表时，发现表针还在"嘀嗒、嘀嗒"地走动，手表竟然完好无损，人们无不为其质量所折服。于是，西铁城手表一时在澳大利亚名声大振，求购者络绎不绝。

**问题思维8-1**

**疑点：**俗话说："人叫人千声不语，货叫人点头自来。"

**释疑提示：**"人叫人千声不语，货叫人点头自来"这句话的意思是说只要商品质量好，顾客就会自动前来购买，否则，任你喉咙喊破，也无人搭理。在传统企业经营中，这句话确实具有一定道理，但在现代企业经营中，由于商品繁多、功能各异，不进行商品宣传介绍，不进行商品促销，消费者就无法知道商品各方面的情况，从而难以下定购买决心。所以，这句话不符合现代市场经营意识的要求。

**2）促销的原则**

（1）遵守国家法规，讲究商业道德

任何促销活动，都必须坚持正确的经营方向，讲究商业信誉，以公认的商业道德为准则，遵纪守法，认真执行国家政策，切实保护消费者合法权益。

（2）以产品为核心，优化促销组合

企业促销活动的开展，必须以产品本身为核心，结合价格促销策划和分销渠道方式的合理选择，有效运用企业各种人力、物力、财力资源，力争以最少的消耗获得最佳的经济效益和社会效益。

（3）讲究促销艺术，提高促销效果

促销活动有很强的策略性和技巧性，只有根据客观环境的具体情况，因时、因地、因人制宜，恰到好处地运用各种促销的艺术手段和形式，合理协调不同的促销策略，进行商品和服务的促销，才能收到较好的促销效果。

（4）实事求是，以理服人

商品的促销活动是以传递信息为主要手段来实现营销目的的。因此，企业应遵守信息传播的基本准则，以科学的理论和方法，传播真实准确的信息，使消费者和用户形成对其商品和服务的信任感，借以获得实在的利益。

学习微平台

延伸阅读8-1

**教学互动8-1**

**互动问题：** 毛姆是英国著名的作家，他一生著述颇丰，享誉世界。可是一开始并不是这样，他写了很多作品，虽然反响很好，就是销路不畅。他很着急，于是开动脑筋想办法。一天，他想到一个好办法，在一家发行量大的报纸上登了一则征婚启事："本人是一位年轻有教养、爱好广泛的百万富翁，希望找一位与毛姆小说中的女主角一样的女性结婚。"这个启事一登出来，毛姆的小说被抢购一空，一版再版。而毛姆本人则一夜之间家喻户晓。毛姆的小说由销路不畅到被抢购一空说明了什么？为什么？

**要求：** 同"教学互动1-1"的"要求"。

**3）促销方式**

促销方式分为人员推销和非人员推销两种基本形式。前者是一种直接的促销方式；后者是一种间接的促销方式。非人员推销又包括广告宣传、营业推广和公共关系三种形式，如图8-1所示。

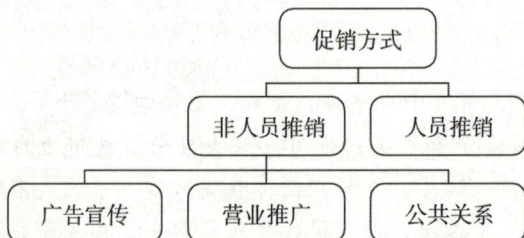

图8-1　促销方式

**课程思政 8-1**

### 买酒送消毒酒精

**背景与情境：** 2020 年春节前夕，突如其来的新冠肺炎疫情由武汉波及全国，给民众健康带来了严重危害，也给社会经济正常有序运转带来严重负面影响。口罩、酒精、防护服等防疫用品一时成为紧俏品，有商家将稀缺品变成赠品，"借力"疫情营销。京东平台"X 酒旗舰店"策划推出了"买酒送消毒酒精"的促销活动。该店共有 11 类酒类产品，部分产品页面显示："购买店铺产品，将赠送高浓度 75 度的消毒酒精，数量有限，送完为止。"活动推出后，该店销售火爆。

联系该店客服得知，消毒酒精为公司自产产品，当日赠品酒精已经抢光，并建议顾客明天 9 点前后再来抢购。

**问题：** "买酒送消毒酒精"这个促销活动合适吗？特殊时期利用物资的稀缺性策划营造营销话题与提升销量，是否有悖于促销原则？是否有悖于职业道德和营销伦理？请组织一场辩论会展开辩论。

#### 4）促销流程

随着市场竞争的加剧，促销活动在营销中的地位越来越重要。为了确保促销活动的顺利开展，达到促销的预期目标，促销活动必须按照一定的流程进行，如图 8-2 所示。

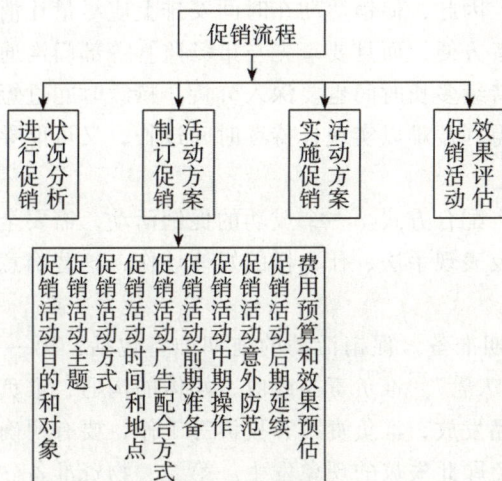

图 8-2　促销流程

（1）进行促销状况分析

促销状况分析包括市场需求分析、竞争情况分析和实力分析等，这些分析的目的在于了解企业的营销环境，知己知彼，为企业促销活动的开展提供真实可靠的信息。

（2）制订促销活动方案

正如一份缜密的作战方案在很大程度上决定着战争的胜负一样，一份系统、全面的促销活动方案是促销活动成功的保障。一份完善的促销活动方案大致包括以下内容：

①促销活动的目的和对象。是处理库存，还是提升销量？是为了打击竞争对手，

还是促进新品上市？是节日促销，还是扩大品牌认知度及美誉度？只有目的明确，才能使促销活动有的放矢。促销活动针对的是目标市场的每一个人还是某一特定群体？活动控制在多大范围内？哪些人是促销的主要目标？哪些人是促销的次要目标？是否明确这些问题的正确答案，直接影响到促销的最终效果。

②促销活动的主题。促销活动的主题是促销活动方案的核心，其主要是解决两个问题：一是确定活动主题；二是包装活动主题。选择什么样的促销主题，要考虑到活动的目标、竞争条件、环境及促销费用的预算和分配。促销活动的主题应该力求创新，使其活动具有震撼力和排他性。在确定主题之后要尽可能淡化促销的商业目的，使促销活动更接近消费者，更能打动消费者。多年前爱多VCD的"阳光行动"堪称经典，把一个简简单单的降价促销行动包装成维护消费者权益的爱心行动。

③促销活动的方式。在开展方式上，促销活动要重点考虑两个方面：A.确定伙伴。一是要考虑是否利用政府做平台，并拉上媒体做后盾；二是要考虑是否与经销商或其他厂家联手。与政府或媒体合作，有助于借势和造势；与经销商或其他厂家联合可整合资源，降低费用及风险。B.确定刺激程度。促销活动要想取得成功，就必须产生刺激作用，刺激程度越高，促进销售的作用就越大。但是必须注意，这种刺激也存在着边际效应，必须根据促销实践进行分析，并结合客观市场环境确定适当的刺激程度和相应的费用投入。

④促销活动的时间和地点。促销活动的时间和地点如果选择得当，就能事半功倍；反之则事倍功半。因此，促销活动在时间安排上应尽量让消费者有空闲参与，在地点上应尽量让消费者方便，而且要事先与市场监管等部门沟通好。促销活动发动的时机和地点很重要，持续多长时间也要深入分析。持续时间过短，消费者可能无法实现重复购买，企业应得利益难以实现；持续时间过长，又可能导致费用过高，达不到提高经济效益的目的。

⑤促销活动的广告配合方式。一个成功的促销活动，需要全方位的广告配合。选择什么样的广告创意及表现手法、什么样的媒体炒作，这些都意味着不同的受众抵达率和费用投入。

⑥促销活动的前期准备。促销活动的前期准备包括：第一，人员安排。要做到"人人有事做，事事有人管"。谁负责与政府、媒体的沟通，谁负责文案写作，谁负责现场管理，谁负责礼品发放，谁负责顾客投诉等工作，要有明确的人员分工。只有注意细节管理，才能避免顾此失彼的现象发生。第二，物资准备。物资准备同样要事无巨细，大到车辆，小到螺丝钉，都要一一罗列出来，然后按单清点，以确保万无一失，否则会导致现场乱作一团。第三，试验方案。由于促销活动方案是在经验的基础上制订的，因此有必要通过试验来判断促销工具的选择是否正确、刺激程度是否合适、现有的途径是否理想等。

⑦促销活动的中期操作。中期操作主要是促销活动纪律和促销现场控制，这是促销方案得到完美执行的先决条件。在促销方案中，应对参与活动过程的工作纪律做出细致的规定。促销现场控制主要是把各个环节安排得当，做到忙而不乱，有条有理。同时，在实施促销方案过程中，还应及时对促销范围、强度、额度和重点进行调整，保持对促销方案的控制。

⑧促销活动的意外防范。每次促销活动都有可能出现一些意外，比如政府部门的干预、消费者的投诉、天气突变导致户外促销活动无法继续等。在促销方案中，必须对各种可能出现的意外事件做好人力、物力和财力方面的准备。

### 课程思政 8-2

#### 免费摸奖促销惹麻烦

**背景与情境：**某商场推出一则促销广告："自即日起，在商场内举办摸球有奖销售活动，凡每天购买50元商品者可免费摸奖一次，多买多摸，当场兑现。"一位顾客得知这个宣传后，便专程到商场买了一台价格2 400元的空调，当晚到商场参加摸奖。商场促销广告规定：顾客如果摸到印有"9、6、9"数字的乒乓球，就可获得头等奖5 000元。然而当这位顾客拿着乒乓球来兑奖时，商场门市部的负责人却以"6"和"9"形状相反为由，拒不承认。

后来，该顾客跑到消费者协会去投诉，商场最后还是给了这位顾客奖金5 000元，但企业形象因此受损，不仅这位顾客从此再也不来购物了，而且此事一传十、十传百……

**问题：**免费摸奖促销为什么会惹上麻烦？这一事件说明了什么问题？

学习微平台

分析提示 8-2

⑨促销活动的后期延续。促销活动的后期延续主要是媒体宣传炒作，如对促销活动采取何种方式、联系哪些媒体、怎样进行后续宣传等。

⑩费用预算和效果预估。不仅要对促销活动费用的投入进行预算，也要对其可能达到的效果进行预测估计，以便做到心中有数。

（3）实施促销活动方案

促销方案实施的具体工作主要包括：明确促销活动的具体任务；实行责任管理制；做好方案实施情况的监督检查。在促销方案实施过程中，一方面要控制促销活动过程朝着目标前进，另一方面又要及时反馈信息，修正方案。

（4）促销活动效果评估

评估目的在于将实际促销的结果与企业最初的目标进行比较，将实际成本与预算费用进行比较，以便发现问题，总结经验教训，为以后的促销活动提供改进的依据。

### 5）促销预算方法

促销预算，是指经营者对促销所花费用的计划和概算，即准备花多少钱去组织促销活动。制定促销预算的方法主要有：

（1）销售额百分比法

销售额百分比法，是指以一定期间销售额的一定比率来确定促销费用数额的方法。例如，历史同期销售额为100万元，企业决定将上年销售额的10%作为今年促销费用的比率，预计今年的销售额为200万元，则今年的促销费用就确定为20万元。

销售额百分比法的优点：①简便易行。只要了解历史同期的销售额或计划年度的销售额，就可制定促销预算。②采取这种方法确定的促销预算，使费用支出变化同销售额收入变化一致，与企业经营能力一致。③采取该种方法，将销售额、销售费用和销售利润三者结合起来，能有效控制经营情况。④同行业竞争者都采取这种运算方式，有利于形成稳定的竞争格局。其缺点：①不能真实地反映销售额与促销费用之间的必然联系。②没有考虑竞争因素。由于市场竞争激烈，商品销售额一时下降，但为了增强竞争力、扩大销售，必须增加促销费用，两者就会产生矛盾。③不利于企业经营的长期发展规划。

（2）促销目标法

促销目标法，是指根据促销目标预算促销费用的方法。经营者在制订经营计划前，首先要确定促销目标，即确定在一定时期内通过各种方式必须达到的经营指标，如商品销售增长率、市场占有率、经营利润率、品牌满意率等，然后再估算实现上述目标所需促销费用。

促销目标法的优点：可督促营销人员将促销费用与促销目标联系起来，进行经营的盈亏分析，搞好经营。采用这种方法的前提是企业要充分了解市场营销状况，制定促销目标时量力而行，否则，依此方法确定的促销预算可能达不到预期效益。

（3）量入为出法

量入为出法，是指经营者以企业财力特别是流动资金为基础，量入为出，确定自己促销费用的方法。这种方法要求量力而行，因而较为稳妥，且简单易行，但忽略了促销对销售额的积极影响。由于投入的促销费用不多，可能错过市场机会，不利于企业长期发展。

（4）竞争比较法

竞争比较法，是指根据竞争者促销支出确定自己促销费用的方法。采用这种方法，首先要大致了解同行业主要竞争对手的促销预算，然后据此确定本企业预算，使自己的预算与竞争对手的预算大致相当，以确保促销费用满足促销的需要。不过，这种方法容易引起经营者在促销费用上的攀比，引发促销大战，导致促销费用盲目增加。

### 8.1.2　促销组合

**1）促销组合概念**

促销手段多种多样，其各自所起的作用不尽相同。为了提高促销效果，需要将若干种促销手段组合在一起使用。**促销组合**，是指对人员推销、营业推广、广告宣传和公共关系等促销方式进行有计划、有目的的综合运用，使各种促销活动互相配合、取长补短，最大限度地发挥整体效果，借以顺利实现企业目标。

促销组合是一种系统化的整体策略，体现了现代市场营销理论的核心思想——整体营销。四种基本促销方式或手段构成了这一整体策略的四个子系统，每个子系统又各包括一些可变因素，即具体的促销手段或工具。

**2）促销组合策略**

根据促销手段的出发点与作用不同，促销组合策略可分为两种，即推式策略和拉式策略。

（1）推式策略

① 推式策略的概念。推式策略，是指企业以直接方式，运用人员推销手段，把产品推向分销渠道，最终推向消费者的一种方法。其作用路线为：企业推销员把产品

推荐给批发商，再由批发商推荐给零售商，最后由零售商推荐给最终消费者。推式策略运用的前提是企业与中间商对商品的市场前景一致看好，双方愿意合作。运用推式策略对企业来说风险较小，销售周期短，资金回收快，但同时需要中间商的理解与配合。

② 推式策略的适用条件。传播对象比较集中，目标市场的区域范围较小；处于平销状态，市场趋于饱和的产品；品牌知名度较低的产品；投放市场已有较长时间的品牌；需求有较强选择性的产品（如化妆品）；消费需求易疲软的产品；购买动机偏于理性的产品；需要了解较多专业知识的产品。

（2）拉式策略

① 拉式策略的概念。拉式策略，是指采用间接方式，通过广告、营业推广、公共关系等促销手段，向最终消费者展开强大的促销攻势，使之产生强烈的兴趣和购买欲望，向经销商询购这种商品，从而诱导中间商积极向制造商进货的一种方法。其作用路线为：企业将消费者引向零售商，再将零售商引向批发商，最后将批发商引向生产企业。一些新产品上市时，中间商往往因过高估计市场风险而不愿经销，这时，企业只能先向消费者直接推销，然后引导中间商经销。

② 拉式策略的适用条件。目标市场范围较大、销售区域广泛的产品；销量正在迅速上升和初步打开销路的品牌；有较高知名度的品牌；感情色彩较浓的产品；容易掌握使用方法的产品；具有选择性的产品；经常需要的产品。

### 3）影响促销组合的因素

消费者对一种产品从了解到实际购买，一般要经过四个步骤，即认识产品→发生兴趣→产生需求→实际购买。在这一过程中，各种促销手段的作用各不相同。一般而言，在引导购买者了解、认识一种产品时，广告最为有效；在促成消费者实际购买时，营业推广更为合适；在诱导消费者对一种产品发生兴趣、产生需求时，人员推销效果显著；公共关系则有助于人们了解企业及其产品，产生信任感。这四种促销手段的组合是否适当，直接影响到促销工作的效果。企业要进行正确、有效的促销组合，必须综合考虑以下因素：

（1）促销目标

企业促销包含着很多具体目标，如提高企业及产品的知名度、使顾客了解本企业的产品并产生信任感、扩大产品销量和提高市场占有率等。相同的促销手段在实现不同的促销目标上，或不同的促销手段在实现同一促销目标上，其成本效益是大不相同的：广告和公共关系在提高企业知名度和声望方面，远远超过人员推销；在促进顾客对企业及产品的了解方面，广告和人员推销的成本效益最好；在促销订货方面，人员推销的成本效益最大，营业推广则起协调辅助作用。

（2）产品类型

顾客对不同类型的产品具有不同的购买动机和购买行为，因此必须采用不同的促销组合策略。一般来说，消费品的顾客多、分布广、购买频率高，其促销主要依靠广告，然后是营业推广、公共关系和人员推销；工业品每次的订货量相对较大，买主注重的是产品的技术、性能、售后服务、购买手续的复杂程度等，对他们的促销应以人员促销为主，其次才是广告宣传、营业推广和公共关系。

（3）市场性质

对不同的市场需求应采取不同的促销组合。首先，应考虑市场的地理位置和范围大小。规模小、距离近的本地市场，应以人员推销为主；在较大规模的市场（如全国市场）进行促销时，则应采用广告和公共关系宣传。其次，应考虑市场类型。消费品市场的买主多而分散，不可能由推销人员与消费者广泛接触，主要靠广告宣传介绍产品来吸引顾客；工业品市场的用户数量少而购买量大，应以人员推销为主。最后，应考虑市场上不同类型潜在顾客的数量。以工业品为例，矿山机械的潜在顾客比较少，其促销应以人员推销为主；标准件的潜在顾客比较分散，购买次数多，其促销应以广告为主，辅之以人员推销。

（4）各种促销手段的特性

人员推销、广告、营业推广和公共关系都有各自的特性，其使用成本也各不相同。企业在选择某种促销组合方式之前，必须根据各种促销手段的特性全面衡量、综合考虑，使其能够产生"1+1＞2"的效果。

（5）产品市场生命周期

在产品市场生命周期的不同阶段，由于促销目标不同，必须相应地选择不同的促销组合。在投入期，促销的目的是让消费者充分认识某种商品，让中间商愿意经营这种商品，因此广告宣传和营业推广的效果较为明显。在成长期，由于前期采取了强大的促销攻势，此时整体促销费用投入可略微降低，但这一阶段影响最大的促销工具仍然是广告，可继续使用广告和公共关系，也可通过加强人员推销来扩大企业利润。在成熟期，由于顾客对产品已较为熟悉，此时可将广告宣传的重点从品牌宣传转向产品促销宣传，可使用提示性广告并辅之以营业推广。在衰退期，广告宣传仍起提醒作用，人员推销可减至最小规模，但要保持一定的市场占有率，营业推广要继续加强，主要采用打折、赠送礼券等营业推广手段，同时辅之以提示性广告。

（6）促销费用

不同的促销手段需要辅之以不同的促销费用。增加促销费用有利于扩大销售，但同时也增加了销售成本。因此，在考虑促销组合时，企业必须从自身能力出发。一般来说，财力比较雄厚的企业较少受到费用预算的制约，它们着重考虑的是如何达到促销效果的最大化。中小企业的财力有限，销售范围不广，应以人员推销为主，集中力量争取中间商，同时辅以必要的广告，借以刺激顾客的购买欲望。以较低的促销费用带来较高的促销利润，是判断促销费用使用是否合理的一般标准。

**4）促销组合的常用方法**

（1）教育引导法

教育引导法，是指通过介绍商品和服务的原理、性能、使用方法等有关知识，使消费者感到商品和服务能给自己带来利益和好处，产生强烈的购买愿望，进而达成交易的促销方法。

（2）新闻焦点法

新闻焦点法，是指利用新闻媒体中报道的重大事件和新闻人物，或由企业制造新闻事件，将企业产品与新闻联系起来，使企业产品成为新闻的焦点，引起社会公众关注，让消费者对企业产品产生深刻印象，使之积极购买企业产品的促销方法。

（3）感性交流法

感性交流法，是指注重人们之间的感性交流，通过利用人员促销或公共关系手段，对消费者晓之以理，动之以情，或者利用广告画面中的色彩、音乐、人物对白等手法，激发促销对象的购买意识或情感共鸣，从而达到促销目的，并保持对产品的忠诚和信赖的促销方法。

**5）促销组合的常用技巧**

（1）事实论证

事实论证，是指运用商品的使用效果或表现来消除消费者疑惑的促销技巧。这是最有说服力的技巧，如通过现场示范、时装表演、试用品尝以及广告中所拍摄的录像来证明等。

（2）依据论证

依据论证，是指列举充分的证据证明商品质量特性，使消费者深信不疑的促销技巧。例如，提供产品的商检证书、说明证书、药品医疗报告、奖励证书等。运用这种技巧时，所提供的依据一要真实可靠，二要权威性高，否则有假冒之嫌。

（3）说明论证

说明论证，是指运用逻辑推理办法来论证商品和服务的实用性和作用的促销技巧。这是一种常用的促销技巧。例如，老年食品推销，可从老年人生理机能逐步老化，接受营养不平衡，需要多种营养补充这一基本原理出发，列举推销产品中所包含的营养成分，借以论证该产品有益于老年人身体健康。

（4）对比分析

对比分析，是指将本企业产品或服务与同类产品从质量、款式、功能、价格、服务上进行对比，分析产品差异，突出证明本企业产品优良的推销技巧。这是一种行之有效的技巧，但运用时，一般不能指明对比产品的具体名称，以免引起纠纷。

**同步案例 8-1**

### 屡屡碰壁的促销活动

**背景与情境：** 一家饲料企业原本效益很好，也没有做过促销，直至其他企业后来居上，这家企业才慌了，于是召开销售人员会议。销售人员没有不抱怨的：人家企业做得多好，农民买一包饲料可以得到一件文化衫，经销商做大了，组织其去国外考察。这家企业经理心想，这不是很难，我们也做得到。

江南每年 6 月至 8 月是农忙时节，农户都忙着"双抢"，养殖业是淡季。这位经理想，淡季一定要刺激农民，诱导农民购买。于是，该企业制作了很漂亮的文化衫。7月底，销售人员又向老板抱怨：怎么这么晚才给市场发放促销品，别人早就做了。原来，竞争企业在 5 月底就将文化衫全部发放到位，农民在"双抢"时期根本没有时间去购买饲料。第二年，该企业很早就准备好了促销品，是质量很好的香皂，因为农忙时农民每天都要洗澡，香皂是他们的必需品。但结果和预料大相径庭：经销商拒绝大量进货。销售人员从市场前沿发回报告，说经销商已经大量购进了这家饲料企业的货，原因是该厂家推出了一个活动，承诺在市场淡季完成旺季 85% 销售额的经销商可以参加企业的出国考察团。竞争厂家已经抢先"占用"了经销商的仓库和资金。

资料来源　王瑶. 市场营销基础实训与指导［M］. 北京：中国经济出版社，2009.

学习微平台

分析提示 8-3

**问题**：这家企业的促销活动为什么会屡屡碰壁，错在哪里？如果请你做企业经理，你将采取什么方法解决这一促销难题？

## 8.2　人员推销

### 8.2.1　人员推销的任务和组织结构

#### 1）人员推销的概念

**人员推销**，亦称人力促销，是指企业派出或委托推销人员，亲自上门向目标顾客介绍和推销产品的方法。人员推销的核心问题是说服，即说服目标顾客，使其接受其推销的产品或服务。

人员推销有三个基本要素：推销人员、推销品、推销对象。

人员推销的基本形式：上门推销、柜台推销、会议推销。

人员推销既是一种最古老的促销手段，也是现代市场营销的一种重要促销方法，特别是在洽谈交易和成交手续磋商中，更具有其他促销方式所不能代替的作用。

#### 2）人员推销的基本任务

（1）开发新顾客

销售人员的首要任务是不间断开发新顾客，包括想方设法寻找潜在顾客和吸引竞争者的顾客，积聚更多的顾客资源，为企业开拓市场奠定良好的基础。

（2）培育企业忠实顾客

销售人员的第二个任务是通过努力，与老顾客建立良好关系，形成一批忠实顾客，并采取有效措施留住这批忠实顾客，为企业市场的稳定发展提供牢固的阵地。

（3）以服务赢得顾客的信任

销售人员的第三个任务是通过为顾客提供技术咨询、使用指导、迅速交货、送货上门、免费安装和售后回访等一系列服务，赢得顾客的信任。

（4）说服沟通

销售人员的第四个任务是通过各种途径，采取各种手段，想方设法向现有客户和新客户传递企业产品和服务方面的信息；运用各种推销技术，千方百计说服、劝导顾客购买本企业产品，为企业带来源源不断的订单，达到迅速提升销售业绩的目的。

**教学互动8-2**

**互动问题**：一位推销员欲向一工厂企业推销某种石英砂，先暗地里调查了该企业目前使用的石英砂来源和使用情况，并从现场取了一些样品。当他出现在企业领导面前时，并不说明来意，而是突然将石英砂倾倒在事先准备好的白纸上，顿时尘土飞扬，该工厂领导大为不满。推销员却不慌不忙说道："这是贵厂正在使用的石英砂。"接着将另一袋石英砂倒出，却是干净无尘。推销员介绍道："这是我们的产品。"这一举动立即引起该工厂领导的兴趣，最终谈成生意。

推销员采取的是什么推销方法？为什么能够产生如此好的推销效果？

**要求**：同"教学互动1-1"的"要求"。

### 3）人员推销的组织结构

人员推销可以按多种结构来组织。

（1）按地区结构组织

按地区结构组织，是指将目标市场分成若干区域，每个销售人员负责一个区域，负责企业所有产品在该区域的销售。这是一种最简单的组织结构，其优点：销售人员的责任明确，便于考核其工作绩效；销售人员便于加强与当地各界人士的联系，有助于提高销售水平；销售人员活动范围不大，可以减少差旅费用。其缺点：只适合于那些产品具有同质性，不需要提供技术支持的企业。

（2）按产品结构组织

按产品结构组织，是指对那些拥有若干条产品线，产品技术含量高，各类产品之间又毫无关联，产品知识对推销成败十分重要的产品，采取每个产品确定一个产品经理，负责该产品在所有区域的销售。其优点：产品经理能够实现产品的最佳营销组合；由于推销人员掌握了有关产品知识，其交易成功率比较高；能够对市场出现的问题及市场状况的变化迅速做出反应。其缺点：各个产品经理相互独立，缺乏整体观念，有时会为保持各自产品的利益而发生摩擦；产品经理的工作未必能获得广告、生产、财务等方面的理解和支持，因而容易引起部门间的冲突；由于权责划分不清，造成多头领导，下级推销人员可能会得到多方面的指令而无所适从；当企业的各类产品都面向同类顾客时，同企业各产品部的推销人员在推销路线、访问顾客方面会出现重复，造成费用增加、浪费资源。

（3）按顾客结构组织

按顾客结构组织，是指按不同行业的特殊要求安排不同的销售队伍。如果企业的产品面向不同行业的特殊顾客或目标市场，就可以按照这种结构组织销售队伍。其优点：每一种推销人员对顾客的特定需求都非常熟悉，可以针对不同顾客采取不同的推销策略，使企业提供的服务更有针对性。其缺点：如果各类顾客分布很广，那么企业的每种推销人员可能要横跨若干省份或大区域，整个销售队伍有可能重复交叉出现在同一地区，从而增加费用。

（4）复合式结构组织

复合式结构组织，是指将上述几种组织结构形式有机地结合所形成的推销组织形式。如果一个企业的产品种类很多，客户类型复杂，市场分散，就可采取这种形式。在这种情况下，既可以按"区域-产品""产品-顾客""顾客-区域"，也可以按"区域-产品-顾客"派出销售队伍。其优点：适应性和灵活性较强，费用较低。其缺点：对推销组织管理及推销人员的素质要求较高，操作起来有一定难度。

## 8.2.2 人员推销的步骤

人员推销的步骤如图 8-3 所示。

### 1）推销准备阶段

为了保证推销任务顺利完成，推销人员在开始工作之前，必须进行充分的准备工作。

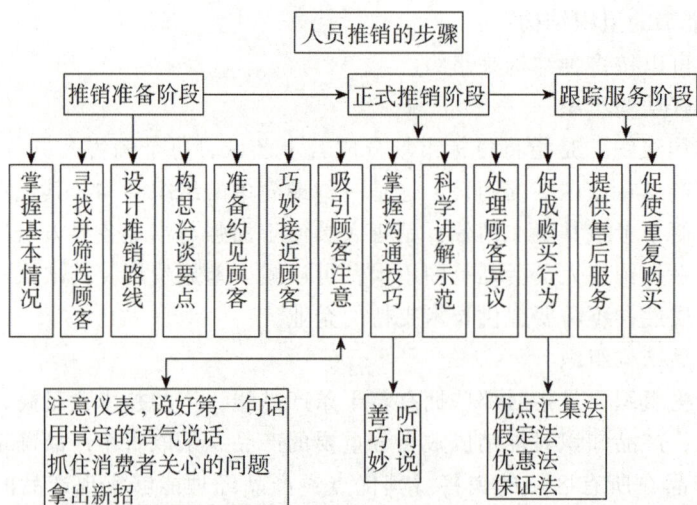

图8-3  人员推销的步骤

（1）掌握基本情况

要根据推销业务计划，熟悉产品的设计、结构、性能、特点、规格、使用操作原理以及商标、包装和设计特色等，做到心中有数，以便有针对性地进行推销。

（2）寻找并筛选顾客

首先，可通过多种途径寻找顾客：①利用社会信息寻找新顾客；②利用流通渠道寻找老顾客；③利用社会关系寻找新顾客；④通过公共关系活动寻找新顾客；⑤主动游说寻找新顾客；⑥推销相关产品寻找新顾客；⑦利用老顾客寻找新顾客；⑧利用中介机构寻找新顾客；⑨挖掘老顾客的新需求。然后，对寻找到的顾客进行筛选，重点选择那些具有购买欲望、购买决策权和购买能力的顾客，并为筛选后的顾客建立顾客档案。

（3）设计推销路线

根据目标顾客所处地理位置、交通条件，因地制宜，合理设计推销路线。

（4）构思洽谈要点

洽谈要点主要包括怎样做自我介绍，开场白讲什么，何时出示产品或进行产品介绍，准备为消费者提供哪些服务，对用户可能提出的疑问如何解答，要达到怎样的目的等。

（5）准备约见顾客

首先，要做好约见前的准备，包括心理、语言、资料、实物等方面的准备。其次，精心选择约见的时间、地点、场所和环境，并选择约见的方式，如电话、信函、委托、直接约见等。最后，通过约见，为正式洽谈打下基础。

**2）正式推销阶段**

这是人员推销的实质性工作阶段，具体包括：

（1）巧妙接近目标顾客

这是推销人员与顾客正式就商品交易接触见面的必经阶段。本阶段应注意的事项：首先，应尽可能了解被接近对象的心理特征。常见的个性心理特征有外露型、随和型、保守型、暴躁型等。其次，讲究接近顾客的方法。常用的方法有自我介绍接近法、聊天式接近法、建议赞美接近法、广告赠物法、表演接近法、关系交际接近法和印象先导接近法。最后，运用各种接近方法时，要注意观察对方情绪，根据对方情绪变化，调整接近方法。

## 同步思考8-1

一位中年妇女领着自己的女儿来到百货商店的旅游鞋精品柜台。她们边走边看，柜台营业员看见后，微笑着主动打招呼："您的女儿个头真高，上高中了吧？"中年妇女笑着说："刚毕业，这不，才考上大学，带她来买双鞋。""您的女儿可真不错，多给您争气啊！将来一定大有出息，您就等着享福吧！您看您的女儿又高又苗条，这种款式的旅游鞋一定适合她。""真的，让我看看。"

这个营业员运用的是什么接近法？其成功接近顾客说明了什么？

（2）想方设法吸引顾客注意

吸引顾客注意并使之产生良好的反应，是全部推销活动顺利开展的前提。要引起注意，推销员要处理好四个问题：一是注意仪表，说好第一句话。第一句话要生动有力、不落俗套，让顾客爱听、想听。二是要用肯定的语气说话。肯定的语气让消费者觉得你是真诚的、可靠的，并使他不便犹豫、不好拒绝。三是要抓住消费者关心的问题。尽快了解消费者感兴趣或"头痛"的问题，直接引出问题，就能抓住对方。四是要拿出新招。新产品、新包装、新广告宣传、新推销方式，都能引起顾客的注意。

（3）掌握沟通技巧，做顾客欢迎的人

为此必须做到：①善听。讲究礼仪，学会善听，要用心听、耐心听、适时听、会心听，记住所听的要点并适当做些记录。②巧问。采取启发式、暗示性、商量式和有选择性等方式询问。提问方式和内容要让对方乐于回答。③妙说。以幽默而巧妙的回答化解对方的提问；以灵活的选择、恰当的方式委婉拒绝；用模糊不明确的语言应付对方的发难提问，转移话题；以诚恳的解释和歉意来直抒己见。

## 同步案例8-2

### 煮熟的鸭子飞了

**背景与情境：**美国汽车推销大王乔·吉拉德，因创造汽车推销最高纪录被载入吉尼斯世界大全，但他也曾因失礼于顾客而有过一次失败经历。一天，一位名人向他买车，吉拉德推荐了一种最好的车型给他，那人很满意。当顾客正要掏钱付款时，另一位销售人员跟他谈起昨天的篮球赛，吉拉德一边跟同伴津津有味地说笑，一边伸手去接车款，不料顾客却突然变卦，转身而去。吉拉德为此懊恼不已，但百思不得其解。夜里11点，他终于忍不住给顾客打了一个电话，询问顾客突然改变主意的理由。顾客不高兴地在电话中告诉他："今天下午，你根本没心思听我说话，就在签单前，我提到儿子即将进入密执安大学念医科，我还提到他的学习成绩、运动能力以及将来的抱负。我以他为荣，而你却毫无反应，这就是原因。"吉拉德不记得这些事。他当时以为生意已经谈妥，大功告成，就和办公室另一位同事说起笑话，根本没注意倾听顾客在说什么。

资料来源　彭石普．商品推销能力基础［M］．北京：北京邮电大学出版社，2009.

**问题：** 煮熟的鸭子为什么会飞了？

（4）科学讲解与示范

推销员在与顾客寒暄之后，便可把商品介绍给顾客听。推销员应始终强调顾客的利益，介绍商品的特征，用以证明顾客利益可完全得到体现。示范介绍可借助小册子、挂图、幻灯片、投影、电影、录音、录像等辅助工具加以改进，目的是让顾客更好地记住商品的特点和好处。

（5）处理顾客异议

推销人员在介绍商品或要求顾客购买时，顾客会有所抵触，这往往是心理上或逻辑上的。心理上的包括：抗拒外来干涉；喜欢自己早已形成的习惯；不感兴趣；不愿放弃某些东西；对别人的不愉快联想；反抗受人支配的倾向；先入为主的想法；不喜欢做出决定；对金钱的神经过敏态度。逻辑上的可能包括：对价格、某些产品或公司的特点存有异议。要处理这些异议，排除顾客设置的障碍，可采取以下方法化解：提供依据，解惑释疑；避实就虚，转换话题；巧用提问，任其回答；先发制人，陈述事实；暂搁争议，另辟蹊径；适可而止，缓解纠缠；不动声色，妥协求全；赞赏附议，后作补充。

（6）促成购买行为

促成购买行为的技巧主要有：密切注意成交信号，当机立断促成交易；灵活机动，随时促进交易；谨慎对待客户的否定回答；培养正确的成交态度，消除成交的心理障碍，利用最后的成交机会；留有一定的成交余地。促成购买行为的方法主要有：①优点汇集法。所谓优点汇集法，就是把消费者感兴趣的商品优点与从中可得到的利益汇集起来，在推销结束前，将其集中再现，促使其采取购买商品行动的方法。②假定法。所谓假定法，就是假定消费者已经购买，然后询问其所关心的问题，或谈及其使用商品的计划，以此促使其真正采取购买商品行动的方法。③优惠法。所谓优惠法，就是利用消费者追求实惠的心理，通过提供优惠条件，促使其立即采取购买商品行动的方法。④保证法。所谓保证法，就是通过售后服务保证，如包修、包换、定期检查等，克服消费者购买的心理障碍，促使其采取购买商品行动的方法。

### 课程思政 8-3

#### 汽车推销员的"推销术"

**背景与情境：** 某汽车销售公司一推销员特别善于察言观色，揣摩顾客心理准确，推销促成恰到好处，往往立竿见影。当顾客走进汽车样车陈列室后，如果顾客对正在展销的样车发生兴趣，推销员就会告诉顾客已经有人想购买它了，促使顾客立即做出购买决策。如果顾客认为价格太高，希望便宜点，推销员就说，我的降价权限在多少以内，超过这个权限必须请示经理，在顾客等了10分钟后，出来告诉顾客"老板本不想降价，但我已说服他同意了"。

学习微平台

分析提示 8-5

**问题**：怎样看待这位汽车推销员的"推销术"？

🔑 **深度剖析 8-1**

**背景资料**：某保险公司业务员黄伟来到一家小店里推销。老板娘是一个年轻的妈妈，店里生意不多，她正在哄着孩子玩。看到店里柜台上摆放着公用电话，黄伟立即找到了拜访的借口。

他走过去，放下包，将皮包侧面"某某人寿保险有限公司"几个字对着老板娘，抓起电话，接着拨了一串号码，良久，没人接，再拨号，还是没有人接，20分钟过去了。

"怎么这么久没人接？"老板娘发话了。

"是啊，一家人约我来给他的孩子办保险，可是现在还没回来，工作一定很忙……"

"你是保险公司的？"

就这样他们聊开了，聊了很久，电话仍是没有回音。他们聊到了老板娘的孩子是如何健康、聪明、活泼、可爱……电话仍是没有回音。直到他签完了老板娘孩子的保单，电话还是没人接。

**问题思考**：业务员黄伟为什么能这么顺利地完成这笔生意？其接近陌生顾客的方法如何？有哪些地方值得我们学习、模仿、借鉴？

**3）跟踪服务阶段**

所谓跟踪服务就是指推销人员为已购买商品的消费者提供各种售后服务。这是人员推销的最后环节，也是新的推销工作的起点。跟踪服务能加深消费者对企业和产品的信赖，促使重复购买，同时可获得各种反馈信息，为企业决策提供依据。

### 8.2.3 推销员队伍的建设与管理

推销人员是企业开拓市场的先锋。在广大用户心目中，他们就是企业的代表和化身。推销人员身兼宣传产品、推销产品、调查市场、提供服务等多项职责，他们工作的好坏，对企业有着举足轻重的影响。因此，必须加强推销人员队伍的建设与管理。

**1）推销人员的选拔与培训**

（1）推销人员的选拔

推销人员是具有一定专门知识的人才，他们对市场的开拓和企业的发展有着重要的作用，因此，对推销人员，企业必须进行认真严格的挑选，制定一定的标准来发现、选拔和招聘推销人员。选拔的基本标准包括：

① 忠诚老实，热爱推销工作。由于推销人员流动性大，企业很难直接控制他们，而且许多企业的业务关系都靠推销人员来维系的，因此，他们是否忠诚老实，对企业的兴衰关系极大，一旦他们离开企业，企业的损失将是十分严重的。而且，推销人员还必须热爱推销工作，这是成功的基础。

② 知识丰富，能力突出。作为一个优秀的推销人员，必须具有丰富的文化知识、企业知识、产品知识、消费心理知识、市场营销知识、现代科学技术知识、国家经济

政策与法规知识等，还必须具备一定的社交能力、观察分析能力、推销能力、信息反馈能力、创新开发能力、随机应变能力等。

③ 机敏干练，善于应对。推销人员一般是独立工作，因此他们要具备很强的应变能力，能够筹划推销中的各种活动，善于应对各种意外情况，具有较强的说服能力，能够和各种人打交道并结交他们，积极创造销售机会。

④ 以勤为径，百折不挠。美国推销协会的一项调查表明：48%的推销员在第一次拜访用户失败后便放弃了继续推销的想法，25%的推销员在第二次拜访用户失败后放弃了继续推销的想法，12%的推销员在第三次拜访用户后放弃了继续推销的想法，只有15%的推销员锲而不舍，坚持推销最后取得成功，而他们的业绩占了全部销售额的80%。

⑤ 意志坚强，富有进取心。推销过程中会遇到很多的困难与挫折，推销人员必须想方设法去战胜它们，要有一种强烈的内在驱动力去迎接挑战，完成各项推销任务。

⑥ 仪表端庄、举止大方、态度和蔼、谦恭有礼、谈吐得体。

⑦ 身体健康，精力充沛，能适应各种交通工具。

推销人员的选拔有两条途径：一是从企业内部选拔；二是面向社会公开招聘。面向社会公开招聘有多种途径，既可以通过招聘广告、职业介绍所、人才市场、学校，也可以通过现有销售人员引荐、从竞争对手那里"挖人"等方式进行招聘，并从应聘者中选出最佳人选。招聘工作程序大致如下：应聘人提出申请并填表、进行初步面谈和书面测验、合格后进行第二次面谈、满意后录用、上岗培训、安排具体工作。

（2）推销人员的培训

不论是新选拔的，还是原有的推销人员，都应通过培训提高他们的素质。培训的方式很多，主要有：自办培训中心或专门学校，按计划聘请专家系统地讲授有关经营思想、专业基础课、专业技术课；举办短期培训班，聘请专家或有经验的推销人员，系统介绍产品推销知识和技巧；组织业余函授学习，这种方式适用于常年在外推销，水平有限而又难以集中的在职推销人员。

对推销人员培训所涉及的内容，要从企业的营销特点和学员的实际出发，一般来说应安排如下内容：

① 学习党和国家的方针、政策、法令、经济理论，引导推销人员树立职业荣誉感，创造性地开展推销工作。

② 学习企业知识。了解企业的历史和发展，企业机构设置、经营目标、方针以及今后的长远发展规划等，以鼓舞推销人员的士气，激励他们为实现企业目标多做贡献。

③ 学习产品知识。熟悉和掌握所推销产品的设计、结构、生产、质量、性能、特征、用途、技术先进程度，以及使用方法和维护保养知识，以便向消费者宣传、介绍产品的优点和特征，有效地吸引消费者购买，提高推销效率。

④ 学习市场知识。学习关于市场行情、竞争程度、需求分布与变化、市场营销调研与预测等知识，有利于推销人员顺利开展推销工作。

⑤ 学习现代市场营销知识。掌握市场开拓原理、方法和策略，以及搜集市场情

报的内容、方法和技巧，特别是要掌握有效的推销方法，如推销技巧、产品推销要点和推销话术、懂得如何撰写销售报告等。推销人员在推销实践中，只有不断提高推销艺术，才能扩大销售战果。

⑥ 学习顾客知识。学习有关顾客的需求结构、需求层次、购买动机、购买心理、购买决策等方面的知识，以便有针对性地开展工作。

⑦ 学习业务知识。这包括如何签订合同、如何结算、售后服务等知识。

 课程思政 8-4

### 建功二十大　决胜战旺季
#### ——大港支行开展市场营销人员能力提升培训

**背景与情境：** 近日，大港支行举办"建功二十大　决胜战旺季"市场营销人员能力提升培训，学习贯彻党的二十大精神，建功新金融。培训在大港小王庄镇乡村振兴文化基地举行，行领导、业务条线和网点负责人、客户经理等市场营销人员参加。

学习微平台

延伸阅读 8-2

一是通过"合力筑塔""重走长征路""沙场点兵"等拓展训练锻炼实践能力。一方面学习中国共产党伟大长征精神，鼓舞和激励员工坚定理想信念，不断攻坚克难，传承红色基因，更深入地学党史、悟思想。另一方面深度挖掘合作、沟通、竞争、压力及冲突解决方案，通过游戏的体验引导，训练领导能力、营销能力、沟通能力。

二是开展课程培训提升业务能力。行领导以"了解我的行，铆足大港力量迎接旺季营销"为主题，统一业务意识，完善营销策略，进一步提升市场人员综合化营销与智慧化应用水平，在旺季营销期间揭榜挂帅，勇立潮头。

三是参观小王庄镇零碳小镇主题馆，感受党和政府推动绿色低碳高质量发展的决心。主题馆是"双碳"理念在县域基层的一项实践探索，致力于通过一二三产业融合，助力京津冀碳中和目标早日实现。通过参观，学员对建行当前绿色金融和乡村振兴等战略业务发展有了更深刻的理解。

培训设置了"学习党的二十大精神，分享行兴我荣的十年故事"以及"知优知不足"两项主题交流作业，由学员分组通过专题研讨，碰撞火花，结合培训所学，为支行发展建言献策，更有效地办实事、开新局。

共识在学习中凝聚，思考在研讨中升华。支行将继续掀起党的二十大精神学习热潮，以党的二十大精神为指引，深入实践新时代人才强国战略，培养有理想、敢担当、能吃苦、肯奋斗的新时代金融工作者，为业务发展提供有力保障。

资料来源　中国建设银行天津市分行.建功二十大 决胜战旺季——大港支行开展市场营销人员能力提升培训［EB/OL］．［2022-11-17］.https://mp.weixin.qq.com/s?__biz=MzIxNDU5MDU2OA==&mid=2247562540&idx=1&sn=dbbca8969f9cdb8a7f77a6432df46416&chksm=97a6802ba0d1093d7ebb0bbd3a459b43c5ac7b95eef12f57afd4caf775c7fdb3edcfdae765c4&scene=27.

**问题：**

1）大港支行学习贯彻党的二十大精神，通过什么方式来实现建功新金融目的？请运用所学营销理论联系实际谈谈你的看法。

2）我们从案例中能得到哪些有益的启示？

**研判提示：**

大港支行学习贯彻党的二十大精神，通过举办"建功二十大 决胜战旺季"市场营销人员能力提升培训的方式来实现建功新金融目的，巧妙地通过培训从四个方面着手将全行市场营销人员的思想和行动统一到党的二十大精神上来，从中汲取力量再出发，学思践悟促发展，为实现全行的业务发展奠定了良好基础。其诸多运作方式方法是值得我们学习借鉴的。

全面学习领会党的二十大精神，切实用习近平新时代中国特色社会主义思想武装头脑、指导市场营销实践、推进市场营销工作，大港支行走在了我们前面。通过案例学习，我们发现，大港支行在推动党的二十大精神在企业落地生根、开花结果方面，其方式方法确实行之有效，给了我们诸多启示。他们组织的这种培训活动，不仅能够使市场营销人员的党性修养和业务能力得到双提升，还实现了理论、实践、新知三个维度的有机统一。正如案例所言"共识在学习中凝聚，思考在研讨中升华"。

**2）推销人员的考核与激励**

（1）推销人员的考核

推销人员一般远离企业，比较分散，工作性质较为特殊，为了加强管理，应定期对他们进行检查和考核。要建立推销人员的定期报告制度和工作检查制度，及时了解推销人员的工作计划完成情况、销售收支情况和市场状况等。对推销人员应建立责任制，规定合理定额，并使之与推销人员的个人收入情况挂钩。对超额完成者，按超额完成的比例给予相应的奖励；对工作不积极，经常完不成规定任务者，应根据情节轻重给予相应的处罚，以严肃制度，增强推销人员的责任心，确保推销任务的完成。

（2）推销人员的激励

由于推销人员在推销过程中会遇到很多的困难与挫折，因此，为了提高销售人员士气，必须对推销人员给予必要的鼓励和特殊的刺激。所以，如何对推销人员进行激励就成为推销人员建设和管理中的一个十分重要问题。激励的方式有很多，主要有：

① 精神激励。第一，领导关怀和赞赏。推销人员常年在外奔波，他们的每一项成绩都是以牺牲个人的某些利益为代价的。若领导能经常过问他们的工作、生活和家庭，使他们产生受重用感与温暖感，有助于推销人员任劳任怨、一心一意地工作。第二，表彰、职务职称晋升、授予光荣称号等，让其感到受人尊重，有发展空间，产生成就感。

② 物质奖励，如奖金、奖品、股票期权、旅游休闲等。

## 8.3  营业推广

### 8.3.1  营业推广的特点和形式

**1）营业推广的概念**

**营业推广**，又称销售促进，是指企业在特定时间内，运用各种短期的刺激活动，直接、强烈、迅速地刺激特定对象，促使其立即做出反应，迅速大量购买企业产品或服务的特别促销方式。

营业推广作为一种非人员促销手段，近年来的发展速度很快，尤其是在消费者市场中已成为一种有效的促销工具，使企业能够在短期内迅速扩大销售。

**2）营业推广的特点**

第一，营业推广影响面较小，因此，它只是广告和人员销售的一种辅助的促销方式。

第二，营业推广具有强烈的刺激性，但是时效较短。营业推广通过强有力的宣传推广和提供特殊激励条件，具有较强的吸引力，能迅速收到促销效果。它属于企业为创造声势获取快速反应的一种短暂促销方式。

第三，营业推广过度使用会造成负面影响。营业推广期间气氛热烈，人气很旺，促进销售的效果显著，但是过分渲染或长时期频繁使用同一方式易使顾客产生逆反心理或怀疑心理，误认为企业急于推销的商品在质量、价格或使用寿命方面存在问题，从而损害企业及产品的形象。因此，企业在运用营业推广时，要注意时机的选择和方式的不断创新。

**3）营业推广的形式**

（1）面向消费者的营业推广形式

开展这种类型的营业推广，其主要目的一是配合广告活动，达到鼓励老顾客继续使用的目的；二是促进新顾客购买试用；三是吸引竞争对手的老顾客"投奔"本企业。其具体形式有：

① 赠送样品。企业在推出新产品时，为了让消费者尽快地了解新产品的性能特点，可向消费者赠送样品，以吸引他们购买。样品赠送的方式主要有入户派送、购物场地散发、附在其他商品上赠送等。

② 有奖销售。通过给予购买者一定奖励的办法来促进商品销售。由于购买者可能获得巨额奖励，因而能激起他们的购买欲望。常用方式有幸运抽奖、当场摸奖等。奖项可以是现金，也可以是实物。

③ 优惠券。在购买某种商品时持优惠券可以获得价格优惠。优惠券可以邮寄、现场发放，或者通过网络推送。

④ 特惠包。在商品质量不变的前提下，向消费者提供比正常价格略低的商品。此法对刺激短期销售十分有效，很受长期使用该产品的消费者欢迎。具体做法有两种：一是采用单独特价包的形式，即单包商品降价销售；二是采用组合特价包的形式，即将两件或两件以上的商品组合在一起降价销售。

⑤ 产品现场陈列和现场演示。通过现场POP（销售点广告）和现场示范表演，向消费者介绍产品的特点、用途和使用方法等，在销售现场营造出浓厚的购买氛围，刺激消费者的购买欲望。

⑥ 积分回报。消费者从特定的卖主那里购买商品时，可将购物金额兑换为相应的积分，当积分达到一定分值时，可从卖主那里获得现金或其他形式的回报。其作用在于鼓励顾客重复购买，培养出一批忠诚顾客。

⑦ 消费者信贷和消费者之窗。前者通过赊销或分期付款、贷款等方式推销商品；后者通过组织消费者参加企业举办的商品命名征集活动，商标、包装和广告设计征集活动等获取奖励，从而提升企业和产品的知名度。

⑧ 展销。通过交易会、展销会、博览会、业务洽谈会、订货会等销售现场展销

产品，吸引消费者，促成交易。

⑨ 俱乐部制和 VIP 卡制。俱乐部制是指顾客交纳一定数额的会费给组织者，即可享受到多种价格优惠的促销方式。VIP 卡又叫贵宾卡，VIP 卡制是指购买达到一定数量的顾客可取得有优惠期限的贵宾卡（贵宾卡可分钻石卡、金卡、银卡等多种级别），从而享受不同价格折扣或服务的促销方式。这两种方式都要求顾客先付出代价，然后才能得到优惠。

⑩ 咨询与服务。对一些技术性强、操作较复杂的商品，可为消费者提供咨询和售后服务，包括解答疑问，免费送货上门，安装、调试、维修、保养等。

## 业务链接8-2

### "天天乐"果汁有奖销售

天乐公司为促进其新产品"天天乐"果汁销售，在果汁的塑料膜密封纸盒包装内放进了一张印制精美的塑料卡片，平均每两盒果汁中的一盒有卡片。卡片上的图案分为两类，一类是 108 条梁山好汉的人物像，另一类是"八仙过海"故事中的人物像。在 108 张单人像中，有 8 张单人像是其他 100 张单人像数量的 1/4，八仙单人像的数量又是梁山好汉 108 张单人像数量的 1/10。

凡购买"天天乐"果汁的消费者，可以按以下办法中的任何一种方法兑换奖品：

（1）凭任意 10 张梁山好汉单人像或 1 张八仙单人像，到购买果汁的商店兑换 1 盒天天乐果汁。

（2）凭 30 张不同的梁山好汉单人像或 3 张不同的八仙单人像，到购买果汁的商店兑换 1 本精美的笔记本和一支钢笔，或其他价值相当的商品。

（3）凭 60 张不同的梁山好汉单人像或 6 张不同的八仙单人像，到购买果汁的商店兑换 1 个书包和一本汉语词典，或其他价值相当的商品。

（4）凭 90 张不同的梁山好汉单人像或 8 张不同的八仙单人像，到购买果汁的商店兑换 1 台收音机，或其他价值相当的商品。

（5）凭 108 张不同的梁山好汉单人像，到购买果汁的商店兑换 1 台单放机，或其他价值相当的商品。

（2）面向中间商的营业推广形式

开展这种类型的营业推广，其主要目的是取得中间商的支持与合作，鼓励中间商大批进货或代销，加速货款回笼。其具体形式有：

① 购买折扣。为了鼓励中间商大量进货，当其购买达到一定数量，或在大宗交易中及时付款时，可享受一定的价格优惠或现金折扣。购买数量越大，折扣越多。

② 推广津贴。企业为了促使中间商购进企业产品并帮助企业推销产品，可以支付给中间商一定的推广津贴。这些津贴主要有广告津贴、陈列津贴、宣传津贴、展销津贴等。

③ 冠名广告。企业在其广告宣传中列出经销商的名称和地址，以便消费者前去购买。它不仅提高了经销商的销售量，而且提升了经销商的知名度。

④ 销售竞赛。根据各个中间商销售本企业产品的实绩，分别给优胜者以不同的奖励，如现金奖、实物奖、免费旅游度假奖等，以起到激励的作用。

⑤ 提供赠品。向中间商提供附有企业名称的广告赠品，如货柜、容器、记事本、烟灰缸、圆珠笔等。

⑥ 派遣厂方信息员或代培销售人员。制造商这样做的目的是提高中间商推销本企业产品的积极性和能力。

⑦ 扶持零售商。对零售商专柜的装潢予以资助，提供 POP 广告，以强化零售网络，促进销售额提升。

⑧ 向中间商提供业务和技术支持。对一些科技含量高的产品，要向中间商提供一些必要的技术支持，如为中间商进行技术培训、邀请中间商参加一些业务会议等。

⑨ 会议促销。通过召开各种规模和形式的订购会、供销会或产品说明会，借以衔接产销，吸引中间商或顾客直接经销或购买产品，节约时间和费用，是向中间商或顾客强化促销的好形式。

（3）面向销售人员的营业推广形式

开展这种类型的营业推广，其主要目的是调动推销人员的积极性，鼓励他们大力推销新产品，开拓新市场。其具体形式有：

① 佣金和奖金。按销售额分等计算佣金和奖金。

② 销售竞赛。对竞赛优胜者授予荣誉称号，给予特别奖金和奖品。

③ 免费培训。推销员推销业绩达到一定规模，即可免费参加企业组织的各种培训，以进一步提高自身素质和推销技能。

④ 免费旅游。推销员推销业绩达到一定规模，即可参加企业组织的免费旅游。

## 8.3.2　营业推广方案的制订与实施

### 1）营业推广方案的制订

（1）确定营业推广的目标

针对消费者的营业推广目标包括：鼓励老顾客更多地使用本产品；争取新顾客试用本产品；争取其他品牌的使用者等。

针对中间商的营业推广目标包括：鼓励中间商大量进货，维持较高的存货水平；吸引中间商经销新产品；对季节性较强的产品，鼓励他们在淡季进货；建立中间商的品牌偏好，形成固定的经销关系；争取新中间商的合作与支持等。

针对推销人员的营业推广目标包括：鼓励他们大力推销新产品、开拓新市场，尽力寻找更多的潜在顾客；扩大积压产品或淡季商品的销售量。

（2）制订营业推广的具体方案

营业推广的具体方案一般应包含以下内容：

① 营业推广的规模。在确定营业推广的规模时，要对营业推广费用与销售额或利润额之间的关系进行分析。一般来说，较高的营业推广费用会刺激销售额的快速增长，但当超过某一临界点时，销售额的增长速度会以递减的方式出现。所以，这个临界点就是最佳的营业推广规模。

② 营业推广的对象。营业推广的对象必须加以限定。首先，营业推广的对象必须是企业潜在的消费者；其次，在采用有奖销售等方式进行营业推广时，应严格控制本企业职工或家属参加，以显示其公正性，避免给人留下弄虚作假、徇私舞弊的

印象。

③ 营业推广的方式。营业推广的每一种方式都有其特有的适应性。如配合新产品上市的广告，可用赠送样品或现场展示的方式；在推销产品时，用优惠券或廉价包装更为适合。

④ 营业推广的途径。由于每种途径的送达率和成本率都不同，因而促销效果也有差别。比如商品折价消息既可通过网络广告，也可通过电视广告送达消费者。因此，必须确定通过什么途径贯彻营业推广方案。

⑤ 营业推广的时机。营业推广时机的选择要服从企业的促销计划，同时应考虑市场所处的环境。当市场环境发生变化时，企业也可以安排临时的营业推广活动。另外，营业推广的时间长短也要适度：推广时间过短，其影响力可能还不足以波及大多数可能的购买者；推广时间过长，又会使人产生企业是否在推销过剩产品、是否变相降价等疑问。因此，一次推广的周期一般应与消费者的平均购买周期相符。

⑥ 营业推广的总预算。营业推广的总预算可以用两种方法来确定：一是以自下而上的方式，即根据对各项营业推广的具体活动所需费用进行测算，汇总形成总预算；二是以自上而下的方式，即按推广费用占整个促销总预算的比例确定。

### 2）营业推广方案的实施

营业推广方案的实施要按计划进行。在计划中，除了对方案实施过程中的各阶段、各环节做出安排外，还要考虑前置时间和销售持续时间。前置时间，是指实施计划之前所需要的准备时间，包括规划、设计、资料准备、销售现场陈列、购买赠品、存货的生产以及将其配送给零售商所需的时间；销售持续时间，是指从优惠活动开始到销售工作基本结束的时间。

营业推广方案实施的具体工作包括：明确推广工作的具体任务；实行责任管理制；做好方案实施情况的监督检查。在实施过程中，一方面要控制活动过程朝目标前进，另一方面又要及时反馈信息、修正方案。

### 3）营业推广效果评估

（1）评估目的

评估目的在于将实际促销的结果与企业最初的目标进行比较，将实际成本与预算进行比较，以便为以后的营业推广提供改进的依据。

（2）评估内容

评估内容主要包括经济效益的评估和社会效益的评估。经济效益的评估，主要关注通过营业推广促销商品结构状况是否得到改善、商品的销售额是否扩大、产品成本是否下降、企业盈利是否增长、企业总体经济效益是否上升等。社会效益的评估，主要是总结好的经验，分析失败的原因，调整推广方案，提高推广效率，激发消费者购买动机，指导消费需要，提高企业和产品的知名度与美誉度，树立良好的企业和产品市场形象，为进一步开拓市场奠定基础。

（3）评估方法

① 推广前后销售额比较法。一般情况下，企业在推出促销措施的过程中，销售量会明显增加。如果促销活动结束后，销售量又回到促销前的水平，说明促销效果不佳；如果促销活动结束后，销售量比促销前明显提高，则说明促销达到了良好的

效果。

② 调查法。这种评估方法主要是调查顾客对促销的反应，可从三个方面来调查：首先调查在营业推广期间的顾客动态，通过现场记录、查阅资料等手段来分析顾客数量、购买数量、购买率等指标；其次调查顾客的构成，主要是新老顾客的比例，即不同年龄、职业、收入水平等顾客的比例；最后调查顾客的意见，包括顾客的购买动机、提出的建议和要求、对产品和活动的评价等，从而全面评价营业推广的效果。

### 同步案例 8-3

#### 买微波炉看世界杯

**背景与情境：** 在备受瞩目的 2006 年世界杯到来的时候，美的微波炉面向广大消费者推出了名为 "买微波炉看世界杯" 的促销活动，并在全国各大电器卖场展开，在微波炉的销售淡季创造了淡季旺销的可喜局面。

**活动规定：** 从 4 月 20 日起开始，凡在各大卖场购买美的 "蒸汽紫微光" 微波炉的消费者，均可得到一张 "刮刮卡"，刮开奖区，即可凭借该卡当场兑奖。特等奖奖品为极具诱惑力的 "世界杯门票" 及往返德国机票，数量为 100 名。如果获奖者不方便前往德国，也可以直接兑换现金 5 000 元。除此之外，其他奖品也丰富异常：一等奖获得者可以得到 "世界蒸霸" 大礼包一份及当地足球彩票抽奖名额一份；二等奖为抽取足球彩票名额一份，有机会赢得巨额奖金；三等奖可以赢得各类实用的微波炉使用品礼物。

学习微平台

分析提示 8-6

资料来源　佚名. 美的推出送门票活动 微波炉也爱世界杯 [EB/OL]. [2021-01-22]. http://finance.sina.com.cn/chanjing/b/20060425/17492529712.shtml.

**问题：** "买微波炉看世界杯" 属于哪种促销方式？这场促销活动说明了什么？

## 8.4　广告促销

### 8.4.1　广告促销的作用与原则

#### 1）广告促销的含义

广告一词来源于拉丁文，原意是 "我要大喊大叫"，用汉语解释就是 "广而告之"。**广告促销**，是指以营利为目的，通过支付一定的费用，借助一定的媒体，以各种说服的方式，把产品的有关信息公开地传递给目标顾客，以达到增加信任和扩大销售目的的促销手段。其基本要点包括：①以营利为目的；②必须支付一定的费用，无须支付费用的（如新闻稿）就不是广告；③必须借助一定的媒体，如电视、广播、报纸、杂志、互联网等；④运用各种说服的方式；⑤具有明确的针对性——向广大目标顾客传递信息；⑥具有鲜明的目的性——增加信任和扩大销售。

#### 2）广告促销的作用

（1）传递信息，沟通供需

在市场经济中，掌握了市场信息就掌握了市场的主动权，这既适用于企业，也适用于消费者。如果消费者掌握到了必要的产品信息，就可以有效地利用自己有限的货币，获得最大的效用。而企业要想使自己的产品尽快地让人知道，必须借助于某种工具向消费者传递自己产品的信息。广告的基本职能就是把商品信息通过广告媒介传递给可能的买主，使其认识和了解商品的商标、性能、用途、生产厂家、购买地点、购买方法、价格等内容，起到沟通供需的作用。

（2）激发需求，扩大销售

消费者的需求一般处于潜在状态，这种需求并不能变成直接的购买行为。广告运用艺术手段，有针对性地向顾客介绍产品，诱导消费者的兴趣和情感，激发起消费者的购买欲望，使人们处于潜在状态的需求被唤醒而形成现实的需求，促成其购买行为的实现，起到扩大流通和促进销售的作用。

（3）介绍知识，指导消费

面对商店里琳琅满目的商品，消费者往往不知买什么好。广告通过简明扼要、形象有趣和富有哲理的语言及图像，向消费者介绍商品的基本知识，使其了解商品的性能和结构，掌握商品的使用方法和保养方法，起到售前指导服务的作用。

（4）扩大企业影响，增强竞争能力

广告促销是企业开展市场竞争的重要手段。商品进入市场，通过广告宣传展示特色或介绍企业的质量保证和服务措施，必然影响消费者对企业和商品的态度，这无疑会扩大企业影响力，提高企业和商品的知名度，从而提高企业的市场竞争力，为企业开拓市场、占领市场创造有利条件。

### 3）广告促销的原则

（1）广告促销必须讲究真实性

广告的生命力就在于真实。任何广告只有实事求是地向消费者介绍商品和服务，准确地传递信息，才能获得消费者的信赖和认可，唤起社会需求，达到扩大销售的目的。如果广告内容失真，欺骗消费者，不仅会损害消费者的利益，也会使企业名誉扫地，甚至受到法律的制裁。

（2）广告促销必须注意思想性

广告不仅是传播消息、推介商品、促进商品销售的重要手段，也是传播社会主义精神文明的重要工具。在广告的制作和表现手法上，应该引导人们奋发向上、积极进取。企业必须认真贯彻党的方针政策，反映社会主义道德和时代特点，严格遵守社会主义法律法规和制度。《中华人民共和国广告法》第八条规定：广告中对商品的性能、功能、产地、用途、质量、成分、价格、生产者、有效期限、允诺等或者对服务的内容、提供者、形式、质量、价格、允诺等有表示的，应当准确、清楚、明白。广告中表明推销的商品或者服务附带赠送的，应当明示所附带赠送商品或者服务的品种、规格、数量、期限和方式。法律、行政法规规定广告中应当明示的内容，应当显著、清晰表示。第九条规定：广告不得有下列情形：①使用或者变相使用中华人民共和国的国旗、国歌、国徽，军旗、军歌、军徽；②使用或者变相使用国家机关、国家机关工作人员的名义或者形象；③使用"国家级""最高级""最佳"等用语；④损害国家的尊严或者利益，泄露国家秘密；⑤妨碍社会安定，损害社会公共利益；⑥危害人身、财产安全，泄露个人隐私；⑦妨碍社会公共秩序或者违背社会良好风尚；⑧含有淫秽、色情、赌博、迷信、恐怖、暴力的内容；⑨含有民族、种族、宗教、性别歧视的内容；⑩妨碍环境、自然资源或者文化遗产保护；⑪法律、行政法规规定禁止的其他情形。

（3）广告促销必须讲究艺术性

广告要达到促销目的，应当讲究艺术性，力求达到主题鲜明、布局合理、形式多样、生动活泼、色彩协调、健康美观的艺术效果，展示广告促销的真、善、美。为此，广告制作语言要生动有趣，幽默易懂，切忌简单抄袭和文字雷同；广告形式应灵活多样，不断翻新，切忌千篇一律、一成不变；广告图像应美观大方，富有想象力和吸引力；广告图文布局要合理，色彩要协调，以引起人们的注意，启发人们的联想，增进人们的情感，丰富人们的精神生活。

**同步思考8-2**

广告一：今年20，明年18。（某香皂的广告诉求）

广告二：使用两次年轻10岁，使用8次彻底换个样。（某护肤霜的广告诉求）

运用广告促销的原则分析这两则广告，这样宣传妥当吗？

（4）广告促销必须注意效益性

广告的制作与传播，要做好调查、预测和计划决策工作。广告促销要从市场需求出发，深入了解消费者购买的动机、购买力投向等，量力而行，综合预算，全面规划，力求以最小的预算费用，取得最好的促销效果。

学习微平台

视频 8-2

**同步案例8-4**

**两家酒店的广告竞争**

**背景与情境：** 有两家酒店是这样运用广告进行竞争的。一家酒店在店门口贴出告示："本店以信誉担保，出售的完全是陈年好酒，绝不掺水。"另一家门口贴出告示："本店素来崇尚诚实，出售的一概是掺水一成的陈年好酒。不愿掺水者请预先说明，但饮后醉倒，概与本店无关。"相比之下，后者生意更加兴隆。

**问题：** 两家酒店进行广告竞争的故事说明了什么？

学习微平台

分析提示 8-7

### 8.4.2 广告的类型与选择

#### 1）广告的类型

广告的形式有多种多样，可根据不同的标准划分为不同的类型。

（1）依照广告的覆盖面划分

依照广告的覆盖面，可将广告分为全国性广告、地方性广告和地区性广告。

（2）依照广告的内容划分

依照广告的内容，可将广告分为：

① 产品广告。这是企业为了推销产品而做的广告，其内容主要是介绍产品。

② 企业广告。这是直接为树立企业形象服务的广告。企业形象树立起来了，其产品自然也就不愁销路。

③ 服务广告。这是以各种服务为内容的广告，如产品维修、人员培训以及其他服务活动等。

（3）依照广告的目的划分

依照广告的目的，可将广告分为：

① 介绍性广告。此种广告主要是介绍产品的用途、性能和使用方法，以及企业的有关情况和所能提供的服务。在产品的试销期，这类广告的作用最显著，所以又称开拓性广告。

② 说服性广告。此种广告主要是通过产品间的比较，突出本企业产品的特点，强调产品给消费者带来的利益，加强消费者对产品品牌和厂家的印象，说服消费者购买本企业的产品，因而又称竞争性广告。

③ 提示性广告。此种广告的目的是提醒消费者注意企业的产品，加深印象，刺激其重复购买。这类广告主要适用于产品的成熟期。

④ 形象性广告。此种广告以树立企业形象为目的，增强企业对消费者的吸引力，使消费者对企业产生较强的信任感。

### 课程思政 8-5

#### 雷人的恒源祥广告

**背景与情境：**以"恒源祥，鼠鼠鼠；恒源祥，牛牛牛……恒源祥，猪猪猪"让全国观众饱受折磨的 2008 年春节广告，于 2009 年春节又卷土重来："我属牛，牛牛牛；我属虎，虎虎虎……我属鼠，鼠鼠鼠。"在一分多钟的时间里，代表 12 生肖的演员依次登场，12 生肖又被从头到尾说了一遍。由于内容台词重复无趣，听起来简直就是感官的疲劳轰炸，此广告的受众实在痛苦、无奈、想撞墙，被评为"折磨人的广告"，有人将其戏称为"春节第一雷"。

**问题：**恒源祥为什么要这样打广告，这不是找骂吗？

学习微平台

分析提示 8-8

（4）依照广告媒体划分

广告媒体，是指在企业与广告宣传对象之间起连接作用的媒介物，也就是传递广告信息的载体。广告媒体有印刷媒体（报纸、杂志、画册、商标、说明书等），电子媒体（电视、广播、电子显示屏幕等），流动媒体（汽车、火车、飞机、轮船等），户外媒体（路牌、招贴、海报等），展示媒体（商品陈列、橱窗、柜台、门面、霓虹灯），邮寄媒体（函件、征订单等），网络媒体（企业网站广告、门户网站推广链接、电子邮件列表、网络直播等）和其他媒体（手提包、购物袋、时装模特等）。

#### 2）广告媒体的选择

广告媒体的选择一般应考虑下列因素：

（1）广告目标

企业做广告所要实现的具体目标，直接决定了所要选择的媒体。提示性广告宜采用广播、路牌等费用较低的媒体；介绍性广告和形象性广告宜采用报纸、杂志等媒体；说服性广告宜采用电视媒体，以加强对消费者的感官刺激，或者利用报纸刊登用户来信，以加深消费者的信任感。

（2）产品的特点

选择广告媒体也要考虑产品的特点，应注意产品的性能、特点、使用价值、使用范围和宣传要求的不同。高技术性能的机械产品，宜采用邮寄广告，将产品目录、技术数据等资料寄给用户，以便于比较；家用电器、服装等产品，最好在电视或网络上用彩色画面做广告，以显示其式样和色彩，增加美感和对用户的吸引力。

（3）目标顾客的特点

广告媒体的选择还要符合目标顾客的特点。在目标顾客最喜欢或最常接触的媒体上做广告，其效果就比较好。

（4）市场竞争的特点

广告是市场竞争的重要手段。企业在选择广告媒体时，既要考虑自身因素，也要考虑竞争对手的广告策略。在自身实力较强时，可与竞争对手采取相同的广告媒体，甚至同时播出或刊登广告，以达到击败对手、占领市场的营销目的。

（5）广告媒体的特点

不同媒体的传播范围不同，消费者的接触频率不同，广告对消费者发生作用的强度也就不同。媒体传播范围，是指媒体能够覆盖观众和听众的人数，如报纸、杂志的发行量，电视和广播的视、听者数量等。接触频率，是指消费者在一定时间内接触到广告次数的多少，如过期的报刊一般无人翻看，其广告作用短暂，而橱窗、路牌广告却可以在较长时间内发挥作用。一般来说，接触频率越高，广告的作用强度越大，反之则相反。

（6）广告媒体的成本

在选择广告媒体时，还应考虑费用与效果的关系：既要使广告达到理想的效果，又要考虑企业现有的负担能力。当二者发生矛盾时，企业应根据自己的财力，选择较合适的广告媒体。

### 8.4.3　广告促销策略

广告促销策略，是指企业根据广告促销目标，运用各种媒体向消费者传播有关信息时所采取的对策和谋略。常用的广告促销策略有以下几种：

**1）广告促销的产品策略**

（1）广告产品定位策略

广告产品定位策略，是指广告传播的主题及特点、功能、形态、费用和服务等定位的方法。本策略包括五种定位：一是确立广告传播的主题及特点的定位，包括品质、性能、形体、价格和服务定位，如电视机的图像清晰、音质纯正、色彩鲜明、耗电量少和立体感强等定位；二是功能定位，如食用油的油质纯正、气味芳香、色泽金黄、口感舒服、营养丰富等定位；三是形体定位，如室内家具的结构牢固、视觉平衡、搭配合理、使用方便等定位；四是费用定位，如交通工具的价位合理、免费保养、银行按揭等定位；五是服务定位，如餐饮服务的电话订座、送货上门、打包送客等定位。

（2）广告产品周期策略

广告产品周期策略，是指产品在市场生命周期的不同阶段，应采取不同的广告策略。具体来说：在引入期，应以告知性广告为主，以确立品牌为目标；在成长期和成熟期，应以说服性广告为主，以确保品牌为目标；在产品饱和期和衰退期，应以提示式广告为主，以维持品牌为目标。

（3）广告产品消费观念策略

广告产品消费观念策略，是指产品要以满足消费者的需要为广告主题和特色。其具体表现形式有三类：一是正向观念，利用公认的看法确定广告消费观念，如水果产品的广告创意是"来自大自然的绿色"；二是反向观念，利用人们逆向思维突出产品、吸引消费者，如牙刷广告的主题是"一毛不拔"；三是是非观念，利用人们的是非判断逻辑引导消费者，如某药品的广告主题是"某某副作用小"等。

#### 2）广告促销的市场策略

广告促销的市场策略，是指根据企业采取的不同的目标市场策略、竞争策略和促销策略的要求，制作有针对性的广告，借以实现企业市场经营目标的方法。企业在进行广告促销中，比较常用的广告促销市场策略有：

（1）广告目标市场策略

为了配合市场无差异策略，要求广告媒体策略组合形成统一的主题内容；为了配合差异性市场策略，要求广告根据各个细分市场的差异，分别选择不同媒体组合，做不同主题的广告；为了配合集中性市场策略，要求广告媒体根据所选择目标市场，做有针对性的广告。

（2）广告竞争策略

广告是企业产品的重要竞争工具，因此可利用和其他企业产品对比做比较广告，如某某汽车比同类产品节油10%。运用比较广告时应注意，一般不能标明对比产品的具体名称，以免引起纠纷。

### 业务链接8-3

#### 清扬 VS 海飞丝

联合利华10年来首次推出去屑洗发水品牌——清扬，在广告片中，小S一脸傲慢的神情："如果有人一次又一次对你撒谎，你要做的就是立刻甩了他。"随即甩开一个白色瓶子的洗发水。小S颇具挑战性的话语和甩开的白色瓶子，让人不难猜测这是联合利华对竞争对手宝洁同类产品海飞丝的宣战。随后，海飞丝立即请来梁朝伟担任代言人："信任不是说出来的，是时间和事实的积累。""值得信任的，当然海飞丝"的广告语也算正式应战。

### 课程思政8-6

#### 泰诺 VS 阿司匹林

**背景与情境：** 知名止痛药、退烧药泰诺在中国生产上市时，是这样做广告的："为千百万不应服用阿司匹林的人着想。""如果您的胃容易不舒服，如果您有胃溃疡，如果您有哮喘、过敏或者缺铁性贫血，在服用阿司匹林之前应该请教一下医生。""阿司匹林会刺激胃黏膜，引起哮喘或过敏反应，造成胃肠道隐性微量出血。""幸好还有泰诺……"这样一来，泰诺一举击败了老牌药品阿司匹林，成为首屈一指的名牌止痛和退烧药。

**问题：** 泰诺所做的产品广告如何？

（3）广告促销结合策略

广告传播的目的是推销产品和服务，因此，应把广告与产品销售紧密联系起来。广告与馈赠手段相结合，通过各种形式的馈赠使消费者获得一定利益，可以提高产品认知力和新产品试用率；广告与文化活动相配合，可以引导人们对广告的兴趣，提高广告的收视率；广告与奖励活动相联系，可以激发消费者的购买动机，提高产品的参与率和购买率；广告与公益事业相协调，积极参与公益事业，可以增进消费者对企业的好感，争取民心，从而增强广告的促销效果。

### 3）广告促销的媒体组合策略

广告媒体组合策略，是指对不同的媒体如报纸、杂志、广播、电视等进行有效的组合，使之相互配合，相得益彰，达到完美广告效果的方法。企业在进行广告促销中，比较常用的广告媒体组合方式有：

（1）企业内外广告媒体相结合

它是指企业内部自主媒体与社会媒体相结合。例如，采用电视、报刊宣传企业新产品，同时企业的宣传橱窗、建筑物户外广告亦进行同样的新产品宣传活动。

（2）各种不同媒体组合

它是指根据消费者购买习惯和消费特点，选择各种相应媒体，进行同方式的宣传。这种组合可以扩大传播范围，提高传播频率，弥补各种广告媒体的不足，达到优势互补目的。

（3）广告的时机频率组合

它是指利用各种媒体传播的最佳时效性，在不同时机进行传播的组合。诸如：广播上午传播，收听率较高；报刊白天传播，阅读率较高；电视晚餐后传播，收视率较高等。因此，有机地将媒体传播时间合理搭配，能提高各媒体的促销效果。

### 4）广告促销的心理策略

企业在广告促销宣传中，如果能够科学地运用心理学原理，使广告诉求符合消费者心理需求，克服其反感情绪，就能达到比较好的预期广告效果。常用的广告心理策略有：

（1）广告诱导心理策略

广告诱导心理策略，是指抓住消费者潜在的心理活动，使之接受广告宣传的观念，自然地诱发出一种强烈需求欲望的心理策略。

（2）广告迎合心理策略

广告迎合心理策略，是指根据消费者的不同性别、年龄、文化程度、收入水平、工作职务，以及不同消费者的求名、求新、求美、求实惠等心理，在广告中采取不同的对策，以迎合不同消费者需求，刺激购买的心理策略。

（3）广告猎奇心理策略

广告猎奇心理策略，是指在广告活动中，采取特殊的表现手法，使消费者产生好奇心，从而引发购买欲望的心理策略。广告猎奇心理策略运用得当，可以获得显著的广告效果。

学习微平台

延伸阅读 8-3

# 8.5    公关促销

## 8.5.1    公关促销的概念和职能

### 1）公关促销的概念

公共关系一词的英文为 Public Relations，简称 PR。**公关促销**，是指企业在公共关系理论指导下，运用现代传播手段，为改善与社会公众的关系，促进公众对企业的认识、理解及支持，达到促进商品销售、树立良好企业形象、扩大企业知名度、提高企业信誉度与美誉度的一系列促销活动。公关促销的目的就是要为企业的营销活动创造一个和谐、亲善、友好的营销环境，以保证企业取得市场营销活动的成功。企业公关促销作为促销组合的一部分，其活动应以公众利益为前提，以服务社会为方针，以交流宣传为手段，以谅解、信任和事业发展为目的。

### 2）公关促销工作的职能

（1）建立固定的公众联系制度，广泛搜集影响企业营销的各类信息

企业的公关促销部门应通过和消费者、政府机构、社会团体、银行、中间商等建立固定联系制度，加强信息沟通，广泛搜集影响企业营销的各类信息。在公关促销工作中，企业要特别注意听取公众对产品、服务等方面的意见和要求，提出对企业营销环境的预警分析报告和企业形象的评估，供决策者参考，为树立企业及产品形象奠定良好基础。

（2）协调好新闻媒体关系，营造良好的舆论氛围

企业的公关促销部门应与各种新闻传播媒体协调好关系，及时将具有新闻价值的企业信息提供给报社、电台、电视台等；还可举行记者招待会，邀请记者参观企业，通过新闻报道扩大企业及其产品的影响力。引导社会舆论朝着有利于企业的方向发展，以获取广大公众的赞誉和支持。

（3）赞助公益活动，塑造企业良好形象

公益活动由于万众瞩目，新闻媒体往往争相报道。对企业来说，这是一种极好的宣传机会，带来的宣传效应是广告宣传所无法比拟的。所以，企业通过赞助和支持公益活动，能迅速引起社会公众的关注和好感，给公众留下一心为大众服务的好印象，从而达到迅速提升企业美誉度的目的。

（4）协调内外关系，构建和谐发展的内外环境

公共关系是内求团结、外结良缘的艺术。首先，公关促销要协调好内部关系，做好内部管理的信息交流和情感交流，做到政通人和、上下一致，形成一个能使企业得到和谐发展的内部环境。其次，公关促销要协调好外部公众关系，包括消费者、政府、社区等相关利益团体，通过一系列公关活动，促使外部公众理解、信任、偏爱企业，形成一个能使企业得到和谐发展的外部环境。

（5）举办各种专题活动，想方设法制造新闻

企业通过举办知识竞赛、体育比赛、研讨会、演讲、新闻发布会、展览会等专题活动，特别是通过"制造新闻"等形式能产生轰动效应，引起社会公众强烈反响，激发新闻媒体采访、报道的兴趣。这是企业抓住时机，积极主动地扩大影响和知名度，

提高美誉度的一种最主动、最有效的传播手段。

**业务链接8-4**

### 意外官司

一次，一名英国中年妇女和丈夫闹离婚，理由是丈夫有外遇。在法庭上她哭诉道："我20岁嫁给他。可是结婚不到一星期，他就偷偷地到运动场幽会去了。如今，他已经50岁了，照样迷恋那个可恶的妖精，无论白天黑夜，他都要去运动场与那'第三者'见面。"法官问："'第三者'是谁？"她爽快地说："就是那臭名昭著、家喻户晓的足球。"法官只得劝道："足球不是人，你只能控告生产足球的厂家。"谁知那名妇女果真向法院控告年产20万只足球的英国"宇宙"足球生产厂家。出人意料的是，该厂老板居然表示：同意赔偿这位太太10万英镑孤独费。这一意外官司，很快被新闻界大肆宣扬。事后，老板对记者说："这位太太的控告词，为我厂做了一次绝妙的广告。"

（6）妥善处理突发事件，正确进行危机公关

企业一旦遇到突发的危及企业形象的事件，公关人员要及时搜集事件发生的各种信息，妥善处理，将不利影响降到最低程度。危机公关，是指当企业遭受突发事件或重大事故，正常的生产经营活动受到影响特别是企业的良好形象受到破坏时，采取有效的公关手段和方法，帮助企业以尽可能低的成本度过经营危机的公关活动。企业出现经营危机并不可怕，可怕的是当企业出现经营危机时，不能够意识到危机的存在，看不到危机的严重性。当前，由于经营环境的不确定性增强，企业遭受经营危机的可能性加大，这就要求企业具有强烈的危机公关意识和娴熟的危机公关技巧，在出现危机事件时能采取有效的危机公关手段和方法，帮助企业化险为夷。

**同步案例8-5**

### 奔驰女车主事件中的危机公关

**背景与情境：**2019年，一女子为庆祝自己30岁生日，在西安利之星4S店购买一辆奔驰CLS300型运动轿车，费用共计66万元。提车当天，购车女子发现发动机漏油，遂与该4S店多次协商，但店家利用各种借口拖延时间，拖过7天包退期后直接变脸。申诉无门后，该女子被逼选择在店门口坐在汽车引擎盖上控诉该店。视频中女子哭诉自己硕士毕业，受过高等教育，跟人讲道理却被欺负，无奈豁出面子，用这种手段讨一个说法。由于该女子较高的学历背景和行为表现形成的巨大反差，引发受众对该事件的广泛关注，也将以该4S店为代表的销售行业推到风口浪尖。

一些自媒体敏锐地察觉到此次事件可以带来经济利益，于是纷纷开始报道，其中尤以梨视频为代表。梨视频从4月11日开始跟进报道该事件，通过律师解读、联系旧事件（一位18年维权的车主）、揭秘领导层等角度最大限度吸引网友，扩大讨论热度。主流媒体也纷纷跟进。4月13日，新浪财经和凤凰网财经分别推出题为"律师解读西安奔驰车维权"和"奔驰女车主打脸4S店"的文章。主流媒体的参与引发扳机效应：《人民日报》和《紫光阁》杂志也在4月15日参与了报道，《人民日报》重点报道政府部门对此次事件的回应，《紫光阁》杂志则重点报道了"与女高管的谈判录

音"。4月15日，央视新闻通过"央视点评"栏目传递了主流媒体人的态度，为维权女车主发声。

网络舆论呈一边倒态势。监管机构最终做出回应：

西安市质监局：对"利之星"立案调查，责成尽快退车退款。

陕西消费者协会：消费者不知情被收金融服务费不合法。

陕西省税务局：核实西安利之星是否存涉税违法行为。

银保监会：对奔驰汽车金融展开调查。

4月16日，奔驰女车主和西安利之星方面达成和解协议。

资料来源　编者根据央视网2019年4月16日播出内容改编。

学习微平台

分析提示 8-10

问题：西安利之星4S店为什么会陷于如此尴尬的境地？请从危机公关的角度分析西安利之星4S店的危机公关为什么会失败，我们应从中吸取哪些经验教训？针对这一事件，你认为西安利之星4S店应该如何进行危机公关？

### 8.5.2　公关促销策略

公关促销的目标主要是加深目标顾客对产品的印象，激励全体员工奋发上进，扩大企业的知名度，提高企业的美誉度，树立企业的良好形象。一个企业在不同时期有着不同的公关促销目标，这就需要不同的公关促销策略与之对应。

#### 1）宣传性公关

宣传性公关主要是利用各种传播媒介进行公关活动。涉及的主要媒介如下：

（1）将企业的重大活动、重要的政策以及各种新奇、创新的思路编写成新闻稿，借助电视、报纸、广播、网络等新闻性强、可信度高的传播媒介发布新闻。

（2）通过自制宣传手册、宣传片、刊物等向公众进行宣传，从而达到提升企业形象、提高产品知名度的目的。

（3）邀请新闻记者，举办记者招待会，发布企业信息，通过记者之笔传播企业重要的政策和产品信息，引起公众的注意。

（4）策划公关广告：一是致意性广告，如向公众表示节日祝贺，对用户的惠顾表示感谢；二是倡导性广告，如倡议举办某种活动，或提倡某种新风；三是解释性广告，即就某一问题向公众解释，以消除误会、增进了解。

（5）策划企业庆典或特殊纪念活动，营造热烈、祥和的气氛，显现企业蒸蒸日上的风貌，以树立公众对企业的信心和偏爱。

#### 2）交际性公关

交际性公关的目的是通过人与人的直接接触，使企业认识更多的公众，增进感情上的联络，让更多的公众了解企业，扩大企业关系网络，形成有利于企业发展的人际环境，为企业的生存发展提供更多的机遇。交际性公关的特点是直接、灵活，一旦建立了真正的感情联系，往往相当牢固，甚至超越时空限制。交际方式有团体式和个人式两种，其具体方法如下：一是企业自己主动安排社交活动，如召开茶话会、酒会、报告会、产品展示会、新闻发布会、座谈会、文艺活动、知识竞赛、郊游、互帮互助或共建活动、交换信息资料、定期互访、联合举办某些社会活动等，或用书信、电话等方法直接与公众联系。二是参加他人组织的社交活动和公关活动，借此机会来认识结交目标公众。

#### 3）征询性公关

征询性公关以采集信息为主，目的是通过信息采集、舆论调查、民意测验等工作，加强双向沟通，了解社会舆论和民意，暗示组织意图，为组织经营管理决策提供咨询，使组织决策更加科学，使组织行为尽可能与社会的整体利益、市场的发展趋势以及公众意向统一起来，更加深刻地影响公众。其具体形式有民意测验、舆论调查、访问重要用户、建立信访制度、处理举报和投诉、对消费者实施有奖调查等。

#### 4）服务性公关

服务性公关以提供优质服务为主要手段，用实际行动实实在在地给消费者带来利益，借以获取社会的了解与好评，树立企业的良好形象。其常用手段有消费教育、消费指导、免费咨询和安装、回访重点客户、售后服务、上门服务、设立热线服务电话等。

#### 5）社会性公关

社会性公关就是利用举办各种社会性、公益性、赞助性的社会活动，为企业塑造关心社会、关心社区、关爱别人的良好形象，从而强化与公众的关系，使企业与公众之间更为亲切，扩大企业的社会影响，提高其社会声誉，赢得公众的支持。这种公关一般有三种形式：一是利用企业庆典活动或重大节日开展群众喜闻乐见的活动，渲染气氛，活跃社区生活；二是根据企业实力，赞助文化教育和社会各种福利事业，资助公共设施，抗震救灾，扶贫助弱，参与社区精神文明建设等，既能赢得良好口碑，又树立了承担社会责任的形象；三是资助大众传播媒介，举办各种活动，开展社会文体活动，既活跃公众文化生活，又扩大企业的知名度，提高企业的美誉度。

#### 6）矫正性公关

当企业信誉和形象出现危机时，公关活动的主要任务是在查清事实的基础上，真心实意地向公众说明真相，澄清事实，讲清道理，通过妥善解决危机来争取公众谅解，以达到缓和矛盾、化解冲突的目的。这就是矫正性公关。

**同步思考8-3**

2005年3月8日，大连某著名化妆品公司在推出新产品之际，为了建立长久的企业品牌形象，提高企业声誉，激活潜在消费，采取了向大连市女骑警赠送该品牌最新系列美容护肤品的促销手段。企业开展免费赠送活动后，名声大振，当地众多美容院开始经营该企业的新产品。

向女骑警赠送美容护肤品是什么公关促销策略？能起到什么促销效果？

学习微平台

视频8-3

### 8.5.3　公关促销步骤

公关促销可分八个步骤进行。

#### 1）确定公关促销活动目标

确定公关促销活动的目标，是进行公关促销活动的首要步骤和重要内容。公关促销活动目标的确立，意味着为公关促销活动过程确立了方向。公关促销活动的目标分为总体目标和具体目标。总体目标是企业在公关促销活动中必须体现的方向。它包括四个目标要素：信息传播是公关促销活动的基本目标；联络感情是公关促销活动的长期目标；改变态度是公关促销活动的追求目标；引起行为是公关促销活动的最高目标。应该说，任何一项公关促销活动，都是为了提高本企业的知名度和美誉度。但在实际工作中，一家企业在某个阶段内由于具体情况不同，公关促销活动的主攻方向和具体目标也会不同。例如，一个新企业的公共关系，应侧重于提高企业知名度，而老企业则应将公关重点放在提高企业的美誉度上。

#### 2）拟定公关促销活动主题

公关促销活动的主题是公关促销活动目标的展示和细化。拟定公关促销活动主题，既是整个公关促销活动的"灵魂"，也是把各种公关促销活动形式有机联系为整体的"纽带"。主题的设计不仅必须符合公关促销活动计划所确定的具体目标，而且应当做到"简明、创新、亲切、朴实"，使主题内容突出，便于记忆，有不落俗套的创意，对目标公众能产生巨大的感召力和吸引力。缺乏明确主题的公关促销活动，必然导致活动失败。

#### 3）选择公关促销活动方式

有了良好的主题，还需寻求恰当的表现形式，这样才能产生良好的促销活动效果。方式的选择主要包括两方面内容：一是选择公关促销活动的时机；二是选择公关促销活动的策略。活动时机可以是预先选定的，也可以是偶然的所谓"天赐良机"。

#### 4）选择公关促销的传播渠道

公关促销活动方式确定以后，还应根据目标要求、传播信息的内容和宣传对象的特点，选择合适的传播渠道。常用的传播渠道有：

（1）大众传播，即运用大众传播媒介传播有关信息，如报纸、杂志、广播、电视、网络等。

（2）人际传播，即运用口头或书面等交流方式进行传播。

（3）专题传播，即综合运用大众沟通和人际沟通等方式，围绕特定的公关促销活动专题，开展有特色的公关促销活动。

#### 5）编制公关促销预算

公关促销工作，需要一定的人力、财力和物力，因此必须对费用、时间和人力进行预算。编制公关促销的预算方法多种多样，常用方法有经费承包法、比例提成法和目标估算法。所谓经费承包法，就是按企业常年的公关促销活动匡算出一定量的经费，供公关促销活动之用的预算方法。所谓比例提成法，就是从企业的正常收入中，按一定的百分比提取公关促销活动经费的预算方法。所谓目标估算法，就是按企业确定的工作目标，逐项列出细目，计算出所需经费的预算方法。公关促销预算费用构成主要有五方面，即人员劳务工资、大型项目费用、专业器材经费、行政办公费用和调研培训费。

#### 6）撰写公关促销策划书

公关促销策划书一般包括以下几方面内容：

（1）策划工作简况，主要写明组织或承办策划的单位机构、策划工作的领导、主持人和参与者、策划工作时间以及主要过程和方法。

（2）公关促销环境状态分析。

（3）公关促销活动定位。

（4）制订公关促销活动的具体方案。它包括：①项目名称及目标；②项目负责人、实施者及其各自责任；③项目筹备和实施的时间表；④项目实施涉及的关系人及必要分析；⑤项目所需要的传播媒介、器材设备、外部环境等；⑥项目经费预算；⑦项目成果的考核标准及考核方法。

### 7）组织与实施公关促销活动的方案

公关促销活动是一项整体活动，它由一系列具体的活动项目组成，涉及面庞杂，头绪繁多。在具体实施公关促销活动时，必须充分考虑预算开支、所需人力、技术上的可行性以及各种可控与不可控因素。公关促销人员要善于协调和处理各方面的关系，密切注意公关促销活动方案实施过程中可能发生的不利变化，一旦出现意外情况，必须迅速采取切实可行的纠正办法。

### 8）公关促销活动效果评估

正确评估公关促销活动的成效，关键是要确定科学、合理的评估标准，严格按标准进行评估。

（1）公关促销成效评估标准。它包括：①公关促销目标实现程度，如企业与公众的关系是否得到改善、企业的知名度和美誉度是否增强、企业在公众心目中的形象如何、企业效益好坏等；②公关促销任务完成情况，如与公众的联系渠道是否健全、能否随时了解和掌握公众的意见、能否选择适当的方式和渠道向公众传播信息、全体人员是否齐心协力进行公关工作、能否当好领导决策的咨询和参谋等；③公关促销社会功能发挥情况，即公关对社会所起的作用和表现出来的能力，如是否为公众提供了丰富而有益的物质、精神产品和优质的社会服务等。

（2）评估公关促销成效的方法。它包括：①回顾公关促销的目标和任务，以及为实现目标进行的公关促销工作；②公关促销人员的自我评估；③开展公众调查和舆论调查，掌握公众和舆论界对本企业公关促销成效的评价；④邀请公关专家进行评估。

### ➡ 本章概要 ➡

☐ 内容提要与结构

▲ 内容提要

● 促销活动实质上是一种信息沟通活动。促销方式分为人员推销和非人员推销，非人员推销又包括广告、营业推广、公共关系三种形式。促销原则：遵守国家法规，讲究商业道德；以产品为核心，优化促销组合；讲究促销艺术，提高促销效果；实事求是，以理服人。促销流程：分析促销状况，制订促销方案，实施促销方案，评估促销效果。制定促销费用预算的方法：销售额百分比法，促销目标法，量入为出法，竞争比较法。促销基本策略：推式策略和拉式策略。促销组合必须考虑的因素：促销目标，产品类型，市场性质，各种促销手段的特性，产品市场生命周期，促销费用。促销组合方法：教育引导法，新闻焦点法，感性交流法。促销组合技巧：事实论证，依据论证，说明论证，对比分析。

● 人员推销的核心问题是说服。人员推销的要素：推销人员，推销品，推销对象。人员推销基本形式：上门推销，柜台推销，会议推销。人员推销任务：挖掘和培养新顾客，培育企业忠实顾客，以服务赢得顾客的信任，说服沟通。人员推销组织结构：按地区结构组织，按产品结构组织，按顾客结构组织，复合式结构组织。人员推销步骤：推销准备阶段，包括掌握基本情况、寻找并筛选顾客、设计推销路线、精心构思洽谈要点、准备约见顾客；正式推销阶段，包括巧妙接近目标顾客、设法吸引顾客的注意力、掌握沟通技巧、科学讲解与示范、处理异议、促成购买行为；跟踪服务阶段。推销人员队伍的建设与管理：推销人员的选拔与培训，推销人员的考核与激励。

● 营业推广特点：影响面较小，具有强烈的刺激性，过度使用会造成负面影响。营业推广形式：面向消费者的，面向中间商的，面向销售人员的。营业推广方案制订：确定营业推广目标；制订营业推广具体方案，其内容包括营业推广规模、营业推广对象、营业推广方式、营业推广途径、营业推广时机、营业推广总预算。营业推广方案实施：明确推广工作具体任务，实行责任管理制，做好方案实施情况的监督检查。营业推广效果评估：评估内容包括经济效益评估和社会效益评估；评估方法包括推广前后销售额比较法和调查法。

● 广告促销作用：传递信息，沟通供需；激发需求，扩大销售；介绍知识，指导消费；扩大企业影响，增强竞争能力。广告促销原则：真实性，思想性，艺术性，效益性。广告媒体选择应考虑的因素：广告目标，产品特点，目标顾客特点，市场竞争特点，广告媒体特点，广告媒体成本。广告促销策略：广告促销产品策略，广告促销市场策略，广告促销媒体组合策略，广告促销心理策略。其中：广告促销的产品策略包括广告产品定位策略、广告产品周期策略、广告产品消费观念策略；广告促销的市场策略包括广告目标市场策略、广告竞争策略、广告促销策略；广告促销的媒体组合策略包括企业内外广告媒体相结合、各种不同的媒体组合、广告的时机频率组合；广告促销的心理策略包括广告诱导心理策略、广告迎合心理策略、广告猎奇心理策略。

● 公关促销工作职能：建立固定的公众联系制度，广泛搜集影响企业营销的各类信息；协调好新闻媒体关系，营造良好的舆论氛围；赞助公益活动，塑造企业良好形象；协调内外关系，构建和谐发展的内外环境；举办各种专题活动，想方设法制造新闻；妥善处理突发事件，正确进行危机公关。公关促销策略：宣传性公关，交际性公关，征询性公关，服务性公关，社会性公关，矫正性公关。公关促销步骤：确定公关促销活动目标，拟定公关促销活动主题，选择公关促销活动方式，选择公关促销的传播渠道，编制公关促销预算，撰写公关促销策划书，组织实施公关促销活动方案，评估公关促销活动效果。

▲ 内容结构
本章内容结构如图8-4所示。

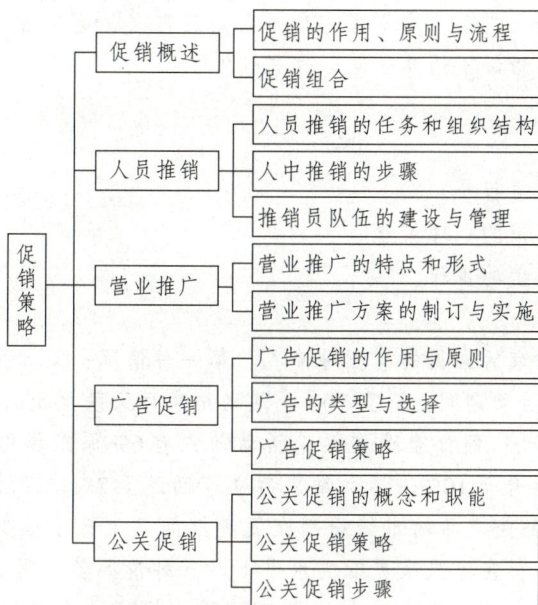

**图8-4 本章内容结构**

□ 主要概念和观念

▲ 主要概念

促销 促销组合 人员推销 营业推广 广告促销 公关促销

▲ 主要观念

人员推销的原则、任务和组织结构 影响促销组合的因素 营业推广的特点和形式 广告促销的作用与原则 公关促销的职能

□ 重点实务和操作

▲ 重点实务

促销流程 促销活动方案与预算方法 促销组合的常用方法 人员推销的步骤 营业推广方案的制订、实施与效果评估 广告促销策略 公关促销策略与步骤 相关"业务链接"

▲ 重点操作

促销策略知识应用

━ 单元训练 ━▶

□ 理论题

▲ 简答题

（1）人员推销有哪些基本任务？

（2）促销应遵循哪些原则？

（3）公关促销工作有哪些职能？

▲ 讨论题

（1）推销作为一种促销手段，在现代企业经营中无疑是十分重要的。然而有人却说："现代市场营销的目的，就是要使推销成为不必要。"这是为什么？

随堂测8-1

单选题

随堂测8-2

多选题

随堂测8-3

判断题

（2）怎样理解"人叫人千声不语，货叫人点头自来"这句话？

（3）怎样理解"酒好不怕巷子深"这句话？

□ 实务题

▲ 规则复习

（1）简述促销的流程。

（2）简述广告促销的心理策略。

（3）简述公关促销的步骤。

▲ 业务解析

（1）促销活动结束后常见的有三种情况。第一种情况：假如企业在促销活动前占有6%原市场份额，活动期间上升至10%，活动结束后又跌至5%，经过一段时间又回升至7%。第二种情况：假如企业在促销活动前占有6%原市场份额，企业产品的市场份额在促销期间上升至10%，活动结束后立即回跌至2%，经过一段时间后回升至6%。第三种情况：企业产品的市场份额在促销期间只上升了很少或没有改变，活动期一过就回落，并停留在比原来更低的水平上。三种情况各说明了什么？

（2）一推销员说："一家酒店主，我都记不清找了他多少次。第一次打他的手机，他正在开会。第二次打电话，听得出他在打麻将，哗啦哗啦——他说'没时间'。第三次打电话，他在酒桌上和客户吭吭碰杯，'你烦不烦啊'。第四次打电话，听电话的可能是他妻子，他妻子醋意大发'你别纠缠起来没完好不好'。当她听出我是位先生时，声音变得客气了：'对不起，你等会再打，他在蹲厕所呢。'第五次打电话，电话里'嘟——嘟——'两声，他没接就关机了。"碰上这种情况，如果你是这位推销员，你会怎么办？为什么？

□ 案例题

▲ 案例分析

【训练项目】

案例分析-Ⅷ。

【相关案例】

### 商店与顾客同庆生日扬美名

**背景与情境：** 长沙友谊华侨公司于某年11月中旬开始进行店堂装修，装修后的店堂营业面积扩大了400多平方米，商品品种增加了200余种，并定于元旦重新开业。但开业之前，有一件事使该公司总经理胡先生感到为难：焕然一新的"友华"怎样才能吸引更多的顾客呢？时间已到了12月26日了，胡经理还没有想出什么新点子，他开始焦急起来，连母亲70岁生日也顾不上了。深夜12点钟，他还无法入睡，随手翻起床头一本中国香港出版的《国外营销术》，突然看到一篇谈营销主体如何采用贴近顾客的方式来促销的文章。在他的脑子里"贴近顾客"与"母亲生日"，两者相撞，蓦地迸发出灵感的火花：能不能用"友华"的名义请长沙市区内在历年元旦这天出生的顾客到店里来过生日呢？一位顾客来过生日，陪着来的就会有两三位，甚至更多……

第二天上班，公司的其他职工听胡经理谈了这个主意后，都认为这是新招，可行。于是他们邀请乐华电子联合有限公司作为联办单位，并赶制了一批精巧的生日纪

学习微平台

分析提示8-11

学习微平台

分析提示8-12

念卡和小礼品，接着又在报纸和电视上打出广告，邀请市内历年元旦出生的人士今年元旦趁"友华"重新开张之际，来店同庆生日和节日。

开业那天，过生日的顾客怀着兴奋的心情，手持身份证排队领取生日礼品。他们三五成群而来，吸引了不少过往行人。这边一人领礼品，其余亲友就逛商店去了。没过多久，店里挤得水泄不通。80岁高龄的曾老先生闻讯后，高兴地说："我活了80岁，从来没有看到商店为顾客过生日的，今天看到了。"他特地打发60岁的儿子到店里代他庆贺生日，这位花甲老人进店代父亲领了生日纪念品后，又被琳琅满目的商品所吸引，看了这个柜台又看那个柜台，边看边买，出店时，大包小盒提了一大串。下午2点，一个男子手持医院证明来到店里，说他女儿当天上午10点才降生。胡经理代表公司向他表示祝贺，并向他的女儿赠送礼品。他激动地说："你们给顾客带来了生日的乐趣，把'友华'的美好情谊送到了顾客心里。"到下午5点，该店共发出生日礼品千余份，而商店的客流量已超过了20万人次，销售额达100万元，相当于过去同期平均销售额的十几倍，创下了该店历史上的最高纪录，为日后扩大销售奠定了良好的基础。

**问题：**

（1）"商店与顾客同庆生日扬美名"说明了什么？

（2）长沙友谊华侨公司营销成功的原因是什么？我们可从中获得哪些有益的启示？

（3）结合我国企业促销现状，谈谈如何运用促销策略加快企业经营目标的实现？

**【训练要求】**

同第1章本题型的"训练要求"。

▲ 课程思政

**【训练项目】**

课程思政-Ⅷ。

**【相关案例】**

学习微平台

分析提示8-13

### 胡师傅无烟锅

**背景与情境：** 曾经风靡一时的胡师傅无烟锅在广告中宣称，自己使用了宇宙飞船所使用的锰钛合金和紫砂合金，能将锅体温度控制在油烟挥发的临界点240℃以内，从而达到无油烟的效果。但实际上，消费者购买该产品后，不仅油烟缭绕，还出现表面材质脱落现象。经查实，该产品为铝合金制成，并未通过国家权威部门检测。其发明人胡金高承认所谓的"紫砂陶瓷合金"不过是自己空想出来的名称。

学习微平台

分析提示8-14

**问题：**

（1）胡师傅无烟锅案例中存在哪些道德伦理问题？

（2）试对上述问题做出你的思政研判并说明理由。

（3）通过互联网或图书馆调研等途径搜集你做出思政研判所依据的行业规范。

**研判要求：** 同第1章本题型的"研判要求"。

□ 实训题

**【训练项目】**

阶段性体验-Ⅳ："促销策略"技术应用。

【训练目标】

见本章"章名页"中"学习目标"中的"实训目标"。

【训练内容】

专业能力训练：见表8-1。

表8-1　　　　　　　　　　　　专业能力训练表

| 领域 | "技术-技能"点 | 名称 | 参照规范与标准 |
|---|---|---|---|
| "促销策略"技术应用 | "技术-技能"1 | "促销及促销组合"技术应用 | (1) 能全面把握"促销及促销组合"技术。<br>(2) 能从"促销及促销组合"的特定视角出发，应用相应技术，有质量、有效地进行以下操作：<br>①分析企业营销决策和业务运作的现状，分析其成功、不足与尚待解决的各种问题；<br>②提出优化建议和解决实际问题的方案 |
| | "技术-技能"2 | "人员推销"技术应用 | (1) 能全面掌握"人员推销"技术。<br>(2) 能从"人员推销"的特定视角出发，应用相应技术，有质量、有效率地进行以下操作：<br>①分析企业营销决策和业务运作的现状，分析其成功、不足与尚待解决的各种实际问题；<br>②提出优化建议和解决实际问题的方案 |
| | "技术-技能"3 | "营业推广"技术应用 | (1) 能全面把握"营业推广"技术。<br>(2) 能从"营业推广"的特定视角出发，应用相应技术，有质量、有效率地进行以下操作：<br>①分析企业营销决策和业务运作的现状，分析其成功、不足与尚待解决的各种实际问题；<br>②提出优化建议和解决实际问题的方案 |
| | "技术-技能"4 | "广告促销"技术应用 | (1) 能全面把握"广告促销"技术。<br>(2) 能从"广告促销"的特定视角出发，应用相应技术，有质量、有效率地进行以下操作：<br>①分析企业营销决策和业务运作的现状，分析其成功、不足与尚待解决的各种实际问题；<br>②提出优化建议和解决实际问题的方案 |
| | "技术-技能"5 | "公关促销"技术应用 | (1) 能全面把握"公关促销"技术。<br>(2) 能从"公关促销"的特定视角出发，应用相应技术，有质量、有效率地进行以下操作：<br>①分析企业营销决策和业务运作的现状，分析其成功、不足与尚待解决的各种实际问题；<br>②提出优化建议和解决实际问题的方案 |

职业核心能力和职业道德训练：其内容、种类、等级与选项见表8-2；各选项的操作"参照规范与标准"见本教材"附录三"的附表3和"附录四"的附表4。

表8-2　　　　　　　　　　　　**职业核心能力与职业道德训练表**

| 内容 | 职业核心能力 | | | | | | | 职业道德 | | | | | | |
|------|------|------|------|------|------|------|------|------|------|------|------|------|------|------|
| 种类 | 自主学习 | 信息处理 | 数字应用 | 与人交流 | 与人合作 | 解决问题 | 革新创新 | 职业观念 | 职业情感 | 职业理想 | 职业态度 | 职业良心 | 职业作风 | 职业守则 |
| 等级 | 中级 | 中级 | 中级 | 中级 | 中级 | 中级 | 中级 | 认同 | 认同 | 认同 | 认同 | 认同 | 认同 | 认同 |
| 选项 |  | √ |  | √ | √ | √ | √ |  |  |  | √ | √ | √ | √ |

【训练任务】

（1）对"'促销策略'技术应用"专业能力领域的各"'技术-技能'点"，依照其"参照规范与标准"实施应用相关知识的基本训练。

（2）对职业核心能力选项，依照其相关"参照规范与标准"实施应用相关知识的"中级"强化训练。

（3）对职业道德选项，依照其"参照规范与标准"，实施"认同级"相关训练。

【组织形式】

（1）以小组为单位组成营销团队。

（2）各营销团队结合实训任务进行恰当的角色分工，确保组织合理和每位成员的积极参与。

【指导准备】

知识准备：

学生通过自主学习，预习如下知识：

（1）该企业相关产品或项目知识。

（2）促销策略的理论与实务知识。

（3）本教材"附录一"的附表1中，与本章"职业核心能力'强化训练项'"各"'技术-技能'点"相关的"'知识准备'参照范围"。

（4）本教材"附录三"的附表3中涉及本章"职业核心能力领域"强化训练项的各"'技术-技能'点"，以及"附录四"的附表4中"职业道德领域"相关训练项各素质点的"参照规范与标准"知识。

操作指导：

（1）教师向学生阐明"实训目的"、"能力与道德领域"和"知识准备"。

（2）教师就"知识准备"中的第（3）、（4）项，对学生进行培训。

（3）教师要指导学生从"'促销策略'技术应用"视角进行企业营销决策和业务运作情况调研、资料搜集与整理。

（4）教师指导学生撰写"'××企业促销策略'技术应用"的《训练报告》。

【情境设计】

将学生组成若干营销团队，分别选择一个企业（或校专业教育实训基地），结合课业题目，从"'促销策略'技术应用"视角，对该企业营销决策及营销运作现状进行调查研究，分析其成功经验与不足之处，在此基础上为其量身定制"基于'促销策略'技术应用"的《××企业市场营销运作（或优化）方案》，通过系统体验各项相关操作完成本次实训的各项任务，撰写相应《训练报告》。

【训练时间】

本章课堂教学内容结束后的双休日和课余时间，为期1周。

【训练步骤】

（1）将班级学生每4~6位组成一个营销团队，每个团队确定1人负责。

（2）各团队结合实训任务、"情境设计"和课业题目，分别选择一个企业（或校专业教育实训基地），从"'促销策略'技术应用"的特定视角出发，对该企业营销决策及营销运作现状进行调查、研究与评估，分析其成功与不足。

（3）各团队应用"'促销策略'技术应用"知识，系统体验如下操作：

①依照"'技术-技能'1"的"参照规范与标准"，从"'促销及促销组合'技术应用"的特定视角出发，就该企业营销决策和业务运作中的不足，提出优化建议或解决方案。

②依照"'技术-技能'2"的"参照规范与标准"，从"'人员推销'技术应用"的特定视角出发，就该企业营销决策和业务运作中的不足，提出优化建议或解决方案。

③依照"'技术-技能'3"的"参照规范与标准"，从"'营业推广'技术应用"的特定视角出发，就该企业营销决策和业务运作中的不足，提出优化建议或解决方案。

④依照"'技术-技能'4"的"参照规范与标准"，从"'广告促销'技术应用"的特定视角出发，就该企业营销决策和业务运作中的不足，提出优化建议或解决方案。

⑤依照"'技术-技能'5"的"参照规范与标准"，从"'公关促销'技术应用"的特定视角出发，就该企业营销决策和业务运作中的不足，提出优化建议或解决方案。

（4）各团队总结上述①至⑤项操作体验，撰写"基于'促销策略'技术应用"的《××企业市场营销（或优化）方案》。

（5）各团队在上述实训步骤中，依照表8-2中相关训练选项的"参照规范与标准"，应用相关知识，融入"职业核心能力"的"中级"强化训练和"职业道德"的"认同级"相关训练。

（6）各团队综合以上阶段性成果，撰写《"'促销策略'技术应用"实训报告》。其内容包括：实训组成员与分工；实训过程；实训总结（包括对专业能力训练、职业核心能力训练和职业道德训练成功与不足的分析说明）；附件（指阶段性成果全文）。

（7）在班级讨论、交流和修订各团队的《训练报告》，使其各具特色。

【成果形式】

实训课业：《"'促销策略'技术应用"训练报告》

课业要求：

（1）"实训课业"的结构与体例参照本教材"课业范例"中的范例-3。

（2）将《实训方案》和《××企业市场营销（或优化）方案》以"附件"形式附

于《训练报告》之后。

（3）在校园网平台上展示经过教师点评的班级优秀《训练报告》，并将其纳入本课程的教学资源库。

## 单元考核

考核要求：同第 1 章 "单元考核" 的 "考核要求"。

# 综合训练与考核

【训练项目】

终极体验："市场营销"技术综合应用。

【训练目标】

参加"'市场营销'技术综合应用"的"传承-创新"训练。在把"产学研结合"和"教学闭环"（特别是自主学习）中获得的"技术更新"融入教材各章"传承技术"的基础上，通过综合应用各章"'传承-创新'技术"，系列"技术-技能"操作的实施，《"'市场营销'技术综合应用"训练报告》的撰写、讨论与交流等有质量、有效率的活动，培养"'市场营销'技术综合应用"的"传承-创新"专业能力，强化"职业核心能力"（"高级"全选项），并通过践行"职业道德"（"内化级"全选项）行为规范，促进健全职业人格的塑造，系统体验"'市场营销'技术综合应用"的"传承-创新"胜任力的终极生成。

【训练内容】

专业能力训练：见表综-1。

表综-1 　　　　　　　　　　　　　　　　专业能力训练表

| 能力领域 | 统整点 | 名称 | 参照规范与标准 |
|---|---|---|---|
| "市场营销"技术应用 | 统整点1 | "'传承-创新'技术-技能"群1 | 能将第2章"传承技术"与"产学研结合"和"教学闭环"（特别是自主学习）中获得的相关"技术更新"融为一体，通过应用其"融合技术"，系统体验"'市场环境分析与营销调研'运作"中的"传承-创新"胜任力生成 |
| | 统整点2 | "技术-技能"群2 | 能将第3章"传承技术"与"产学研结合"和"教学闭环"（特别是自主学习）中获得的相关"技术更新"融为一体，通过应用其"融合技术"，系统体验"'消费者购买行为分析'运作"中的"传承-创新"胜任力生成 |
| | 统整点3 | "技术-技能"群3 | 能将第4章"传承技术"与"产学研结合"和"教学闭环"（特别是自主学习）中获得的相关"技术更新"融为一体，通过应用其"融合技术"，系统体验"'STP策略'运作"中的"传承-创新"胜任力生成 |
| | 统整点4 | "技术-技能"群4 | 能将第5章"传承技术"与"产学研结合"和"教学闭环"（特别是自主学习）中获得的相关"技术更新"融为一体，通过应用其"融合技术"，系统体验"'产品策略'运作"中的"传承-创新"胜任力生成 |
| | 统整点5 | "技术-技能"群5 | 能将第6章"传承技术"与"产学研结合"和"教学闭环"（特别是自主学习）中获得的相关"技术更新"融为一体，通过应用其"融合技术"，系统体验"'定价策略'运作"中的"传承-创新"胜任力生成 |
| | 统整点6 | "技术-技能"群6 | 能将第7章"传承技术"与"产学研结合"和"教学闭环"（特别是自主学习）中获得的相关"技术更新"融为一体，通过应用其"融合技术"，系统体验"'分销渠道策略'运作"中的"传承-创新"胜任力生成 |
| | 统整点7 | "技术-技能"群7 | 能将第8章"传承技术"与"产学研结合"和"教学闭环"（特别是自主学习）中获得的相关"技术更新"融为一体，通过应用其"融合技术"，系统体验"'促销策略'运作"中的"传承-创新"胜任力生成 |

职业核心能力和职业道德训练：其内容、种类、等级与选项见表综-2；各选项的操作"规范与标准"见本教材附录三的附表3和附录四的附表4。

表综-2　　　　　　　　　**职业核心能力与职业道德训练表**

| 内容 | 职业核心能力 | | | | | | | 职业道德 | | | | | |
|------|------|------|------|------|------|------|------|------|------|------|------|------|------|
| 种类 | 自主学习 | 信息处理 | 数字应用 | 与人交流 | 与人合作 | 解决问题 | 革新创新 | 职业观念 | 职业情感 | 职业理想 | 职业态度 | 职业良心 | 职业作风 | 职业守则 |
| 等级 | 高级 | 高级 | 高级 | 高级 | 高级 | 高级 | 高级 | 认同级 | 认同级 | 认同级 | 认同级 | 认同级 | 认同级 | 认同级 |
| 选项 | √ | √ | √ | √ | √ | √ | √ | √ | √ | √ | √ | √ | √ | √ |

【训练任务】

1）全面融合第2、3、4、5、6、7、8章"实训题""技术准备"中所列技术与相关章"技术更新"中所列技术，做好本次实训的"'传承-创新'技术准备"。

2）应用相关技术，对表综-1所列专业能力领域各统整点，依照其"参照规范与标准"，实施"'传承-创新'型"基本训练。

3）应用相关知识，对表综-2所列职业"核心能力"和"职业道德"选项，依照本教材"附录三"的附表3的"参照规范与标准"，分别实施融入性"高级"强化训练和"认同级"相关训练。

【组织形式】

（1）以小组为单位组成"'市场营销'技术综合应用"训练团队。

（2）各训练团队结合"训练任务"进行适当的角色分工，确保组织合理和每位成员的积极参与。

【指导准备】

1）知识准备

（1）全面重温第2、3、4、5、6、7、8章"实训题"的"知识准备"所列知识。

（2）表综-1中"'技术-技能'群1"至"'技术-技能'群7"的"参照规范与标准"知识。

（3）本教材"附录一"的附表1中，"职业核心能力"（高级）全选项各"'技术-技能'点"相关的"'知识准备'参照范围"所列知识。

（4）本教材"附录三"的附表3中"职业核心能力"（高级）全选项各"'技术-技能'点"，以及"附录四"的附表4中"职业道德"（认同级）全选项各素质点的"参照规范与标准"知识。

2）操作指导

（1）教师向学生阐明"训练目的"、"训练任务"和"知识准备"。

（2）教师就"知识准备"中的第（2）、（3）、（4）项，对学生进行培训。

（3）教师指导学生撰写《"'市场营销'技术综合应用"训练报告》。

【情境设计】

班级学生以小组为单位，组建"'市场营销'技术综合应用"训练团队，分别选择一家开展市场营销综合运作业务，并且不同于"范例-3""情境设计"中的企业进行营销合作训练。各团队应用本实训"指导准备"中"知识准备"所列知识，在与企业员工的营销合作中进行如下操作：进行"统整点1"至"统整点7"的"技术-技能"操作，撰写《"'××企业市场营销'综合运作"调查报告》；将"职业核心能力"训练和"职业道德训练"融入上述专业能力综合训练中；撰写并在班上交流以上述操作为内涵的《"'市场营销'技术综合应用"训练报告》。

【训练要求】

（1）实训前学生要了解并熟记本综合训练的"训练目的"、"能力与素质领域"、"训练任务"与"指导准备"。

（2）通过"训练步骤"，将"训练任务"所列（2）和（3）整合到本次训练的"活动过程"和"成果形式"中。

【训练时间】

本课程课堂教学内容结束后，安排两周时间进行"终极体验"训练。

【训练步骤】

1）以班级小组为单位组建学生"终极体验"训练团队，每队确定1人为队长，结合项目需要进行角色分工与协作。

2）各团队参照"情境设计"，分别选择一家开展市场营销综合运作业务的企业，从"'市场营销'技术综合应用"视角进行综合训练。系统体验如下操作：

（1）依照"统整点1"的"参照规范与标准"，进行"技术-技能"操作，体验"综合训练"中"'市场环境分析与营销调研'运作"的"传承-创新"胜任力生成。

（2）依照"统整点2"的"参照规范与标准"，进行"技术-技能"操作，体验"综合训练"中"'消费者购买行为分析'运作"的"传承-创新"胜任力生成。

（3）依照"统整点3"的"参照规范与标准"，进行"技术-技能"操作，体验"综合训练"中"'STP策略'运作"的"传承-创新"胜任力生成。

（4）依照"统整点4"的"参照规范与标准"，进行"技术-技能"操作，体验"综合训练"中"'产品策略'运作"的"传承-创新"胜任力生成。

（5）依照"统整点5"的"参照规范与标准"，进行"技术-技能"操作，体验"综合训练"中"'定价策略'运作"的"传承-创新"胜任力生成。

（6）依照"统整点6"的"参照规范与标准"，进行"技术-技能"操作，体验"综合训练"中"'分销渠道策略'运作"的"传承-创新"胜任力生成。

（7）依照"统整点7"的"参照规范与标准"，进行"技术-技能"操作，体验"综合训练"中"'促销策略'运作"的"传承-创新"胜任力生成。

（8）在此基础上，各团队形成关于所选企业的《"'××企业市场营销'综合运作"调查报告》，体验《"综合运作"调查报告》的撰写胜任力生成。

3）在关于"'市场营销'技术综合应用"的"'传承-创新'专业能力"基本训练中，依照表综-2的"参照规范与标准"，融入"职业核心能力"的"高级"强化训练和"职业道德"的"认同级"相关训练，体验"专能"与"通能"和"职业道德"元素融合的"'素质-技术-技能'群"生成。

4）各团队综合以上阶段性成果，撰写《"'市场营销'技术综合应用"训练报告》（内容包括"团队成员与分工""训练过程""训练总结""附件"），体验《训练报告》撰写胜任力生成。

5）在班级讨论、交流和修订各团队的《训练报告》，使其各具特色，体验"团队协作"和"与人交流"能力的强化过程。

【成果形式】

1）训练课业：《"'市场营销'技术综合应用"训练报告》

2）课业要求：

（1）"训练课业"的结构与体例见本教材范例-3。

（2）将《"'××企业市场营销'综合运作"调查报告》以"附件"形式附于《训练报告》后。

（3）在校园网平台上展示经过教师点评的班级优秀《训练报告》，并将其纳入本课程教学资源库。

（4）将经过教师点评的班级优秀《训练报告》反馈给所选企业，作为本课程"产学研结合"的"校本学习"最终成果。

## 课业范例

● 范例-1 ➡➡

☐ 案例题
▲ 案例分析
【训练项目】
案例分析-范。
【相关案例】

### 春都"由衰转盛"再"由盛转衰"

**背景与情境：**春都曾以"会跳舞的火腿肠"红遍大半个中国，市场占有率最高达70%以上，总资产达29亿元。然而，仅仅经历几年短暂的辉煌，这家明星企业便倏然跌入低谷。如今春都上百条生产线全线停产，企业亏损高达6.7亿元，并且欠下13亿元的巨额债务。昔日车水马龙、门庭若市的场面，现在已成为春都人美好的追忆。

春都的前身是始建于1958年的洛阳肉联厂，在计划经济体制下，平平淡淡几十年。1986年，春都当家人高凤来通过对国内外肉制品市场进行考察分析后，果断决定改变原来单纯从事生猪屠宰储藏业务的状况，对猪肉进行深加工，发展高温肉制品生产加工业务，在国内首先引进西式火腿肠生产线，生产出中国第一根火腿肠，产品迅速走俏市场，到20世纪90年代初，春都成为收入超10亿元，利润过亿元的国内著名大型肉制品生产加工企业。"春都"火腿肠几乎成为中国火腿肠的代名词。接着他们在较短的时间内投巨资增加了医药、茶饮料、房地产等多个经营项目，并跨地区、跨行业收购兼并了洛阳市旋官大厦、平顶山肉联厂、重庆万州食品公司等17家扭亏无望的企业，使其经营范围涉及生猪屠宰加工、熟肉制品、茶饮料、医药、旅馆酒店、房地产、木材加工、商业等产业，走上了一条多元化同时并举的道路。春都总资产平均每年以近6倍的速度递增，由1987年的3 950万元迅速膨胀到29.69亿元。可怕的是，这个神速扩张不但没有为春都带来收益，反而使企业背上了沉重的包袱。春都兼并和收购的17家企业中，半数以上亏损，近半数关门停产。1993年8月，春都进行股份制改造，组建春都集团股份有限公司，向社会432家股东定向募集法人股1亿股，募集资金近2亿元。春都先投资1 000多万元参股经营8家企业，后又投资1.5亿元控股经营16家企业，结果又成大累赘。1994年9月，春都与美国宝星投资公司等5家外商合资，吸引外资折合人民币2.9亿元。但合资后外方发现了春都的问题，于1997年寻找理由提出撤资。按照协议，春都一次性损失1亿多元。1998年12月，已是亏损累累的春都决定选择集团公司部分资产重组上市，募集资金4.24亿元。大股东春都集团和上市公司春都食品股份实际上是一套人马，两块牌子，人员、资产、财务根本没有分开。上市后的第三个月，春都就从上市公司抽走募集资金1.9亿元用于偿还其他债务，此后又陆续"有偿占用"上市公司数笔资金，合计高达3.3亿元，占上市公司募集资金总数的80%，从而造成上市公司对公众承诺的10大投资项目成为一纸空文。春都经营陷入绝境。

**问题：**

（1）春都"由衰转盛"，取得成功的原因是什么？

（2）春都为什么又"由盛转衰"，走向绝境？其失败的主要原因是什么？怎样避免春都走向绝境？

（3）如果你是春都的营销经理，根据春都的情况，你认为它还可能卷土重来吗？如果可以，你有哪些建议？

【训练要求】

同第1章本题型的"训练要求"。

### 《"春都'由衰转盛'再'由盛转衰'"》案例分析提纲》

（团队队长：　　　　　团队成员：　　　　　　　）

1.关于春都"由衰转盛"再"由盛转衰"的原因分析

（1）团队成员分别深入分析研究春都"由衰转盛"再"由盛转衰"的原因。

（2）团队队长组织小组成员讨论各成员深入分析得出的结论。

（3）团队队长汇总讨论春都"由衰转盛"再"由盛转衰"的阶段性成果。

2.关于"调查资料的来源与方法"分析

（1）团队成员应用快速消费品特别是火腿肠营销知识，分析快速消费品特别是火腿肠营销调研方法。

（2）团队讨论各成员分析的调查资料的来源与方法，由组长汇总。

3.关于"营销经理决策方案"设计

（1）团队成员模拟本案例中的营销经理，应用本案例涉及的火腿肠营销，研究设计"营销经理解决方案"。

（2）团队队长组织团队成员讨论各成员设计的"营销经理解决方案"，由组长汇总。

4.撰写、讨论与交流《分析报告》

（1）团队队长组织队员，综合以上阶段性成果，形成《分析报告》。

（2）在班级讨论、交流各团队的《分析报告》。

（3）团队修改《分析报告》，提交教师点评。

### 《"春都'由衰转盛'再'由盛转衰'"》案例分析报告》

（团队队长：　　　　　团队成员：　　　　　　　）

春都"由衰转盛"，取得成功的原因无疑要归功于正确的营销战略决策，即通过对国内外肉制品市场进行考察分析后，果断决定改变原来单纯从事生猪屠宰储藏业务的状况，对猪肉进行深加工，发展高温肉制品生产加工业务，在国内首先引进西式火腿肠生产线，使"春都"火腿肠几乎成为中国火腿肠的代名词。

春都为什么又"由盛转衰"，走向了绝境？我们认为，春都的经营者被巨大的成功冲昏了头，使原本亏损的春都一时不知怎么用这些利润去经营自己的企业。当出现竞争对手时，更没有静下心来好好思考企业到底要往哪个方向发展，应该怎样做好营销。不顾自身情况，一厢情愿地想迅速"做大做强"，从而采取了盲目集资、盲目多元化的经营战略，使春都走上了不归之路。可见，春都盲目混乱的多元化经营战略是其失败的主要原因。具体来说：

第一，资源分散、丢掉主业，完全失去了市场竞争优势。进入20世纪90年代，火腿肠、肉制品市场竞争加剧，行业内"双汇""郑荣"等后来者迅速壮大，与春都正面竞争，抢夺市场。在这个进入障碍不高又难以维持技术优势的行业里，急需春都增加投入、提高产品及企业整体竞争力时，春都却去发展与主业无关的经营项目、兼并企业，这样就分散了有限的资源，导致自己在主业经营的各个方面（产品研发、市场营销、内部管理等）的投入严重不足，甚至难以保证正常运营的需要。春都发家于火腿肠，失败在多元化战略不当上，它丢了火腿肠这个看家产品。在人才、技术、设备上有着明显优势、对企业至关重要的屠宰工序，春都居然转让给了原料供应商们。更糟糕的是，它在价格竞争中竟然用降低产品质量的办法来降低生产成本，含肉量一度从85%降到15%，以致春都职工把自己生产的火腿肠戏称为"面棍"。当然，春都也为此付出了惨重代价，销量直线下滑，市场占有率从最高时的70%狂跌到不足10%，可谓咎由自取。

第二，无关联多元化使春都处处都成为外行，无法做出明智决策，企业的风险接二连三地出现。由于新上项目的资金需求量很大，多数项目投入不足，造成因缺乏资金而不能正常营运，加上在技术、人才、经营、管理方面都不具备条件，结果不只是丢了主业，也使新上项目长时间不能产生效益，加重了企业的财务危机，使企业陷入"多元化陷阱"而不能自拔。春都的跌落最主要的原因就在于此。

第三，盲目兼并使企业背上了沉重的包袱。兼并是否必要，要看其实施的结果是否对企业核心竞争能力的提高有好处。春都的兼并无论从目标企业、兼并时机、自身管理能力等各方面来看都是不恰当的。因此，这些兼并不但没有对企业的发展起到促进作用，反而使其背上了沉重的包袱。

要想避免春都走向绝境悲剧的再现，我们认为，借鉴世界500强企业的做法是比较明智的：首先在内部实施"归核战略"，然后实行相关多元化战略。所谓归核战略，就是要求企业集中资源，培育其核心竞争力，大力发展核心主业，把主业做大、做强、做精，否则，就不能轻举妄动。归核战略要做两个方面的工作：首先要形成强大的核心竞争力。春都的盲目兼并之举使其失去了培育自己核心竞争力（核心主业）的时间和精力。世界500强企业之所以能在变幻莫测的国际竞争中站稳脚跟、不断发展，其原因就在于它们都有自己的核心竞争力（核心主业）。归核战略是企业实行相关多元化战略的关键工作。企业在没有形成自己的核心竞争力和核心主业之前就走多元化道路，失败是必然的。

根据春都的情况，我们认为，只要春都经营者静下心来好好反思，用现代营销理论和方法总结经验教训，对无关联多元化企业进行优化整合，集中人、财、物发展"春都"火腿肠这个核心主业，将其做大、做强、做精，形成核心竞争力，以卧薪尝胆、置之死地而后生的精神进行二次创业，卷土重来应该是可行的。从营销的角度，我们建议如下：

首先，该企业必须加强对现代市场营销理论的学习和理解，充分重视市场营销工作，在市场营销上多下功夫，尽快熟悉、掌握并灵活运用现代市场营销策略，集中力量发展火腿肠这个核心主业，形成核心竞争力，为卷土重来奠定良好基础。在此基础上，可从以下几个方面采取具体措施：

（1）产品策略

以绿色健康食品为突破口，狠抓质量，特别是要从肉源上保证冷鲜肉的质量，如帮助农民进行绿色无公害的生态养殖，为春都提供充足的"绿色"生猪资源，想方设法提升春都肉制品的质量和档次，提升春都品牌形象；对"春都"火腿肠高中低档产品可实行副品牌商标策略，以副品牌来突出"春都"火腿肠高中低档产品的个性形象。例如，以"春都——某某"火腿肠（高档）、"春都——某某"火腿肠（中档）等命名进行分层差异营销；改变包装规格，方便顾客消费，满足不同人群的消费需求……

（2）价格策略

以优质优价为突破口，以高中档为主，实行差别定价策略，迅速改变春都火腿肠劣质低价，被人戏称为"面棍"的不良形象。例如，对高档产品可采取优质优价、中档产品优质中价、低档产品中质低价策略，分别满足不同收入消费者的需求，抢夺不同层次的细分市场。

（3）渠道策略

精心选择中间商，实行分层分级管理，逐步形成覆盖全国城市的分销网络和渠道，形成四通八达的渠道网络系统，让产品快速进入终端市场；策划各种销售竞赛活动，让利给中间商，让中间商在经营中得到实惠，以充分调动其经营积极性。

（4）促销策略

①广告宣传。

以电视媒体为主，以绿色健康食品为主题，对"会跳舞的火腿肠"电视广告进行创新设计，结合广播、报纸和POP张贴和宣传礼品的方式进行宣传。具体运作……

②营销推广。

A.选择较好的经销店派专职促销人员进店与消费者面对面沟通和导购，并进行礼品赠送。B.有选择地在周末做一些专场活动（如抽奖活动等）。C.免费品尝。

③人员推销。

招聘推销高手，对其实行底薪+保险+提成或奖励+期权的经济分配制度和培训、提职、休假、表彰、退休等制度相结合的激励体系。

④公关促销策略。

A.制造新闻，引发媒体关注和炒作，产生先声夺人的效果，提高品牌知名度。例如，以"绿色"生猪资源为题，通过记者在报纸上发表一些公司新闻，进行炒作，以引起公众注意。B.策划公关活动，强化口碑传播和示范效应，大幅提升品牌形象，如公益活动等。

资料来源　佚名. 春都之败又给我们上一课［EB/OL］.［2020-12-18］. http://wenku.baidu.com/link？url=JsIQMfA_J_gNEgmr6G1mUYPbLLTwj_G96oMAiEj5gKEgZSkMvFFBgeFDF4DxEecdo24DZi8AYPNZiabf98_zhwBqlCpa7sy16N8PlyelqB7. 引文经过节选、压缩和改编。

━ 范例-2 ➡

□ 案例题

▲ 课程思政

【训练项目】

课程思政-范。

【相关案例】

### 中国某增高产品广告

**背景与情境：** 在2010年南非世界杯南美洲赛区预选赛的一场比赛中，智利队以1∶0力克阿根廷队。阿根廷队输了，梅西相当郁闷。其实，他也不必郁闷，因为他如果看了中国××卫视的广告，恐怕真的会喷出饭来。该电视台播出了一条增高产品的广告，这条广告的广告语是这样的："13岁身高只有140cm，'被专家认定不会再长高'，他17岁却长到了170cm，他就是'2007年度世界最有价值球员''2007年度欧洲最佳新秀'——世界足球天才梅西。是谁让他打破不能增高的命运？是谁拯救了他，让他创造奇迹？原来梅西服用了一种神秘药物……"

随后，这条广告视频登上了各大网站，网友们将之称为"2010年最雷人的广告"，并纷纷对商家的做法表示不齿。其实，这类粗制滥造的广告在国内并不少见，倘若凑巧被看到，相信梅西是不会善罢甘休的。

资料来源　佚名.最雷人药品广告曝光　神童梅西遭中国增高广告恶搞［EB/OL］.［2020-12-18］. http://www.lawtime.cn/info/xiaofeizhe/dongtai/20 1010098857.html. 引文经过节选、压缩和改编。

**问题：**

（1）这条增高产品广告存在哪些道德伦理问题？

（2）试对上述问题做出思政研判，说明理由。

（3）通过互联网或图书馆调研等途径搜集你做出思政研判所依据的行业道德规范。

【训练要求】

同第1章本题型的"训练要求"。

### "中国某增高产品广告"思政研判提纲

（团队队长：　　　　　　　　团队成员：　　　　　　　　　　　　）

1.关于"思政研判"分析

（1）团队成员分别深入分析研究本案例中涉及的法律法规、职业道德和营销伦理问题。

（2）团队队长组织团队成员讨论各成员分析的结果，对于广告中涉及的违规违法违德问题逐一进行"思政研判"。

（3）团队队长汇总团队成员讨论分析内容，形成阶段性成果。

2.关于"作思政研判所依据的行业规范"分析

（1）团队成员分别通过网络及图书馆查找资料，研究"作思政研判所依据的行业规范"。

（2）团队讨论各成员的对于广告中应该有的职业操守。

（3）团队汇总讨论思政研判的分析内容，形成阶段性成果。

3.撰写、讨论与交流《思政研判报告》

（1）团队队长组织成员，综合以上阶段性成果，形成《思政研判报告》。

（2）在班级讨论、交流各团队的《思政研判报告》。

（3）团队修改《思政研判报告》，提交教师点评。

## 《"中国某增高产品广告"思政研判报告》

（团队队长：　　　　　　团队成员：　　　　　　　　　）

这条增高产品广告，正应了"不怕做不到，就怕想不到"这句话，神童梅西被拿出来彻底地恶搞了一番，我们对广告策划人的大胆创意佩服得简直五体投地。不过，仔细一琢磨，发现增高产品显然不是一般商品，而是药品，必须遵守《中华人民共和国药品管理法》（以下简称《药品管理法》）的规定，广告策划人故意混淆概念，显然是在打擦边球。这样做不仅违背职业道德和营销伦理，而且是违法的。

（1）违背了《药品管理法》

首先，广告播出没有取得药品监督管理部门批准。众所周知，药品是一种不同于一般商品的特殊商品。每一种药品都有自己特定的主治功能和特定的使用对象，药品广告的内容对指导合理用药、安全用药起着至关重要的作用。2019年修订的《药品管理法》规定：药品广告应当经广告主所在地省、自治区、直辖市人民政府确定的广告审查机关批准；未经批准的，不得发布。显然，该广告没有取得广告审查机关的批准。其次，药品广告内容必须真实合法。《药品管理法》规定：药品广告的内容应当真实、合法，以国务院药品监督管理部门核准的药品说明书为准，不得含有虚假的内容。药品广告不得含有表示功效、安全性的断言或者保证；不得利用国家机关、科研单位、学术机构、行业协会或者专家、学者、医师、药师、患者等的名义或者形象作推荐、证明。非药品广告不得涉及药品的宣传。药品广告的内容是否真实，对正确指导患者合理用药、安全用药十分重要，与患者的生命安全和身体健康关系极大，因此，药品广告的内容必须真实、准确、对公众负责，不允许有欺骗、夸大情况。不切实际的广告宣传不但会误导患者，而且延误治疗。所以，药品广告必须以国务院药品监督管理部门核准的药品说明书为准。由于影响治疗疾病的因素很多，如诊断、病程、体质等差异，同一种药治疗同一种病可能得到不同的结果，所以，没有一种药品可以保证对某种病有100%的疗效。因此，法律不允许有表示功效的断言。这方面的要求在《广告法》中已经做出了规定，《药品管理法》有关内容进一步进行强调，并增加了"不得利用国家机关、科研单位、学术机构、行业协会或者专家、学者、医师、患者等的名义或者形象作推荐、证明"的规定。国家机关是国家的行政部门，具有非常高的公众信誉度，对公众有较大的影响力，有些药品非常希望利用国家机关的影响力对公众进行广告宣传，想以此提高自己产品信誉和扩大销量。所以，《药品管理法》对此予以明令禁止。科研单位、学术机构、行业协会或者有关专家是医药领域中的专业机构和人员，其名义和形象对患者或者消费者具有较大的影响力和号召力，药品企业利用专业机构和人员的名义和形象进行药品的广告宣传，更容易赢取患者信任。所以，法律禁止利用其名义和形象做广告。该广告利用足球神童梅西做广告，其内容不具有任何真实性，不仅违反了《药品管理法》，还违背了职业道德和营销伦理。

（2）违背了《广告法》

《广告法》第33条规定：广告主或者广告经营者在广告中使用他人名义或者形象的，应当事先取得其书面同意；使用无民事行为能力人、限制民事行为能力人的名义或者形象的，应当事先取得其监护人的书面同意。显然，这条广告没有事先取得梅西同意，一旦梅西知晓，诉诸法律，后果可想而知。《广告法》第34条规定：广告经营者、广告发布者应当按照国家有关规定，建立、健全广告业务的承接登记、审核、档案管理制度。广告经营者、广告发布者依据法律、行政法规查验有关证明文件，核对广告内容。对内容不符或者证明文件不全的广告，广告经营者不得提供设计、制作、代理服务，广告发布者不得发布。第46条规定：发布医疗、药品、医疗器械、农药、兽药和保健食品广告，以及法律、行政法规规定应当进行审查的其他广告，应当在发布前由有关部门（以下称广告审查机关）对广告内容进行审查；未经审查，不得发布。显然，××卫视在播放这条广告时，没有依法核实，也是需要负法律责任的。

（3）广告内容胡编乱造，破绽百出

首先，广告语中所谓"被专家认定不会再长高"，其实从来没有任何专家认定梅西不会再长高，由于先天荷尔蒙分泌不足导致骨骼发育缓慢，梅西不过是需要进行特殊治疗而已。其次，"2007年度世界最有价值球员"并非梅西，巴西人卡卡才是包揽金球奖和世界足球先生的大满贯。最后，"2007年度欧洲最佳新秀"也非梅西，得奖人是阿奎罗。

该广告的策划人在策划这条广告时的本意可能是想出奇制胜，获得轰动效应，迅速打开市场。然而，事与愿违，广告被网友们称为"2010年最雷人的广告"，并纷纷对此商家的做法表示不齿。可见，过度追求"广告"效应，为了让观众记住商品，不惜打恶俗炒作牌，从小处说是商业运作有失理性，从中处讲是职业道德与企业伦理的缺失和错位，从大处讲是违法。这种无视社会公序良俗、放弃基本社会责任感的行为在"污染"社会的同时，必将被社会所抵制和抛弃，也会受到法律的惩罚。

## 范例-3

□ 实训题

【训练项目】

终极体验-范："市场营销"技术综合应用。

【训练目标】

参加"'市场营销'技术综合应用"的"传承-创新"训练。在把"产学研结合"和"教学闭环"（特别是自主学习）中获得的"技术更新"融入教材各章"传承技术"的基础上，通过综合应用各章"'传承-创新'技术"，系列"技术-技能"操作的实施，《"'市场营销'技术综合应用"训练报告》的撰写、讨论与交流等有质量、有效率的活动，培养"'市场营销'技术综合应用"的"传承-创新"专业能力，强化"职业核心能力"（"高级"全选项），并通过践行"职业道德"（"认同级"全选项）行为规范，促进健全职业人格的塑造，系统体验"'市场营销'技术综合应用"的"传承-创新"胜任力生成。

【训练内容】

专业能力训练：见表课-1。

表课-1　　　　　　　　　　　　　　　**专业能力训练表**

| 能力领域 | 统整点 | 名称 | 参照规范与标准 |
|---|---|---|---|
| "市场营销"技术应用 | 统整点1 | "'传承-创新'技术-技能"群1 | 能将第2章"传承技术"与"产学研结合"和"教学闭环"（特别是自主学习）中获得的相关"技术更新"融为一体，通过应用其"融合技术"，系统体验"'市场环境分析与营销调研'运作"中的"传承-创新"胜任力生成 |
| | 统整点2 | "技术-技能"群2 | 能将第3章"传承技术"与"产学研结合"和"教学闭环"（特别是自主学习）中获得的相关"技术更新"融为一体，通过应用其"融合技术"，系统体验"'消费者购买行为分析'运作"中的"传承-创新"胜任力生成 |
| | 统整点3 | "技术-技能"群3 | 能将第4章"传承技术"与"产学研结合"和"教学闭环"（特别是自主学习）中获得的相关"技术更新"融为一体，通过应用其"融合技术"，系统体验"'STP策略'运作"中的"传承-创新"胜任力生成 |
| | 统整点4 | "技术-技能"群4 | 能将第5章"传承技术"与"产学研结合"和"教学闭环"（特别是自主学习）中获得的相关"技术更新"融为一体，通过应用其"融合技术"，系统体验"'产品策略'运作"中的"传承-创新"胜任力生成 |
| | 统整点5 | "技术-技能"群5 | 能将第6章"传承技术"与"产学研结合"和"教学闭环"（特别是自主学习）中获得的相关"技术更新"融为一体，通过应用其"融合技术"，系统体验"'定价策略'运作"中的"传承-创新"胜任力生成 |
| | 统整点6 | "技术-技能"群6 | 能将第7章"传承技术"与"产学研结合"和"教学闭环"（特别是自主学习）中获得的相关"技术更新"融为一体，通过应用其"融合技术"，系统体验"'分销渠道策略'运作"中的"传承-创新"胜任力生成 |
| | 统整点7 | "技术-技能"群7 | 能将第8章"传承技术"与"产学研结合"和"教学闭环"（特别是自主学习）中获得的相关"技术更新"融为一体，通过应用其"融合技术"，系统体验"'促销策略'运作"中的"传承-创新"胜任力生成 |

职业核心能力和职业道德训练：其内容、种类、等级与选项见表课-2；各选项的操作"规范与标准"见本教材附录三的附表3和附录四的附表4。

表课-2　　　　　　　　　　职业核心能力与职业道德训练表

| 内容 | 职业核心能力 | | | | | | | 职业道德 | | | | | | |
|---|---|---|---|---|---|---|---|---|---|---|---|---|---|---|
| 种类 | 自主学习 | 信息处理 | 数字应用 | 与人交流 | 与人合作 | 解决问题 | 革新创新 | 职业观念 | 职业情感 | 职业理想 | 职业态度 | 职业良心 | 职业作风 | 职业守则 |
| 等级 | 高级 | 高级 | 高级 | 高级 | 高级 | 高级 | 高级 | 认同级 | 认同级 | 认同级 | 认同级 | 认同级 | 认同级 | 认同级 |
| 选项 | √ | √ | √ | √ | √ | √ | √ | √ | √ | √ | √ | √ | √ | √ |

【训练任务】

1）全面融合第2、3、4、5、6、7、8章"实训题""技术准备"中所列技术与相关章"技术更新"中所列技术，做好本次实训的"'传承-创新'技术准备"。

2）应用相关技术，对表课-1所列专业能力领域各统整点，依照其"参照规范与标准"，实施"'传承-创新'型"基本训练。

3）应用相关知识，对表课-2所列职业"核心能力"和"职业道德"选项，依照本教材"附录三"的附表3的"参照规范与标准"，分别实施融入性"高级"强化训练和"认同级"相关训练。

【组织形式】

（1）以小组为单位组成"'市场营销'技术综合应用"训练团队。

（2）各训练团队结合"训练任务"进行适当的角色分工，确保组织合理和每位成员的积极参与。

【指导准备】

1）知识准备

（1）全面重温第2、3、4、5、6、7、8章"实训题"的"知识准备"所列知识。

（2）表课-1中"'技术-技能'群1"至"'技术-技能'群7"的"参照规范与标准"知识。

（3）本教材"附录一"的附表1中，"职业核心能力"（高级）全选项各"'技术-技能'点"相关的"'知识准备'参照范围"所列知识。

（4）本教材"附录三"的附表3中"职业核心能力"（高级）全选项各"'技术-技能'点"，以及"附录四"的附表4中"职业道德"（认同级）全选项各素质点的"参照规范与标准"知识。

2）操作指导

（1）教师向学生阐明"训练目的""训练任务"和"知识准备"。

（2）教师就"知识准备"中的第（2）、（3）、（4）项，对学生进行培训。

（3）教师指导学生撰写《"'市场营销'技术综合应用"训练报告》。

【情境设计】

班级学生以小组为单位，组建"'市场营销'技术综合应用"训练团队，分别选择一家开展市场营销综合运作业务的企业进行营销合作训练。各团队应用本实训"指导准备"中"知识准备"所列知识，在与企业员工的营销合作中进行如下操作：进行表课-1中"统整点1"至"统整点7"的"技术-技能"操作，撰写《"'××企业市

场营销'综合运作"方案》；将"职业核心能力"训练和"职业道德训练"融入上述
专业能力综合训练中；撰写并在班上交流以上述操作为内涵的《"'市场营销'技术
综合应用"训练报告》。

【训练要求】

（1）实训前学生要了解并熟记本综合训练的"训练目的"、"能力与素质领域"、
"训练任务"与"指导准备"。

（2）通过"训练步骤"，将"训练任务"所列（2）和（3）整合到本次训练的
"活动过程"和"成果形式"中。

【训练时间】

本课程课堂教学内容结束后，安排两周时间进行"终极体验"训练。

【训练步骤】

1）以班级小组为单位组建学生"终极体验"训练团队，每队确定1人为队长，
结合项目需要进行角色分工与协作。

2）各团队参照"情境设计"，分别选择一家开展市场营销综合运作业务的企业，
从"'市场营销'技术综合应用"视角进行综合训练。系统体验如下操作：

（1）依照表课-1中"统整点1"的"参照规范与标准"，进行"技术-技能"操
作，体验"综合训练"中"'市场环境分析与营销调研'运作"的"传承-创新"胜
任力生成。

（2）依照表课-1中"统整点2"的"参照规范与标准"，进行"技术-技能"操
作，体验"综合训练"中"'消费者购买行为分析'运作"的"传承-创新"胜任力
生成。

（3）依照表课-1中"统整点3"的"参照规范与标准"，进行"技术-技能"操
作，体验"综合训练"中"'STP策略'运作"的"传承-创新"胜任力生成。

（4）依照表课-1中"统整点4"的"参照规范与标准"，进行"技术-技能"操
作，体验"综合训练"中"'产品策略'运作"的"传承-创新"胜任力生成。

（5）依照表课-1中"统整点5"的"参照规范与标准"，进行"技术-技能"操
作，体验"综合训练"中"'定价策略'运作"的"传承-创新"胜任力生成。

（6）依照表课-1中"统整点6"的"参照规范与标准"，进行"技术-技能"操
作，体验"综合训练"中"'分销渠道策略'运作"的"传承-创新"胜任力生成。

（7）依照表课-1中"统整点7"的"参照规范与标准"，进行"技术-技能"操
作，体验"综合训练"中"'促销策略'运作"的"传承-创新"胜任力生成。

（8）在此基础上，各团队形成关于所选企业的《"'××企业市场营销'综合运
作"调查报告》，体验《"综合运作"调查报告》的撰写胜任力生成。

3）在关于"'市场营销'技术综合应用"的"'传承-创新'专业能力"基本
训练中，依照表课-2的"参照规范与标准"，融入"职业核心能力"的"高级"强化
训练和"职业道德"的"认同级"相关训练，体验"专能"与"通能"和"职业道
德"元素融合的"'素质-技术-技能'群"生成。

4）各团队综合以上阶段性成果，撰写《"'市场营销'技术综合应用"训练报
告》（内容包括"团队成员与分工""训练过程""训练总结""附件"），体验《训

报告》撰写胜任力生成。

5）在班级讨论、交流和修订各团队的《训练报告》，使其各具特色，体验"团队协作"和"与人交流"能力的强化过程。

【成果形式】

1）训练课业：《"'市场营销'技术综合应用"训练报告》

2）课业要求：

（1）"训练课业"的结构与体例见本教材课业范例-3。

（2）将《"'××企业市场营销'综合运作"方案》以"附件"形式附于《训练报告》后。

（3）在校园网平台上展示经过教师点评的班级优秀《训练报告》，并将其纳入本课程教学资源库。

（4）将经过教师点评的班级优秀《训练报告》反馈给所选企业，作为本课程"产学研结合"的"校本学习"最终成果。

《"'市场营销'技术综合应用"训练报告》

（团队队长：　　　　　团队成员：　　　　　　　　　）

一、关于训练团队组建与分工的说明

团队的组建在一定程度上会考验市场营销综合训练活动组织者的经验和能力。活动组织者设法让每一个参与此项活动的学生都能够深刻感受到，他或者她在这个新组建团队中的重要性。

首先，我们根据教学班级的人员数量进行分队，每个队的学生为6~10名，注意性别、地域的合理搭配。这是因为：人数太少，不利于集思广益，取长补短；人数太多，容易造成对某些个体的疏忽，而导致团队成员对团队依赖感的降低。

其次，由本团队学生自由提名，全队学生投票表决民主选举产生队长。

最后，确定本营销团队的队名、队呼。由队长组织本队学生，集思广益，民主协商，选出队名——"巅峰队"、队呼——"巅峰、巅峰，超越自己，不断成功，耶！"

二、训练过程

（一）进行市场调研

20××年×月，巅峰队对××公司"焙炒咖啡豆"的市场开发运作情况进行了调查，具体参与了该公司"焙炒咖啡豆"市场开发运作的营销实践，搜集了大量经营资料，并对调研结果进行认真分析和总结。

（二）实施"'市场营销'技术综合应用"的技能操作

巅峰队通过相关人员的分工与合作，依照表课-1中各技能点的"参照规范与标准"，运用相应知识，系统体验"技能1"至"技能7"等项操作，研究和制订关于"××公司'焙炒咖啡豆'项目营销综合运作"的各个子方案。

（三）撰写《综合运作方案》

巅峰队在队长的统一组织下，总结以上操作体验，撰写《××公司"焙炒咖啡豆"项目营销综合运作方案》。

（四）融入相关训练

在上述实训过程中，实训团队全体成员按照本次实训任务的要求，融入"职业核心能力"全选项的强化训练和"职业道德"全选项的相关训练。

（五）撰写、交流与修订《"'市场营销'技术综合应用"训练报告》

巅峰队整合以上"专业能力"基本训练、"职业核心能力"的融入性训练和"职业道德"的相关训练的阶段性成果，撰写作为本次实训最终成果的《"'市场营销'技术综合应用"训练报告》。

初稿形成后，在巅峰队的相关成员之间进行了传阅与讨论，提出了修改意见，并进行了汇总处理，形成了修订稿。

修订稿提交班级交流后，又根据交流结果进行了再修订，最后形成了巅峰队的《"'市场营销'技术综合应用"训练报告》终稿。

三、实训总结

（一）关于"专业能力"基本训练

关于"××公司'焙炒咖啡豆'项目营销技术综合应用"，训练团队在实训过程中应该得出如下结果：

（1）通过对"焙炒咖啡豆"市场开发运作的深入调查分析，对"焙炒咖啡豆"市场有了一个比较全面的了解，对"焙炒咖啡豆"市场开发运作做到了心中有数。

（2）根据对"焙炒咖啡豆"市场开发运作的调查分析，经过团队成员反复讨论，分析研究，最后形成了关于"焙炒咖啡豆"市场开发中营销技术综合运作的建议。

（二）关于"职业核心能力"与"职业道德"选项的融入性操练

实训前，本营销团队参照"实训题""指导准备"中列入的"知识准备参照范围"进行了自主预习，重温了"职业核心能力"和"职业道德"选项的"规范与标准"，这对于我们实施"融入性训练"是十分必要的，有助于克服训练过程中相关操作的盲目性。

在实训中，我们在准备和实施代理产品谈判的全方位训练的同时，在团队分工与合作中，有意识地融入了"自主学习"、"与人合作"、"与人交流"、"数字应用"、"解决问题"和"革新创新"等"职业核心能力"强化训练和"职业理想"、"职业观念"、"职业良心"、"职业情感"、"职业态度"、"职业作风"和"职业守则"等"职业道德"的相关训练，培养和提高了我们"可持续发展能力"和"职业道德素质"。对于本课程中"职业胜任力"的收官性建构来说，所有这些训练都是必不可少的。

**附件**

**《××公司"焙炒咖啡豆"项目营销技术综合运作方案》**

（团队队长：　　　　团队成员：　　　　　　　　　）

咖啡——世界三大饮料之一，××咖啡种植有限公司在条件优越的怒江坝种植了近4 000亩高海拔优质小粒咖啡。但近年来云南小粒咖啡豆的市场价格呈低迷状态，如果只是单纯地销售咖啡豆，那么咖啡种植业将没有出路，必须寻找咖啡产业的新出路。为此，公司安排相关人员就咖啡市场进行了全面调研（主要以发达城市为主），在此期间，又多次参加各种有关咖啡的博览会，国际咖啡组织召开的研讨会，最终得出"'焙炒咖啡豆'将是今后咖啡市场销售的主流，其发展潜力和空间巨大"的结论，决定进入"焙炒咖啡豆"的市场开发运作。

20××年×月，我们营销团队对该公司"焙炒咖啡豆"的市场开发运作情况进行了调查，具体参与了该公司"焙炒咖啡豆"市场开发运作的营销实践，搜集了大量经营资料，经过认真分析总结，使训练体验得到深化，形成终极体验：××公司"焙炒咖啡豆"营销技术综合应用训练报告。

一、对"焙炒咖啡豆"市场开发运作的调查分析

（一）市场机会分析

（1）中国市场潜力巨大。

可望在2008—2010年"奥运会"和上海"世博会"期间形成消费热潮。有消息称，国际咖啡组织和巴西等国将在近期投入巨资培育中国的咖啡消费市场，在强大的宣传攻势下，中国人的热饮将从茶变为咖啡。

（2）咖啡消费结构发生变化。

随着全球回归自然、回归传统的生活理念和环保主义思潮被越来越多的人所接受，咖啡的消费方式也在悄然发生着改变。以快餐文化为代表的速溶咖啡市场份额从徘徊不前转为逐渐下降，以传统文化为底蕴的焙炒咖啡市场份额在逐渐提高。欧洲焙炒咖啡的销量远大于速溶咖啡，美国也接近一比一。越来越多的人愿意到咖啡馆消费，这种趋势给国内的焙炒咖啡厂商带来了巨大的商机。

（3）国内没有焙炒咖啡强势品牌。

据调研，目前国内市场上销售的品牌有上百种，规模较大的有金米兰、花神、捷荣、米奥、乐满家、瑞格乐、星巴克、上岛等。除少数业内人士略知一二外，消费者基本不知道上述品牌。

（4）没有规模大、实力强劲的焙炒厂商。

国内除云南咖啡厂外，尚没有年生产能力超过1 000吨的焙炒厂，也没有市场份额超过5%的焙炒厂商。

（5）技术和政策壁垒尚未形成。

目前国内没有咖啡产品的国家标准。无论是业内人士还是消费者，都难以辨别咖啡的品质优劣。随着人们对食品安全、农残、环保和健康的日趋重视，政府监管部门将加强对咖啡市场的规范力度。今后，作坊式的小规模焙炒厂商由于面临技术和政策壁垒的限制，将越来越难以生存。

（6）近年来全球咖啡生豆市场价格低迷。

云南的咖啡生豆一直在每千克6~8元徘徊，而焙炒咖啡终端零售价并没有下滑。省内焙炒厂可用较低的价格获得上乘的原料豆，"焙炒咖啡豆"市场开发运作具有成本优势。

（二）"焙炒咖啡豆"市场开发运作困难分析

目前，"焙炒咖啡豆"市场开发运作有如下困难：第一，公司目前缺少焙炒技术人员。第二，没有一个具有鲜明东方特色的民族品牌。第三，没有一个让人感到产品原料纯正、高海拔、绿色环保、融合中西方文化的包装。第四，市场尚未大规模启动，消费者需要引导。第五，以咖啡店为主的间接消费方式，使消费者难以接触到焙炒咖啡品牌，对焙炒厂商培育品牌形成障碍。第六，市场较为混乱。绝大多数消费者

都不掌握鉴别咖啡品质优劣的方法，加上监管当局尚未对咖啡市场的规范出台有关技术标准，导致市场鱼龙混杂，低价竞争成为主要营销手段。

二、"焙炒咖啡豆"市场开发运作要求与思考

从图课-1中我们可以看到：把种植园提供的原料（产品）变成商品，最终投放到目标市场，要受到产品（原材料质量）、焙炒技术、包装效果、价格定位、销售政策、广告宣传等诸多因素的综合影响，其中任何一个因素在运用中的失误，都会造成营销的困难，甚至可能造成极其严重的后果。然而，如果对每个因素都策划周详，则胜算在握。因此，我们认为，公司在"焙炒咖啡豆"市场开发运作过程中，应该注意以下问题：

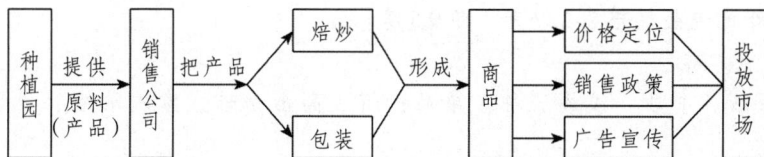

图课-1 "焙炒咖啡豆"市场开发运作流程图

（1）销售公司。

应建立合理的体制及架构，为"焙炒咖啡豆"市场开发的成功运作奠定良好基础。

（2）销售政策。

销售政策应包括投放市场的经营策略、组织架构、激励方式、约束机制、业绩考核等方面的设计，要具有比较大的激励作用。

（3）目标市场。

应根据对市场情况进行的分析，确定消费群体和将要开发的细分市场，制定行之有效的进入目标市场的措施。

（4）产品策略。

要坚持"两个确保"，即确保初加工的质量，确保交货及时；焙炒质量至少要达到国内一流水平，争取向国际水平靠拢；在品质定位上，要向市场提供品质中等偏上的商品；在包装上，不仅要具有自己的风格，而且又不能囿于现有的设计思路，应想方设法使包装具有强大的吸引力。

（5）价格策略。

可参考现行市场同类产品价格，实行中等偏上定位。

（6）渠道策略。

可考虑每个目标城市只选择一家进行特约总经销方式。

（7）广告宣传。

主要包括媒体广告、户外广告、宣传促销、政府支持等，应根据企业情况制订切实可行的广告宣传计划。

三、关于"焙炒咖啡豆"市场开发中营销策略综合运作的建议

（一）目标市场的选择

应以上海作为主要目标市场率先进入。在上海市场运作1～2个月后，进入北京市场；在北京市场运作1～2个月后，再进入广州、西安；最后，向沿海中等以上城

市、旅游城市拓展。以特约总经销和办事处并存的方式进行市场运作和管理。

（二）产品策略的实施

（1）品牌。

建议采用品牌名称和产品名称分开的方式。品牌名称：××咖啡；品牌释义：××××××；品牌造型：国际化、古典感、浪漫感；品牌形象：高品质、信赖感、亲和力、健康环保；品牌推广和传播：公关、事件、媒体组合广告、公益活动。

（2）包装。

产品命名和包装表现方式为本土和洋化相结合。咖啡豆的包装规格为454克，即1磅；咖啡粉的包装规格为227克，即0.5磅。

（3）产品口味。

分为深炒、中炒、浅炒三种。单品：特级高山咖啡、意式浓缩、炭烧、摩卡、美式。

（4）产品定位。

产于云南海拔1 300米以上高山——突出纯净自然、绿色环保；特殊地理和气候环境——突出高品质和特殊果香风味；传统人工、有机种植、湿法加工——突出健康、安全；意大利烘焙技术和进口全套设备——突出国际化、时尚、流行；国际标准包装——突出国际化、安全。

（5）质量定位。

高品质，形成一套代表国标的企业标准和输出标准。

（三）价格策略的实施

（1）定位。

高品质——中高价位。

（2）成本。

A.生豆到昆明交货价为×元/kg。B.按云南咖啡厂的初加工报价计算，焙炒加工费、包装、单向阀等全部耗材合计为×元/kg。公司焙炒成本为×+×=×元，再加上一些间接的不可预见成本，暂按×元/kg计算。

（3）定价。

综合目前国内焙炒咖啡的价格和产品的成本、营销费用、口感等因素，暂定×元/kg。该价格为供给目标市场一级经销商的价格。

（4）折扣。

公司毛利为×元/kg，对一级批发商应按市场情况规定一个全年销售基数。对完成和超额完成基数的一级批发商，我司按×元/kg返利；如不能完成定额，则无任何折扣及返利。

（四）渠道策略的实施

原则上每个目标城市只选择一家进行特约总经销。条件：第一，具有一定的经济实力、终端网络辐射能力和配送能力。第二，按规定的最低进货量进货并实行现款现货的结算方式。各个目标市场在完成总经销的前提下按市场情况积极开发、分设不同的二级批发商，尽量拓展渠道宽度。办事处应协助经销商在2~3个月完成不低于

70%的终端铺货率。

（五）促销策略的实施

（1）广告宣传。

原则上不采取电视、广播、报纸等媒体广告手段，但不排除在适当时间采取赞助一些电视栏目进行产品宣传的方式。主要以宣传册、产品折页、POP张贴和宣传礼品的方式进行宣传。无论A、B、C类店都必须有POP张贴，每家店面每个柜台都要有宣传折页，每家终端至少要有一至二本宣传册。只要是经营我们咖啡的场所，都必须有我们产品的陈列。可通过精致而简单的吧柜陈列架进行产品陈列，并定期由专人进行巡视。

（2）营销推广。

①选择较好的A类店和B类店，派专职促销人员进店与消费者面对面沟通和导购，并进行礼品赠送。②选择最好的2~3家店铺，在周末做一些专场活动（如抽奖活动等）。③赠送一些免费券，其对象主要是高层的白领、企业界人士或政府官员。④充分调动经销商的推广积极性：A.严格执行已定出的折扣，鼓励其为年终折扣而努力。B.加大铺货力度，快速削减经销商库存，让其对前景充满信心。C.通过真诚合作，让经销商从被动销售变成主动销售。

（3）人员推销。

公司推销人员以绩效为基本标的，实行"底薪+保险+提成或奖励+期权"的经济分配制度与培训、提升、休假、表彰、退休等制度相结合的激励体系。

市场办事处人员：A.各市场办事处人员无保底工资，根据各市场消费水平，按月发给最低生活水平补贴，其住房由公司提供。B.按考核指标和完成情况，对办事处人员实行月提成、季度提成和年终提成，提成比例待成本核算后再定（注：在市场运作的前两个月不作销量考核。完成规定铺货率后由公司发给相应月奖；完不成则按比例扣。三个月后实行销量考核）。C.各市场办事处实行末位淘汰制，即业务员连续三个月在办事处业绩处于最后一位，坚决淘汰。办事处连续两个季度不能完成目标，对办事处主任进行撤职或降职使用，公司对其保留辞退的权利。

（4）公关促销策略。

①制造新闻，引发媒体关注和炒作，产生先声夺人的效果，提高品牌知名度。例如，在一定的时期用很小的代价，通过记者在报纸上发表一些公司新闻，进行炒作，以引起公众注意。②利用大规模的讲座或培训会，重点针对经销商、终端业主和服务生、销售员进行咖啡专业知识的培训，同时输出产品企业标准（取代行业和国家标准）。在业界树立专业、权威形象，增强业内人士对产品的信赖感。③品牌和产品宣传册、POP、水牌封面、产品包装陈列及VI识别物直供终端，让消费者能够直接接触品牌和产品。④指导和帮助终端业主进行店面布置，调制纯正的花色品种，提供规范专业的服务，营造适合咖啡消费的环境氛围。⑤通过赞助电视栏目，宣传公司咖啡品牌和理念。⑥策划公关活动，强化口碑传播和示范效应，如礼品、公益活动等。⑦通过参加各种咖啡专业会展和组织，进行公关传播。

综上所述，我们建议：公司应该以原产于云南的高山咖啡产品定位、国际化品牌形象（驼峰咖啡）和输出咖啡技术标准为三大核心策略，采取多渠道、灵活有效的传播和推广策略，让消费者了解和认识品牌；制定并实施符合市场规律的营销组合（4P、4C等）策略，逐步形成覆盖全国中等以上城市的分销网络和渠道；突出对经销商和间接终端提供专业、规范和配套的服务，使其先成为业内品牌，然后抓住2008年"奥运会"和2010年"世博会"两个机会，大幅提升品牌形象，公司的"焙炒咖啡豆"有可能在不久的将来成为中国咖啡的第一民族品牌。

资料来源　韩绛民．焙炒咖啡全过程营销方案［EB/OL］．［2020-12-18］．http：//www.zjpx.org/msg.php？id=736.引文经过节选、压缩和改编。

## ▱ 范例-4 ➡

□ 自主学习

【训练项目】

自主学习-范。

【训练目的】

参加"自主学习-范"训练。制定和实施《长期学习目标》和《长期学习计划》，通过自主学习与应用其"知识准备"所列知识和"文献综述"相关规范，搜集、整理与综合以"网络营销与传统营销的关系比较"为主题的中外文献资料，撰写、讨论与交流《"网络营销与传统营销的关系比较"研究最新文献综述》等活动，体验"自主学习"（高级）及其迁移。

【教学方法】

采用"学导教学法"和"研究教学法"。

【训练要求】

（1）以班级小组为单位组建学生训练团队，各团队依照本教材"附录三"附表3"自主学习"（高级）的"基本要求"和各"'技术-技能'点"的"参照规范与标准"，确定《长期学习目标》，制订《长期学习计划》。

（2）各团队实施《长期学习目标》和《长期学习计划》，系统体验对本教材"附录一"附表1"能力领域"中"自主学习"（高级）各"'技术-技能'点"相关的"'知识准备'参照范围"所列知识和"文献综述"撰写规范的自主学习。

（3）各团队通过院资料室、校图书馆和互联网查阅和整理近年以"网络营销与传统营销的关系比较"为主题的国内外学术文献资料为中介，系统体验对本教材"附录一"附表1"能力领域"中"自主学习"（高级）各"'技术-技能'点"相关的"'知识准备'参照范围"所列知识和"文献综述"撰写规范的自觉应用过程。

（4）各团队以整理后的以"网络营销与传统营销的关系比较"为主题的文献资料为基础，通过撰写《"网络营销与传统营销的关系比较"最新文献综述》，进一步体验对本教材"附录一"附表1"能力领域"中"自主学习"（高级）各"'技术-技能'点"相关的"'知识准备'参照范围"所列知识和"文献综述"撰写规范的自觉应用过程。

（5）总结以上各项体验，撰写作为"成果形式"的训练课业。

【成果形式】

训练课业：《"自主学习-范"训练报告》

课业要求：

（1）内容包括：训练团队成员与分工；训练过程；训练总结（包括对各项操作的成功与不足的简要分析说明）；附件。

（2）将《长期学习目标》、《长期学习计划》和《"网络营销与传统营销的关系比较"最新文献综述》作为《"自主学习-范"训练报告》的"附件"。

（3）《"网络营销与传统营销的关系比较"最新文献综述》应符合"文献综述"规范要求，做到事实清晰，论据充分，逻辑清晰，不少于3 000字。

（4）在校园网的本课程平台上展示班级优秀训练课业，并将其纳入本课程的教学资源库。

## 《"自主学习-范"训练报告》

一、团队成员与分工

1.团队构成

本团体设队长1人，团队成员5人，共计6人。

2.任务分工

队长王小明主要负责训练阶段及时间进度安排，定期团队讨论组织及主持，阶段成果汇总，文献综述成果统合、整理及汇报；罗丽丽同学负责国内网络营销与传统营销的关系比较相关学术文献的搜集整理及汇报工作；刘盛世同学负责国外网络营销与传统营销的关系比较相关学术文献的搜集整理及汇报工作；苏森林同学负责分析国内外网络营销与传统营销的关系比较相关学术文献的分布（国内外分布、时间分布和期刊分布）及汇报工作；高明同学负责分析国内外网络营销与传统营销的关系比较相关文献的研究取向及汇报工作；黄可颖同学负责分析国内外网络营销与传统营销的关系比较相关文献的研究方法及汇报工作。

二、训练过程

1.时间及进度安排

本训练为期三周。第一周完成"训练要求"中第（1）、（2）项要求规定的任务；第二周完成"训练要求"中第（3）、（4）项要求规定的任务；第三周完成"训练要求"中第（5）项要求规定的任务。

2.训练实施

（1）训练第一周。

在教师指导下，由组长组织团队成员自主学习本教材"附录一"附表1"自主学习"（高级）各"'技术-技能'点"相关的"'知识准备'参照范围"所列知识和"文献综述"相关规范知识，制定《长期学习目标》和《长期学习计划》，完成"训练要求"中第（1）、（2）项要求规定的任务。

（2）训练第二周。

在教师指导下，团队成员实施《长期学习计划》，应用本教材"附录一"附表1"自主学习"（高级）各"'技术-技能'点"相关的"'知识准备'参照范围"所列知识和"文献综述"相关规范知识，完成"训练要求"中第（3）、（4）项要求规定的任务。

首先，我们对2018—2020年的"网络营销与传统营销的关系比较"文献进行搜索。

其次，各团队成员根据各自分工的网络营销与传统营销的关系比较研究内容进行文献梳理和综述撰写工作。经过团队讨论，形成对各部分研究综述的修改和完善意见。

最后，团队成员修改完善相关研究内容的综述撰写工作。针对"网络营销与传统营销的关系比较"的研究取向、覆盖领域、研究方法等进行补充性、滚雪球式的文献搜索，并讨论各自负责方面的工作。组长将修改后的各部分综述进行统合，形成《"网络营销与传统营销的关系比较研究"最新文献综述》。本周末组长组织团队讨论，就最终综述成果进行汇报，各成员就本次训练进行经验交流和问题总结。

（3）训练第三周。

组长组织团队成员，总结对落实"训练要求"中第（1）、（2）、（3）、（4）项要求的体验，撰写作为最终成果形式的《"自主学习-范"训练报告》。

三、训练总结

1.关于文献搜集

团队成员能够在较短时间内掌握运用校内网络平台查找国内外学术文献的方法，在国内外学术期刊上成功搜集到网络营销与传统营销的关系比较相关学术文献。

2.关于文献分类整理

团队成员能够按发表年份、期刊、研究内容、研究取向、研究方法等对海量文献进行分类整理，并从中总结相关研究的发展特征和趋势。

3.关于文献综述撰写

团队成员能够在文献搜集和整理的基础上，就自己所负责研究内容的相关研究成果进行综述撰写，并予以评述，但在对具体研究内容的归纳以及有代表性、影响力的学术成果的甄别方面存在不足，需进一步培养学术语言表达能力、归纳能力，培养对核心研究文献的甄别能力。

4.关于"自主学习"融入性训练

《"网络营销与传统营销的关系比较研究"最新文献综述》从资料搜集、讨论、撰写到交流和修订，始终是在融入"自主学习"这一"通能"之"强化训练"的过程中进行的；不仅如此，本次训练还将其等级由本课程先前阶段的"初级"和"中级"提升到"高级"，从而进一步提高了我们的"自主学习"能力。

团队全体成员都认识到：在学科知识更新周期大大缩短的今日，相当多在校学习的知识到毕业后已经过时。只有在"授之以鱼"的同时"授之以渔"，即通过"学会学习"，导入关于"学习理论"、"学习方法"与"学习策略"的"自主学习"机制，才能赋予自身以应对"从学校到生涯"的"知识流变"之无限潜力。

四、附件

**附件"范4-1"**

### 《团队长期学习目标》

➤掌握搜集和运用信息的方法，能够熟练运用国内外的学术网络平台搜集"网络营销与传统营销的关系比较"的学术信息（学术论文）。

▶掌握学习的认知策略、元认知策略和资源管理策略，能够对国内外"网络营销与传统营销的关系比较"的文献进行有效的整理和分类。

▶掌握有效资源利用的策略以及项目论证和测评的方法，能够对"网络营销与传统营销的关系比较"这一学术领域的研究成果进行评述和综合，并清晰表达自己的学术观点。

▶掌握编写计划和检查调控计划执行的方法，对"网络营销与传统营销的关系比较"的自主学习进度、关键时间节点、各阶段任务有清晰的界定和严格的执行。

▶掌握团队合作的策略和方法，在组长的组织协调下，通过前期的分工及中后期的合作，通过团队的努力一起完成"网络营销与传统营销的关系比较"的自主学习任务。

## 附件"范4-2"

### 团队长期学习计划

▶学习时间

20××年××月××日——20××年××月××日，为期三周。

▶学习小组成员

罗丽丽同学、刘盛世同学、苏森林同学、高明同学、黄可颖同学、王小明同学（组长），共计6人。

▶学习阶段

共分三阶段，每阶段为期一周。第一阶段完成"训练要求"中第（1）、（2）项要求规定的任务；第二阶段完成"训练要求"中第（3）、（4）项要求规定的任务；第三阶段完成"训练要求"中第（5）项要求规定的任务。

学习困难和变化预估：

如何对国外学术论文进行快速、有效的阅读，如何对国内外学术期刊的背景信息（刊物级别、论文质量）进行准确把握，如何对某一学术问题的研究成果进行清晰归纳，如何运用规范的学术语言对学术成果进行综述撰写等方面可能存在困难；在小组讨论会的时间确定上可能因小组成员的不同需要予以适时调整。

▶学习计划实施

①三个阶段学习。第一周完成"训练要求"中第（1）、（2）项要求规定的任务；第二周完成"训练要求"中第（3）、（4）项要求规定的任务，即完成应用"知识准备"所列知识，进行相关文献搜集及分类整理和"文献综述"撰写和修改工作；第三周完成《"自主学习-范"训练报告》的撰写工作。

②四次小组讨论。第一次小组讨论：组长组织小组讨论，明确训练目标、计划及任务分工；第二次小组讨论：组长于第一周周末组织小组讨论，各成员进行成果汇报，组长统合整理各成员成果；第三次小组讨论：组长于第二周周末组织小组讨论，各成员就撰写内容进行汇报，由小组讨论后组长提出修改及完善意见；第四次小组讨论：组长在第三周周末组织小组成员讨论，汇报最终综述成果，各组员就本次训练进行经验交流和问题总结。

▶学习进度检查

通过每阶段末的小组会，适时检查各小组成员学习进度。通过第一阶段末的小组讨论，检查"训练要求"中第（1）、（2）项要求的落实情况；通过第二阶段末的小组讨论，检查"训练要求"中第（3）、（4）项要求的落实情况，即各成员"知识准备"所列知识的应用、文献搜集与整理和《文献综述》初稿撰写情况；通过第三阶段末的小组讨论，检查"训练要求"中第（5）项要求的落实情况，即本次训练的问题交流和经验总结情况。

# 主要参考文献

[1] 彭石普. 市场营销原理与实训 [M]. 5版. 北京：高等教育出版社，2023.

[2] 彭石普. 营销策划理实一体化教程 [M]. 2版. 北京：电子工业出版社，2020.

[3] 肖洞松. 消费心理学 [M]. 3版. 北京：高等教育出版社，2018.

[4] 彭石普. 市场营销理论与实训 [M]. 北京：北京师范大学出版社，2011.

[5] 王瑜，居长志. 现代市场营销学 [M]. 2版. 北京：高等教育出版社，2006.

[6] 闫春荣，刘卫国. 市场营销基础 [M]. 北京：电子工业出版社，2013.

[7] 尚徐光. 广告原理与实务 [M] 2版. 北京：电子工业出版社，2012.

[8] 鲁仁. 保险员特训教程 [M]. 北京：中国盲文出版社，2003.

[9] 方光罗. 市场营销学 [M]. 3版. 大连：东北财经大学出版社，2008.

[10] 小兰姆，等. 营销学精要 [M]. 杨洁，等译. 大连：东北财经大学出版社，2000.

[11] 王妙，冯伟国. 市场营销实训 [M]. 上海：复旦大学出版社，2007.

[12] 乔布尔. 市场营销学：原理与实践 [M]. 胡爱稳，译. 北京：机械工业出版社，2003.

[13] 中华人民共和国劳动和社会保障部，中国就业培训技术指导中心. 营销师 [M]. 北京：中国环境科学出版社，2003.

[14] 郭国庆. 营销学原理 [M]. 北京：对外经济贸易大学出版社，2008.

[15] 钟立群，李彦琴. 现代推销技术 [M]. 3版. 北京：电子工业出版社，2013.

[16] 伍翼程，李倩兰，李乐群. 市场营销原理与实务 [M]. 长沙：中南大学出版社，2004.

[17] 韩燕雄，赵立义. 市场营销理论与实务 [M]. 北京：首都师范大学出版社，2009.

[18] 李红梅，罗生芳. 市场营销实务 [M]. 2版. 北京：电子工业出版社，2015.

# 附 录

## 附录一　职业核心能力训练"知识准备"参照范围

附表1　　　　　　　　　职业核心能力训练"知识准备"参照表

| 领域 | 等级 | "技术-技能"点 | "知识准备"参照范围 |
|---|---|---|---|
| 自主学习 | 初级 | 确定短期学习目标 | 激发学习动力的方法；学习的基本原理；确定目标的原则和方法；编写学习计划的基本规则；取得他人帮助和支持的方法与技巧 |
| | | 实施短期学习计划 | 学习的基本原理；学习的方法和技巧；计划落实、控制和调整的方法和技巧；节约时间的诀窍 |
| | | 检查学习进度 | 学习方法与学习效果的关系；检查目标进度的方法和技巧（总结、归纳、测量）；成功学的基本要求 |
| | 中级 | 确定中期学习目标 | 学习的基本原理；确定目标的原则和方法；编写学习计划的基本规则；取得他人帮助和支持的方法或技巧 |
| | | 实施中期学习计划 | 学习的基本原理；学习的方法和技巧；计划落实、控制和调整的方法和技巧；关于方法的知识；时间管理的诀窍 |
| | | 检查学习进度 | 成功学的基本要点；项目目标检查、总结、归纳的方法；学习迁移的原理与应用知识；学习的观察、认知记忆及提高效率的规律；养成良好学习习惯的方法 |
| | 高级 | 确定长期学习目标 | 搜集和运用信息的方法；有效资源利用的策略；项目论证和测评的方法；编写计划和检查调控计划执行的方法；团队合作的策略和方法 |
| | | 实施长期学习计划 | 学习的方法和技巧；有关学习与实践关系的原理；计划落实、控制和调整的方法和技巧；关于思维方法的知识；目标管理的诀窍 |
| | | 检查学习进度 | 成功学的基本要点；项目目标检查、总结、归纳的方法；学习迁移的原理与应用知识；学习的观察、认知记忆及提高效率的规律；养成良好学习习惯的方法 |
| 信息处理 | 初级 | 获取信息 | 信息的含义、特征与种类；信息搜集的原则、渠道和方式；文献和网络索引法；一般阅读法；计算机和网络相关知识 |
| | | 整理信息 | 信息的分类方法与原则；信息筛选方法与要求；信息资料手工存储方法；计算机信息存贮方法；计算机其他相关知识 |
| | | 传递信息 | 信息传递的种类与形式；口语和文字符号的信息传递技巧；现代办公自动化技术；计算机和网络相关技术 |
| | 中级 | 获取信息 | 信息的特征与种类；信息搜集的范围、渠道与原则；信息搜集方法（观察法、访谈法）；计算机相关知识；网络相关知识 |
| | | 开发信息 | 信息筛选、存储的方法与原则；信息资料的分析、加工的方法；新信息生成或信息预测的方法 |
| | | 展示信息 | 口语和文字符号信息展示的技巧；多媒体制作与使用技术；计算机相关应用技术 |

| 领域 | 等级 | "技术-技能"点 | "知识准备"参照范围 |
|---|---|---|---|
| 信息处理 | 高级 | 获取信息 | 调查研究的方法和原理；信息搜集的范围、方法（问卷法、检索法、购买法、交换法）和原则；信息搜集方案选择；计算机和网络相关技术 |
| | | 开发信息 | 信息资料鉴别方法；信息资料核校方法；信息资料分析方法；信息资料编写方法（主题提炼、标题选择、结构安排、语言组织）；信息资料加工方法；计算机信息生成知识 |
| | | 展示信息 | 口语和文字符号的信息表达技巧；多媒体制作技术；科学决策知识；信息反馈方式与要求；网页设计与网络使用知识；知识产权知识 |
| 数字应用 | 初级 | 采集、解读数据信息 | 获取数据的方法（测量法、调查法、读取法）；数的意义（整数、小数、分数及百分数）；常用测量器具的功能与使用方法，常用单位，单位的换算；近似的概念与精度；图表（数表扇形统计图、条形统计图、示意图）知识 |
| | | 进行数字计算 | 计算方法（笔算、口算、珠算、计算器计算）；整数、分数四则运算；近似计算法；验算（逆算法、估算法、奇偶对应法） |
| | | 展示和使用数据信息 | 评价指标；最大值，最小值；平均值；精度 |
| | 中级 | 解读数据信息 | 获取数据信息的渠道与方法（测量法、调查法、读取法）；数的意义（整数、分数、正数、负数）；总量与分量，比例；误差、精度、估计；复合单位（如速度、速率等）；图表（数表、扇形统计图、条形统计图、折线图、示意图）知识 |
| | | 进行数据计算 | 计算方法（笔算、计算器计算、查表、Excel等软件）；整式、分式四则运算、乘方、开方；近似计算（误差估计）；验算（逆算法、估算法、奇偶对应法） |
| | | 展示和使用数据信息 | 评价指标；最大值，最小值；平均值，期值，方差；绝对误差，相对误差；图表的制作 |
| | 高级 | 解读数据信息 | 数据信息源的筛选原则（多样性、代表性、可靠性）；数据的采集方案；图表（数表、坐标、比例尺）；频率、频率稳定性；平均、加权平均；误差分析、估算 |
| | | 进行数据计算 | 计算方法（笔算、计算器计算，查表，编程计算，Excel等软件）；整式、分式四则计算，乘方、开方；函数（幂函数、指数函数、对数函数、三角函数、反三角函数、复合函数）近似计算（误差分析）；验算（逆算法、估算法） |
| | | 展示和使用数据信息 | 评价指标；最大值，最小值；平均值，期值，方差；绝对误差，相对误差；图表的制作 |
| 与人交流 | 初级 | 交谈讨论 | 与人交谈主题相关的信息和知识；正确使用规范语言的基本知识；口语交谈方式和技巧；身体语言运用技巧 |
| | | 阅读和获取资料 | 资料查询和搜索的方法；一般阅读的方法；文件资料归类的方法；词典类工具书的功能和使用方法；各种图表的功能；网上阅读的方法 |
| | | 书面表达 | 与工作任务相关的知识；实用文体的应用；图表的功能和应用；素材选用的基本方法；写作的基本技法；逻辑和修辞初步技法 |
| | 中级 | 交谈讨论 | 与交谈主题相关的知识和信息；正确使用规范语言的基本知识；口语交谈的技巧；身体语言运用技巧；掌握交谈心理的方法；交谈的辅助手段或多媒体演示技术；会谈和会议准备基本要点 |
| | | 简短发言 | 与发言主题相关的知识和信息；当众讲话的技巧（包括运用身体语言的技巧）；简短发言的辅助手段或多媒体演示技术 |
| | | 阅读和获取资料 | 资料查询和搜索方法；快速阅读的原理与方法；文件归类的方法；各种图表的功能 |
| | | 书面表达 | 与工作任务相关的知识；实用文体的应用；图表的功能和应用；素材选用的基本方法；文稿排版和编辑的技法；写作的基本技法；逻辑和修辞常用技法 |

| 领域 | 等级 | "技术－技能"点 | "知识准备"参照范围 |
|---|---|---|---|
| 与人交流 | 高级 | 交谈讨论 | 与会谈主题相关的知识和信息；语言交流的艺术和技巧；交谈的辅助手段或多媒体演示技术；总结性话语运用的技巧；谈判的心理和技巧；会议准备的基本要点；主持会议的相关程序 |
| | | 当众讲演 | 与发言主题相关的知识和信息；演讲的技巧和艺术；演讲辅助手段或多媒体演示技术 |
| | | 阅读和获取资料 | 资料查询和搜索方法；快速阅读的技巧；各种图表的功能 |
| | | 书面表达 | 与工作任务相关的知识；实用文体的应用；图表的功能和应用；素材选用的基本方法；文稿排版和编辑的技法；写作的基本技法；逻辑和修辞技法 |
| 与人合作 | 初级 | 理解合作目标 | 活动要素的群体性与分工合作的关系；职业团队的概念、特征与种类，组织的使命、目标、任务；自身的职业价值，个人在组织中的作用 |
| | | 执行合作计划 | 服从的基本概念，指令、命令的含义；求助的意义，人的求助意识；职业生活的互助性，帮助他人的价值 |
| | | 检查合作效果 | 工作进度的概念，影响工作进度的因素；工作进程的检查，调整工作程序；工作汇报的程序和要领 |
| | 中级 | 制订合作计划 | 聚合型团队、松散型团队和内耗型团队的特征；组织内部的冲突情况，剖析内耗型团队的心理根源；合作双方的利益需求和社会心理需求 |
| | | 完成合作任务 | 民族、学历、地域、年龄等差异；人的工作和生活习惯、办事规律；宽容的心态，容忍的方法 |
| | | 改善合作效果 | 使他人接受自己意见、改变态度的策略；在会议上提出意见和建议的规则；改变自己的态度，接受他人批评指责的心理准备 |
| | 高级 | 调整合作目标 | 领导科学与管理方法；组织文化的形成与发展；目标管理与时间管理 |
| | | 控制合作进程 | 人际交往与沟通的知识和相关能力；有效激励的方法与技巧；批评的途径、方法和注意事项 |
| | | 达到合作目标 | 信息的采集与整理，组织经济效益的统计学知识；员工绩效测评的基本方法和程序；合作过程的风险控制意识和防范 |
| 解决问题 | 初级 | 分析问题提出方案 | 分析问题的方法；归纳问题的方法；对比选择的方法；判断和决策的方法；关于相关问题本身的专业知识和发展规律的认识 |
| | | 实施计划解决问题 | 撰写工作计划的相关知识；信息检索、文献查询的有关方法；逻辑判断、推理的相关知识；解决问题的技巧 |
| | | 验证方案改进方式 | 分析和检查问题的方法；跟踪调查的方法；工作总结的规则和写作方法 |
| | 中级 | 分析问题提出方案 | 分析问题的方法；归纳问题的方法；对比选择的方法；判断和决策的方法；关于相关问题本身的专业知识和变化规律的认识 |
| | | 实施计划解决问题 | 应用写作学中关于撰写工作计划的相关知识；信息检索、文献查询的有关方法；逻辑判断、推理的相关知识；解决问题的技巧；与他人合作的知识和方法 |
| | | 验证方案改进计划 | 分析和检查问题的方法；跟踪调查的方法；工作总结的规则和写作方法 |

| 领域 | 等级 | "技术-技能"点 | "知识准备"参照范围 |
|---|---|---|---|
| 解决问题 | 高级 | 分析问题提出对策 | 决策科学的系统知识；形式逻辑、辩证逻辑思维的系统知识和方法；分析问题的系统知识和技巧；群体创新技法的系统知识；数学建模方法；关于相关问题本身的专业知识和变化规律的认识 |
| | | 实施方案解决问题 | 关于撰写工作计划的系统知识；信息检索、文献查询的系统知识和方法；有关价值工程、现场分析和形态分析的知识；解决问题的技巧；有关进度评估的知识；与人合作的系统知识和方法 |
| | | 验证方案改进计划 | 分析和检查问题的方法；跟踪调查的方法；工作总结的规则和写作方法；创新技法 |
| 革新创新 | 初级 | 揭示不足提出改进 | 关于思维和创造性思维的一般知识；关于思维定式和突破思维障碍的知识；关于相关事物本身的专业知识和发展规律的认识 |
| | | 做出创新方案 | 列举类技法和设问类技法的原理、特点、适用范围和具体操作的知识；有关分解类技法、组合类技法、分解组合类技法的原理、特点、适用范围和具体操作方法的知识；搜集信息、案例的知识和方法 |
| | | 评估创新方案 | 有关创新成果价值评定的知识；可行性分析的知识；撰写可行性报告的知识 |
| | 中级 | 揭示不足提出改进 | 有关思维障碍形成的知识；横向、逆向、灵感思维的知识；换向、换位思维的知识；逻辑判断和推理知识；关于相关事物本身的专业知识和发展规律的认识 |
| | | 做出并实施创新方案 | 有关类比类技法和移植类技法的知识；有关德尔斐法和综摄法的知识；有关还原法、换向思考类技法的知识 |
| | | 评估创新方案 | 有关项目可行性测评的技术；有关最佳方案评估的知识；撰写评估报告的知识 |
| | 高级 | 揭示不足提出改进 | 创新能力构成和提升的知识；有关事物运动、变化和发展的知识；灵活运用各种思维形式的知识；关于相关事物本身的专业知识和发展规律的认识 |
| | | 做出并实施创新方案 | 有关价值工程、现场分析和形态分析的知识；针对不同事物运用不同创新方法的知识；综合运用各种创新方法的知识 |
| | | 评估创新方案 | 可持续创新的知识；有关创新原理的知识；有关知识产权的知识；技术预测和市场预测知识 |

资料来源　劳动和社会保障部职业技能鉴定中心. 职业核心能力培训测评标准（试行）（共7册）［M］. 北京：人民出版社，2007. 引文经过节选、压缩和改编。

## 附录二　案例分析训练考核参照指标与规范

附表2　　　　　　　　　　　　　　案例分析训练考核指标与规范参照表

| 参照指标 | | 参照内容 | 分项成绩 |
|---|---|---|---|
| 形成性训练与考核 ∑50 | 个人准备 ∑20 | 案例概况；讨论主题；问题理解；揭示不足；创新意见；决策标准；可行性方案 | |
| | 小组讨论 ∑15 | 上课出席情况；讨论发言的参与度；言语表达能力；说服力大小；思维是否敏捷 | |
| | 班级交流 ∑15 | 团队协作；与人交流；课堂互动等方面的满意度；讨论参与的深度与广度 | |
| 成果性训练与考核 ∑50 | 分析依据 ∑8 | 分析依据的客观性与充分性 | |
| | 分析步骤 ∑8 | 分析步骤的恰当性与条理性 | |
| | 理论思考 ∑8 | 理论思考的正确性、深刻性与全面性 | |
| | 解决问题 ∑8 | 理解问题与解决问题能力的达标性 | |
| | 革新创新 ∑10 | 揭示不足与提出改进能力的达标性 | |
| | 文字表达 ∑8 | 文字表达能力的强弱性 | |
| 总成绩 ∑100 | | | |
| 教师评语 | | | 签名：<br>20　年　月　日 |
| 学生意见 | | | 签名：<br>20　年　月　日 |

## 附录三 职业核心能力训练考核参照规范与标准

附表3          **职业核心能力训练考核规范与标准参照表**

| 领域 | 等级 | 基本要求 | "技术–技能"点 | 参照规范与标准 |
|---|---|---|---|---|
| 自主学习 | 初级 | 具备学习的基本能力，在常规条件下能运用这些能力适应工作和学习要求 | 确定短期学习目标 | 能明确学习动机和目标，并计划时间、寻求指导 |
| | | | 实施短期学习计划 | 能按照行动要点开展工作、按时完成任务，使用不同方式、选择和运用不同的学习方法实现目标，并能对计划及时做出调整 |
| | | | 检查学习进度 | 能对学习情况提出看法、改进意见和提高学习能力的设想 |
| | 中级 | 主要用理解式接受法，对有兴趣的任务可以用发现法掌握知识信息；在更广泛的工作范围内灵活运用这些能力以适应工作岗位各方面需要 | 确定中期学习目标 | 能明确提出多个学习目标，列出实现各目标的行动要点，确定实现目标的计划，并运筹时间 |
| | | | 实施中期学习计划 | 能开展学习和活动，通过简单的课程和技能训练，提高工作能力 |
| | | | 检查学习进度 | 能证明取得的学习成果，并能将学到的东西用于新的工作任务 |
| | 高级 | 能较熟练灵活地运用各种学习法在最短时间内掌握急需知识信息；能广泛地搜集、整理、开发和运用信息，善于学习、接受新的事物，以适应复杂工作和终身发展的要求 | 确定长期学习目标 | 能根据各种信息和资源确定要实现的多个目标及途径，明确可能影响计划实现的因素，确认实现目标的时限，制订行动要点和时间表，预计困难和变化 |
| | | | 实施长期学习计划 | 能保证重点、调整落实、处理困难、选择方法，通过复杂的课程和技能训练提高工作能力 |
| | | | 检查学习进度 | 能汇总学习成果、成功经验和已实现的目标，证明新学到的东西能有效运用于新选择的职业或工作任务 |
| 信息处理 | 初级 | 具备进入工作岗位最基本的信息处理能力，在常规条件下能搜集、整理并传递适应既定工作需要的信息 | 获取信息 | 能通过阅读、计算机或网络获取信息 |
| | | | 整理信息 | 能使用不同方法、从多个资源中选择、搜集和综合信息，并通过计算机编辑、生成和保存信息 |
| | | | 传递信息 | 能通过口语、书面形式，用合适的版面编排、规范的方式展示、电子手段传输信息 |

| 领域 | 等级 | 基本要求 | "技术–技能"点 | 参照规范与标准 |
|---|---|---|---|---|
| 信息处理 | 中级 | 在更广泛的工作范围内获取需要的信息，进行信息开发处理，并根据工作岗位各方面的需要展示组合信息 | 获取信息 | 能定义复杂信息任务，确定搜寻范围，列出资源优先顺序，通过访谈法和观察法搜寻信息 |
| | | | 开发信息 | 能对信息进行分类、定量筛选、运算分析、加工整理，用计算机扩展信息 |
| | | | 展示信息 | 能通过演说传递信息，用文字图表、计算机排版展示组合信息，用多媒体辅助信息传达 |
| | 高级 | 广泛地搜集、深入地整理开发、多样地传递、灵活地运用信息，以适应复杂的工作需要；具备信息处理工作的设计与评估能力，并表现出较强的组织与管理能力 | 获取信息 | 能分析复杂信息任务，比较不同信息来源的优势和限制条件，选择适当技术、使用各种电子方法发现和搜寻信息 |
| | | | 开发信息 | 能辨别信息真伪，定性核校、分析综合、解读与验证资料，建立较大规模的数据库，用计算机生成新的信息 |
| | | | 展示信息 | 能用新闻方式发布、平面方式展示、网络技术传递，利用信息预测趋势、创新设计，搜集信息反馈，评估使用效果 |
| 数字应用 | 初级 | 具备进入工作岗位最基本的数字应用能力，在常规条件下能运用这些能力适应既定工作的需要 | 采集、解读数据信息 | 能按要求测量并记录结果，准确统计数目，解读简单图表，读懂各种数字，并汇总数据 |
| | | | 进行数字计算 | 能进行简单计算并验算结果 |
| | | | 展示和使用数据信息 | 能正确使用单位，根据计算结果说明工作任务 |
| | 中级 | 在更广泛的工作范围内，灵活地运用数字应用能力以适应工作岗位各方面的需要 | 解读数据信息 | 能从不同信息源获取信息，读懂、归纳、汇总数据，编制图表 |
| | | | 进行数据计算 | 能从事多步骤、较复杂的计算，使用公式计算结果 |
| | | | 展示和使用数据信息 | 能使用适当方法展示数据信息和计算结果，设计并使用图表，根据结果准确说明工作任务 |
| | 高级 | 具备熟练把握数字和通过数字运算来解决实际工作中的问题的能力，适应更复杂的工作需要 | 解读数据信息 | 能组织大型数据采集活动，通过调查和实验获取、整理与加工数据 |
| | | | 进行数据计算 | 能从事多步骤的复杂计算，并统计与分析数据 |
| | | | 展示和使用数据信息 | 能选择合适的方法阐明和比较计算结果，检查并论证其合理性，设计并绘制图表，根据结果做出推论，说明和指导工作 |

续表

| 领域 | 等级 | 基本要求 | "技术-技能"点 | 参照规范与标准 |
|---|---|---|---|---|
| 与人交流 | 初级 | 具备进入工作岗位最基本的与人交流能力，在常规条件下能运用这些能力适应既定工作的需要 | 交谈讨论 | 能围绕主题，把握讲话的时机、内容与长短，倾听他人讲话，多种形式回应；使用规范易懂的语言、恰当的语调和连贯的语句清楚地表达意思 |
| | | | 阅读和获取资料 | 能通过有效途径找到所需资料，识别有效信息，归纳内容要点，整理确认内容，会做简单笔记 |
| | | | 书面表达 | 能选择基本文体，利用图表、资料撰写简单文稿，并掌握基本写作技巧 |
| | 中级 | 在更广泛的工作范围内，灵活运用这些能力以适应工作岗位各方面的需要 | 交谈讨论 | 能始终围绕主题参与，主动把握讲话时机、方式和内容，理解对方谈话内容，推动讨论进行，全面准确传达一个信息或观点 |
| | | | 简短发言 | 能为发言做好准备，当众讲话并把握讲话内容、方式，借助各种手段说明主题 |
| | | | 阅读和获取资料 | 能根据工作要求从多种资料筛选有用信息，看懂资料的观点、思路和要点，并整理汇总资料 |
| | | | 书面表达 | 能掌握应用文体，注意行文格式；组织利用材料，充实内容要点；掌握写作技巧，清楚表达主题；注意文章风格，提高说服力 |
| | 高级 | 在工作岗位上表现出更强的组织和管理能力，通过运用与人交流的能力适应更复杂的工作需要 | 交谈讨论 | 始终把握会议主题，听懂他人讲话内容并做出反应，主持会议或会谈，全面准确表述复杂事件或观点 |
| | | | 当众讲演 | 能为讲演做好准备，把握讲演的内容、方式，借助各种手段强化主题 |
| | | | 阅读和获取资料 | 能为一个问题或课题找到相关资料，看懂资料的思路、要点、价值和问题，分析、筛选和利用资料表达主题 |
| | | | 书面表达 | 能熟悉专业文书，把握基本要求；有机利用素材，说明内容要点；掌握写作技巧，清楚恰当表述主题；采用适当风格，增强说服力 |
| 与人合作 | 初级 | 理解个人与他人、群体的合作目标，有效地接受上级指令；准确、顺利地执行合作计划；调整工作进度，改进工作方式；检查工作效果 | 理解合作目标 | 能确定合作的基础和利益共同点，掌握合作目标要点和本单位人事组织结构，明确个人在团队中的职责和任务 |
| | | | 执行合作计划 | 能接受上级指令，准确、顺利地执行合作计划 |
| | | | 检查合作效果 | 能通过检查工作进展情况，改进工作方式，促进合作目标实现 |

续表

| 领域 | 等级 | 基本要求 | "技术–技能"点 | 参照规范与标准 |
|---|---|---|---|---|
| 与人合作 | 中级 | 与本部门同事、内部横向部门、外部相关部门共同制订合作计划；协调合作过程中的矛盾关系，按照计划完成任务；在合作过程中遇到障碍时提出改进意见，推进合作进程 | 制订合作计划 | 能与本部门同事、组织内部横向部门、组织外部相关部门共同制订合作计划 |
| | | | 完成合作任务 | 能与他人协同工作，处理合作过程中的矛盾 |
| | | | 改善合作效果 | 能判断合作障碍，表达不同意见，接受批评建议，弥补双方失误 |
| | 高级 | 根据情况变化和合作各方的需要，调整合作目标；在变动的工作环境中，控制合作进程；预测和评价合作效果，达成合作目的 | 调整合作目标 | 能发现各方问题，协调利益关系，进行有效沟通，调整合作计划与工作顺序 |
| | | | 控制合作进程 | 能整合协调各方资源，妥善处理矛盾，排除消极因素，激发工作热情 |
| | | | 达到合作目标 | 能及时全面检查工作成效，不断改善合作方式 |
| 解决问题 | 初级 | 具备进入工作岗位最基本的解决问题能力，在常规条件下能根据工作的需要，解决一般简单和熟悉的问题 | 分析问题提出方案 | 能用几种常用的办法理解问题，确立目标，提出对策或方案 |
| | | | 实施计划解决问题 | 能准备、制订和实施被人认可并具有一定可行性的计划 |
| | | | 验证方案改进方式 | 能寻找方法，实施检查，鉴定结果，提出改进方式 |
| | 中级 | 在有限的资源条件下，根据工作岗位的需要，解决较复杂的问题 | 分析问题提出方案 | 能描述问题，确定目标，提出并选择较佳方案 |
| | | | 实施计划解决问题 | 能准备、制订和实施获得支持的较具体计划，并充分利用相关资源 |
| | | | 验证方案改进计划 | 能确定方法，实施检查，说明结果，利用经验解决新问题 |
| | 高级 | 在工作岗位上表现出更强的解决问题能力，在多种资源条件下，根据工作需要解决复杂和综合性问题 | 分析问题提出对策 | 在提出解决问题的对策时，能分析探讨问题的实质，提出解决问题的最优方案，并证明这种方案的合理性 |
| | | | 实施方案解决问题 | 在制订计划、实施解决办法时，能制订并实施获得认可的详细计划与方案、并能在实施中寻求信息反馈，评估进度 |
| | | | 验证方案改进计划 | 在检查问题、分析结果时，能优选方法，分析总结，提出解决同类问题的建议与方案 |

续表

| 领域 | 等级 | 基本要求 | "技术-技能"点 | 参照规范与标准 |
|------|------|----------|----------------|----------------|
| 革新创新 | 初级 | 在常规工作条件下，能根据工作需要，初步揭示事物的不足，运用创新思维和创新技法进行创新活动 | 揭示不足提出改进 | 能揭示事物不足，提出改进意见 |
| | | | 做出创新方案 | 能在采纳各方意见的基础上，确定创新方案的目标、方法、步骤、难点和对策，指出创新方案需要的资源和条件 |
| | | | 评估创新方案 | 能进行自我检查，正确地对待反馈信息和他人意见，对创新方案及实施做出客观评估，并根据实际条件加以调整 |
| | 中级 | 根据工作发展需要，在更广泛的工作范围内揭示事物的不足，较熟练地运用创新思维和创新技法进行创新活动，并对创新成果进行分析总结 | 揭示不足提出改进 | 能在新需求条件下揭示事物的不足，提出改进事物的创新点和具体方案 |
| | | | 做出并实施创新方案 | 能从多种选择中确认最佳方案，并利用外界信息、资源和条件实施创新活动 |
| | | | 评估创新方案 | 能按常规方式和专业要求，对创新改进方法和结果的价值进行评估，根据实际条件进行调整，并指导他人的创新活动 |
| | 高级 | 在工作岗位上表现出更强的创新能力，在复杂的工作领域，能根据工作需要揭示事物的不足，熟练运用创新思维和创新技法进行创新活动，对创新成果进行理论分析、论证、总结和评估，并指导他人的创新活动 | 揭示不足提出改进 | 能通过客观分析事物发展与需求之间的矛盾揭示事物的不足，提出首创性的改进意见和方法 |
| | | | 做出并实施创新方案 | 能根据实际需要，设计并实施创新工作方案，并在条件变化时坚持创新活动 |
| | | | 评估创新方案 | 能按常规方式和专业要求，对创新方法和结果进行检测和预测风险；针对问题调整工作方案，总结经验，指导他人，提出进一步创新改进的方法 |

资料来源　劳动和社会保障部职业技能鉴定中心. 职业核心能力培训测评标准（试行）（共7册）及其《训练手册》（共6册）[M]. 北京：人民出版社，2007. 引文经过节选、压缩和改编。

## 附录四　职业道德训练考核参照规范与标准

附表4　　　　　　　　　　**职业道德训练考核规范与标准参照表**

| 领域 | 参照规范与标准 |
|---|---|
| 职业观念 | 对职业、职业选择、职业工作、营销人员职业道德和企业营销伦理等问题具有正确的看法 |
| 职业情感 | 对职业或职业模拟有愉快的主观体验、稳定的情绪表现、健康的心态、良好的心境,具有强烈的职业认同感、职业荣誉感和职业敬业感 |
| 职业理想 | 对将要从事的职业种类、职业方向与事业成就有积极的向往和执着的追求 |
| 职业态度 | 对职业选择或模拟选择有充分的认知和积极的倾向与行动 |
| 职业良心 | 在履行职业义务时具有强烈的道德责任感和较高的自我评价能力 |
| 职业作风 | 在职业模拟、职业实践或职业生活的自觉行动中,具有体现职业道德内涵的一贯表现 |
| 职业守则 | 忠于职守,坚持原则;兢兢业业,吃苦耐劳;谦虚谨慎,办事公道;遵纪守法,廉洁奉公;恪守信用,严守机密;实事求是,工作认真;刻苦学习,勇于创新;钻研业务,敬业爱岗 |

# 附录五　能力训练考核参照采分系数

附表5                                         能力训练考核采分系数参照表

| 参照系数 | 达标程度 |
|---|---|
| 90%~100% | 能依照全部考核要求，圆满、高质地完成此种能力所属各项技能操作，其效率与稳定性俱佳 |
| 80%~89% | 能依照多数考核要求，圆满、高质地完成此种能力所属各项技能操作，其效率与稳定性较佳 |
| 70%~79% | 能依照多数考核要求，较圆满、高质地完成此种能力所属各项技能操作，其效率与稳定性一般 |
| 60%~69% | 能依照多数考核要求，基本完成此种能力所属各项技能操作，其效率与稳定性一般 |
| 59%及以下 | 只能依照少数考核要求，基本完成此种能力所属各项技能操作，其效率与稳定性较低 |

## 附录六　课程思政案例分析和职业素养案例分析考核评价标准

附表6　　　　　　　　　课程思政案例分析和职业素养案例分析考核评价标准

| 评价项目 | 评价内容 | 评分标准 | 分值 |
|---|---|---|---|
| 准备工作 | 精心进行相关资料准备和课堂布置准备 | 根据准备情况酌情给分 | 10分 |
| 语言表达 | 口齿清楚，语言流利，层次清晰，意思表达完整 | 语言流利（5分），层次清晰（5分），意思表达完整（5分），根据情况酌情给分 | 15分 |
| 神态气氛 | 神态自然，争辩文明礼貌，现场气氛良好 | 神态自然（5分），争辩文明礼貌（5分）现场气氛良好（5分），根据情况酌情给分 | 15分 |
| 知识运用 | 讨论争辩热烈，所学知识运用自如，言之有理，逻辑性强 | 知识运用自如（10分），言之有理，逻辑性强（10分），根据情况酌情给分 | 20分 |
| 职业素养 | 职业道德与营销伦理分析正确，职业动手能力较强，职业思想、职业作风、职业行为习惯良好 | 职业道德与营销伦理分析正确（10分），职业动手能力较强（10分），职业思想、职业作风、职业行为习惯良好（10分），根据情况酌情给分 | 30分 |
| 创新思维 | 思维活跃，观点新颖，分析有一定深度和广度 | 思维活跃，观点新颖（5分），分析有一定深度和广度（5分），根据情况酌情给分 | 10分 |
| 合　计 | | | 100分 |